La meilleure façon de manger

Conception graphique et réalisation : Idée Graphic (Toulouse)
Idee.graphic@free.fr

Photos : © Shutterstock, ©Fotolia, ©François Lopez
Infographies : ©François Le Moël/idée Graphic
Guide illustré : ©Véronique Barnard

ISBN : 978-2-36549-119-8

Imprimé en France par Jouve, 1er trimestre 2018
N° d'impression : 2678819B

Dépôt légal : 2e trimestre 2015

© Thierry Souccar Éditions, 2015, Vergèze
www.thierrysouccar.com

Tous droits réservés

THIERRY SOUCCAR
ET ANGÉLIQUE HOULBERT

La meilleure façon de manger

Les auteurs

Cet ouvrage a été écrit par un collectif de journalistes scientifiques de LaNutrition.fr dirigé par Angélique Houlbert et Thierry Souccar.

Ont collaboré à ce livre :

- Marie-Céline Jacquier
- Véronique Molénat
- Elvire Nérin
- Sophie Peña Garzon
- Juliette Pouyat
- Thierry Souccar
- Priscille Tremblais

Les auteurs tiennent à remercier pour leur contribution les dizaines de chercheurs consultés pour l'écriture de ce livre et en particulier :

- Dr Jennie Brand-Miller (service de nutrition humaine, Université de Sydney, Australie)
- Dr Loren Cordain (département des sciences de la santé et de l'exercice, Université de l'État du Colorado, États-Unis)
- Dr Jørn Dyerberg (Université de Copenhague, Danemark)
- Pr Lynda Frassetto (Université de Californie, San Francisco, États-Unis)
- Dr David Jenkins (faculté de nutrition et de métabolisme, Université de Toronto, Canada)
- Dr Staffan Lindeberg (Université de Lund, Suède)
- Dr Michel de Lorgeril (CNRS Grenoble, France)
- Pr David Ludwig (École de médecine de Harvard, Boston, États-Unis)
- Pr Mark Mattson (Institut national du vieillissement, Baltimore, États-Unis)
- Dr Thomas Remer (Institut de recherche pour la nutrition des enfants, Dortmund, Allemagne)
- Dr George Roth (Institut national du vieillissement, Baltimore, États-Unis)
- Dr Anthony Sebastian (Université de Californie, San Francisco, États-Unis)
- Dr Bradley Wilcox (École de médecine de Harvard, Boston, États-Unis)
- Dr Craig Wilcox (Université de Hawaï, États-Unis)
- Pr Walter Willett (École de médecine de Harvard, Boston, États-Unis)

Sommaire

Introduction à la deuxième édition 7

Présentation 9

Mangez-vous sainement ? Faites le test MFM 13

PREMIÈRE PARTIE
À la recherche de nos grands équilibres métaboliques 17

Règle 1 : Suivre les excellentes recommandations brésiliennes 20
Règle 2 : Consommer plus de la moitié de sa nourriture sous forme végétale ... 21
Règle 3 : Choisir des aliments à densité calorique faible 27
Règle 4 : Choisir des aliments à densité nutritionnelle élevée 32
Règle 5 : Choisir des aliments antioxydants 36
Règle 6 : Choisir des aliments à index glycémique bas 41
Règle 7 : Équilibrer ses graisses alimentaires 50
Règle 8 : Veiller à l'équilibre acide-base 55
Règle 9 : Réduire le sodium et privilégier le potassium 60
Règle 10 : Manger hypotoxique 64

DEUXIÈME PARTIE
Les recommandations MFM 77

Les recommandations en macro- et micronutriments 79
Quels aliments manger, en quelles quantités et à quelle fréquence ? 89
Les recommandations MFM : Boissons 95
Les recommandations MFM : Légumes frais et légumes secs 113
Les recommandations MFM : Fruits frais et fruits secs 129
Les recommandations MFM : Féculents 135
Les recommandations MFM : Matières grasses ajoutées 149
Les recommandations MFM : Noix et graines oléagineuses 161

Les recommandations MFM : Produits laitiers 169
Les recommandations MFM : Poissons et produits de la mer 177
Les recommandations MFM : Œufs 189
Les recommandations MFM : Viandes 193
Les recommandations MFM : Charcuteries 197
Les recommandations MFM : Sel et alternatives 201
Les recommandations MFM : Sucres 213
Les recommandations MFM : Compléments alimentaires 221
Quelques repères pour savoir en quelle quantité manger 227
Testez-vous ! 239

TROISIÈME PARTIE
La meilleure façon de choisir ses produits et planifier ses repas 241

Savoir décrypter une étiquette alimentaire 243
Planifier ses repas 251
Faire sa liste de courses 256
Optimiser ses choix alimentaires 261

QUATRIÈME PARTIE
Composer des repas qui répondent aux grands piliers métaboliques 265

Le petit déjeuner sain et complet 267
Le déjeuner équilibré 273
Les collations saines et équilibrées 289
Le dîner équilibré à la maison 291
La meilleure façon de cuisiner 295
Quelques idées de recettes supplémentaires 301

Annexe 313

Bibliographie 317

Guide illustré 321

Introduction à la deuxième édition

Paru en 2008, *La Meilleure Façon de Manger* (MFM) a connu un extraordinaire succès, devenant rapidement un livre de référence pour celles et ceux, professionnels de santé ou simples citoyens, qui ne se reconnaissent ni dans les messages de l'industrie agro-alimentaire ni dans les recommandations nutritionnelles officielles, souvent désuètes et inefficaces. Pour la première fois, les données scientifiques étaient vulgarisées et traduites en recommandations pour toute la famille. La MFM a été saluée tant par la presse que par les professionnels de santé. Et évidemment par les consommateurs eux-mêmes qui en ont fait un best-seller.

Pourquoi alors une nouvelle édition ?
D'abord parce que le domaine de la nutrition est la plus dynamique des sciences de la vie, avec des milliers de nouvelles études publiées chaque mois. Les ministères de la santé, qui prétendent vous dire comment manger pour être en bonne santé n'en tiennent pas compte : ils se contentent de dupliquer, année après année, les mêmes conseils surannés, sans les faire évoluer. De notre côté, nous pensons que des ajustements, des précisions, et même des corrections, sont rendus indispensables par ce foisonnement.

Ensuite, nous avons voulu rendre la MFM encore plus pratique, plus concrète, plus facile à utiliser.
Qu'il s'agisse de la première édition de la MFM, ou de celle-ci, ce sont des chantiers considérables qui ont été ouverts et menés à leur terme pour concourir à une meilleure santé de nos concitoyens, et je voudrais remercier toutes celles et tous ceux qui ont apporté leur contribution à l'édifice.

Je veux aussi vous dire que **la MFM est probablement le meilleur guide-conseil de nutrition actuel**. Vous ne trouverez pas plus proche des données scientifiques. Vous ne trouverez pas source plus fiable. En suivant nos recommandations, qui s'adressent tant aux végétariens qu'aux omnivores, vous ne prenez aucun risque ; au contraire, vous allez répondre au mieux aux besoins de votre organisme, renouer avec forme et énergie, trouver dans votre alimentation les moyens de résister au stress, aux maladies infectieuses et chroniques, à commencer par le surpoids.

Je vous souhaite, avec toute l'équipe de la MFM, une excellente santé avec la MFM !

Thierry Souccar
Directeur de LaNutrition.fr

Présentation

Plus de dix mille nouvelles études sont publiées chaque mois dans le domaine de l'alimentation et de la santé. Bonne nouvelle : elles peuvent changer radicalement votre vie. Et voici la mauvaise nouvelle : la plupart de ces découvertes restent cantonnées dans les revues scientifiques et les congrès, où elles nourrissent les discussions entre chercheurs. Le grand public n'en profite pas, parce qu'il s'écoule dix à vingt ans avant que les nutritionnistes officiels les intègrent à leurs recommandations. Ils s'en tiennent souvent à des repères désuets, comme le nombre de calories des aliments, à des concepts dangereux comme celui des « glucides complexes », ou à des recommandations qui font tout simplement le jeu de l'industrie agroalimentaire.

Pendant que l'on vous répète que pour être en bonne santé il suffit de « manger moins gras et moins sucré », les chercheurs découvraient que la réalité est un peu plus complexe : « *Croire qu'en mangeant moins gras et moins sucré on sera en meilleure santé, c'est aller au-devant de cruelles désillusions* », disait il y a déjà plusieurs années le Pr Walter Willett (École de santé publique, Harvard). C'est aujourd'hui confirmé. Alors que faire ?

Lire ce livre. Il est le fruit de décennies de contacts privilégiés au plus haut niveau de la recherche, de la collaboration de dizaines de biochimistes, d'épidémiologistes, de paléoanthropologues, de nutritionnistes, et de milliers d'heures de travail pour intégrer, synthétiser et adapter les toutes dernières découvertes en nutrition. Notre objectif a consisté à définir un mode alimentaire protecteur qui puisse convenir à toute la population, donc assez souple pour être adopté par des amateurs de viande comme par des végétariens.

Un modèle alimentaire issu de la médecine évolutionniste

Pour la première fois, des concepts sophistiqués, complexes, sont traduits en recommandations claires, faciles à suivre et appliquer, qui conduiront toute la famille à un meilleur état de santé.

Pour optimiser ce nouveau mode alimentaire, nous avons utilisé un modèle basé à la fois sur la physiologie humaine, la paléoanthropologie et les preuves expérimentales, épidémiologiques et cliniques. **Le modèle alimentaire qui s'en dégage est proche de celui que nos ancêtres ont connu pendant des millions d'années, celui pour lequel nous sommes génétiquement programmés.**

Le plus important bouleversement intervenu ces dernières années dans la pensée médicale classique est dû à une école de pensée inconnue du grand public : la médecine évolutionniste. Comme son nom l'indique, la médecine évolutionniste applique à la biologie et à l'origine des maladies le même raisonnement que celui qu'a utilisé Charles Darwin pour expliquer l'origine des espèces.

Selon la médecine évolutionniste, la plupart des maladies chroniques modernes résultent de l'incapacité de l'espèce humaine à s'adapter à un environnement qui a évolué plus vite que les gènes dont nous sommes porteurs. Dans cet environnement, l'alimentation joue un rôle majeur. Les maladies liées à l'alimentation représentent en effet la première cause de mortalité dans les pays développés. Ces maladies affligent 50 à 65 % de la population adulte, mais elles sont inexistantes chez les chasseurs-cueilleurs et les populations qui ne sont pas converties au régime occidental.

L'explication en est la suivante : pendant des millions d'années, l'espèce humaine a tiré le meilleur parti biologique possible de la nourriture disponible.

Nos ancêtres primates ont consommé des fruits, des légumes, des noix et des insectes pendant 50 millions d'années. La viande a été ajoutée à cet ordinaire, il y a un peu plus de deux millions d'années. Les bulbes, tubercules, racines ont commencé à être consommés en quantité il y a un à deux millions d'années. L'introduction du poisson est plus récente, mais elle est tout de même intervenue il y a plusieurs centaines de milliers d'années.

Ce modèle alimentaire, ponctué de périodes de frugalité, voire de jeûne, associé à un niveau régulier d'activité physique, un stress chronique faible, répondait aux grands équilibres physiologiques dont dépend la santé. À l'ère agricole et post-agricole, ces équilibres ont été progressivement rompus, et plus encore depuis 150 ans avec l'avènement de l'industrialisation qui a mis dans nos assiettes des aliments de plus en plus transformés, mous et prédigérés, sans compter les substances chimiques qui servent à les produire ou qui y sont incorporées.

La médecine évolutionniste nous apprend que l'obésité, le diabète, les maladies cardiovasculaires, le cancer, les maladies neurodégénératives et l'ostéoporose sont en grande partie liés à la perte des grands équilibres métaboliques, provoquée par les changements alimentaires récents à l'échelle de l'évolution.

Les recommandations alimentaires qui figurent dans ce livre ont pour objectif de rétablir ou préserver ces grands équilibres métaboliques que notre espèce a connus depuis des millions d'années et pour lesquels nous sommes génétiquement faits.

Nous en avons fait dix règles essentielles à retenir et appliquer au quotidien pour manger mieux, dix piliers dont dépend votre santé à long terme. Ces piliers sont les fondations d'une vie saine, longue et durable.

La meilleure façon de manger suscitera probablement des réactions chez les diététiciens et les médecins nutritionnistes parce que certaines des préconisations de ce livre ne correspondent pas aux recommandations nutritionnelles officielles. La raison en est simple : les recommandations officielles n'ont pas encore intégré les avancées de la recherche et on peut parier qu'elles ne le feront pas avant de nombreuses années.

Selon le pays dans lequel on grandit, les recommandations nutritionnelles ne sont pas les mêmes. Globalement elles tendent à se recouper mais des différences significatives peuvent exister. Nous avons tenté, par la science, de dénouer les bonnes des mauvaises et de les résumer dans cet ouvrage.

Quand les gouvernements disent ce qu'il faut manger

Qu'il s'agisse en France du Programme national nutrition santé (PNNS) et de l'agence nationale de sécurité sanitaire des aliments (Anses), au Canada de Santé Canada, en Suisse de la Société suisse de nutrition (SSN), en Belgique du Plan national nutrition nanté, la plupart des pays font appel à des organismes gouvernementaux pour formuler des recommandations nutritionnelles pour prévenir les maladies chroniques.

Contrairement à ce que pensent de nombreux médecins et diététiciens, et contrairement à ce que l'on croit dans les ministères, les programmes nationaux ne représentent pas un idéal nutritionnel. Il y a certes de bonnes choses, comme l'objectif de relever la consommation de fruits et légumes ou celui de diminuer la consommation de sel et de sucre, mais aussi des *a priori* déconcertants, des simplifications abusives et des conseils très surprenants.

L'exemple du célèbre PNNS français

La France a ainsi décidé à la fin des années 1990 de délivrer à la population des conseils pour mieux s'alimenter et prévenir les maladies. Ces conseils sont rassemblés dans le Programme national nutrition santé (PNNS), entré en vigueur en 2001.

Le premier PNNS (ou PNNS 1) couvrait la période 2001-2005. Des millions d'euros ont été dépensés pour en faire la promotion et il a bénéficié d'innombrables relais dans les collectivités, chez les médecins, les diététiciens... Pourtant, la plupart des objectifs du PNNS n'ont pas été atteints. Enjeu majeur, l'obésité chez l'adulte, au lieu de reculer de 20 %, a augmenté d'autant entre 2001 et 2006. La consommation de fruits et légumes, autre objectif prioritaire, a diminué. Seuls les objectifs les plus douteux, comme l'augmentation de la consommation de laitages, de pommes de terre, de pain et de produits céréaliers – bruyamment soutenus par les campagnes de l'agrobusiness – ont été couronnés de succès.

Dans tout autre pays, un tel échec aurait conduit à une remise à plat des recommandations nutritionnelles du PNNS. Mais en 2006, un second PNNS (PNNS 2) a été lancé pour couvrir la période allant jusqu'à 2010. Ce second plan n'a donc été précédé d'aucun bilan, aucun audit, aucune critique, aucun ajustement. Seule la Cour des comptes, dans son rapport sur la Sécurité sociale, a commenté ainsi la « rentabilité » des moyens mis à disposition du PNNS 1 à défaut de pouvoir auditer son contenu :

« L'échec de la campagne sur l'alimentation saine.
Malgré le lancement du plan national nutrition santé (PNNS), qui constitue le plan de prévention le plus structuré de tous ceux lancés par le ministère de la Santé, les comportements alimentaires des Français ne s'améliorent pas. La campagne grand public "manger cinq fruits et légumes par jour" et les nombreux articles auxquels a donné lieu le PNNS n'ont pas enrayé la progression des mauvaises habitudes alimentaires. »

À quelques nuances près, le PNNS 2 est la copie conforme du premier. Le ministère de la Santé en a confié le pilotage aux mêmes dirigeants qui avaient échoué avec le PNNS 1. Un troisième PNNS a même été lancé pour la période 2011-2015, avec le même contenu que les précédents, le même responsable. Et les mêmes résultats.

Pourquoi ces recommandations sont critiquables ?

- Parce qu'elles reflètent un état des connaissances suranné : l'idée selon laquelle on peut maigrir en mangeant moins de graisses, et en les remplaçant par des glucides (céréales et pommes de terre essentiellement) est démentie par des centaines d'études scientifiques.
- Parce qu'elles reposent sur des équivalences abusives : par exemple, l'idée qu'un fruit entier est équivalent à un verre de jus de fruits.
- Parce qu'elles ignorent de nombreux concepts novateurs qui aident les gens à mieux choisir leurs aliments, comme l'index glycémique.
- Parce qu'elles manquent de précision. Par exemple, sur le choix des corps gras, celui du pain, des fruits et légumes…

Les recommandations officielles, qu'elles soient françaises, canadiennes, suisses ou belges, restent malheureusement au moins autant influencées par l'arrière-plan économico-culturel dans lequel baignent ces pays depuis l'ère agricole que par les données scientifiques objectives. Les experts qui formulent des recommandations pour la population ont souvent des liens avec l'industrie agro-alimentaire. Par exemple, le principal responsable du Programme national nutrition santé en France a longtemps « conseillé » des sociétés ou des filières de l'agrobusiness alors qu'il assumait dans le même temps des fonctions officielles. Cette proximité est de nature à nuire à l'objectivité des conseils.

En ce sens, ces recommandations récompensent les productions céréalière et laitière ainsi que l'élevage pour la viande et les fabricants de produits allégés.

Alors qu'est-ce qu'on mange ?

Y a-t-il un modèle alimentaire plus sain et surtout plus fondé scientifiquement que celui qui nous est proposé par les autorités ? Oui, il est possible de s'alimenter sainement, de perdre du poids, de prévenir les maladies chroniques, à condition de s'affranchir de l'influence des groupes de l'industrie agro-alimentaire et de s'appuyer sur l'ensemble des données scientifiques objectives publiées à ce jour.

La MFM vous dit tout

Le guide a été rédigé par une équipe de spécialistes indépendants à partir des meilleures sources scientifiques et avec la collaboration des scientifiques eux-mêmes. Ses effets potentiels sur la santé ont même été évalués grandeur nature : en les suivant, vous ne courrez aucun risque de maladie ou de carence. Au contraire vous verrez très probablement votre état de forme s'améliorer.

Ce modèle alimentaire n'est pas conçu pour vous faire perdre du poids en trois semaines mais pour vous aider à vivre mieux, sans surpoids, et plus longtemps. Avec lui, vous deviendrez imperméable aux messages de la publicité, vous n'aurez besoin ni de peser vos aliments, ni de les choisir en fonction de considérations aberrantes comme le groupe sanguin.

Lisez ce livre et laissez-vous guider sur le chemin de la santé à long terme par une information objective, à la pointe de la science et sans extrémisme.

Mangez-vous sainement ?
Faites le test MFM

Comment vous nourrissez-vous ? Pour savoir où vous en êtes, répondez aux questions du questionnaire MFM ci-dessous, puis additionnez vos points (chiffres entre parenthèses, certains positifs, d'autres négatifs). Le questionnaire MFM vous renseigne sur votre régime alimentaire et vous dit en quoi ce livre peut vous être utile.

1 Votre alimentation :
A. Est issue majoritairement de l'agriculture biologique
B. Est issue pour moitié de l'agriculture biologique
C. Comprend une minorité d'aliments issus de l'agriculture biologique
D. Ne comprend aucun aliment bio

2 Vous achetez/consommez des plats préparés (rayon traiteur ou congelés ou conserves…) :
A. Tous les jours
B. 3 à 6 fois par semaine
C. 1 à 2 fois par semaine
D. Rarement ou jamais

3 Combien de fois par mois mangez-vous dans un fast-food (y compris pizzeria, kebab) ?
A. Aucune
B. 1 fois
C. 2 à 3 fois
D. 4 fois et plus

4 Combien de portions de légumes frais entiers, crus ou cuits (hors pommes de terre) mangez-vous typiquement chaque jour ?
(voir exemples de portions page 227-229)
A. Moins d'1
B. 1 à 2
C. 3 à 4
D. Plus de 4

5 Combien de variétés de légumes mangez-vous typiquement par semaine ?
A. 2 ou moins
B. 3 à 4
C. 5 à 6
D. 7 à 8
E. Plus de 8

6 Combien de de portions de légumes secs mangez-vous typiquement chaque semaine ?
(voir exemples de portions page 232)
A. 0
B. 1 à 2
C. 3 à 4
D. 5 à 6
E. Plus de 6

7 Combien de portions de fruits frais entiers mangez-vous typiquement chaque jour ?
(voir exemples de portions page 230-231)
A. 0
B. 1
C. 2
D. 3
E. 4 et plus

8 Combien de verres de jus de fruits buvez-vous chaque semaine ?
A. Moins de 3
B. 4 à 7
C. Plus de 7

9 Combien de verres de sodas (sucré ou édulcoré) buvez-vous chaque semaine ?

A. Moins de 2
B. 3 à 5
C. 6 à 7
D. 8 et plus

10 Combien de tranches de pain blanc, ou de biscottes, mangez-vous chaque jour ?

A. Aucune
B. Moins de deux
C. 3 à 4
D. 5 et plus

11 Combien de portions de pommes de terre mangez-vous chaque semaine ?

(voir exemple de portion page 229)

A. Aucune
B. 1
C. 2
D. 3
E. 4 et plus

12 Combien de portions de produits céréaliers raffinés (riz blanc, pâtes, galettes de riz
ou de blé soufflé) mangez-vous typiquement chaque jour ?

(voir exemples de portions page 237)

A. Aucune
B. 1
C. 2
D. 3
E. 4 et plus

13 Combien de bols de céréales du petit déjeuner mangez-vous typiquement chaque semaine, hors muesli et flocons d'avoine (corn flakes, Special K, Fitness...) ?

A. Aucun
B. 1 à 2
C. 3 à 4
D. 5 à 6
E. 7 et plus

14 Combien de portions de noix, noisettes, amandes, ou autres oléagineux non salés, non grillés, mangez-vous chaque semaine ?

(voir exemples de portions page 233)

A. Aucune
B. 1 à 2
C. 3 à 4
D. 5 à 6
E. 7 et plus

15 Combien de portions de poisson, hors thon en boîte, mangez-vous chaque semaine ?

(voir exemples de portions page 234)

A. Aucune
B. 1
C. 2
D. 3 et plus

16 Combien de fois par semaine mangez-vous des fritures (frites, beignets...) ?

A. Jamais
B. 1 fois
C. 2 fois
D. 3 fois et plus

17 Combien de portions de biscuits, gâteaux, glaces, mangez-vous chaque semaine ?

(une portion de biscuits = 3 biscuits)

A. Aucune
B. 1
C. 2
D. 3
E. 4 et plus

18 Combien de portions de charcuteries mangez-vous chaque semaine ?

(voir exemples de portions page 232)

A. Aucune
B. 1 à 2
C. 3
D. 4
E. 5 et plus

La meilleure façon de manger

19 Combien de portions de produits laitiers (hors beurre) mangez-vous chaque jour ?

A. 0 à 1
B. 1 à 2
C. 3 et plus

20 Quel corps gras utilisez-vous typiquement pour assaisonner ?

A. Huile de colza
B. Huile d'olive
C. Huiles de colza et d'olive à parts égales
D. Huiles de mélange
E. Huiles de tournesol, de maïs, de pépins de raisin

21 Vous mangez du chocolat :

A. Jamais ou rarement
B. Régulièrement et modérément, surtout du blanc ou au lait
C. Régulièrement et modérément, surtout du noir maxi 80% de cacao
D. Régulièrement et modérément, surtout du noir à plus de 80% de cacao
E. Excessivement

22 Quelle est la boisson (en volume) que vous buvez le plus sur une journée-type ?

A. Eau du robinet
B. Eau en bouteilles
C. Thé ou tisane
D. Lait
E. Jus de fruit
F. Boisson aux fruits ou soda
G. Café (0)

23 Quand vous buvez du café, du thé ou de la tisane :

A. Vous n'ajoutez pas de sucre
B. Vous sucrez avec du sucre blanc
C. Vous sucrez avec un édulcorant synthétique (aspartame, Canderel...)
D. Vous sucrez avec du fructose
E. Vous sucrez avec de la stevia

24 Vous buvez du vin :

A. Jamais
B. 1 à 2 verres par semaine
C. 3 à 5 verres par semaine, répartis
D. 6 à 7 verres par semaine, répartis
E. 1 à 2 verres par jour
F. 3 à 4 verres par jour
G. En moyenne plus de 4 verres par jour

25 Activité physique (plusieurs réponses possibles) :

A. Vous passez plus de 5 heures par jour assis
B. Vous passez 2 à 5 heures par jour assis
C. Vous ne faites pas de sport
D. Vous faites du sport 1 à 3 fois par semaine
E. Vous faites du sport plus de 3 fois par semaine
F. Vous marchez 5 à 7 fois par semaine, 30 minutes ou plus
G. Vous marchez 2 à 4 fois par semaine, 30 minutes ou plus

CALCULEZ VOTRE SCORE :

1 : A = +3, B = +1, C = -1, D = -2 3
2 : A = -4, B = -3, C = -1, D = +3 3
3 : A = +2, B = +1, C = -1, D = -3 .... -1
4 : A = -4, B = -1, C = +2, D = +4 2
5 : A = -2, B = +1, C = +2, D = +3, E = +4 2
6 : A = -2, B = 0, C = +1, D = +2, E = +3 1
7 : A = -2, B = 0, C = +2, D = +3, E = +4 0
8 : A = 0, B = -2, C = -3 0
9 : A = 0, B = -2, C = -4, D = -6 0
10 : A = +2, B = +1, C = -1, D = -3 2
11 : A = 0, B = -1, C = -2, D = -3, E = -4 1
12 : A = 0, B = -1, C = -2, D = -3, E = -4 .... -1
13 : A = 0, B = -1, C = -3, D = -4, E = -5 0

Mangez-vous sainement ? Faites le test MFM

14 : A = -4, B = -2, C = +1, D = +2, E = +3 .... `1`
15 : A = 0, B = +1, C = +2, D = +3 .... `B`
16 : A = +3, B = +1, C = -2 D = -3 ....
17 : A = +1, B = 0, C = -1, D = -2, E = -3 ....
18 : A = +1, B = 0, C = -1, D = -2, E = -3 ....
19 : A = 0, B = -1, C = -2 .... `2`
20 : A = +4, B = +2, C = +4, D = 0, E = -1 .... `4`
21 : A = 0, B = -1, C = +1, D = +2, E = -1 .... `0`

22 : A = +2, B = +3, C = +3, D = -1,
E = -1, F = -3, G = 0 .... `4`
23 : A = +1, B = -2, C = -2, D = -2, E = 0 .... `1`
24 : A = -1, B = +1, C = +2, D = +3,
E = +4, F = -2, G = -4 .... `2`
25 : A = -4, B = -2, C = -3, D = +2,
E = +3, F = +2, G = +1 .... `1`

CALCULEZ VOTRE SCORE TOTAL `32`

Diagnostic alimentaire du questionnaire MFM

● **Plus de 25 points**
Vous faites d'excellents choix pour votre alimentation. Vous paraissez probablement plus jeune que votre âge. Vous vous tenez informé(e) des questions qui touchent à la santé. Vous lisez les étiquettes, répertoriez les bonnes adresses, vous abhorrez les plats cuisinés. Ce livre va vous conforter dans vos choix et enrichir vos connaissances, bref faire de vous un(e) expert(e), mais aussi vous montrer qu'on peut faire du bien à son corps tout en acceptant quelques entorses à la discipline !

● **Entre 10 et 25 points**
Vous possédez les bons réflexes et les bonnes stratégies pour bien se nourrir. Vous savez cependant faire preuve de souplesse et tolérer les écarts. Pour vous, la table, ce n'est pas que la santé, mais aussi la convivialité et le plaisir. Vous allez aimer la MFM parce que ce n'est pas un traité dogmatique, castrateur, mais une boussole qui pointe dans la bonne direction mais vous laisse une grande liberté, tout en vous permettant d'enrichir vos connaissances.

● **Entre 0 et 10 points**
Pas mal du tout, les connaissances sont souvent là, mais leur mise en pratique est à revoir. La faute au manque de discernement ou au manque de temps, ou les deux. Mais vous avez en vous le désir de vous améliorer. Ce livre va vous y aider grandement, en clarifiant ce qui reste encore un peu obscur et en vous donnant la motivation nécessaire pour garder un cap.

● **Entre -15 et 0**
Vous pensiez peut-être vous nourrir plutôt bien, et vous découvrez avec surprise ce score négatif. Attendez-vous à quelques surprises à la lecture de la MFM, mais si vous suivez ne serait-ce qu'une partie de nos conseils, vous devriez constater en quelques semaines une amélioration dans votre état de santé et de forme, sans compter le mieux-être mental et la ligne.

● **Moins de -15**
Zone rouge. Des changements importants dans votre alimentation s'imposent. Commencez par être à l'écoute de votre corps. Peut-être vous dit-il en ce moment qu'il n'est plus d'accord pour suivre le parcours alimentaire que vous lui imposez. Il était temps pour vous de découvrir la MFM ! Ce livre va vous aider à trouver ou retrouver l'équilibre nutritionnel, sans frustration, par le simple jeu d'une alimentation saine et savoureuse ■

Première partie

À la recherche de nos grands équilibres métaboliques...

Les 10 grandes règles MFM

La recherche en nutrition a identifié 10 règles alimentaires dont dépendent les équilibres métaboliques et donc votre santé à long terme. Imaginez qu'il s'agit de piliers ou de fondations sur lesquels vous voulez bâtir une vie saine, longue et durable. Autant qu'ils soient solides !

1 : Limiter les aliments transformés

Cette règle, très simple, vise à limiter l'alimentation d'origine industrielle, source de sucre et d'additifs inutiles et potentiellement toxiques. Vous contrôlez ce que vous avalez quand vous cuisinez des aliments frais, mais pas quand il s'agit d'aliments industriels. En plus, ces aliments sont souvent prédigérés, extrudés, excessivement chauffés, mous, ce qui peut se traduire à la longue par des problèmes de santé. Il faut savoir aussi que les aliments transformés peuvent renfermer des niveaux élevés de substances indésirables et toxiques qu'on appelle AGE (voir règle 10 page 64).

2 : Consommer plus de la moitié de sa nourriture sous forme végétale

Cette règle stipule qu'il faudrait consommer plus de la moitié de sa nourriture, **en poids**, sous la forme de végétaux crus, secs, fermentés ou cuits ; ce régime alimentaire s'accorde parfaitement à notre physiologie digestive et à notre microbiote intestinal, c'est-à-dire aux « bonnes » bactéries qui vivent en nous et contribuent à notre santé. En suivant cette règle, vous optimisez aussi les apports en fibres. Présentes dans les légumes et les fruits frais ou secs, les céréales, les légumes secs, les fibres ont une influence sur le taux de sucre sanguin et le transit. *La Meilleure Façon de Manger* remet les fibres à l'honneur dans votre assiette. Lire page 21.

3 : Choisir des aliments à densité calorique faible

La densité calorique est le nombre de calories apporté par gramme d'aliment. *La meilleure façon de manger* privilégie les aliments à densité calorique basse, c'est-à-dire ceux qui vous apportent beaucoup de matière mais peu de calories. Vous êtes rassasié plus vite. Tant mieux pour la ligne, mais aussi pour la longévité, puisque manger frugalement augmente l'espérance de vie en bonne santé pour toutes les espèces animales et probablement aussi chez l'homme. Lire page 27.

4 : Choisir des aliments à densité nutritionnelle élevée

Plus un aliment est **dense nutritionnellement**, plus il renferme de vitamines et de minéraux pour un nombre de calories donné. Ces aliments sont à l'honneur dans *La Meilleure Façon de Manger*. Cela signifie qu'en les mangeant plutôt que d'autres qui apportent des « calories » vides, vous fournissez à votre corps les micronutriments dont il a besoin pour donner le meilleur de lui-même. Lire page 32.

5 : Choisir des aliments antioxydants

Les antioxydants d'un aliment permettent de protéger les cellules et les tissus de l'agression de particules toxiques – les radicaux libres, en partie responsables du vieillissement et de maladies dégénératives. Dans *La Meilleure Façon de Manger*, vous trouverez un grand nombre de « super-aliments » qui, par **leur contenu antioxydant**, freinent chaque jour le vieillissement. Lire page 36.

6 : Choisir des aliments à index glycémique bas

Les aliments dont l'index glycémique (IG) est bas font peu monter le sucre sanguin. Par rapport à d'autres aliments dont l'IG est élevé, cela signifie qu'ils s'opposent à la prise de poids, ralentissent le vieillissement et préviennent le diabète et certains cancers. *La Meilleure Façon de Manger* met l'accent sur **des aliments et des repas à IG bas** ou modéré. Lire page 41.

7 : Équilibrer ses graisses alimentaires

Vous ne le savez peut-être pas, mais, de **la qualité des graisses** que nous avalons, dépendent de nombreuses fonctions biologiques essentielles : l'équilibre de l'humeur, la fluidité du sang, le niveau d'inflammation de l'organisme. Certaines graisses limitent l'inflammation, s'opposent aux caillots sanguins, aident à garder le moral. *La Meilleure Façon de Manger* veille à ce qu'elles soient correctement représentées dans votre régime. Lire page 50.

8 : Veiller à l'équilibre acide-base

L'alimentation moderne est globalement acidifiante, alors que, pour bien fonctionner, le corps a besoin d'être légèrement alcalin. Cette acidose, lorsqu'on vieillit, affecte directement les os et les muscles, selon un mécanisme que nous détaillerons plus loin. Dans *La Meilleure Façon de Manger*, vous apprendrez comment remplacer les aliments trop acidifiants par des aliments alcalinisants afin de prévenir l'ostéoporose et garder une masse musculaire correcte. Lire page 55.

9 : Réduire le sodium et privilégier le potassium

L'alimentation actuelle est trop riche en sel de table (chlorure de sodium) et trop pauvre en sels de potassium. Avec pour conséquence une flambée de l'hypertension et une augmentation du risque de maladie cardiovasculaire. *La Meilleure Façon de Manger* vous aide à choisir un régime qui apporte moins de sel et plus de potassium. Lire page 60.

10 : Manger hypotoxique

L'alimentation peut être une source de composés potentiellement toxiques, qu'il s'agisse de polluants comme le bisphénol A, les phtalates, les pesticides, des additifs comme les nitrites, les phosphates, les colorants. Ces polluants, qui n'ont rien à faire dans notre alimentation, peuvent entraîner des troubles et des maladies. Et même lorsqu'on cuisine on peut sans le savoir donner naissance à des produits toxiques à partir d'aliments totalement sains. C'est le cas lorsqu'on cuit à température élevée. Ce livre vous donnera des conseils pour limiter les polluants dans votre alimentation, et éviter la formation de composés toxiques lorsque vous cuisinez.

▶ Règle 1
Suivre les excellentes recommandations brésiliennes

Pourquoi ?
- Pour connaître le contenu nutritionnel de son assiette
- Pour reprendre le contrôle de son alimentation

On l'a vu, la plupart des pays se sont dotés de directives nutritionnelles critiquables car influencées par le poids de certaines productions dans l'économie locale (lire p. 11). Mais un pays a publié en 2014 des conseils alimentaires tout à fait pertinents, auxquels la MFM adhère complètement : c'est le Brésil.

3 règles d'or et 10 conseils pleins de bon sens

- La première des règles d'or est la suivante : « Faites des aliments frais et des plats fraîchement préparés la base de votre alimentation ».
- La seconde recommande de s'assurer que « les graisses, les sucres et le sel sont utilisés avec modération dans les préparations culinaires ».
- La troisième règle est de « limiter la consommation d'aliments prêts à consommer et éviter ceux qui sont ultra-transformés ».

Ces règles simples sont compréhensibles par tous. Elles visent à reprendre le contrôle de ce que l'on avale, plutôt que de le confier aux industriels. En suivant les règles brésiliennes, vous éviterez d'avaler une quantité importante et totalement inutile de graisses indésirables, sucres, sel, édulcorants, exhausteurs de goût, colorants, arômes, amidons modifiés, nitrites, phosphates, pesticides. Les industriels ont besoin de ces ingrédients pour rendre leurs produits appétissants ou prolonger leur conservation, mais votre corps, lui, n'en a pas besoin. Vous contrôlerez aussi les portions qui vous rassasient. Surtout, c'est le seul moyen d'appliquer les conseils de ce livre.

Les 10 conseils brésiliens
- Préparez vos repas à partir d'ingrédients et d'aliments frais.
- Utilisez huiles, graisses, sucre et sel avec modération.
- Limitez la consommation de produits alimentaires et de boissons prêts à consommer.
- Faites des repas réguliers, en prêtant attention à ce que vous mangez, et dans des environnements appropriés.
- Mangez en société chaque fois que possible.
- Achetez votre nourriture dans des endroits qui offrent une variété d'aliments frais. Évitez les lieux de vente qui proposent principalement des produits prêts à consommer.
- Développez, pratiquez, partagez et profitez de vos compétences dans la préparation des repas et dans la cuisine.
- Organisez-vous pour consacrer aux repas le temps et la place nécessaire.
- Lorsque vous mangez à l'extérieur, choisissez des restaurants qui servent des plats fraîchement préparés. Évitez les chaînes de restauration rapide.
- Soyez critique vis-à-vis de la publicité pour les produits alimentaires.

▸ Règle 2
Consommer plus de la moitié de sa nourriture, en poids, sous forme végétale (hors pain, pâtes, riz...)

Pourquoi ?
- **Contre l'obésité**
- **Pour se protéger des maladies de civilisation**

On a coutume de voir dans le régime de nos ancêtres chasseurs-cueilleurs du paléolithique une alimentation centrée sur la viande. En fait, la viande a occupé une place croissante au fur et à mesure que l'on s'est rapproché de l'époque agricole et que l'on s'éloigne de l'équateur, mais dans la plupart des modèles alimentaires reconstitués par les chercheurs, elle est supplantée, en grammes par jour, par les végétaux de toute nature : plantes à feuilles, tubercules, algues, racines, noix, oléagineux, fleurs et feuilles, fruits.

On estime que nos ancêtres du paléolithique, dans la région de l'Afrique de l'Est considérée comme le berceau de l'humanité, mangeaient 1 à 2 kilos de végétaux par jour, selon la niche écologique.

Un régime alimentaire centré sur les végétaux offre de très nombreux avantages pour la santé, puisque les études montrent qu'il protège de la plupart des maladies de civilisation.

Il existe plusieurs manières de suivre une alimentation centrée sur les végétaux.

La première consiste à concevoir autour d'eux chacun de ses repas, les autres aliments (œufs, viande, poisson, crustacés, coquillages, laitages) occupant un rôle d'accompagnement. C'est un peu l'inverse de ce que nous avons l'habitude de faire : on accompagne généralement une viande ou un poisson par un légume. Avec un peu de pratique, vous verrez que la plupart des recettes de cuisine peuvent être légèrement modifiées pour mettre le végétal d'abord.

Une autre stratégie consiste à suivre un jour ou deux par semaine un régime totalement ou presque totalement végétal ou végétarien.

Une mortalité plus faible chez les végétariens

Dans une étude récente, les chercheurs ont étudié l'impact sur la mortalité de 3 régimes alimentaires – végétarien, semi-végétarien (consommation de viande plus d'une fois par mois mais moins d'une fois par semaine) et non-végétarien. Les données sont issues de l'*Adventist Health Study 2*, une vaste étude concernant les Adventistes du 7e jour d'Amérique du Nord. Les résultats montrent que le taux de mortalité des non-végétariens est près de 20 % plus élevé que celui des végétariens et semi-végétariens.

La dernière stratégie est celle du régime végétarien ou végétalien au long cours qui a de nombreux bénéfices puisqu'il est associé à un risque de mortalité plus faible dans de nombreuses études (lire encadré), mais qui a l'inconvénient d'exposer à des risques de déficit, en particulier en vitamine B12 et en zinc. La vitamine B12 est apportée par les aliments d'origine animale ; le zinc est lui aussi très présent dans l'alimentation d'origine animale et en plus il se trouve séquestré par certains aliments comme les produits céréaliers. Donc lorsqu'on suit un régime de ce type, il faut surveiller son statut (ou celui de ses enfants) dans ces deux nutriments au moins, et il faut généralement avoir recours à des compléments alimentaires pour prévenir tout risque de déficit.

Un régime alimentaire centré sur les végétaux favorise le microbiote intestinal, c'est-à-dire les populations de bactéries qui vivent en nous et contribuent à notre équilibre.

En suivant cette règle du « végétal d'abord », vous optimisez aussi les apports en fibres. Présentes dans les légumes et les fruits frais ou secs, les céréales, les légumes secs, les fibres ont une influence sur le taux de sucre sanguin et le transit. *La Meilleure Façon de Manger* remet les fibres à l'honneur dans votre assiette.

La consommation quotidienne de fibres est passée de près de 50 g au paléolithique à 31 g en 1900 et à 16 g aujourd'hui, alors que les chercheurs recommandent d'en ingérer 25 à 30 g.

Les Français mangent donc de moins en moins de fibres : ils consomment moins de fruits, de légumes, de légumineuses et choisissent surtout des céréales raffinées (pauvres en fibres).

Qu'appelle-t-on « fibre » ?

Les fibres sont des sucres complexes non digestibles. Elles ont un rôle de structure dans les végétaux et constituent en quelque sorte le « squelette » des plantes. Elles se trouvent en grande quantité dans tous les légumes et les fruits ainsi que dans les graines oléagineuses (amandes, noix, noisettes, etc.).

N'étant pas assimilées, elles ne fournissent pas d'énergie. Toutefois, elles ont un rôle important dans l'action mécanique de la digestion. Elles augmentent le volume des selles, stimulent le transit et ralentissent l'absorption du glucose en formant un gel dans l'intestin.

Ces substances résistent à la digestion dans l'estomac et l'intestin, mais les bactéries du côlon ont parfois plus de succès que ces derniers.

Les fibres sont schématiquement classées en deux catégories :
- les fibres solubles se dispersent aisément dans l'eau et constituent des gels ;
- les fibres insolubles, au contraire, se dispersent difficilement dans l'eau.

Les céréales, les légumineuses, les fruits et légumes sont les principales sources de fibres. La proportion des fibres solubles et insolubles varie selon les aliments.

Les céréales complètes contiennent 7 à 15 % de fibres, principalement des fibres insolubles, surtout contenues dans l'enveloppe du grain.

Les légumineuses, les légumes secs contiennent environ 25 % de fibres, essentiellement des fibres solubles.

Les fruits et légumes représentent des sources d'apports plus modestes de fibres (1 à 4 %), sauf les oléagineux secs.

Pourquoi les fibres sont-elles si importantes ?

La plupart des études épidémiologiques convergent pour dire que les populations qui consomment beaucoup de fibres sont moins touchées par l'obésité et donc par toutes les maladies qui en découlent. Il s'agit dans l'ordre décroissant des habitants d'Afrique, du pourtour méditerranéen, d'Inde, d'Amérique du Sud, de l'Europe du Nord, du Moyen-Orient, de l'Australie, du Japon et enfin, en queue de peloton, des États-Unis.

Les fibres insolubles

Les fibres insolubles, que l'on rencontre, par exemple, dans les céréales complètes et en particulier dans le son de blé, accélèrent le transit intestinal et la fréquence des selles, en augmentant leur volume.

Elles **augmentent l'élimination des substances cancérogènes**, ce qui est intéressant en prévention des cancers digestifs. On les retrouve dans la peau, les feuilles, les graines et les racines.

Quelques sources de fibres insolubles

Teneur en fibres alimentaires pour 100 g de matière fraîche

All-Bran (Kellogg's)	28 g	Petits pois cuits	3-6 g
Amandes	11-15 g	Pain blanc	2-3 g
Pain complet	7-8 g	Haricots verts cuits	2-3 g
Dattes sèches	7-8 g	Riz complet	2-3 g
Pois chiches cuits	5-10 g	Ananas	1,1 g
Lentilles cuites	4-5 g		

Les fibres solubles

Elles **freinent l'absorption des graisses** et **réduisent les taux de cholestérol** (de 5 à 10 %), en particulier celui du cholestérol-LDL (« mauvais » cholestérol) et de triglycérides.

Elles ralentissent aussi l'évacuation du contenu de l'estomac. Ainsi, elles **freinent aussi bien la montée du glucose dans le sang que la sécrétion d'insuline après un repas**. Elles prolongent donc la sensation de satiété et contribuent à prévenir diabète et obésité. Et plus un aliment contient de fibres, et notamment de fibres solubles, plus son index glycémique (IG) est bas. Tous les légumes ont donc un IG bas (voir règle 6 p. 41).

Le blé n'est pas une bonne source de fibres solubles, à la différence de l'orge, de l'avoine ou du seigle.

Enfin, les fibres solubles jouent un rôle de régulateur hormonal en contrôlant les niveaux d'œstrogènes qui sont impliqués dans l'obésité abdominale (et certains cancers).

Le pruneau est traditionnellement reconnu pour son effet laxatif. C'est sa richesse en fibres (solubles et insolubles à parts égales) qui en fait un aliment de choix pour faciliter le transit intestinal. Quand vous consommez 100 g de pruneau, vous consommez 16 grammes de fibres et vous couvrez donc dans le même temps un peu

Quelques sources de fibres solubles

Teneur en fibres alimentaires pour 100 g de matière fraîche

Son d'avoine	16-25 g	Poireaux	2-3 g
Pruneaux	7-16 g	Pain de seigle	2-3 g
Figues sèches	9-12 g	Choux, épinards	1-3 g
Haricots blancs, rouges, cuits	4-9 g	Pommes de terre vapeur	1-2 g
Flocons d'avoine	4-7 g	Oranges, poires, pêches	1 g
Carottes	2-4 g	Laitue	0 g

moins de la moitié des apports conseillés en fibres.

La pomme renferme de la pectine (78 g/100 g), une fibre soluble capable de réduire le taux de cholestérol.

Le pomélo a également une teneur relativement élevée en pectine. Selon une étude conduite à l'Université de Floride, la consommation quotidienne d'un à deux pomélos pendant 4 mois permettrait de faire chuter le cholestérol total de 7,6 % et le « mauvais » cholestérol de 10 %.

Et enfin, **le guar,** riche en une fibre végétale soluble, est souvent utilisé comme épaississant en cuisine ou dans les aliments industriels. Dans une étude datant de 1988, des chercheurs californiens ont évalué les effets de cette substance sur le profil lipidique de 50 hommes souffrant de légère hypercholestérolémie. Au bout de 4 semaines de supplémentation, les patients ont vu leur taux de cholestérol total diminuer de 0,25 à 0,37 g/L et leur LDL-cholestérol (« mauvais » cholestérol) de 0,23 à 0,3 g/L. En association avec la pectine, la gomme guar a également montré ses effets anticholestérol. Une boisson composée de ces deux substances a permis une baisse de 10 à 15 % du cholestérol total et de 14 à 20 % de LDL-cholestérol.

Les fibres, indispensables à la santé du système digestif

En régularisant le transit intestinal, les fibres permettent ainsi de lutter efficacement contre la constipation et donc de réduire les risques de maladies diverticulaires de l'intestin (dues à des déformations de la paroi intestinales qui s'enflamment). De plus, l'action positive des fibres sur la flore intestinale permet de réduire l'incidence des cancers colorectaux puisque c'est dans les pays où l'on consomme le plus de fibres que ce type de cancers se rencontre le moins. En effet, plus l'alimentation est riche en fibres, plus les espèces bactériennes présentes dans la flore qui en sont friandes vont pouvoir se multiplier et moins il y aura de place

À savoir

Effet de la cuisson sur les fibres

Lorsque vous cuisez des légumes et des tubercules, leur teneur en fibres solubles augmente, alors que leur teneur en fibres insolubles baisse.

Quelques inconvénients des fibres

Les aliments riches en fibres peuvent occasionner des troubles digestifs : ballonnements, diarrhées et flatulences. Ils renferment également un facteur dit antinutritionnel : l'acide phytique qui peut limiter l'absorption de certains minéraux (calcium, cuivre, zinc, manganèse et fer).

Un régime trop riche en fibres peut irriter les muqueuses digestives et provoquer des phénomènes inflammatoires. Si vous souffrez de brûlures d'estomac, évitez les fibres végétales irritantes (poireaux, asperges, légumes secs, fruits secs).

pour les autres. C'est l'exemple même des **prébiotiques**, des ingrédients alimentaires non digestibles (fibres non digestibles, fructo-oligosaccharides...) qui exercent une action bénéfique sur la santé en stimulant sélectivement la croissance et/ou l'activité d'un nombre limité de bactéries de l'intestin.

La meilleure façon de manger des fibres

Les céréales complètes, le pain sont souvent présentés par les nutritionnistes comme « la » solution pour enrayer le recul des fibres dans l'alimentation moderne. Nous consommons en moyenne 15 g de fibres par jour, au lieu des 30 g souvent recommandés. Mais à énergie équivalente, les **fruits frais** apportent 2 fois plus de fibres que les céréales complètes et les **légumes** presque 8 fois plus.

Et pour augmenter votre apport de fibres, préférez les **fruits frais** aux jus de fruits. Si vous achetez des fruits bio et que vous ne souffrez pas de colopathie, vous pouvez les manger avec la peau car elle apporte des fibres solubles et des composés phénoliques antioxydants.

Les champignons, qui constituent un légume à part entière, sont également caractérisés par une forte teneur en glucides, dont le glucane, qu'on peut apparenter aux fibres.

Consommez des **légumes secs et légumineuses** qui renferment des quantités élevées de fibres (jusqu'à 25 % de leur poids), plus ou moins solubles (cellulose, hémicellulose, pectines).

Côté riz, les meilleurs sont les riz complets riches en fibres insolubles ou le riz basmati (riche en amylose, une forme d'amidon qui ne fait pas grimper exagérément l'IG).

Pain blanc et pain complet sont fabriqués de la même façon. Seule la farine diffère. Celle qui est utilisée pour le pain blanc est davantage raffinée, c'est-à-dire débarrassée d'une grande partie de ses fibres (4 à 5 fois moins que la farine complète).
Les pains complets apportent donc plus de fibres, de vitamines et dans certains cas de minéraux que les pains à la farine raffinée. Par rapport aux pains blancs, leur consommation régulière est associée à un risque plus faible de constipation, de troubles intestinaux, d'infarctus et de cancers de l'estomac, du côlon, de la vésicule biliaire et des ovaires.
On a supprimé les farines complètes parce que lorsqu'il y a trop de fibres dans le pain, elles gênent le réseau de gluten qui se casse et ne parvient pas à emprisonner le CO_2 issu de la fermentation. Donc, la pâte ne lève pas. C'est pour cela que le pain complet est plus dense, moins levé et a une mie peu aérée. Mais avec une farine de type 80, on obtient un bon compromis entre les contraintes techniques de la panification et la richesse nutritionnelle du pain obtenu.

En pratique

Pour arriver à 30 g de fibres par jour

- Manger chaque jour une poignée d'oléagineux secs : noix, noisettes, amandes...
- Inclure fruits, légumes, légumineuses au régime habituel : en 1965, chaque Français consommait 109 kg de fruits et légumes frais. Trente ans plus tard, ce chiffre est passé à 87 kg, soit une chute de 20 %. Entre 1999 et 2003, les Français ont consommé 16 % de moins de fruits, 15 % de moins de légumes. Dans l'idéal, il faudrait consommer chaque jour 5 à 12 portions de fruits, légumes, légumineuses.
- Remplacer les pains et les céréales raffinées par des aliments plus complets. Le pain blanc peut être avantageusement remplacé par du pain complet aux céréales (au levain) ou du pain de seigle (au levain). Le petit déjeuner peut s'agencer autour de céréales riches en sources de fibres (flocons d'avoine, céréales au son de blé, muesli au blé complet). Toutefois, si aujourd'hui vous consommez peu de fibres et que vous décidez d'en manger davantage, nous vous conseillons de le faire progressivement pour laisser le temps à votre système digestif de s'y habituer.

Menu d'une journée

	Riche en fibres ☺	Pauvre en fibres ☹
Petit déjeuner	Flocons d'avoine, lait d'avoine 10 amandes 1 bol de fruits rouges	Baguette, beurre, café au lait, jus multifruits à base de concentré
Déjeuner	Salade de haricots rouges, avocat, olives et pignons de pin Poisson blanc et champignons de Paris Pain au levain complet, fromage de brebis 3 figues fraîches	3 tranches de viande des grisons Steak haché, pommes de terre dauphine Tomme de Savoie Crème glacée
Goûter	3 pruneaux, 4 noix	Brioche, yaourt sucré
Dîner	Artichaut à la vinaigrette Purée de pois cassés, œuf sur le plat, salade de pousses d'épinards crus Poire pochée, coulis de fruits rouges	Tartines de baguette au pâté de campagne 1/2 pizza 4 fromages Crème dessert chocolat

Règle 3
Choisir des aliments à densité calorique (ou énergétique) faible

Pourquoi ?
- **Pour vieillir moins vite**
- **Pour perdre du poids**

Voici un premier terme assez rebutant : il est vrai que nous n'avons pas l'habitude de parler de densité calorique pour un aliment. La calorie est l'unité d'énergie correspondant à la quantité de chaleur produite par l'organisme lorsqu'il digère un aliment. On dit souvent d'un aliment qu'il est calorique en pensant à une barre chocolatée ou qu'il ne l'est pas en parlant d'une pomme, par exemple.

Avec la densité calorique (DC), on prend en compte un élément qui ne ment pas : le **nombre de calories (kcal) apporté par gramme (g) d'aliment**. Elle s'exprime donc en kcal/g. C'est en fait la concentration en calories d'une portion d'aliment.

La DC permet de comparer l'apport en calories d'une même quantité d'aliments. Plus la DC d'un aliment est élevée et plus cet aliment apportera de calories à portion égale.

Pour calculer la DC d'un aliment, relevez sur l'emballage ou dans les tables de composition le nombre de calories pour 100 g qu'il apporte et divisez par 100.

Par exemple, un hamburger au bacon apporte 300 calories pour 100 g. Sa DC est donc de 3. Par comparaison, 100 g de haricots blancs cuisinés apportent 100 calories. Leur DC est de 1.

Traduction : si, au lieu de manger des haricots dont la DC est égale à 1, vous mangez la même quantité (en poids) de hamburger dont la DC est égale à 3, vous allez ingurgiter trois fois plus de calories.

Des aliments à faible densité calorique pour être plus vite rassasié

En choisissant des aliments dont la densité calorique est faible, on arrive plus rapidement au sentiment de satiété. C'est-à-dire que pour une même portion, les aliments à DC faible apportent moins de calories, mais l'estomac est rempli de la même façon et arrête d'envoyer des signaux de faim. Vous êtes rassasié plus rapidement, sans en payer le prix en termes de calories.

Il est important de savoir que, quels que soient les aliments ingérés, nous mangeons toujours la même quantité de nourriture tous les jours.

☞ **Repères**

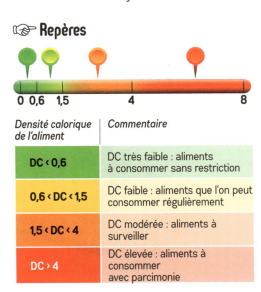

Densité calorique de l'aliment	Commentaire
DC < 0,6	DC très faible : aliments à consommer sans restriction
0,6 < DC < 1,5	DC faible : aliments que l'on peut consommer régulièrement
1,5 < DC < 4	DC modérée : aliments à surveiller
DC > 4	DC élevée : aliments à consommer avec parcimonie

C'est donc la densité calorique des aliments consommés qui détermine le nombre de calories ingérées quotidiennement. En privilégiant les aliments de densité calorique faible par rapport à ceux de densité calorique élevée, on peut manger des repas aussi copieux, voire plus, grâce à un apport calorique moindre sans en payer le prix fort sur le pèse-personne ! Choisir des aliments à DC faible revient à satisfaire votre estomac, tout en réduisant le nombre de calories ingérées et en comblant les besoins nutritionnels.

Certains régimes pour perdre du poids se basent uniquement sur les calories. Mais si l'on considère des repas apportant le même nombre de calories, celui qui a la plus faible densité calorique conduira plus rapidement à satiété que celui qui comprend des aliments dont la densité calorique est élevée. Afin de bien illustrer ce propos et montrer les volumes occupés dans une assiette et donc dans l'estomac, voir l'exemple ci-dessous.

En choisissant des aliments à densité calorique faible, vous satisfaites votre estomac, tout en réduisant le nombre de calories ingérées et en comblant les besoins nutritionnels.

Lors d'un repas, nous sommes en effet plus sensibles au poids de ce que nous avalons qu'à sa densité calorique. La démonstration en a été faite initialement par l'équipe de Barbara Rolls (université de Pennsylvanie). Elle a montré que des femmes à qui on sert un plat de pâtes et de légumes mangent invariablement la même quantité de nourriture, qu'elle soit plus ou moins calorique. Mais voilà : la plupart des aliments dont l'industrie fait la promotion – pizzas, hamburgers, sodas, pommes de terre, pain blanc, barres chocolatées – ont une densité calorique élevée.

La transformation d'un grain de blé en farine blanche multiplie par six sa densité calorique. Or, plus de 50 % des calories avalées par les Français viennent de céréales raffinées et des sucres ajoutés.

Avec des aliments dont la DC est faible, on peut manger plus, pour un même nombre de calories

- Légumes crus
- Émincé de poulet
- Vinaigrette
(huiles d'olive et de colza)

300 calories

- Petit steak
- Petite portion de frites

300 calories

Pour être rassasié avec de tels repas, il faut forcément accumuler les calories. Et, au passage, accélérer son vieillissement. De nombreux articles et études scientifiques sur la densité calorique ont été menés depuis 20 ans. Une synthèse des études sur le sujet publiée en mai 2010 par le Comité de conseil pour les recommandations nutritionnelles américaines (DGAC) conclut qu'en choisissant des aliments à DC basse, on perd durablement du poids, que l'on soit enfant, adolescent ou adulte.

Il est donc utile de choisir des aliments de faible densité calorique, à condition de ne pas compenser en augmentant les portions de manière excessive.

Au contraire, si vous favorisez les aliments à forte densité calorique, vous risquez d'avoir l'impression de ne pas avoir assez mangé, et cela peut vous pousser à ajouter un dessert sucré à votre repas, ou vous inciter à recommencer à manger rapidement après le repas.

La plupart des aliments modernes, raffinés, sucrés et aussi ceux qui forment le socle des recommandations nutritionnelles officielles, c'est-à-dire les féculents qui devraient être « consommés à chaque repas et selon l'appétit » ont une densité calorique élevée. Ces aliments étaient peut-être intéressants il y a dix mille ans au néolithique et jusqu'au XVIIIe siècle pour soutenir la croissance des populations et apporter de l'énergie rapide et peu chère aux travailleurs manuels, mais ils ne méritent plus d'être privilégiés aujourd'hui alors que la majorité de la population est sédentaire et que l'on connaît les effets des régimes riches en calories sur le vieillissement.

Plus on consomme de calories, plus on vieillit

Comme nous l'avons vu, un humain mange environ la même quantité de nourriture tous les jours. De multiples études ont montré que la restriction calorique augmente la longévité (lire encadré).

Rats au régime
En 1935, Clive McCay, un vétérinaire de l'université Cornell, dans l'État de New York, publie un article qui allait bouleverser les connaissances sur le vieillissement. McCay y raconte qu'il a trouvé le moyen d'allonger la vie de ses rats. Pour y parvenir, le chercheur les a mis au régime, leur a donné à manger moins de calories qu'ils n'en auraient mangé spontanément (en prenant soin d'enrichir leur alimentation en vitamines et minéraux). C'est ce qu'on appelle la restriction calorique.

La restriction calorique a donné les mêmes résultats pour près de 50 espèces, des rongeurs aux invertébrés en passant par les poissons. Lorsqu'on réduit de 30 à 40 % le nombre de leurs calories, ces animaux vivent 20 à 40 % plus longtemps que leurs congénères qui se nourrissent librement. Ils ont aussi moins de maladies liées à l'âge. Les régimes hypocaloriques augmentent à la fois l'espérance de vie moyenne (un plus grand nombre d'animaux vit plus longtemps que la moyenne habituelle) et la longévité maximale (durée maximale de vie de l'espèce).

Des études chez le singe et, depuis peu, chez l'homme confirment qu'il y a un lien direct entre la quantité de calories que l'on avale et la vitesse à laquelle on vieillit. Dans une étude de 2014 qui a duré près de 25 ans, des singes rhésus à qui on a réduit les calories de 30 % au début de leur vie adulte vivent plus longtemps que ceux qui sont nourris à satiété. Les singes en restriction calorique ont vu leur risque de maladie et de décès divisé par 3 par rapport au groupe qui mangeait sans restriction. « *La restriction calorique entraîne notamment une réduction du niveau des radicaux libres et des espèces réactives de l'oxygène, donc une baisse du stress oxydant* », explique Daniel Sincholle, pharmacologue et auteur du *Guide des compléments antioxydants* (Thierry souccar Éditions, 2014).

Toutefois, un tel régime alimentaire est très difficile à suivre car il faut apprendre à combattre la faim et à vivre avec un métabolisme au ralenti. Le jeûne intermittent a probablement des bénéfices proches, et il est plus facile à instaurer.

L'autre option, c'est de privilégier les aliments dont la DC est très faible ou faible et consommer avec modération ceux dont la DC est supérieure ou égale à 4. Rien n'est interdit, mais plus la DC est élevée, plus il faut être prudent.

En pratique

Densité calorique de quelques aliments courants

Les aliments à forte densité calorique ne doivent pas forcément être évincés de votre panier de courses. Il faut simplement les utiliser en très faible quantité quotidiennement. Nous verrons plus loin l'exemple des huiles végétales qui possèdent certes une DC très élevée mais qu'il est bon de mettre à chacun de vos principaux menus (sauf si vous mangez beaucoup d'oléagineux comme les olives, les noix...).

Densité calorique très faible < 0,6 kcal/g (à privilégier)	
Laitue, chou chinois	0,14
Courgette cuite	0,16
Tomate crue	0,21
Haricots verts	0,26
Champignon	0,3
Aubergine, brocoli	0,35
Carotte crue	0,4
Pamplemousse	0,42
Mandarine	0,5
Densité calorique faible 0,6-1,5 kcal/g	
Yaourt nature brassé	0,68
Raisin	0,7
Haricots blancs	0,78
Patate douce	0,9
Crabe (tourteau), crevettes, surimi	0,99
Riz brun cuit	1,12
Lentilles, tofu, thon	1,16
Riz blanc cuit	1,30
Œuf frais	1,45

Densité calorique modérée 1,5-4 kcal/g	
Pois chiche	1,64
Poulet (blanc)	1,77
Saumon	2,06
Crème glacée au chocolat	2,16
Crêpe nature	2,27
Sandwich jambon-fromage	2,41
Pain	2,8
Galette de riz	3,87
Comté	3,98
Densité calorique élevée > 4,0 kcal/g	
Pain au chocolat	4
Rôti de porc cuit	4,6
Biscuit BN	4,66
Barre chocolatée (Mars, Snickers)	4,67
Tablette de chocolat	5,01
Bacon grillé	5,4
Beurre	7,2
Huile végétale (moyenne)	8,84
Graisse de porc (saindoux)	9,02

La meilleure façon de consommer moins de calories

Le groupe des légumes et des légumes secs comprend des aliments dont la densité calorique est faible. Les aliments à densité calorique faible sont en effet ceux qui sont riches en eau et en fibres. L'eau est importante dans le contrôle des calories ingérées parce qu'elle les dilue dans une quantité donnée de nourriture. Quand on ajoute par exemple des aubergines aux lasagnes, on ajoute du volume de nourriture mais peu de calories. On peut ainsi manger plus pour le même nombre de calories.

On peut augmenter les quantités d'eau et de fibres alimentaires d'un repas en y ajoutant des légumes, des fruits, quelques céréales complètes. C'est une bonne stratégie pour diminuer la densité calorique des repas... donc pour pouvoir manger plus en volume pour moins de calories !

À l'opposé, le principal élément qui accroît la densité calorique d'un plat est la graisse. Sans toutefois s'en priver, car nous n'interdisons aucun aliment, il est préférable de mieux les choisir (voir p. 50).

Menu d'une journée

	à faible DC ☺	À DC élevée ☹
Petit déjeuner	Thé non sucré 1 yaourt soja nature 1 mandarine pain de seigle grillé, 1 c. à c. de purée d'abricots	Chocolat chaud 3 tranches de quatre-quarts 1 yaourt à boire
Déjeuner	Concombre à croquer Colin d'Alaska, céleri branche 1 tranche de pastèque	1 sandwich merguez-frites 1 brownie au chocolat
Goûter	1 tisane non sucrée 100 g de fraises	1 canette de cola 1 croissant au beurre
Dîner	Sole cuite au four avec poêlée de fenouil-courgettes 1 tranche de melon	1 tartine de rillettes 1 échine de porc, pâtes au parmesan 40 g de comté 3 madeleines

Règle 4
Choisir des aliments à densité nutritionnelle élevée

Pourquoi ?
- Pour prévenir les déficits en vitamines, minéraux
- Pour prévenir les maladies chroniques

Qu'est-ce que l'indice de densité nutritionnelle ?

Plus cet indice est élevé et plus l'aliment renferme de composés nutritionnels intéressants pour la santé pour un nombre de calories donné. Sur le site *LaNutrition.fr*, le calcul de cet indice prend en compte la présence de 14 nutriments : vitamines B1, B2, B3, B6, B9, B12, vitamine C, vitamine A, calcium, magnésium, potassium, fer, zinc et protéines.

Il est très important de se procurer chaque jour suffisamment de ces vitamines et minéraux par l'alimentation. « *Si vous n'en avez pas suffisamment*, explique le Pr Bruce Ames (université de Californie, Berkeley), *votre corps supporte les mêmes dommages que s'il était irradié.* » Par exemple, un déficit en vitamine B12, en zinc ou en fer peut endommager les chromosomes.

On pourrait comparer la densité nutritionnelle à un rapport qualité/prix ou plutôt nutriments/calories ! Quand vous achetez un produit, vous cherchez généralement à acheter au meilleur rapport qualité/prix. En matière d'alimentation, c'est la même chose. Un aliment possédant une densité nutritionnelle (DN) élevée est un aliment qui apporte le meilleur rapport entre le nombre de calories et sa richesse en éléments bénéfiques pour l'organisme.

L'objectif sera donc d'apporter des aliments avec le moins de calories possible mais avec la plus grande concentration en nutriments ! Cette notion de densité nutritionnelle va donc bien au-delà de la simple densité calorique.

Des exemples avec les céréales et les produits céréaliers

Les aliments subissent parfois des transformations qui ont un impact direct sur la densité nutritionnelle. En fonction de leur origine ou de leur traitement, ils sont plus ou moins riches en minéraux et micronutriments. C'est le cas des céréales comme par exemple le riz ou la farine de blé.

Le riz complet a une densité nutritionnelle plus élevée que le riz blanc

100 g de riz blanc cuit
- 0,5 g de fibres
- 8 mg magnésium
- 26 mg potassium
- 33 mg phosphore
- 1 mg calcium

119 kcal

100 g de riz complet cuit
- 1,4 g de fibres
- 44 mg magnésium
- 79 mg potassium
- 77 mg phosphore
- 10 mg calcium

119 kcal

Riz blanc *versus* riz complet

Le riz complet est plus riche en minéraux, vitamines et fibres que le riz blanc.
À nombre de calories et poids identiques, le riz complet aura une meilleure densité nutritionnelle que le riz blanc (voir dessin page précédente).

Farine de blé blanche *versus* farine de blé complète

Dans un grain de blé, les minéraux et autres vitamines se trouvent dans l'enveloppe du grain. En l'enlevant, on ne garde finalement qu'un quart des vitamines et des minéraux initialement présents. Dans la farine blanche, on retrouve donc peu de magnésium, de fibres, de vitamines du groupe B… substances pourtant présentes dans le grain d'origine.
La farine intégrale (T180) apporte 1,80 gramme de minéraux aux 100 g alors que la farine blanche (T55) n'apporte que 0,55 gramme de minéraux aux 100 g.
Ainsi, les pains et les préparations à base de farine de blé auront eux aussi des densités nutritionnelles différentes en fonction du type de farine utilisé. Un pain composé de farine T110 ou T80 aura toujours une densité nutritionnelle plus élevée que le même pain réalisé à partir d'une farine plus blanche, de type 55.

> **En pratique**
>
> **Au quotidien**
> - Privilégier les aliments et les plats à densité nutritionnelle élevée et densité calorique faible ou très faible.
> - Modérer les aliments et les plats à densité nutritionnelle faible ou modérée et à densité calorique élevée.

Teneur en vitamine C : orange ou poivron vert ?

Les agrumes, et en particulier les oranges, sont réputés pour leur teneur en vitamine C. On pourrait dire de ces aliments qu'ils ont une bonne densité nutritionnelle car ils apportent peu de calories et sont vecteurs de vitamine C. Toutefois, malgré ce que l'on pourrait penser, l'orange n'est pas l'aliment qui a la meilleure densité nutritionnelle en vitamine C.

POUR 100 Grammes
L'orange : **42 kcal**
53 mg vitamine C

POUR 100 Grammes
Le poivron vert : 16 kcal
127 mg vitamine C

Le poivron vert est donc moins calorique et beaucoup plus riche en vitamine C que l'orange !

On considère qu'un indice de densité nutritionnelle supérieur à 40 est élevé et que cet aliment fournit des « calories pleines ». C'est le cas des aliments suivants qui sont ceux qui ont été consommés par nos ancêtres pendant des millions d'années, ceux qu'il faut privilégier.

Quels aliments ont les meilleures densités nutritionnelles ?

Végétaux	Densité nutritionnelle
Cresson	83
Épinards	67
Persil frais	65
Mâche	55
Poivron jaune	54
Pourpier cru	49
Chou vert	45
Blette	44
Laitue	43
Poivron vert	40

Abats	Densité nutritionnelle
Foie de veau	226
Rognons d'agneau	195
Foie de bœuf	167
Foie d'agneau	154
Foie de porc	84
Rognon de veau	83
Rognon de bœuf	68

Fruits de mer	Densité nutritionnelle
Palourde	226
Huître	180
Poulpe	81
Bigorneau	58
Moules	55

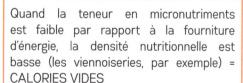

En résumé

Quand la teneur en micronutriments est faible par rapport à la fourniture d'énergie, la densité nutritionnelle est basse (les viennoiseries, par exemple) = CALORIES VIDES

Quand la teneur en micronutriments est élevée, alors que l'apport énergétique est peu important, on dit que la densité nutritionnelle est élevée (les fruits et légumes en sont un bon exemple) = CALORIES PLEINES

En pratique

Comment choisir les meilleurs aliments

Les aliments à haute densité nutritionnelle contiennent une grande quantité de micronutriments protecteurs, exprimée par rapport au poids, au volume ou par portion d'aliment.

Les légumes, les fruits, les oléagineux secs, les céréales complètes, les abats et les fruits de mer ont une densité nutritionnelle élevée.

À l'opposé, les féculents raffinés, les produits gras et sucrés sont pauvres en nutriments. D'ailleurs, en général quand la densité calorique est élevée, la densité nutritionnelle est basse.

D'autre part, le plus souvent, les aliments les plus denses nutritionnellement coïncident avec les aliments les plus riches en antioxydants : vitamines C et E, sélénium, zinc, caroténoïdes, des micronutriments indispensables pour contenir le stress oxydant qui favorise le vieillissement et la plupart des maladies chroniques.

Seulement tout n'est pas si simple et même si un aliment possède une densité nutritionnelle élevée, cela ne signifie pas qu'il faille en manger plus que de raison puisque d'autres critères vont aussi avoir leur importance comme nous le verrons tout au long de cet ouvrage.

Menu d'une journée

	À densité nutritionnelle élevée ☺	À densité nutritionnelle basse ☹
Petit déjeuner	1 café non sucré 2 tranches de pain de seigle avec purée d'amandes, noix de cajou 2 abricots frais	3 biscottes beurrées un verre d'eau
Déjeuner	Salade de pourpier cru vinaigrette 1 tranche de foie de veau, épinards cuits et riz complet 1 bol de framboises 1 expresso	1 sandwich poulet mayonnaise 3 macarons 1 limonade
Goûter	1 thé vert non sucré, 5 noix du Brésil	1 part de tarte aux pommes 1 soda
Dîner	Plateau de fruits de mer (huîtres, bigorneau, moules crues, palourdes) Laitue romaine et mâche vinaigrette 1 pêche	1 poignée de Bretzels 1 plat de lasagnes 1 riz au lait

▶ Règle 5
Choisir des aliments antioxydants

Pourquoi ?
- **Pour freiner le vieillissement naturel**
- **Pour réduire le risque de maladies chroniques et dégénératives**

Voici une notion qui n'est pas abordée, ou alors très succinctement, dans les programmes nationaux. Et pourtant le terme « antioxydants » est entré dans le langage courant. Les antioxydants coopèrent pour protéger les végétaux des radicaux libres, et ils agissent sans doute de même dans notre organisme, une fois ingérés, pour freiner le vieillissement et lutter contre les maladies chroniques et dégénératives. Les antioxydants sont des molécules naturelles qui neutralisent des particules extrêmement agressives, qu'on appelle communément (et un peu schématiquement) radicaux libres ou plus correctement espèces oxygénées réactives (EOR). Ces EOR, qui sont fabriquées à chaque instant par le simple fait de respirer ou de s'alimenter, sont capables d'endommager tous les constituants du vivant.

Il arrive que les EOR débordent les défenses antioxydantes. C'est le cas lorsqu'on prend de l'âge, si on vit dans une atmosphère polluée, si on fume, si on consomme des pesticides ou si on est soumis à un stress chronique. Et si en parallèle on suit un régime trop pauvre en antioxydants. Lorsque les EOR sont en surnombre, on parle de stress oxydatif ou oxydant. Ce stress oxydant est lié à une bonne centaine de maladies chroniques, comme le cancer, le diabète, la cataracte ou encore la maladie d'Alzheimer.

Il y a des milliers d'antioxydants dans l'alimentation : les plus connus sont les vitamines C et E, les polyphénols, les caroténoïdes, les terpénoïdes.

Encore faut-il choisir régulièrement les aliments les plus riches en antioxydants.

Les principaux antioxydants

Les polyphénols sont une vaste famille de composés répandus dans le règne végétal. On en trouve en quantité dans les baies, le thé, les tisanes mais aussi les pommes, les oignons.

Les caroténoïdes sont des pigments antioxydants jaune-orange. Les plus connus sont le bêta-carotène, l'alpha-carotène, la lutéine, la zéaxanthine, le lycopène.

Les terpènes et leurs cousins se trouvent en quantité dans les aromates et plantes aromatiques, les épices.

Comment connaître le caractère antioxydant d'un aliment

Il existe deux grandes méthodes pour déterminer le caractère antioxydant d'un aliment : le test ORAC et le test FRAP.

Le test baptisé ORAC (pour *Oxygen Radical Absorbance Capacity*, c'est-à-dire « capacité d'absorption des radicaux libres ») mesure le pouvoir antioxydant des fruits et d'autres aliments dans le sang. Les fruits dont les scores sont les plus élevés augmentent de 10 à 25 % le pouvoir antioxydant du sang ! Ce test a mis en valeur la supériorité des fruits rouges pour renforcer nos défenses contre les EOR. En plus, ces fruits rouges préviennent les pertes de mémoire chez le rat âgé et protègent leurs capillaires contre les attaques de l'oxygène. « *Sur la base de ces résultats*, dit le Dr Ronald Prior de l'université Tufts, *il faudrait se procurer 3 000 à 5 000 unités ORAC par jour pour espérer avoir un impact significatif sur la capacité antioxydante du plasma et des tissus* ». Seul souci : les valeurs ORAC varient tellement d'un fruit ou d'un légume à l'autre, que vous pouvez manger 7 fruits et légumes par jour et ne recevoir que 1 300 unités ou consommer un seul bol de myrtilles et avoir plus de 3 000 unités. Vous trouverez dans le tableau ci-dessous les indices ORAC de quelques aliments.

Aliments les plus antioxydants selon l'ORAC

Aliments	Indice ORAC pour 100 g
Fruits	
Abricot sec	3 234
Canneberge fraîche	9 090
Cerise fraîche	3 747
Cynorrhodon	96 150
Fraise	4 302
Framboise sauvage	19 220
Framboise	5 065
Goji	3 290
Mûre	5 905
Poire, séchée	9 496
Pomme séchée	6 681
Pruneau	8 059
Raisin sec golden	10 450
Épices	
Basilic séché	61 063
Cannelle moulue séchée	131 420
Clou de girofle	290 283
Curcuma moulu	127 068
Origan séché	175 295
Romarin séché	165 280
Thym séché	157 380

Aliments	Indice ORAC pour 100 g
Légumes	
Artichaut bouilli	9 416
Asperge	2 252
Avocat	1 922
Brocoli cuit	2 160
Chou-rouge bouilli	3 145
Chou-fleur pourpre cru	2 084
Laitue feuilles rouges	2 426
Patates douces cuites avec la peau	2 115
Roquette	1 904
Oléagineux	
Noisettes	9 645
Noix	13 541
Noix de pécan	17 940
Chocolats	
Cacao (poudre) non sucrée	80 940
Chocolat noir	49 930
Chocolat au lait	6 740
Boissons	
Thé vert	1 250
Vin	3 870 à 5 030

Ce que dit le test FRAP

De leur côté, des chercheurs norvégiens et américains ont testé 1 120 aliments selon une autre méthode, appelée FRAP (pour *Ferric Reducing Ability of Plasma*). Le test FRAP est assez peu fiable pour les aliments riches en vitamine C en raison des réactions entre cette vitamine et le fer ferreux. L'aliment le plus antioxydant serait une épice : le clou de girofle. Les épices et aromates occupent d'ailleurs le haut du classement puisque les quatre places suivantes reviennent à l'origan, au gingembre, à la cannelle et au curcuma.

Les chercheurs ont aussi classé les aliments selon la portion habituellement consommée et, là, ce sont les mûres qui arrivent en tête. Les noix de Grenoble et de pécan, les fraises, les artichauts, le café et les framboises figurent également en bonne place. Les jus de fruits les plus antioxydants sont ceux de raisin et de canneberge. Parmi les céréales du petit déjeuner, celles au son se classent bien, mais les aliments étudiés sont tous américains et l'étude ne dit pas si les céréales étaient enrichies en vitamines et minéraux, comme c'est souvent le cas aux États-Unis. C'est une boîte de chili con carne qui se révèle l'aliment transformé le plus antioxydant lorsqu'on considère la portion moyenne. Le poisson, le pain, le lait ont, dans cette étude, des valeurs antioxydantes faibles.

D'une manière générale, la plupart des aliments les plus antioxydants étaient directement issus des plantes, alors que la plupart des aliments les moins antioxydants provenaient des animaux.

Aliments les plus antioxydants selon FRAP

Aliment	FRAP (mmol/100 g)
Clous de girofle	125,549
Origan séché	40,299
Gingembre en poudre	21,571
Cannelle en poudre	17,647
Curcuma en poudre	15,679
Noix de Grenoble	13,126
Basilic séché	12,307
Paprika	8,601
Artichaut préparé	4,237
Chocolat noir	4,188
Mûres	3,990
Céréales complètes	3,412
Framboises	2,334
Choux rouge cuit	2,153
Vin rouge	2,135
Poivrons rouges cuisinés	1,640
Kiwi	1,325

La meilleure façon de lutter contre les EOR

On peut conclure des données utilisant le test ORAC ou le test FRAP que, pour maximiser la protection antioxydante, vous devriez idéalement consommer chaque jour plusieurs des aliments qui figurent dans le tableau page suivante.

Les aliments à privilégier pour renforcer les défenses antioxydantes

Légumes	Fruits	Sources animales	Boissons	Aromates et épices	Autres
Légumes crucifères Épinards Betteraves Artichauts Carotte (non traitée) Patate douce	Myrtilles Mûres Fraises (non traitées) Framboises Cerises Prunes Pruneaux Agrumes Raisin Kiwi Noix de Grenoble Noix de pécan Noix du Brésil	Huîtres et coquillages Abats (bio)	Vin rouge Jus de raisin Thé Tisanes	Toutes les épices Oignon, ail	Chocolat noir Huile de germe de blé

Les fruits et légumes bio plus riches en antioxydants

Les aliments bio ont des teneurs en antioxydants 19 à 69 % plus élevées que ceux de la culture conventionnelle et contiennent moins de cadmium et de pesticides. C'est ce que révèle une récente méta-analyse parue dans le *British Journal of Nutrition* qui a comparé les teneurs en antioxydants, en vitamines, en pesticides, en cadmium, arsenic et plomb, en nitrates/nitrites et en macronutriments de fruits, légumes et céréales bio et non bio.

L'activité antioxydante des produits bio est en moyenne 17 % plus élevée que celle des produits non bio. En plus d'être plus riches en antioxydants (notamment en composés phénoliques), les produits bio ont des teneurs plus élevées en caroténoïdes (+ 5 à 17 % selon les composés) et en vitamine C (+ 6 %) mais moins de vitamine E (- 15 %).

Les chercheurs expliquent que les plantes synthétisent beaucoup de leurs composés antioxydants pour lutter contre les attaques des insectes. En l'absence d'une protection par la pulvérisation de produits chimiques, comme ce serait le cas dans les cultures conventionnelles, elles produisent plus d'antioxydants, ce qui expliquerait les teneurs plus élevées dans les aliments issus de la culture biologique.

Les niveaux de cadmium sont beaucoup plus faibles dans les produits issus de l'agriculture bio – en moyenne 48 % en moins – que dans ceux issus de culture conventionnelle. Les chercheurs ont trouvé des résidus de pesticides 4 fois plus souvent dans les cultures conventionnelles que dans les cultures bio.

Selon cette étude, passer aux aliments bio permettrait d'augmenter la consommation d'antioxydants de 20-40 % sans augmentation des apports énergétiques. C'est en cela que les aliments bio démontrent particulièrement leur bénéfice d'un point de vue nutritionnel. Pour les auteurs, il s'agit de la première étude de grande envergure à démontrer des différences claires entre les fruits, légumes et céréales biologiques et conventionnels.

Quels végétaux éviter, lesquels privilégier ?

les + contaminés	les – contaminés
Fraise	Ananas
Mandarine	Kiwi
Nectarine	Mangue
Orange	Papaye
Pêche	Pastèque
Poire	Aubergine
Pomme	Avocat
Raisin	Brocoli
Carotte	Maïs doux
Céleri	Oignon
Chou frisé	Patate douce
Épinard	Petit pois
Poivron	Tomate
Persil	
Salades	

Menu d'une journée

	Riche en antioxydants ☺	Pauvre en antioxydants ☹
Petit déjeuner	Smoothie de fruits rouges (framboise, fraises, cassis, mûres, myrtilles) à la cannelle Thé vert non sucré 5 noix de Grenoble Pain aux graines de pavot et sésame avec purée d'amandes	Pain blanc margarine 1 fromage blanc nature 1 chocolat chaud
Déjeuner	Betteraves crues-artichaut vinaigrette Poêlée de tomates, aubergines au curcuma, poivre noir et piment de Cayenne Œuf sur le plat 4 prunes	Hachis parmentier 30 g de camembert avec du pain blanc 1 flan au caramel
Goûter	10 noix de pécan 1 morceau de gingembre confit	1 chausson aux pommes 1 sirop de citron
Dîner	Gaspacho-paprika Salade de haricots rouges et chou rouge avec graines de courge et pignons de pin, persil, basilic, thym 4 pruneaux	4 tranches de saucisson 1 assiette de pâtes carbonara 1 crème brûlée

Règle 6
Choisir des aliments à index glycémique bas

Pourquoi ?
- Pour freiner le vieillissement
- Pour rester mince ou pour maigrir
- Pour prévenir le diabète

Si vous pensiez que votre baguette blanche était un « sucre lent », que les pommes de terre l'étaient aussi, lisez ce qui suit.

L'index glycémique (IG)

Pain, biscottes, pâtes, riz, pommes de terre, lentilles… les glucides constituent le socle des recommandations nutritionnelles françaises. Mais ils ne sont pas tous interchangeables.

Pendant des années (et malheureusement toujours dans les programmes officiels et la formation – et le discours – de certains diététiciens-nutritionnistes), on a distingué les glucides d'après leur seule structure chimique. On opposait ainsi les sucres simples (glucose, saccharose ou sucre blanc, fructose, etc.), qui étaient aussi qualifiés de sucres rapides, aux sucres complexes (aliments riches en amidon comme le pain, les pâtes, les pommes de terre) que l'on appelait sucres lents. On pensait logiquement que les sucres simples (petites molécules) étaient rapidement absorbés et qu'à l'inverse, les glucides complexes, eux, étaient digérés lentement et libéraient progressivement leur glucose dans le sang.

On sait depuis les années 1980 qu'il n'en est rien, depuis que les Canadiens Jenkins et Wolever ont mis au point une méthode plus fiable de classer les aliments contenant des glucides : l'index glycémique.

Désormais, les termes de « sucres simples » et « sucres complexes » ne devraient plus être employés car ils ne correspondent à aucune réalité physiologique.

Index glycémique du pain de seigle et du pain de mie

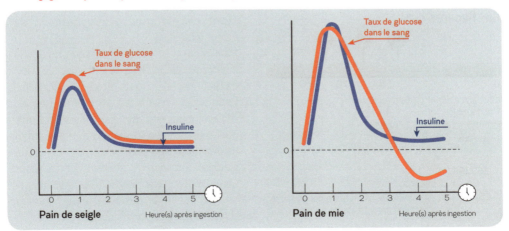

Qu'est-ce que l'index glycémique ? Tous les glucides, qu'ils soient simples ou complexes, provoquent un pic de la glycémie 30 minutes après leur ingestion. Seulement, l'amplitude de ce pic est plus ou moins grande. Cette amplitude ne dépend absolument pas du fait qu'on a ingéré un sucre simple ou un sucre complexe, elle dépend d'autres facteurs. L'index glycémique reflète cette amplitude.

L'index glycémique évalue donc la capacité d'un aliment à élever la glycémie. Si vous regardez le schéma page précédente, vous pourrez constater que 30 à 60 min après avoir avalé du pain de seigle (à gauche), la glycémie passe par un pic moins élevé qu'après avoir mangé du pain de mie.
On dit des glucides qui font grimper rapidement et fortement la glycémie qu'ils ont un IG élevé. Et de ceux qui ont peu d'influence sur la glycémie qu'ils ont un IG bas. Entre les deux, se trouvent les aliments à IG modéré. Retenez que plus l'IG est élevé, plus il fait grimper fortement et rapidement le taux de sucre sanguin.
En dessous de 55, on parle d'IG bas ; entre 55 et 70, d'IG modéré et au-dessus de 70, d'IG élevé.

☞ **Repères**

Plus un aliment est riche en amylopectine, plus son IG est élevé

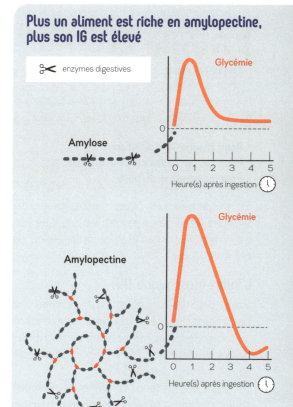

Comment calcule-t-on l'index glycémique d'un aliment ?

Concrètement, trente à quarante-cinq minutes après un repas, le taux de glucose sanguin, appelé glycémie, passe par un pic avant de retrouver progressivement sa valeur initiale.
Pour calculer un index glycémique, on donne à des volontaires 50 g de glucose dilué dans de l'eau : ceci servira de référence (IG = 100). Le glucose sanguin est mesuré toutes les 30 minutes pendant 2 à 3 heures. Cette opération est renouvelée avec une portion de l'aliment à tester contenant 50 g de glucides (amidon + sucres). En divisant l'aire située sous la courbe glycémique de l'aliment testé par l'aire située sous la courbe de référence, on obtient l'IG.

L'IG d'un aliment riche en glucides va dépendre de plusieurs facteurs :

- **La nature des glucides qu'il contient**

L'amidon est présent dans les céréales, les pommes de terre, les légumineuses. Mais ce que la plupart des gens ignorent c'est qu'il y a deux types d'amidon retrouvés en proportions variables d'un aliment à l'autre : l'amylose et l'amylopectine.

L'amylose, du fait de sa conformation, ne se laisse pas facilement démanteler par les enzymes digestives alors que l'amylopectine est plus rapidement digérée (voir schéma ci-contre).

Les aliments riches en amylopectine ont donc, parce qu'ils permettent aux enzymes digestives de libérer plus rapidement le glucose qu'ils renferment, un IG plus élevé que les aliments riches en amylose. Les études expérimentales montrent qu'un régime alimentaire riche en amylopectine fait plus grossir (+16 %) qu'un régime à base d'amylose.

– Dans les céréales et les légumes secs, plus il y a d'amylopectine et plus la cuisson est rapide mais aussi plus la digestion est rapide, entraînant un pic glycémique dommageable.

	Amylose ☺	Amylopectine ☹
Pommes de terre	20 %	80 %
Céréales (blé, riz)	25 %	75 %
Légumineuses	30-66 %	70-33 %

– Les fruits ont une teneur variable en amylose et amylopectine selon l'espèce végétale et la maturité. La maturation s'accompagne d'une conversion de l'amidon en glucides simples (saccharose, glucose et fructose) qui explique le goût plus sucré des fruits mûrs. Ainsi, l'IG de la banane est plus bas lorsqu'elle est verte (40) que lorsqu'elle est mûre (65).

- **La teneur et la nature des fibres qui le composent** (voir p. 21).

- **Le mode de cuisson**

L'amidon se gélatinise lorsqu'il est cuit en présence d'eau. C'est un phénomène visible par le gonflement du riz pendant la cuisson. L'amidon ainsi gélatinisé est très facilement transformé en glucose par les sucs digestifs. Plus la gélatinisation de l'amidon est importante et plus l'IG de l'aliment sera élevé.

L'IG sera donc plus faible pour des pâtes *al dente* que pour des pâtes très cuites.

Dans le pain et le pain de mie par exemple, l'amidon se trouve sous forme gélatinisée. Il se comporte physiologiquement comme du glucose pur. À l'inverse, dans les biscuits secs (type petit-beurre nature) l'amidon n'est pas gélatinisé et leur IG est donc modéré.

- **Les différentes transformations subies**

Plus les traitements que subit l'aliment sont sévères (cuisson, broyage, réduction en purée ou en jus) et plus l'IG est élevé.

De même, concernant les aliments prêts à consommer, l'IG dépend des différents procédés industriels utilisés.

Les céréales pour le petit déjeuner ont globalement, surtout celles estampillées « pour enfants », un IG élevé. En effet, les grains de céréales nécessitent d'abord une cuisson à la vapeur pour rendre l'amidon plus digestible. Les procédés de fabrication diffèrent ensuite selon le produit final que l'industriel veut obtenir :

– Pour les céréales en flocons ou en pétales, les grains concassés sont façonnés puis grillés.

- Pour les céréales soufflées, les grains entiers, cuits à la vapeur, sont ensuite soumis à un vide partiel qui les souffle.
- Les céréales extrudées sont obtenues à partir de farine soumise à l'action conjuguée de hautes températures et de hautes pressions dans un cuiseur-extrudeur pour obtenir des formes plus originales (boules, anneaux etc.).

Idem pour les galettes de riz soufflé qui se targuent d'avoir des « qualités nutritionnelles uniques ». Ces galettes affichent un IG de 85, ce qui est loin d'en faire des aliments sains en dépit d'une faible teneur en calories (27 kcal/galette).

Et enfin, l'IG d'un aliment dépend également de la présence **de graisses** qui ralentissent la vidange gastrique et de **composés acides** (vinaigre, levain du pain) qui diminuent l'IG.

Pourquoi opter pour des aliments à IG bas ?

Lorsque le sucre sanguin s'élève brusquement, comme c'est le cas avec des aliments dont l'IG est élevé, on finit à la longue par prendre du poids si l'on est sédentaire. En effet, en réponse à l'afflux de sucre sanguin, le pancréas sécrète une grande quantité d'insuline qui conduit les cellules à capter le sucre en excès. Or celui-ci est très efficacement transformé par l'organisme en graisses. En plus, la combustion des graisses de réserve est fortement diminuée. Enfin, les aliments à IG élevé attisent l'appétit et incitent à manger plus que ce dont on a besoin.

En résumé, les pics de glycémie et d'insulinémie nous conduisent à devenir plus gras. Chez le diabétique, ces pics peuvent conduire à des complications graves.

Pour couronner le tout, ces aliments augmentent le risque de diabète, d'infarctus et même de certains cancers.

À savoir

La charge glycémique

Comme nous venons de le voir, l'index glycémique permet de comparer le pouvoir hyperglycémiant de portions d'aliments qui renferment le même poids de glucides. Il nous dit simplement à quelle vitesse le glucose de cet aliment se retrouve dans le sang. Cependant il ne tient pas compte de la proportion de glucides que renferme cet aliment.

Or, les effets d'un aliment sur l'organisme dépendent de son IG mais également de la quantité qui est ingérée. Par exemple, le pain blanc a généralement un IG élevé. Mais si vous mangez une seule tranche de pain, son impact sur le sucre sanguin sera plus faible que si vous avalez une baguette entière.

Pour en tenir compte, on a mis au point le concept de **charge glycémique (CG)**. La CG évalue la capacité d'une portion d'un aliment à élever le sucre sanguin. Cette notion est aussi un bon indicateur de l'amplitude du pic d'insuline. La CG s'obtient en multipliant l'IG d'un aliment par la quantité de glucides d'une portion de cet aliment, puis en divisant par 100.
La CG reflète donc à la fois la qualité et la quantité des glucides d'un aliment.

Les grosses surprises de l'index glycémique

La plupart des aliments glucidiques ont été testés chez des diabétiques dont la glycémie était stabilisée et chez des personnes saines, ce qui a permis d'élaborer une table internationale des index glycémiques pour plus de 1 000 aliments riches en glucides. Vous trouverez la plupart de ces scores dans l'annexe, page 313. Lorsque l'on consulte cette table, plusieurs valeurs sont surprenantes.

Les aliments raffinés comme la **baguette blanche**, le **riz blanc**, les **céréales du petit déjeuner**, type corn flakes ou Rice Krispies ou encore le riz soufflé, ont un IG élevé voire très élevé, de même que les barres chocolatées, les viennoiseries et certains gâteaux. C'est aussi le cas des pommes de terre, surtout lorsqu'elles sont frites ou en purée.

Le fructose, le chocolat noir et les produits laitiers ne font pas grimper le taux de glucose sanguin (cela ne signifie pas pour autant qu'ils soient tous meilleurs pour la santé : le fructose peut favoriser par d'autres mécanismes obésité et diabète, les laitages et le chocolat stimulent la sécrétion d'insuline sans qu'on en connaisse très bien les conséquences à long terme pour la santé).

À l'inverse, les aliments peu transformés, comme le pain et le riz complets, les pâtes, les flocons d'avoine et le riz basmati ont un IG modéré à bas.
La plupart des fruits (hormis la banane bien mûre) ont un IG modéré.
Tous les légumes et les légumineuses (lentilles, pois, haricots, boulgour) ont un IG assez bas. Mais n'oublions pas qu'un aliment avec un IG bas à modéré peut se révéler problématique si on en mange une grande quantité : les pâtes ont un IG modéré, donc une petite portion est sans risque. Mais une grande assiette de pâtes, c'est une autre histoire ! Pour rendre compte de ces différences, on utilise le concept de charge glycémique (lire encadré).

Cette notion est particulièrement intéressante pour les diabétiques puisqu'elle permet de prévoir l'élévation de la glycémie et donc de mieux la contrôler en jouant sur les quantités. Mais elle est également primordiale pour toutes celles et ceux qui veulent perdre du poids ou conserver un poids de forme. En effet, une CG élevée sollicite de grandes quantités d'insuline, cette hormone qui favorise la prise de poids parce qu'en même temps qu'elle stimule la synthèse et le stockage des graisses, elle freine leur combustion.

Les sédentaires qui consomment régulièrement de grandes quantités d'aliments à CG élevées ont un risque plus important de surpoids et d'obésité, de diabète, de maladies cardiovasculaires et de cancers.

> **À savoir**
>
> ### Comment s'utilise la charge glycémique
>
> Charge glycémique (CG) = (IG x quantité de glucides d'une portion d'aliment [g])/100
>
> - Une CG supérieure à 20 est considérée comme **élevée**.
> - Une CG comprise entre 11 et 19 est considérée comme **modérée**.
> - Une CG inférieure à 10 est considérée comme **basse**.

On pense également que ces aliments favorisent la myopie chez l'enfant et la dégénérescence maculaire chez l'adulte. Vous trouverez dans le *Guide des index glycémiques* (Thierry Souccar, 2011), les charges glycémiques des principaux aliments couramment consommés.

> ### À savoir
>
> Si vous diminuez de 15 % la quantité de vos féculents et qu'en même temps vous diminuez de 30 % leur index glycémique, vous faites baisser votre charge glycémique de 40 % !

En pratique

Quel effet auront ces aliments sur votre glycémie ?

CG = 20,5

CG = 20,2

Un bol de corn flakes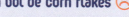

Portion : 30 g dont 25 g de glucides
IG = 82
CG = (25 x 82)/100 = 20,5.
Un bol de corn flakes a une CG élevée, ce qui signifie que cette portion provoquera un pic de glycémie.

Un bol de purée de pommes de terre

Portion : 150 g dont 22,5 g de glucides
IG = 90
CG = (22,5 x 90)/100 = 20,2
Un bol de purée a une CG élevée, ce qui signifie que cette portion provoquera un pic de glycémie.

CG = 4,5

CG = 9,6

Une assiette de carottes Vichy ☺

Portion : une assiette de 175 g dont 9,6 g de glucides
IG = 47
CG = (47 x 9,6)/100 = 4,5
Une assiette de carottes Vichy a une CG basse, ce qui signifie qu'elle ne provoquera pas de pic de glycémie.

Une tranche de pastèque ☺

Portion : 1/8 pastèque soit 200 g dont 13,4 g de glucides
IG = 72
CG = (72 x 13,4)/100 = 9,6
Une part de pastèque a une CG basse, ce qui signifie qu'elle ne provoquera pas de pic de glycémie.

La meilleure façon de manger des glucides

Nous vous recommandons de privilégier les aliments dont à la fois l'index glycémique et la charge glycémique sont modérés ou bas. Par exemple, si vous êtes amateur de féculents (pâtes, riz, pain, pommes de terre), nous vous conseillerons non pas d'y renoncer mais d'en manger un peu moins et de les choisir dans la liste de ceux dont l'IG est bas ou modéré.

Les effets positifs d'un régime alimentaire à IG bas sont moins rapides que ceux d'un régime pauvre en glucides. Il faut un peu de patience.

Par exemple, une étude de 2014 n'a pas trouvé que, dans le cadre d'un régime sain, les glucides à IG bas font varier la sensibilité à l'insuline, le cholestérol, la pression sanguine chez des personnes souffrant de surpoids et d'hypertension. Mais l'étude n'a duré que quelques semaines, trop peu pour avoir un impact significatif dans cette population.

C'est la raison pour laquelle dans le livre *Le Nouveau Régime IG* (Thierry Souccar Éditions, 2011), nous avons introduit une première phase avec restriction des glucides, qui permet d'accélérer l'apparition des résultats favorables.

Menu d'une journée

	À IG bas ☺	À IG élevé ☹
Petit déjeuner	40 g de flocons d'avoine, lait de soja nature 1/2 pamplemousse 5 noix de Grenoble	1/3 de baguette blanche avec gelée de fruits café sucré nectar de fruits
Déjeuner	Asperges 1 pavé de saumon, riz basmati, salade de mâche vinaigrette 30 g de fromage de chèvre 2 mandarines	Poisson pané, Purée de pommes de terre 5 dattes sèches
Goûter	1 jus de citron 5 noix du Brésil	3 tranches de pain d'épice 1 poignée de bonbons 1 sirop de menthe
Dîner	assiette de brocolis vapeur, lentilles-quinoa 1 yaourt soja nature 3 figues fraîches	1 poignée de bretzels 1 bière 1 hamburger au fromage, frites 1 sorbet

Les 10 grandes règles

L'index insulinémique (II)

L'IG et la CG permettent d'estimer l'impact des glucides sur la glycémie et donc indirectement la sécrétion d'insuline par le pancréas, un paramètre clé dans le maintien d'une santé optimale puisque l'on sait que les habitudes alimentaires qui favorisent des sécrétions chroniques d'insuline sont associées à un risque plus élevé d'acné, de diabète, d'embonpoint ou d'obésité, de maladies cardiovasculaires et de certains cancers comme le cancer du sein.

L'impact sur l'insuline ne dépend pas que des glucides

Toutefois, les chercheurs ont constaté que certains aliments qui apportaient peu de glucides avaient pourtant un impact sur la sécrétion d'insuline !
Si IG et index insulinémique se recoupent souvent, ce dernier concept révèle parfois des surprises, en particulier pour les aliments qui apportent certains acides aminés (L-arginine, L-phénylalanine, L-leucine) ou certaines graisses qui potentialisent en fait l'effet des glucides sur la libération d'insuline.

Les laitages en sont un très bon exemple puisque le lait, les yaourts – à l'exception de certains fromages – ont un IG modéré ou faible mais un index insulinémique proche de celui du pain blanc ! Lorsqu'on les ajoute à un aliment, par exemple du riz pour préparer un riz au lait, on augmente son index insulinémique de 50 à 300 %. Le chocolat semble également stimuler cette libération d'insuline, en dépit d'un IG bas ou modéré, certainement à cause de la présence d'arginine. Il semble donc que les laits chocolatés, le chocolat ajouté aux aliments sucrés (gâteau) élèvent la réponse de l'insuline. À choisir, il faudra toujours préférer par exemple des céréales du petit déjeuner simples aux versions enrobées de chocolat.

L'II étend donc le concept de l'IG et de la CG à tous les aliments, y compris ceux n'apportant pas ou peu de glucides et prédit la réponse globale d'un repas sur la sollicitation du pancréas à l'excès, avec comme risque majeur à long terme celui de développer un diabète de type 2.

Un index appelé à se développer

Actuellement, seule une centaine d'aliments a été testée et les résultats de 38 ont été publiés (voir tableau ci-contre). Pour étendre cette base de données, il faudrait soit compter sur la bonne volonté des industriels qui malheureusement ne se pressent pas puisque de nombreux aliments transformés ont un II élevé, soit sur les deniers des pouvoirs publics et là il faudra encore certainement plusieurs années…

Les pâtes blanches font partie des aliments à index insulinémique bas (pour une portion de 240 calories, l'II est de 40 environ).

Index insulinémique (pour une portion de 240 calories)

Aliments à II bas	Index insulinémique (II)
Cacahuètes	20 ± 5
Céréales All-Bran	32 ± 4
Porridge	40 ± 4
Pâtes (farine blanche)	40 ± 5
Pâtes (farine complète)	40 ± 5
Fromage	45 ± 13
Muesli	46 ± 5
Bœuf	51 ± 16
Popcorn	54 ± 9
Aliments à II modéré	**Index insulinémique (II)**
Pain aux céréales	56 ± 6
Lentilles	58 ± 12
Pommes	59 ± 4
Poisson	59 ± 18
Oranges	60 ± 3
Pommes de terre chips	61 ± 14
Riz complet	62 ± 11
Céréales Special K	66 ± 5
Céréales Smacks ou Miel Pops	67 ± 6
Aliments à II élevé	**Index insulinémique (II)**
Pommes de terre frites	74 ± 12
Donuts	74 ± 9
Corn flakes	75 ± 8
Riz blanc	79 ± 12
Croissants	79 ± 14
Bananes	81 ± 5
Raisins	82 ± 6
Gâteau	82 ± 12
Crackers	87 ± 12
Crème glacée	89 ± 13
Cookies	92 ± 15
Pain complet (blé)	96 ± 12
Pain blanc	100 ± 0
Yaourt	115 ± 13
Pommes de terre au four	120 ± 19
Pommes de terre (vapeur ou bouillies)	121 ± 11
Barre chocolatée Mars	122 ± 15
Bonbons Dragibus	160 ± 16

Règle 7
Équilibrer ses graisses alimentaires

> **Pourquoi ?**
> - Pour prévenir l'infarctus et la mort subite
> - Pour garder le moral
> - Pour freiner l'inflammation

Les lipides : ennemis public numéro 1 ! Les recommandations officielles ne conseillent-elles pas de « manger moins gras » ? Une réputation pas vraiment méritée : il n'existe à ce jour aucune preuve qu'en mangeant moins de graisses on perd durablement du poids… Les lipides sont des nutriments essentiels au fonctionnement de l'organisme. Et ce qui compte, ce n'est pas tant la quantité que la qualité. Comment bien choisir ?

Avec 9 calories (kcal) par gramme, les lipides sont les macronutriments les plus énergétiques. Ils sont indispensables pour nos activités quotidiennes (activité musculaire, régulation de la température corporelle) et lorsque l'on en consomme plus que nécessaire, ils sont mis en réserve, stockés dans les cellules graisseuses. Mais leur rôle n'est pas seulement énergétique. Les lipides sont très importants pour la santé parce qu'ils constituent la structure des membranes de nos cellules et, par-là, conditionnent leur bon fonctionnement et donc celui des organes auxquels elles appartiennent. Ils donnent aussi naissance à de nombreuses familles de messagers chimiques et de médiateurs qui jouent un rôle dans le rythme cardiaque, la circulation du sang, l'inflammation et l'immunité.

Combien de graisses ?

On a beaucoup exagéré ces dernières années les inconvénients des graisses. Il n'est pas prouvé que l'on maigrit en mangeant moins gras, et en remplaçant ce gras par des glucides (lire encadré). Il n'est pas non plus prouvé qu'un régime plus riche en corps gras « bouche » les artères, ni qu'il augmente le risque de cancer ou de maladies chroniques.

La Meilleure Façon de Manger ne vous invite pas à réduire drastiquement la quantité des graisses alimentaires. Celle-ci pourrait, selon nous, représenter **30 à 40 %** des calories, ce qui correspond à ce que nos ancêtres ont consommé. De son côté, l'Anses (ex-Afssa), l'agence de l'alimentation en France, qui proposait à l'origine de limiter les graisses pour qu'elles ne représentent que 30 à 35 % des calories quotidiennes, a adopté une position plus raisonnable, en rejoignant nos recommandations. Désormais, ces apports nutritionnels conseillés sont passés à 35-40 % de l'apport énergétique total soit pour une base de 2 000 calories par jour, un apport entre 700 et 800 calories provenant des lipides, donc entre 77 et 88 grammes de graisses quotidiennes. Exit la mode de « l'ultra allégé », il est temps de réintroduire certains lipides dans l'alimentation !

Comment les repèrer ?

Certaines matières grasses sont très faciles à repérer : elles sont d'origine animale (beurre, saindoux) et d'origine végétale (toutes les huiles obtenues par pression de graines d'oléagineux : arachide, tournesol, maïs, colza, palme, coco, etc. ainsi que les margarines).

Ces matières grasses visibles ne sont qu'une partie de l'iceberg et d'autres se trouvent dans les viandes, les charcuteries, les fromages, les viennoiseries, les biscuits, les barres chocolatées, les pâtes à tartiner, les plats préparés… Ces graisses dites « cachées » représentent un peu plus de la moitié de notre ration quotidienne en graisse.

Aliments	Lipides en g pour 100 g
Graisses visibles	
Saindoux	100
Huile d'olive, de tournesol, de colza, d'arachide, de noix, de maïs, de pépins de raisins	100
Margarine de tournesol	84
Beurre	83
Margarine allégée	41-65
Graisses cachées	
Noix	63,7
Amande	53,5
Croissant	40
Roquefort	32,8
Crème fraîche	30
Nutella	30
Gruyère	29
Quiche lorraine	28,1
Côtelette de porc	24,2
Camembert	22
Crème allégée	12
Fromage blanc Fjord	10

Réduire les graisses ne fait pas maigrir

Nous avons examiné toutes les études de plus d'un an au cours desquelles on a donné à des personnes en surpoids un régime pauvre en matières grasses.

Résultat : pas de perte de poids à long terme. Par ailleurs, les pays qui ont réduit leur apport en matières grasses pour les remplacer par des glucides (céréales raffinées notamment) ont connu une augmentation de l'obésité. Ceci probablement parce que les glucides raffinés ont des effets marqués sur l'insuline et… le stockage des graisses. Plusieurs organismes se sont d'ailleurs déjà prononcés sur le sujet de la réduction des graisses et du poids. Les Instituts nationaux de la santé des États-Unis ont admis que *« la seule diminution des graisses sans réduction des calories ne permet pas de faire maigrir les individus en surpoids. Le remplacement des graisses par des glucides est inefficace »*. De son côté, une commission de la Fondation nationale de cardiologie australienne, au terme d'une analyse exhaustive de la littérature scientifique, a conclu *« qu'il existe des preuves modérées que les graisses alimentaires ne sont pas un facteur indépendant du développement du surpoids et de l'obésité »*.

Les trois familles de graisses

Toutes les graisses sont composées de triglycérides, eux-mêmes constitués d'acides gras attachés à une molécule de glycérol. Les acides gras sont des chaînes carbonées avec plus ou moins d'atomes de carbone qui ont de multiples rôles au sein de l'organisme (hormones, constituants des membranes cellulaires…).

Ils sont souvent classés en acides gras : saturés, mono-insaturés (oméga-9) et polyinsaturés (oméga-6 et oméga-3).

Les différents types de graisses

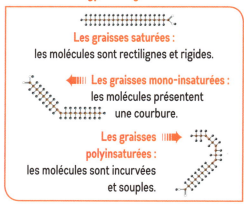

- **les graisses saturées** : ce sont surtout les graisses animales, même si certains aliments d'origine végétale (chocolat, huiles de noix de coco et de palme) en contiennent de grandes quantités ;
- **les graisses mono-insaturées** : on les trouve dans l'huile d'olive, certaines noix, l'avocat, mais aussi dans certaines charcuteries et dans le foie gras. Elles ne sont pas essentielles, car le corps sait les fabriquer à partir de certaines graisses saturées ;
- **les graisses polyinsaturées** : essentiellement dans les huiles végétales. Il existe deux familles qui doivent impérativement être apportées par l'alimentation parce que notre corps ne sait pas les fabriquer : les **oméga-6** et les **oméga-3**.

Les autres lipides dans l'alimentation

- Les phospholipides, des molécules qui comportent des acides gras et du phosphore (la lécithine du soja et du jaune d'œuf)
- Le cholestérol
- Les graisses trans, des corps gras produits par les ruminants (on en trouve dans les laitages), ou fabriqués industriellement, en ajoutant de l'hydrogène.

Composition des principales matières grasses

En % d'acides gras saturés (AGS), mono-insaturés (AGMI), polyinsaturés (AGPI)

Huiles	% AGS	% AGMI	% AGPI
Arachide	21	47	32
Colza	8	62	31
Maïs	13	27	60
Noix	10	18	72
Olive	15	76	9
Pépins de raisin	13	16	71
Tournesol	11	24	65
Matières grasses	% AGS	% AGMI	% AGPI
Beurre	67	30	3
Margarine allégée	32	21	43
Margarine de tournesol	18	32	50
Saindoux	50	42	8
Végétaline®	99	0	0

Source : Répertoire général des aliments. Table de composition des aliments, Lavoisier, Tec et Doc, Paris

Le régime de nos ancêtres comme référence

Jusqu'au néolithique, il y a 10 000 ans, l'homme recevait ces trois familles d'acides gras dans des proportions équilibrées. **En particulier, on consommait autant d'oméga-6 que d'oméga-3, et même un peu plus de ces derniers**. Mais, avec l'avènement des céréales cultivées, le recul de la cueillette de plantes sauvages et des noix, la diminution depuis le Moyen Âge de la consommation de poissons et de coquillages, l'homme moderne a vu la part des oméga-6 s'élever, alors que celle des oméga-3 diminuait.

Dans les années 1960, la généralisation de l'huile de tournesol, qui ne contient pas d'oméga-3, a accentué ce déséquilibre. La peur du gras dans les années 1970-1980 a fait le reste, les Français se détournant des poissons gras. Résultat : aujourd'hui, un Français moyen consomme 10 à 15 fois plus d'oméga-6 que d'oméga-3 et ce déséquilibre doit être corrigé.

Pourquoi vous devez veiller au rapport oméga-6 sur oméga-3

On lit souvent que les oméga-6 seraient « mauvais » et que les oméga-3 seraient « bons ». Ce raccourci simpliste s'explique par le fait que les oméga-6 donnent naissance à des composés qui favorisent l'inflammation et les caillots sanguins, alors que les oméga-3 donnent naissance à des composés peu inflammatoires et qui fluidifient le sang. En réalité, les deux familles sont nécessaires à la santé. Ce qui compte, c'est l'équilibre entre elles.

Si vous avez trop d'oméga-6 dans votre alimentation, c'est sûr, les phénomènes inflammatoires vont être stimulés et le sang sera moins fluide, ce qui peut favoriser les infarctus ou certains cancers, par exemple. Si vous avez beaucoup trop d'oméga-3, le risque d'infarctus sera très faible puisque le sang circulera parfaitement bien et même trop bien : dès lors, le risque d'accident vasculaire cérébral hémorragique sera plus élevé. Ceci a été observé chez les Inuits du Groenland, dont l'alimentation à base de poisson et de phoques apportait plus de 10 g par jour de deux acides gras oméga-3 – l'EPA et le DHA – qu'on trouve dans les huiles de poisson. Ces 10 g par jour étaient donc excessifs, mais on peut les comparer aux 0,1 à 0,2 g par jour qui sont au menu des régimes occidentaux – très insuffisants. En plus, des travaux récents suggèrent que les mères qui consomment un excès d'acides gras oméga-6 pendant leur grossesse courent un risque important de donner naissance à un bébé vulnérable à l'obésité et au surpoids.

Le bon rapport : 3 oméga-6/1 oméga-3

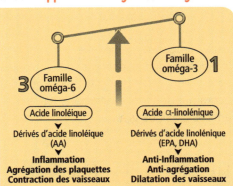

Le corps est incapable de fabriquer deux acides gras polyinsaturés. Le premier est l'acide linoléique, un acide gras de la famille oméga-6, à partir duquel toute la famille des autres acides gras oméga-6 est fabriquée. Le second est l'acide alpha-linolénique, un acide gras de la famille oméga-3, à partir duquel toute la famille des autres oméga-3 est fabriquée. Nous devons absolument les trouver dans l'alimentation. Ce sont des acides gras essentiels. En dépit de leurs effets opposés, oméga-6 et oméga-3 sont nécessaires à la santé. Ce qui compte, c'est l'équilibre entre ces deux familles.

Les graisses dont le bébé a besoin

Dans certaines circonstances, d'autres acides gras peuvent aussi se révéler conditionnellement essentiels : par exemple, les enfants prématurés n'ont pas dans le foie les outils biochimiques qui leur permettent de synthétiser l'acide arachidonique (à partir de l'acide linoléique) et le DHA (à partir de l'acide alpha-linolénique). Or, ces deux substances jouent un rôle considérable dans le développement du cerveau. Il est donc probable que DHA et acide arachidonique doivent être apportés par l'alimentation à ces enfants.

EPA et DHA : des oméga-3 très puissants

L'EPA (acide eicosapentaénoïque) et le DHA (acide docosahexaénoïque) sont les acides gras à très longues chaînes de la famille oméga-3. Ils possèdent de puissantes propriétés biologiques qui modulent les fonctions pulmonaire, cardiovasculaire, immunitaire, reproductive... Ils interviennent dans la signalisation entre les cellules, la régulation de la transcription génétique, la prévention de l'inflammation et des phénomènes d'auto-immunity, la fluidité du sang... On les trouve surtout dans les coquillages, crustacés, poissons gras à des taux qui varient selon l'espèce, l'origine (sauvage ou d'élevage) et le mode de cuisson. On les trouve aussi dans les œufs de poules nourries aux graines de lin et plus généralement dans la chair des animaux nourris avec des aliments riches en acide alpha-linolénique. Mais en plus, tout le monde est capable, avec plus ou moins d'efficacité selon l'âge (moins bien aux âges extrêmes de l'existence), de synthétiser de l'EPA et du DHA précisément à partir du précurseur, l'acide alpha-linolénique. Pour cela, il ne faut pas que l'alimentation apporte trop d'oméga-6.

Après avoir été longtemps nié par les autorités sanitaires, ce grave déséquilibre a été officiellement reconnu en 2003 par l'Agence française de sécurité sanitaire des aliments. Mais les mesures d'information et surtout d'intervention pour y remédier restent timides.

Dans *La Meilleure Façon de Manger*, nous estimons que les oméga-6 devraient représenter 3 à 5 % des apports énergétiques, et les oméga-3, 1,4 à 1,8 %. Ainsi, le rapport oméga-6 sur oméga-3 devrait-il idéalement se situer entre 2 et 3. Ce ratio respecte les grands équilibres du corps. Vous trouverez en deuxième partie (page 149) des conseils pratiques pour préserver ou retrouver cet équilibre très important ainsi que des recommandations concernant les autres familles d'acides gras.

Menu d'une journée

	Avec un rapport oméga-6/oméga-3 bas ☺	Élevé ☹
Petit déjeuner	1 tisane non sucrée 1 poignée de mirabelles 1 tartine de pain aux graines de lin, margarine oméga-3	1 café 1 tartine de baguette de margarine à l'huile de tournesol noix de macadamia
Déjeuner	1 tartine de rillettes de thon 1 pavé de saumon, chou-fleur vapeur 1 bol de fraises	Rôti de porc mayonnaise Chips à l'huile de tournesol 30 g de gruyère Muffin au chocolat
Goûter	5 noix de Grenoble	5 noix du Brésil 1 verre de lait
Dîner	1 maquereau en papillote, salade d'endives avec vinaigrette huile de colza et de lin 30 g de roquefort 2 abricots	Salade de pois chiches huile et graines de tournesol poulet rôti, pâtes sauce pesto Crêpes à la pâte à tartiner

Règle 8
Veiller à l'équilibre acide-base

Pourquoi ?
- **Pour prévenir l'ostéoporose**
- **Pour éviter de perdre ses muscles et les remplacer par de la graisse**
- **Pour garder des reins en bonne santé**

Depuis quelques années, les chercheurs travaillent sur une piste qui pourrait expliquer l'essor de certaines maladies « modernes » liées à notre alimentation : l'équilibre acide-base.

Comme nous vous avons conté l'histoire des oméga-3, voici dans le même ordre d'idée, celle de l'équilibre acide-base. C'est un peu la même histoire.

Le menu de nos ancêtres préhistoriques, en faisant la part belle aux végétaux, leur apportait des éléments alcalinisants (ou basifiants) comme le calcium, le magnésium et le potassium. Aujourd'hui, avec l'avènement de l'alimentation moderne, nos assiettes sont garnies de viandes et de céréales agrémentées d'une bonne dose de sel (chlorure de sodium), avec assez peu de fruits et de légumes.

Cette alimentation a un inconvénient majeur : elle est acidifiante et perturbe notre équilibre fondamental…

Qu'est-ce que l'équilibre acide-base ?

Pour fonctionner correctement, notre organisme doit se situer dans une zone de pH équilibré, ni trop bas, ni trop élevé – c'est-à-dire ni trop acide, ni trop basique (ou alcalin).

Cet équilibre acide-base dépend en grande partie de l'alimentation.

- **Côté acide** : les céréales, les protéines (surtout animales) apportent des acides aminés qui contiennent du soufre et/ou du phosphore alors que le sel apporte des ions chlorures. Résultat : le soufre contribue à la charge acide nette de l'organisme via l'acide sulfurique qui en résulte, le chlore via l'acide chlorhydrique et le phosphore via l'acide phosphorique.
- **Côté basique** : les fruits, légumes, légumes verts à feuilles, légumes-fruits (tomate), racines et tubercules apportent des sels de potassium alcalins.

C'est quoi le pH ?

Le pH, pour potentiel Hydrogène, permet de mesurer l'activité de l'ion hydrogène dans une solution. Cette grandeur chimique mesure le caractère plus ou moins acide ou basique d'une solution aqueuse. L'échelle de pH est graduée de 0 à 14. Plus la solution est acide, plus la valeur du pH est faible (< 7). Inversement, moins la solution est acide – on dit qu'elle est alcaline ou basique –, plus le pH est élevé (> 7).

Globalement, l'organisme préfère être un petit peu trop basique qu'un petit peu trop acide. Le sang est normalement légèrement basique, avec un pH compris entre 7,35 et 7,45.

Jusqu'à la fin du paléolithique, l'alimentation humaine était remarquablement alcaline. L'explication est simple. L'alimentation préhistorique, riche en fruits, légumes, tubercules, racines (alcalinisants), était gorgée de sels de potassium qui neutralisaient facilement les acides issus du métabolisme alimentaire. Même lorsque la part des protéines animales (poisson,

Aliments acidifiants (en rouge) comparés aux aliments basifiants (en vert)

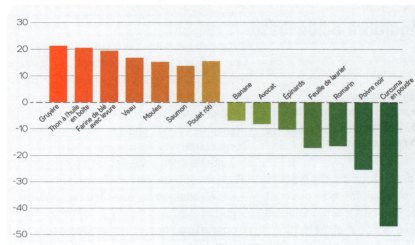

Si l'on fait le bilan entre d'un côté la production d'acides et de l'autre la production de bases dans le cadre d'une alimentation occidentale, il ressort que le tout penche trop souvent du côté acide.

viande) a augmenté, il y a 150 000 ou 200 000 ans, pour culminer à l'époque de Cro-Magnon, nos ancêtres baignaient dans une alcalose métabolique discrète du fait de la place prépondérante des végétaux. Sur la base d'un régime apportant 3 000 calories (kcal) par jour, on estime la part des végétaux, en poids, à plus de la moitié. Cro-Magnon mangeait deux à trois fois plus de potassium que nous autres, ses descendants. Cet environnement modérément alcalin est celui pour lequel nous sommes génétiquement faits. Malheureusement, depuis 10 000 ans et plus encore depuis un à deux siècles, c'est plutôt dans une acidose chronique que nous baignons parce que la consommation de céréales, de viandes, de laitages, de sel a augmenté et que celle des fruits et légumes a reculé.

Comment mesurer l'acidité de notre organisme ?

Pour connaître le pH de l'organisme, les chercheurs ont commencé par mesurer directement l'acidité de notre

À savoir

L'acidité de l'organisme augmente avec :

• la consommation de méthanol, un alcool présent dans certaines boissons (bourbon, whisky, cognac, vin rouge) ;
• un excès d'aspirine ;
• le diabète et les maladies rénales ;
• l'âge, parce que les reins perdent progressivement leur capacité à éliminer les acides.

urine. Efficace, certes, mais quelque peu contraignant. Alors, le Dr Thomas Remer, spécialiste de l'équilibre acide-base au département Nutrition et santé de l'Institut de recherche pour la nutrition des enfants à Dortmund en Allemagne, a mis au point un indice permettant d'évaluer l'acidité résultant de l'alimentation directement d'après votre menu. C'est l'**indice PRAL** (pour *Potential Renal Acid Load*), également appelé charge rénale acide potentielle. Cet indice qui se mesure en milliéquivalent (mEq) évalue l'acidité de l'urine – et donc de l'organisme – grâce à la quantité de minéraux acides et de minéraux basiques apportés par notre alimentation. Comme tous les minéraux ne sont pas absorbés de la même façon par notre intestin, l'indice PRAL doit tenir compte pour chaque minéral de son coefficient d'absorption intestinale. Cet indice additionne tous les minéraux acides et soustrait tous les minéraux basiques.

Les minéraux peuvent être classés en deux catégories selon leur effet sur le pH de l'organisme. Dans le camp des minéraux « acidifiants », on retrouve le chlore, le soufre et le phosphore. Dans le camp des minéraux « basifiants » : le magnésium, le calcium, le sodium et le potassium.

Ensuite, tout est une question de mathématiques. Si vous consommez plus de minéraux acidifiants que de minéraux basifiants, l'indice PRAL est supérieur à zéro : votre alimentation est acidifiante. Dans le cas contraire, l'indice PRAL est négatif : votre alimentation est basifiante (ou alcalinisante). L'indice PRAL évalue donc l'effet de l'aliment sur l'équilibre acido-basique. Cet indice est calculé pour 100 g d'aliment ou 100 mL de boisson. Vous trouverez les indices PRAL de nombreux aliments courants page 316.

Contrairement aux idées reçues, le goût acide d'un aliment ne reflète en rien son pouvoir acidifiant ou alcalinisant sur l'organisme. Le caractère acide de l'organisme est le reflet de l'alimentation mais il ne peut être détecté au goût puisque bien souvent un aliment acide au goût est alcalinisant et au contraire, un aliment au goût neutre peut être très acidifiant.

Quelles conséquences pour votre santé ?

Les chercheurs soupçonnent l'acidose chronique de **favoriser la fonte musculaire,** les **troubles rénaux et l'hypertension artérielle.** Mais c'est surtout une piste très sérieuse pour expliquer au moins en partie la flambée de l'**ostéoporose.** Pourquoi ? Parce que notre organisme ne peut pas fonctionner dans un environnement trop acide.

Si notre alimentation est trop acidifiante, cela ne pose pas trop de problème dans les premières années de la vie. Mais avec l'âge, nous perdons peu à peu la capacité de neutraliser cette acidose chronique. Après 50 ans, le corps va avoir tendance à puiser dans les os des substances alcalinisantes pour neutraliser cette charge acide. Les os contiennent en effet des citrates et des bicarbonates, connus pour leur effet tampon, c'est-à-dire qu'ils diminuent l'acidité de l'organisme.

Problème : dans nos os, ces substances se trouvent sous la forme de citrate de calcium ou de bicarbonate de calcium.

> ### À savoir
>
> PRAL négatif = aliment alcalinisant = ☺
> PRAL positif = aliment acidifiant = ☹
>
> Le site Internet LaNutrition.fr est l'un des seuls sites à calculer l'indice PRAL de plus de 1 000 aliments, un outil qui vous aidera à choisir ceux dont les indices sont les plus favorables. Les aliments acidifiants sont généralement :
> - les fromages, avec un record pour le parmesan dont l'indice PRAL est de 34 ;
> - les viandes et charcuteries avec un record pour le lapin ;
> - les poissons, crustacés et fruits de mer ;
> - les céréales.
>
> À l'inverse, les aliments basifiants se recrutent parmi les fruits et légumes, les thés, tisanes et même le vin. Les légumes les plus alcalinisants sont les épinards, le persil, le céleri. Les fruits les plus alcalinisants sont les fruits secs (figues, raisins, etc.).

En puisant ces éléments basifiants, l'organisme « pompe » le calcium de nos os. **Résultat** : la densité osseuse diminue, les os se fragilisent, c'est l'ostéoporose.

L'acidose chronique, lorsqu'elle se poursuit dans le dernier tiers de la vie, tend ainsi à « dissoudre » les os par élimination du contenu minéral osseux, mais elle fait aussi fondre les muscles et abîme les reins.

La meilleure façon de lutter contre l'acidose

Vous salez vos plats ou vous consommez des plats industriels déjà salés ? Le chlorure du sel vient acidifier votre organisme. Vous mangez de la viande tous les jours ? Les protéines animales vous apportent des acides aminés soufrés. Ce soufre se transforme en acide sulfurique pour contribuer à abaisser encore votre pH. Vous délaissez les fruits et légumes ? Dommage, ce sont, avec certaines eaux minérales, les aliments les plus basifiants qui soient. Au final, vous ingurgitez plus de minéraux acidifiants que de minéraux basifiants. Comment réagir ? D'une manière générale, il faudrait compenser la consommation d'une portion d'aliment acidifiant par deux portions d'aliments basifiants. Pour ceci, il faut :

● Augmenter la part des fruits et légumes

Les gens qui consomment le plus de fruits, de légumes, de magnésium et de potassium présentent une meilleure densité osseuse. Une étude a montré que lorsqu'on passe de 3,6 à 9,5 fruits/légumes par jour, on élimine beaucoup moins de calcium : 100 mg/j au lieu de 157 mg/j. Une banane par jour permet à elle seule de conserver 60 mg de calcium dans le corps. Ces 60 mg quotidiens, si on les rapporte à une décennie, correspondent à une économie de 18 à 21 % de calcium osseux.
Conseil : visez au moins 4 parts de légumes et 3 fruits chaque jour, en privilégiant les légumes de couleur vert sombre, orange et rouge. Incorporez des légumes verts-violets (aubergines, artichauts) plusieurs fois par semaine. Consommez des fruits secs comme les figues. Cuisinez avec des aromates (romarin, sauge, thym…) et des épices (curcuma, gingembre, cumin…).

● Manger moins de protéines animales

Vous êtes amateur de viande, de laitages ? Si vous mangez un peu moins de protéines animales, par exemple 20 g de moins par jour – ce qui est l'équivalent d'un steak de 100 g –, vous pourrez conserver des os en bonne santé sans avoir besoin de grandes quantités de calcium.
Conseil : ne vous privez pas de fromage, mangez juste des portions moins importantes. Si vous mangez viande, poisson, œufs deux fois par jour, essayez une seule fois par jour.

● Manger moins de sel

En diminuant sa consommation de sel (par exemple, 4 à 5 g de sel en moins chaque jour), on réduit aussi l'élimination urinaire de calcium et on améliore plusieurs marqueurs de la santé osseuse.
Conseil : ne salez pas vos plats, consommez moins d'aliments préparés, consommez moins de pain et de fromage.

● Manger moins de céréales, et les choisir complètes ou semi-complètes

Les céréales seules entrent pour près de 40 % dans la charge acide libérée par l'alimentation moderne. En remplaçant les céréales alimentaires par les noix, les fruits, les légumes et les haricots, on passerait d'une charge nettement acide à une charge légèrement basique. Et lorsqu'on mange des céréales, les choisir semi-complètes ou complètes. Pour une acidité équivalente, ces dernières présentent en effet une densité nutritionnelle plus élevée que les céréales raffinées.

Conseil : chaque jour, pas plus de 4 à 5 tranches de pain complet ou semi-complet multicéréales (pas exclusivement au blé). Alternez pâtes complètes ou semi-complètes et riz complet ou riz sauvage. En tout, pas plus de 6 à 8 portions de céréales par jour.

● **Boire régulièrement
une eau minérale riche en bicarbonates**

Vous trouverez dans cet ouvrage, au chapitre des boissons (voir page 95), les eaux en bouteille les plus alcalinisantes vendues en France. De manière générale, les eaux les plus alcalines sont celles qui apportent le plus de bicarbonates (plus de 1 000 mg/L). Peu importe que ce bicarbonate s'accompagne de sodium. Le bicarbonate de sodium ne présente pas de risque pour la pression artérielle. C'est lorsque le sodium est associé au chlorure (sel) que ce risque augmente.

Conseil : ces eaux sont le plus souvent des eaux pétillantes, on peut en boire 0,5 L par jour. Lisez les étiquettes et veillez à ce que la concentration de fluor ne dépasse pas 2 mg/L.

● **Prendre éventuellement un complément alimentaire à base de minéraux alcalinisants**

Le premier complément alimentaire est le citrate de potassium ou, à défaut, le bicarbonate de potassium. Un tel complément peut aider à rééquilibrer la balance acide-base. En plus, des études ont montré qu'il améliore la densité osseuse. En cas de déséquilibre avéré qui peut se vérifier à l'aide de bandelettes urinaires, une personne en bonne santé peut prendre chaque jour 1 000 mg de bicarbonate de potassium. Si on souffre de maladie rénale il faut prendre l'avis d'un médecin avant de se supplémenter en potassium. Des minéraux comme le calcium ou le magnésium peuvent également contribuer à rétablir l'équilibre acido-basique.

Menu d'une journée

	Alcalinisante ☺	Acidifiante ☹
Petit déjeuner	1 café 3 abricots secs	Pain complet Œuf à la coque, bacon grillé, emmental
Déjeuner	Soupe de cresson Blette vapeur 1 tranche de melon	Foie de bœuf, riz blanc 30 g de comté, pain aux céréales Éclair au chocolat
Goûter	1 poignée de figues et bananes séchées 1 jus de carottes	1 chausson aux pommes
Dîner	Poireaux vinaigrette (échalote, persil) Quinoa, champignons, Salade de mâche-roquette, basilic et graines de cumin 2 kiwis	Taboulé 2 œufs sur le plat, pâtes au parmesan Tiramisu

Règle 9
Réduire le sodium et privilégier le potassium

Pourquoi ?
- Pour prévenir l'hypertension et les maladies cardiovasculaires
- Pour prévenir le cancer de l'estomac

Les végétaux apportent de grandes quantités de potassium et peu de sodium, un ratio adéquat pour le bon fonctionnement de nos cellules. Pendant des milliers d'années, nous avons consommé fruits, baies, légumes, racines, tubercules, noix et graines, gibier, poisson apportant jusqu'à dix fois plus de potassium que de sodium.

Pourquoi consomme-t-on trop de sodium ?

Le sel est apparu dans l'alimentation quand l'homme s'est sédentarisé. En découvrant les vertus du sel pour conserver les aliments, il a aussi découvert son intérêt gustatif. Depuis, le rapport sodium/potassium alimentaire s'est progressivement inversé. Les dernières décennies ont vu l'avènement des plats préparés et, parallèlement, la chute vertigineuse de la consommation des produits frais. Nos ancêtres du paléolithique ne consommaient pas plus de 600 mg de sodium par jour, soit moins d'1,5 g de sel (chlorure de sodium). Aujourd'hui, nous en avalons allègrement sept fois plus. Dans le même temps, nous ne consommons pas plus de 3 à 4 g de potassium par jour, alors que nos ancêtres en consommaient 7 à 8 g. Nous consommons donc aujourd'hui 2 à 4 fois plus de sodium que de potassium et ce déséquilibre a des répercussions sur notre santé.

Trop de chlorure de sodium, pas assez de potassium = hypertension

La plus connue de ces répercussions est l'hypertension.
L'étude INTERSALT, qui portait sur plus de 10 000 hommes et femmes vivant dans 32 pays différents, a montré que plus les personnes mangent de sel, plus elles ont une pression artérielle élevée. En revanche, plus l'alimentation est riche en potassium, plus la pression artérielle est basse. Une étude de Harvard de 2013 portant sur 187 pays estime que l'excès de sel (plus de 2,5 grammes par jour) est responsable de la mort de 2,3 millions de personnes chaque année.
Dans une étude appelée DASH, les chercheurs ont recruté 412 adultes à risque d'hypertension qu'ils ont répartis en deux groupes consommant pendant 4 semaines soit 8,6 soit 4 g de sel. Les résultats montrent que les volontaires du groupe « 8 g » consommant beaucoup de fruits et de légumes (donc de potassium) avaient la même pression artérielle que les volontaires du groupe « 4 g » qui mangeaient peu de légumes (donc peu de potassium).
Selon 33 études conduites avec des suppléments de potassium chez des personnes qui souffraient d'hypertension, le potassium fait baisser significativement la tension, un fait connu depuis le début des années 1990. La baisse est plus importante chez celles et ceux qui consomment de grandes

quantités de sel. Cela signifie que nous pourrions probablement tolérer des excès modérés de sel si par ailleurs nous consommions de larges quantités de potassium.

> **Le coût du sel**
>
> Que se passe-t-il si l'on consomme plus de 6 g de sel par jour ? Selon plusieurs chercheurs, l'excès de sel serait responsable de 25 000 décès par an en France et de 75 000 accidents cardiovasculaires mais le coût réel pour la santé publique est difficile à quantifier par manque de données fiables. Compte tenu du nombre de personnes hypertendues et de la relation connue entre hypertension et accident vasculaire cérébral (AVC), on peut imaginer qu'en diminuant le sel alimentaire, on préviendrait une proportion significative des AVC. Les sceptiques soulignent qu'en réduisant de 3 à 6 g sa consommation de sel quotidienne, on ne fait baisser sa pression artérielle que de 5 mm Hg (soit un passage, par exemple, de 14 à 13,5). Mais il s'agit précisément de la baisse moyenne observée dans les essais cliniques qui ont porté sur les médicaments antihypertenseurs. Or, ces essais ont démontré qu'une réduction de la pression artérielle, fût-elle aussi modeste, protège des AVC.

D'après une étude parue dans *BMJ Open*, une diminution de la consommation de sel aurait joué un rôle important dans la réduction des décès par infarctus et accident vasculaire cérébral en Angleterre. En 2003, différents programmes associant les industriels ont été lancés en Angleterre pour réduire la consommation de sel des britanniques via une diminution de la teneur en sel des aliments. Résultats : la consommation de sel est passée de 9,5 g en moyenne à 8,1 g entre 2003 et 2011. Les chercheurs ont analysé les données de la *Health Survey for England*, qui comptait 9 183 personnes en 2003, 8 762 en 2006, 8 974 en 2008 et 4 753 en 2011. Les résultats montrent qu'entre 2003 et 2011, il y a eu une diminution des décès par AVC de 42 % et par maladie ischémique cardiaque de 40 %. En parallèle, la pression sanguine a diminué.

Prévenir la perte osseuse

Des études ont montré que l'augmentation de la consommation de fruits et légumes jusqu'à 9,6 portions par jour diminue l'excrétion rénale de calcium de 30 %, épargnant ainsi le calcium osseux. Plus particulièrement, les chercheurs ont montré que lorsque l'on ne consomme pas assez de potassium, on élimine plus de calcium. Les femmes ménopausées qui consomment plus de fruits et donc de potassium ont ainsi une meilleure densité osseuse.

Une étude a aussi montré qu'un apport de 0,08 g à 0,1 g par kilo et par jour de citrate de potassium (soit 4 à 5 g pour un poids de 50 kg) pendant 3 mois réduisait la perte osseuse de femmes ménopausées.

De même, prendre 6 g par jour de bicarbonate de potassium pendant 3 ans a permis à des femmes ménopausées d'éviter la perte de 55,8 mg de calcium, soit 5 % de leur calcium osseux.

Éviter la prise de poids

C'est ce que révèle une étude américaine conduite auprès de 2 782 hommes et femmes âgés de 44 ans en moyenne et publiée dans l'*American Journal of Clinical Nutrition*.

Un ratio sodium/potassium élevé témoigne d'une alimentation riche en sel, pauvre en fruits et légumes. Comme on l'a vu, ce type d'alimentation peut favoriser, l'âge aidant, un état d'acidose chronique, en particulier si la fonction rénale est diminuée. L'acidose chronique conduit à une diminution de la masse musculaire, donc à une baisse du métabolisme de base (calories brûlées au repos) et une augmentation de la masse grasse. Dans cette étude, le pourcentage de masse grasse augmentait de 0,43 à 0,75 chaque fois que le ratio urinaire sodium/potassium augmentait de 3 unités. Même s'il s'agit d'une étude prospective ne permettant pas de conclure formellement à un lien de cause à effet, elle vient s'ajouter à d'autres travaux ayant relevé le même type d'association.

Ce que disent les autorités sanitaires

Le PNNS français (Programme national nutrition santé) a pour objectif une consommation moyenne de 8 grammes de sel par jour pour les hommes et 6,5 grammes pour les femmes et les enfants. À terme, les pouvoirs publics visent les recommandations de l'Organisation mondiale de la santé, soit 5 grammes par jour.

Mais depuis 2000, la consommation de sel n'a pratiquement pas baissé en France puisque les hommes consomment 8,7 grammes de sel par jour et les femmes et les enfants 6,7 grammes.

L'Association américaine de cardiologie et le *Scientific Advisory Committee* du Royaume-Uni ont arrêté un seuil de 6 g par jour. De son côté, l'Institut de médecine des États-Unis, qui fixe les apports conseillés dans ce pays, a proposé en février 2004 une consommation optimale de l'ordre de 1,5 g de sodium et 2,3 g de chlorure par jour, soit un total de 3,8 g de sel, en recommandant de ne pas en avaler plus de 5,8 g.

La recommandation des experts américains est doublement intéressante. D'abord, parce qu'ils lui ont associé celle de se procurer « *au moins* » 4,7 g de potassium. Ensuite, parce que, pour la première fois, la problématique du sel, telle qu'elle est exposée aux médecins et au grand public, dépasse le cas du seul sodium. L'ion sodium, selon qu'il est associé à l'ion chlorure, comme dans le sel de table ou au contraire à du citrate, du phosphate ou du bicarbonate n'a pas du tout les mêmes effets sur le volume du plasma et la pression artérielle. Seule la combinaison chlorure *plus* sodium augmente le volume du plasma et la pression artérielle.

La meilleure façon de manger moins de sel, plus de potassium

Le sel alimentaire est surtout apporté par le pain, les charcuteries, les plats cuisinés industriels.

On peut réduire sa consommation de chlorure de sodium en salant moins, en consommant moins de plats cuisinés industriels, de charcuteries, en limitant sa consommation de pain. On pense souvent qu'un régime pauvre en sel est très difficile à suivre, mais ce n'est pas exact (lire encadré ci-contre).

On peut aussi manger moins salé en remplaçant le sel par des aromates et des épices. C'est ce qu'a vérifié l'étude appelée SPICE ; cette étude a comparé deux groupes qui avaient pour consigne de suivre un régime pauvre en sel, l'un des deux groupes recevant des conseils et des démonstrations en cuisine pour remplacer le sel par des aromates et des épices. Résultat : dans ce dernier groupe, la consommation quotidienne de sodium a été inférieure de près d'un gramme à celle du premier groupe.

À savoir

À la place du sel, quelles épices pour quels plats ?
- Laurier, coriandre, poivre... dans les potages
- Cardamome dans les purées
- Curry, safran, coriandre... dans le riz
- Aneth, curry, paprika, citronnelle, estragon... dans les plats de poissons
- Menthe, persil... dans les salades
- Ciboulette, ail, oignon, curcuma... dans les œufs.
- Ail, oignon, poivre... dans les farces.

Pensez aussi aux sels de régime : ils sont plus riches en potassium et pauvres en sodium.

Les végétaux sont une source majeure de potassium : ils diminuent ainsi le risque d'hypertension et contribuent à corriger le déséquilibre acido-basique qui caractérise l'alimentation moderne. Nous conseillons de manger 5 à 12 portions quotidiennes de légumes, tubercules à index glycémique bas, plantes racinaires, légumes secs et légumineuses. Mais, pour faire le plein de potassium, mieux vaut se rapprocher de l'objectif des 10 portions par jour. Préférez des végétaux frais et des fruits secs, mais les fruits en conserve et surgelés, même s'ils renferment moins de vitamines, ne doivent pas être négligés (à condition qu'ils ne nagent pas dans une eau sucrée) parce qu'ils sont riches en potassium.

Les légumineuses sont également une excellente source de potassium, elles apportent entre 900 et 1 200 mg de potassium pour 100 g.

Toutes les algues, enfin, sont des mines de potassium et 100 g de champignons apportent également 300 à 500 mg de potassium pour seulement 5 à 20 mg de sodium.

On peut compléter, le cas échéant, son régime avec du citrate de potassium ou du bicarbonate de potassium acheté en pharmacie ou magasin diététique ou sur Internet.

Se déshabituer du sel : fastoche !

Des chercheurs se sont demandé s'il est difficile de réduire sa consommation de sel. Pour le savoir, ils ont demandé aux participants d'une étude appelée DASH d'évaluer la contrainte que cela représentait. Verdict : moins de sel, c'est facile. *« Les gens arrivent avec l'a priori qu'un régime pauvre en sel sera insipide,* explique Eva Obarzanek, principal auteur de l'étude, *pourtant les patients des groupes à faible apport en sel ont jugé leur diète tout à fait acceptable. Le goût pour les repas salés découle d'une habitude. On peut très bien se déshabituer et "désapprendre" à aimer le sel. »* À apport en sel égal, les auteurs précisent que ce sont les volontaires soumis au régime DASH riche en fruits et légumes qui ont eu le plus de facilité à diminuer leurs apports en sel. Si vous souhaitez limiter le recours à la salière pour prendre soin de votre tension, profitez-en pour augmenter votre ration de fruits et légumes !

Règle 10
Manger hypotoxique

Éviter les composés toxiques créés par la cuisson

Les amines hétérocycliques aromatiques (AHA)

À température modérée (80 à 100 °C), la créatine ou la créatinine, un composé protéique contenu dans les viandes et les poissons réagit avec des molécules issues de la réaction de Maillard (voir ci-contre) pour donner des amines hétérocycliques aromatiques (AHA) cancérogènes. Les précurseurs des AHA sont très hydrosolubles. Les exsudats de début de cuisson, les jus de viande repris dans la poêle constituent des conditions idéales d'apparition d'AHA. Lorsqu'on n'incorpore pas ces exsudats, on élimine 60 à 70 % des précurseurs. À haute température (au-delà de 200 °C), dans les conditions rencontrées dans un four par exemple, peuvent se former d'autres types d'AHA issus de la décomposition des acides aminés ; ils sont présents dans les parties grillées des viandes et poulets rôtis. Après ingestion, les AHA subissent une transformation au niveau du foie qui les rend toxiques. Ils sont ensuite libérés dans l'intestin, où ils pourraient contribuer chez les gros mangeurs de viande à l'augmentation du risque de cancer du côlon relevé par certaines études.

Les hydrocarbures aromatiques polycycliques (HAP)

Les HAP sont un groupe de produits chimiques qui se forment lors de la combustion incomplète du charbon, du pétrole, du gaz, du bois, ou d'autres substances organiques, telles que le tabac et la viande cuite à haute température. Il y a plus de 100 différents HAP. L'un des plus connus est le benzo(a)pyrène. Les HAP forment généralement des mélanges complexes.

Les HAP sont partout présents dans l'environnement, et vous pouvez être exposé à ces substances à la maison, à l'extérieur ou au travail. Typiquement, vous ne serez pas exposé à un HAP en particulier, mais à un mélange.

La fumée de cigarettes, les gaz d'échappement des véhicules, le chauffage au bois sont autant de sources environnementales.

La cuisson de la viande, du poisson ou d'autres aliments à des températures élevées génère aussi des HAP.

Le barbecue est une source double de

> **En pratique**
>
> **Conseils pour limiter AHA et HAP**
>
> - Adoptez chaque fois que c'est possible des modes de cuisson douce : poché, vapeur…
> - Respectez la règle numéro 2 (une majorité de végétaux dans votre alimentation) : les régimes centrés sur les végétaux apportent moins de HAP et de AHA, et en plus, leurs composés (polyphénols, terpènes) aident à les éliminer ou les neutraliser.
> - Évitez de consommer le jus des viandes cuites à la poêle, et éliminez les parties roussies et carbonisées des aliments.
> - Vous pouvez faire mariner viandes et poissons avant cuisson, dans du vin, de la bière, du citron auxquels vous ajouterez épices ou plantes aromatiques : cela réduit la formation d'AHA.

HAP : ceux qui apparaissent dans l'aliment sous l'effet des températures élevées, et ceux qui sont apportés à l'aliment par la combustion du bois ou du charbon.

Le fumage du poisson ou des viandes produit des HAP. Du fait des processus de séchage ou de torréfaction, les huiles, le thé, le café, les céréales contiennent aussi des HAP.

Plusieurs HAP sont considérés comme cancérogènes.

Les produits de glycation avancés (AGE)

Les produits de glycation avancée (en anglais AGE) sont des composés qui se forment lorsque des sucres réagissent avec des portions de protéines et de graisses. Cette réaction est bien connue des boulangers sous le nom de réaction de Maillard : c'est elle qui est à l'origine du brunissement de la croûte du pain. Le métabolisme produit naturellement des AGE, mais l'alimentation ajoute sa propre charge.

Les gros pourvoyeurs d'AGE sont les aliments d'origine animale, surtout lorsqu'ils sont chauffés. Par exemple, le bacon frit détient en l'espèce une sorte de record.

Ces AGE accélèrent le vieillissement de notre organisme et augmentent le risque de certaines maladies. C'est la chercheuse américaine Helen Vlassara (Mount Sinai Hospital, New York) qui, la première, a suggéré un lien entre la toxicité des AGE alimentaires et des maladies comme le vieillissement ou le diabète. Elle a montré que les AGE contenus dans les aliments étaient absorbés par notre corps et que l'alimentation était la principale source d'AGE.

Hélas, les AGE ne font pas que passer. Ils circulent dans tout l'organisme et entrent dans les cellules. Le problème est que ces AGE ne peuvent être détruits et, à moins d'être éliminés dans les urines, vont donc s'accumuler dans les cellules. Dans tous les cas, les AGE de l'alimentation peuvent perturber le fonctionnement de l'organisme, surtout si on souffre d'un sucre sanguin élevé, de diabète ou d'insuffisance rénale. Les patients atteints d'insuffisance rénale sont plus sensibles aux AGE, car ils ne peuvent pas les éliminer correctement dans les urines. Dans le diabète, les AGE sont en grande partie responsables des complications graves de cette maladie.

Formation des AGE

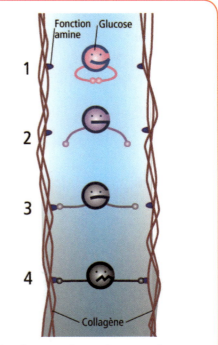

1. Le glucose est sous forme cyclique
2. La molécule de glucose s'ouvre libérant des extrémités aldéhyde
3. et 4. Ces extrémités se fixent aux fonctions amines du collagène

Mais le Dr Vlassara a montré que même chez les personnes en bonne santé, la consommation de grandes quantités d'AGE aux repas induit un état pro-oxydant et inflammatoire. L'inflammation elle-même est soupçonnée de favoriser diabète, obésité, allergies, maladies cardiovasculaires, arthrose, ostéoporose… À l'inverse, une diminution de la quantité d'AGE dans l'alimentation réduit le stress oxydant. Chez l'animal, elle augmente la durée de vie. Il existe des tables de teneur des aliments en AGE, mais elles diffèrent selon la technique de mesure utilisée. Voici quelques aliments classés selon leur teneur en AGE d'après des mesures faites par l'équipe d'Helen Vlassara. Ces mesures sont basées sur la teneur des aliments en carboxyméthyllysine (CML), un marqueur de la présence d'AGE.

Aliments	AGE (kU/100 g)	Portion (g)	AGE par portion (kU)
Noix de cajou nature	6 730	30	2 019
Noix de cajou grillées	9 807	30	2 942
Fromage crème Philadelphia (Kraft)	8 720	30	2 616
Beurre de cacahuètes Skippy	7 517	30	2 255
Cachuètes grillées à sec (Kraft)	6 447	30	1 934
Pistaches salées	380	30	114
Bœuf (Hamburger Mc Donald's)	5 418	90	4 876
Steak haché (20 % de graisses) cuit à la poêle	4 328	90	4 435
Rôti de bœuf	6 071	90	5 464
Bifteck grillé	7 416	90	6 674
Bifteck cuit à la poêle avec de l'huile d'olive	10 058	90	9 052
Bœuf à l'étouffé	2 443	90	2 199
Poulet à l'étouffée	1 123	90	1 011
Poulet à l'étouffée avec du citron	957	90	861
Blanc de poulet grillé	4 849	90	4 364
Cuisse de poulet rôtie	4 650	90	4 185
Nuggets de poulet (McDonald's)	8 627	90	7 764
Bacon frit sans huile ajoutée	91 577	13	11 905
Bacon aux micro-ondes, 3 min	9 023	13	1 173
Porc à la poêle	4 752	90	4 277
Rôti de porc	3 544	90	3 190
Saucisse au barbecue	4 839	90	4 355
Saumon d'élevage surgelé, poché	1 801	90	1 621
Saumon d'élevage surgelé, cuit vapeur	1 212	90	1 091

Aliments	AGE (kU/100 g)	Portion (g)	AGE par portion (kU)
Saumon frit à la poêle avec de l'huile d'olive	3 083	90	2 775
Saumon fumé	572	90	515
Thon en boîte, nature	452	90	407
Brie	5 597	30	1 679
Féta	8 423	30	2 527
Tofu, sauté	4 723	90	4 251
Œuf au plat	2 749	45	1 237
Omelette, chaleur basse, huile d'olive	337	30	101
Œuf poché	90	30	27
Croissant au beurre	1 113	30	334
Pain au blé complet, tranché	103	30	31
Pain au blé complet, tranché, toasté	137	30	41
Corn flakes (Kellogg's)	233	30	70
Miel Pops (Kellogg's)	1 243	30	373
Rice Krispies (Kellogg's)	2 000	30	600
Flocons d'avoine instantanés (Quaker Oats)	13	30	4
Pommes de terre frites (McDonald's)	1 522	100	1 522
Pommes de terre frites faites maison	694	100	694
Pomme de terre bouillie	17	100	17
Lait de coco	307	15	46
Figue sèche	2 663	30	799
Pruneau	167	30	50
Légumes grillés (brocoli, carotte, céleri)	261	100	261
Avocat	1 577	30	473
Sucre blanc	0	5	0

Boissons	AGE (kUI/100 mL)	Portion (mL)	AGE par portion (kU)
Lait écrémé	2	250	5
Lait entier	5	250	12
Lait de soja	31	250	77
Jus d'orange	6	250	14
Coca Cola	6,4	250	19
Lait artificiel (Enfamil)	486	30	146
Rhum (Bacardi)	0	250	0
Vin rouge, pinot	32,8	250	82

Les 10 grandes règles

> **En pratique**
> **3 conseils pour limiter les dégâts des AGE**
>
> 1. Inspirez-vous du tableau pour choisir les aliments et les modes de cuisson les moins problématiques.
> 2. Utilisez les cuissons humides plutôt que sèches : à la vapeur, à l'étouffée, poché. Au lieu de cuire le poulet au four, cuisinez-le dans une cocotte avec un bouillon et des aromates, du vin… À la place du saumon au four, faites-le cuire à la vapeur ou poché.
> 3. Tâchez de maintenir un taux de sucre sanguin bas, en suivant le régime alimentaire décrit dans ce livre, en perdant du poids si nécessaire, en faisant régulièrement de l'exercice.

L'acrylamide

L'acrylamide a été identifié dans notre alimentation au tout début des années 2000. Dans les aliments, notamment ceux riches en asparagine et amidon comme les féculents, l'acrylamide peut se former par une réaction chimique à haute température (plus de 150 °C) : la réaction de Maillard (voir page 65). Cette réaction fait brunir les aliments et leur donne du goût ; elle peut avoir lieu lors de la friture, la cuisson ou la torréfaction. On trouve ainsi de l'acrylamide dans les chips, les frites, les biscuits, le café… Le problème est qu'il s'agit d'un composé cancérogène et neurotoxique.

À cause de leur faible poids, les enfants sont les plus exposés. L'acrylamide traverse aussi la barrière placentaire et peut aussi se retrouver en faibles doses dans le lait maternel. La principale source d'exposition des nourrissons provient des aliments pour bébé et des « autres produits à base de pommes de terre ». Pour les enfants et adolescents, l'exposition à l'acrylamide est due aux produits à base de pommes de terre frites, au pain de mie, aux biscuits et crackers, et aux produits à base de céréales et de pommes de terre. Ces groupes d'aliments sont aussi les principaux responsables de l'exposition des adultes et des personnes âgées, en plus du café et de ses substituts. Pour le café, le tableau est complexe, car s'il contient de l'acrylamide, il apporte aussi des éléments antioxydants bénéfiques.

Des études chez l'animal ont montré que l'acrylamide a des effets toxiques : perte de poids, neurotoxicité, reproduction perturbée, cancers. Chez l'homme, les données sont contradictoires. En 2014, l'association entre l'exposition à l'acrylamide alimentaire et le cancer a été analysée dans 34 études, dont 16 études épidémiologiques. Pour la plupart des cancers, il n'y avait pas d'association, tandis que pour le rein, l'endomètre et l'ovaire, quelques études ont trouvé des associations positives, mais avec des preuves limitées.

Les autorités européennes recommandent cependant de réduire au maximum l'acrylamide dans l'alimentation.

Avantages et inconvénients des différents modes de cuisson

Mode de cuisson	Avantages et inconvénients	Précautions
Micro-ondes	• Idéal pour poissons, légumes, liquides, aliments non gras et pour décongeler les produits surgelés avant cuisson • Préserve une grande partie des vitamines et minéraux	• Cuire les plats préparés hors de leur emballage plastique, même si c'est « fait pour » • Faire chauffer dans des récipients inertes
Eau	• Améliore l'assimilation des aliments • Ne génère pas de substances toxiques	• Pour préserver vitamines et minéraux, plonger les aliments dans l'eau bouillante, cuire les légumes entiers, récupérer l'eau de cuisson pour les bouillons • Éplucher les pommes de terre après cuisson (les pesticides se concentrent dans la peau) • Ne pas cuisiner des aliments acides (fruits, tomate) dans des ustensiles en aluminium
Vapeur	• Préserve partiellement arômes, vitamines, minéraux, acides gras • Améliore l'assimilation des aliments • Cuisson non toxique	
Papillote	• Préserve partiellement vitamines, minéraux	• Éviter l'emploi de papier aluminium avec des aliments acides
Fritures	• N'entraîne pas la formation d'AHA mais peut engendrer des AGE et des composés toxiques issus de l'huile	• Éviter les huiles riches en acides gras polyinsaturés (maïs, tournesol, colza). Préférez les huiles saturées (coco) • Ne pas conserver le bain de friture plus de 8 fois
Poêle	• Favorise la formation d'AHA dans les jus de cuisson (viandes, poissons) • La chaleur peut dénaturer les corps gras	• La précuisson au four à micro-ondes élimine l'exsudat • Aromates et épices pourraient limiter la formation d'AHA • Ne pas consommer les jus de cuisson • Utiliser des graisses mono-insaturées ou saturées (olive, arachide, coco)
Four	• Favorise la formation d'AHA et HAP dans les parties carbonisées (viandes, poissons)	• Ne pas consommer les parties roussies, carbonisées • Les « bonnes graisses » des poissons gras (oméga-3) sont détruites au four ; préférer la vapeur ou poché
Gril, barbecue	• Favorise la formation de nitrosamines, AHA et HAP	• Utiliser un barbecue vertical, faire mariner les viandes et poissons au préalable, utiliser des aromates

En pratique
6 conseils pour limiter l'acrylamide

1. Mangez peu de pommes de terre frites, biscuits, pâtisseries, tartes.
2. Ne stockez pas vos pommes de terre à des températures inférieures à 8 °C car cela peut favoriser les constituants qui donnent lieu à la formation d'acrylamide.
3. Si vous faites cuire des pommes de terre ou des produits céréaliers, évitez d'aller jusqu'au brunissement.
4. Ne dépassez pas 170 °C en friture, et 220 °C au four (120 °C pour les pommes de terre).
5. Évitez de toaster le pain (et les autres aliments) ou arrêtez le processus quand le pain est tout juste doré.
6. Si vous buvez du café, évitez le café instantané.

Éviter les matériaux toxiques

L'aluminium

L'aluminium est un métal non essentiel, longtemps considéré comme sans danger pour l'homme. Cependant, les travaux menés ces 40 dernières années ont montré que l'aluminium est un toxique pour la flore, la faune et aussi pour l'homme.

L'aluminium est le métal le plus commun de la croûte terrestre. Pendant des milliers d'années, l'aluminium a été séquestré dans les sols, et l'homme y était peu exposé. Depuis un siècle, cependant, cette exposition n'a cessé d'augmenter, du fait des pluies acides, qui ont pour effet de dissoudre ce minéral en abaissant le pH des sols et le rendent disponible sous forme ionique, mais aussi parce qu'on utilise l'aluminium dans le traitement des eaux, parce que de l'aluminium peut migrer des ustensiles de cuisine ou des canettes de sodas, et parce qu'on trouve de l'aluminium dans des médicaments ou des produits cosmétiques (déodorants, dentifrices).

La teneur en aluminium des boissons en canettes augmente avec la durée de stockage.

• Des ustensiles risqués

Les ustensiles en aluminium pur, ces casseroles d'aspect terne que l'on trouvait dans toutes les cuisines, ont tendance à disparaître du marché.

Ce sont les ustensiles les plus risqués car en présence d'aliments acides (comme la tomate), ils relarguent un peu de leur aluminium. Aujourd'hui, la plupart des ustensiles en aluminium ont un revêtement antiadhésif (qui peut lui aussi poser problème). Lorsque ce revêtement est abîmé, il faut jeter l'ustensile car l'aluminium peut entrer en contact avec les aliments.

Les canettes de soda sont en aluminium et plusieurs études de migration ont été conduites, avec des résultats contrastés. Une étude australienne portant sur 106 boîtes et bouteilles en aluminium contenant 52 breuvages différents trouve un niveau d'aluminium plus élevé que celui de l'eau courante. Plus la boisson était acide, plus le niveau d'aluminium était élevé. Parmi les boissons acides, celles à base d'acide orthophosphorique apparaissent plus corrosives que celles à base d'acide citrique. Il semble que la teneur des boissons en aluminium augmente aussi avec la durée de stockage.

• Attention aux cosmétiques

Il y a aussi de l'aluminium dans les produits cosmétiques, déodorants en particulier, même si un nombre croissant de marques proposent des produits « sans aluminium ». L'Agence du médicament française avait en 2011 évalué « le risque lié à l'utilisation d'aluminium dans les produits cosmétiques », et préconisé de ne pas dépasser une concentration de **0,6 % d'aluminium** dans les produits antitranspirants ou déodorants en évitant de les utiliser sur une peau lésée, irritée, rasée ou épilée compte tenu des effets possibles du produit, qu'il s'agisse de neurotoxicité ou de troubles osseux. Une enquête de 60 Millions de consommateurs d'avril 2012 a cependant révélé que 6 des 14 déodorants testés (vendus en France) ont des concentrations d'aluminium supérieures au seuil préconisé.

• Les maladies liées à l'aluminium

L'aluminium a en effet été mis en cause dans plusieurs maladies chroniques, dont la maladie d'Alzheimer. L'épidémiologie a fourni l'essentiel des soupçons associant aluminium et Alzheimer. Plusieurs études ont ainsi trouvé un risque accru de troubles cognitifs chez des personnes âgées vivant dans des zones où l'eau apportait des doses élevées d'aluminium.

L'étude française PAQUID a suivi pendant 8 ans plus de 3 700 volontaires. Les auteurs concluent que les personnes dont l'eau de boisson contient plus de 0,1 mg d'aluminium par litre ont deux fois plus de risques de développer la maladie d'Alzheimer. Cette étude montre aussi que lorsque la concentration de silice est supérieure à 11,25 mg/L, le risque d'Alzheimer est plus faible de 27 % que lorsque l'eau contient peu de silice.

Cependant, toutes les études épidémiologiques n'ont pas trouvé d'association. Selon une enquête française un peu ancienne (2001), près de quatre millions de personnes sont potentiellement exposées à des teneurs en aluminium dans l'eau distribuée supérieures à 0,2 mg/L, et 800 000 personnes à des teneurs qui peuvent dépasser 0,5 mg/L.

En dépit des soupçons qui continuent de peser sur l'aluminium, la preuve de son implication dans la maladie d'Alzheimer n'a pas été apportée, l'un des principaux arguments à décharge étant d'ailleurs que les dialysés qui souffrent d'encéphalopathie liée à l'absorption d'aluminium ne développent pas de maladie d'Alzheimer.

L'aluminium est plus clairement mis en cause dans des maladies osseuses. Il entraîne une déplétion de minéraux essentiels à la formation osseuse : calcium, potassium, sodium, ce qui provoque une érosion de la surface de l'os. Ce phénomène serait d'autant plus marqué que l'on manque de calcium. Plusieurs études épidémiologiques trouvent une association entre l'utilisation d'ustensiles à base d'aluminium et le risque de fractures osseuses.

Les bisphénols

La famille des bisphénols regroupe les : bisphénol A (BPA), bisphénol A diglycidyl ether (BADGE), bisphénols S, F (et M, B, AP, AF).

Le **BPA** est un composant des résines époxydes, utilisé depuis plus de 40 ans dans la fabrication des vernis qui servent de revêtement interne à certaines boîtes de conserve et de boissons. Il entre aussi dans la fabrication des papiers de ticket de caisse et des plastiques de type polycarbonate. Ce composé a été associé à de nombreux problèmes de santé comme le diabète, l'asthme, le cancer ou des troubles du développement c'est pourquoi il a été définitivement interdit dans tous les contenants alimentaires en France le 1er janvier 2015. Les niveaux d'exposition au bisphénol A chez l'adulte sont peu préoccupants. En revanche, ils le sont chez l'enfant. L'exposition au bisphénol A des jeunes enfants proviendrait à 40 % des revêtements internes des boîtes de lait en poudre.

Les biberons pour bébés doivent être étiquetés «sans BPA» mais ils contiennent du bisphénol S.

Parmi les remplaçants du bisphénol A (dans les récipients plastiques et les tickets de caisse), figurent ses cousins, les bisphénols S et F.

Le bisphénol F est utilisé dans les résines époxy et les papiers thermiques, le **bisphénol S** dans les papiers thermiques également mais aussi les résines époxy, phénoliques, polyesters, polycarbonate, polyéthersulfone (en remplacement des résines polycarbonates qui servaient aux biberons et à la vaisselle pour enfants).

On trouve déjà du bisphénol S dans la plupart des plastiques qui servent à la fabrication de biberons pour bébés et de récipients pour adultes. Ces plastiques sont étiquetés « sans BPA ».

• Un remède pire que le mal !

Tous les bisphénols ont des structures chimiques et une souplesse d'utilisation similaires. L'Anses a rendu en 2013 un avis relatif à l'évaluation des risques liés au bisphénol A pour la santé humaine et aux données toxicologiques et d'usage des bisphénols S, F, M, B, AP, AF, et BADGE. Ce document insiste sur la nécessité de réaliser une étude combinée de toxicité sur le développement et de cancérogénèse, ainsi que sur le potentiel œstrogénique des BPF et BPS du fait de l'analogie structurale de ces substances avec le BPA.

Des analyses urinaires effectuées aux États-Unis, au Japon ou en Chine ont montré qu'on retrouvait déjà du bisphénol S dans le corps de la majeure partie de la population. Pour le Pr Jean-François Narbonne, expert toxicologue à l'Anses et auteur du livre *Sang pour sang toxique*, « le bisphénol S est encore pire que le bisphénol A car il est plus persistant dans l'environnement ! ». Il estime que les lobbies politiques ont poussé à un remplacement trop rapide du bisphénol A et que le remède est pire que le mal. C'est d'ailleurs ce que montrent des études très récentes qui suggèrent que le BPS augmente le risque d'hyperactivité chez l'enfant mais aussi le risque d'arythmie.

En pratique

7 conseils pour réduire l'exposition des enfants et des adultes aux bisphénols

1. Si vous le pouvez, allaitez vos enfants au moins 1 an.
2. Utilisez des biberons en verre.
3. Jetez les récipients plastiques abîmés ou éraflés.
4. Ne remplissez pas de biberons en plastique avec un liquide bouillant.
5. Achetez moins d'aliments en conserve et plus d'aliments frais, surgelés ou emballés dans des matériaux inertes comme le verre, ou peu problématiques comme le carton (fait de couches d'aluminium et de polyéthylène).
6. Achetez vos boissons (jus de fruits…) dans des emballages en verre.
7. Ne mettez pas de récipients en plastique au four à micro-ondes (y compris ceux dits « micro-ondables »).

Conserves : on utilise quoi après le bisphénol A ?

Depuis le 1er janvier 2015, le BPA ne doit plus être utilisé dans les revêtements internes des boîtes de conserve. Par quoi est-il remplacé ? Les nouvelles résines sont pour l'essentiel acryliques ou polyesters, ou les deux, souvent mélangées à des vinyles et des uréthanes. Il y a aussi des oléorésines dérivées de plantes mais leur utilisation est limitée car elles réagissent mal avec les aliments acides.

Les PFC

Les PFC ou composés perfluorés sont constitués de chaînes d'atomes de carbone liés à des atomes de fluor. Les plus connus des PFC sont le perfluorooctane sulfonate (PFOS) et surtout l'acide perfluoro-octanoïque (PFOA).

Le PFOA est utilisé pour fabriquer des fluoropolymères que l'on les trouve dans les casseroles antiadhésives. Il s'agit aussi d'un produit de dégradation d'une gamme de composés appelés fluorotélomères, qui entrent dans la composition de mousses ignifuges, de traitements anti-taches et imperméabilisants pour meubles, tapis, cuirs et vêtements, de cires pour parquet, nettoyants ménagers, shampooings.

Il y en a bien sûr dans les revêtements dits « propriétaires » (Téflon, Gore-Tex, Stainmaster, Scotchguard). On en trouve enfin dans les emballages alimentaires (notamment de fast-foods, de pizzas, de boissons, de barres chocolatées).

• Qui est concerné ?

Les PFC ne se dégradent que très lentement. Chez l'homme, la demi-vie, c'est-à-dire le temps nécessaire à la disparition de la moitié de la dose est de l'ordre d'une dizaine d'années. Le PFOS et le PFOA s'accumulent dans l'organisme des animaux. On en trouve chez les ours polaires de l'Arctique, les dauphins de Floride, les phoques de la mer Baltique, les loutres de Californie, les baleines de la mer du Nord. On en trouve aussi dans le corps des êtres humains du monde entier. Des études conduites récemment prouvent que 95 % de la population américaine abrite des PFC. En Chine, des taux élevés ont été trouvés dans le lait maternel, 5 % des échantillons présentant des niveaux supérieurs aux doses à ne pas dépasser. En Europe, les résultats disponibles à ce jour laissent penser que la contamination, bien que réelle, est moins importante qu'aux États-Unis et au Canada, les hommes étant plus touchés que les femmes.

Les effets sur la santé sont mal connus. Dans les expériences animales, le PFOS perturbe le système neuroendocrinien, il est à l'origine d'anomalies et de malformations congénitales. Des études ont également pointé le risque

Les 10 grandes règles

pour le foie et les reins. L'exposition au PFOS et au PFOA pourrait entraîner des dysfonctionnements de la thyroïde. L'exposition au PFOA augmente le risque de tumeurs du foie, des testicules, des glandes mammaires et du pancréas, toujours chez l'animal. Cependant le PFOA n'est pas métabolisé de la même manière par les êtres humains et il est donc difficile d'affirmer que le PFOA est cancérogène chez l'homme. Malgré tout, les employés de l'industrie chimique exposés au PFOA sur leur lieu de travail ont des risques accrus de cancers de la vessie, des reins et des testicules.

Les PFC pourraient altérer les mécanismes de neurotransmission dans le système nerveux central (qui sont à la base des émotions, de la mémoire). De plus, ils favoriseraient le stress oxydant.

- **Comment sommes-nous exposés ?**

Comme le PFOA et les autres PFC sont utilisés dans une myriade de produits, on ne connaît pas précisément la ou les sources de cette contamination.

Des expériences conduites aux États-Unis par la Food and Drug Administration (FDA) ont montré que les fluorotélomères des emballages alimentaires peuvent migrer vers les matières grasses des aliments lorsqu'ils sont chauffés, par exemple lorsqu'on chauffe des sacs de pop-corn. Dans ce cas, on les retrouve dans l'aliment surtout sous la forme de de fluorotélomères, très peu sous celle de PFOA.

Les fabricants soutiennent que le revêtement adhésif des ustensiles de cuisine ne relargue pas de PFC, mais certains chercheurs estiment qu'à haute température, le Téflon pourrait libérer des PFC dans l'air. Une étude de 2003, commanditée par une association de protection de l'environnement a révélé qu'un revêtement de Téflon peut émettre des gaz toxiques deux à cinq minutes après avoir été chauffé, lorsque l'allumage se fait en position « fort ». Selon DuPont, fabricant du Téflon, le revêtement peut se décomposer lorsque la température dépasse 350 °C. De telles températures peuvent être atteintes si on laisse trop longtemps chauffer (sur une gazinière ou dans un four) un ustensile vide de tout aliment.

Une étude indépendante n'a pas trouvé de PFOA après qu'une poêle antiadhésive a été chauffée à 320 °C. Ces chercheurs ont en revanche rapporté que le papier traité

En pratique
Comment limiter l'exposition aux PFC

- Par sécurité, ne pas utiliser les ustensiles ayant des revêtements antiadhésifs et leur préférer les ustensiles en métal non revêtu (acier inoxydable) et en matériau inerte (céramique, verre, et même bambou pour la vapeur).
- Si malgré tout vous utilisez de tels ustensiles, choisir des produits de haute qualité et éviter les lots vendus à bas prix dans les grandes surfaces. Ne pas chauffer les ustensiles sans aliment, et éviter les fortes températures. Se débarrasser des ustensiles dont le revêtement est altéré ou usé.
- Limiter l'utilisation d'aliments préemballés, d'aliments de type fast-food, de pop-corn, de pizzas emballées. Ne surtout pas chauffer ces aliments dans leur emballage.
- Éviter de traiter meubles et chaussures avec des produits anti-taches ou imperméabilisants et favoriser les produits n'ayant pas été prétraités.

avec du PFOA (emballages alimentaires type pop-corn chauffé à 175 °C) représentait une source d'exposition des centaines de fois plus importante que les poêles antiadhésives.

• Comment se protéger ?

Les 8 principaux fabricants mondiaux ont accepté l'agenda des autorités américaines qui exigeaient que le PFOA et le PFOS ne soient plus utilisés ni fabriqués à partir de 2015. Des alternatives plus sûres, selon les industriels, ont été trouvées. Mais il faudra des décennies avant que l'on voie les niveaux de PFC diminuer dans les organismes.

Additifs

Certains additifs n'ont rien à faire dans votre assiette, soit parce qu'ils présentent des risques avérés soit parce qu'ils sont soupçonnés de nuire à la santé. En voici une liste.

Les colorants à éviter

• **Jaune de quinoléine (E 104)**
Ce colorant jaune se trouve surtout dans les sodas et confiseries mais aussi dans certaines confitures et dans les boissons alcoolisées. Il est interdit aux États-Unis et en Australie parce que c'est un agent mutagène (qui provoque des mutations génétiques), potentiellement cancérogène. Le jaune de quinoléine est aussi susceptible de provoquer des réactions allergiques chez les personnes sensibles.

• **Azorubine / carmoisine (E 122)**
Ce colorant synthétique rouge que l'on trouve essentiellement dans les charcuteries est interdit en Australie, en Norvège, en Suède et aux États-Unis.

• **Amarante (E 123)**
Ce colorant rouge est autorisé uniquement dans les vins apéritifs, spiritueux, y compris les boissons spiritueuses de moins de 15 % d'alcool en volume et les œufs de poisson. Il est interdit aux États-Unis, en Norvège, en Russie et en Autriche. Des chercheurs japonais ont établi que l'amarante est génotoxique (qui altère le matériel génétique).

• **Rouge Ponceau 4R / rouge cochenille (E 124)**
Ce colorant est utilisé en pâtisserie fraîche ou sèche, entremets, flans, fruits au sirop, confiserie, bonbons, chewing-gum, chorizo. Il est probablement génotoxique.

• **Erythrosine (E 127)**
Ce colorant n'est autorisé que pour les cerises pour cocktail, cerises confites ou bigarreaux au sirop. Le potentiel cancérogène de l'érythrosine est connu depuis de nombreuses années.

• **Rouge « allura » AC (E 129)**
On le trouve dans les sodas, les apéritifs, les saucisses et les viandes pour hamburger. Ce colorant est probablement génotoxique.

• **Noir brillant BN (E 151)**
Ce colorant se trouve dans les harengs fumés. Il est interdit au Canada, aux États-Unis, en Finlande, au Japon, en Norvège. C'est un agent mutagène.

Les 10 grandes règles

Les additifs au phosphate à proscrire

L'Agence européenne des aliments doit réévaluer ces additifs avant le 31 décembre 2018, une tâche à laquelle est assignée une « priorité haute ». Mais compte tenu des études défavorables qui s'accumulent chaque jour, et qui lient l'excès de phosphore à des risques cardiovasculaires, rénaux et maintenant de cancer, nous conseillons de ne plus consommer d'aliments qui renferment ces additifs, afin d'obliger les industriels à changer leurs pratiques. En voici la liste :
- Acide orthophosphorique (E 338)
- Orthophosphates de sodium (E 339)
- Orthophosphates de potassium (E 340)
- Orthophosphates de calcium (E 341)
- Orthophosphates de magnésium (E 343)
- Diphosphates (E 450)
- Triphosphates (E 451)
- Polyphosphates (E 452)

Les autres additifs indésirables

- **Nitrate de sodium (E 251) et nitrite de sodium (E 250)**

Ce sont des conservateurs très présents dans les charcuteries et les viandes traitées façon charcuterie (volailles, etc.). Ils sont classés comme des cancérogènes probables par le Centre international de recherches sur le cancer (Lyon) en présence d'amines ou d'amides apportés par les viandes ou les poissons. Remplacer les nitrites est certes compliqué : en plus de la belle couleur qu'ils donnent au jambon, ils sont surtout là pour prévenir le développement de la bactérie à l'origine du botulisme *(Clostridium botulinum)*. Il existe des alternatives : probablement plusieurs substances naturelles devront être mises ensemble à contribution (CCMP, lactates, antioxydants...). Mais comme cela entraînerait un coût supplémentaire pour les producteurs, et une modification des méthodes de production, rien n'avance du côté de la recherche de solutions plus sûres.

- **BHA (E 320)**

Cet antioxydant de synthèse est considéré comme un cancérogène potentiel par le National Toxicology Program des États-Unis.

- **Glutamate monosodique (E621)**

Cet exhausteur de goût se retrouve dans de nombreux plats cuisinés et soupes. Une partie de la population et certains asthmatiques y sont sensibles et réagissent par des symptômes regroupés sous le nom de « syndrome du restaurant chinois ». Les acides aminés excitateurs comme l'acide glutamique et l'acide aspartique sont soupçonnés d'être toxiques pour les neurones et de favoriser des maladies dégénératives comme la maladie de Parkinson.

- **Hexaméthylènetétramine (E 239)**

Ce conservateur de synthèse utilisé dans certains fromages contient du formaldéhyde, produit chimique toxique. Il n'est pas autorisé en Australie ni en Nouvelle-Zélande.

- **Orthophénylphénol (E 231)**

Conservateur de synthèse autorisé pour le traitement externe des agrumes, interdit en Australie et en Nouvelle-Zélande. Il peut être à l'origine de réactions cutanées et d'inflammation des muqueuses.

- **Parabènes (E 214-E 219)**

Ces conservateurs pour cosmétiques sont également utilisés comme additifs alimentaires. Certains peuvent se comporter comme des hormones femelles. Plusieurs parabènes alimentaires sont interdits en Australie. À éviter chez les enfants et pendant la grossesse et l'allaitement.

Deuxième partie

Les recommandations MFM

Dans la première partie, vous avez découvert les 10 principes qui devraient guider vos choix alimentaires. Vous savez maintenant ce qui est bon pour votre organisme, ce qui l'est moins et ce qui ne l'est pas du tout. Dans cette partie, nous allons vous dire précisément quels aliments privilégier, à quelle fréquence et dans quelle quantité les manger. Il s'agit bien sûr d'une sorte de mode alimentaire idéal dont il faut savoir s'écarter – manger, c'est aussi se faire plaisir, y compris lorsque ce plaisir passe par des aliments qui ne figurent pas dans *La Meilleure Façon de Manger* ! Mais vous pouvez utiliser le modèle que nous allons vous présenter pour garder le cap, comme on le fait d'une boussole.

Les recommandations en macro- et micronutriments

Protéines, lipides, glucides : quelle répartition recommandent les autorités sanitaires ?

En France, l'Anses (agence nationale de sécurité sanitaire de l'alimentation, de l'environnement et du travail, ex-Afssa) recommande de composer sa consommation quotidienne moyenne pour que la contribution aux calories de chaque grand groupe de macronutriments soit la suivante :
- 50 à 55 % des calories (kcal) sous la forme de glucides, c'est-à-dire essentiellement céréales, pommes de terre, légumineuses et pour partie fruits et légumes ;
- 35 à 40 % des calories (kcal) sous la forme de lipides, c'est-à-dire de graisses (les anciennes recommandations fixaient à 30-35 % la part des lipides dans les calories) ;
- 11 à 15 % des calories (kcal) sous la forme de protéines, qu'elles soient animales (viandes, poissons) ou végétales (légumes verts à feuilles, légumineuses).

Les recommandations belges sont très proches des recommandations françaises. Le Canada utilise des fourchettes beaucoup plus larges, calquées sur celles des États-Unis et qui vont jusqu'à 35 % de protéines et 60 % de glucides. Les Suisses conseillent moins de protéines que les autres pays francophones.

Les recommandations de la MFM

Les fourchettes qui suivent sont données à titre de repère. Nous considérons que la qualité est plus importante que la quantité : l'essentiel est de choisir les bonnes sources alimentaires.

La part des glucides

Les recommandations officielles privilégient la part des glucides puisque, selon les pays, ceux-ci doivent couvrir 50 à 60 % des besoins en énergie. Ces recommandations conduisent en pratique à consommer un excès de céréales – la plupart transformées – et de pommes de terre, donc une charge glycémique excessive. Dans la plupart des études, la charge glycémique est associée à un risque plus élevé de surpoids et de diabète et peut-être de maladies cardiovasculaires.

En réalité, on peut diminuer la part des glucides jusqu'à « seulement » 40 % des calories tout en respectant les grands équilibres métaboliques. Mais, selon le niveau de votre activité physique (travailleur de force, sportif), les glucides peuvent représenter jusqu'à 55 % de votre apport énergétique. Nous avons donc retenu pour les glucides une plage large allant de **40 à 55 % des calories**, l'essentiel étant de choisir les bons glucides, c'est-à-dire ceux dont la densité nutritionnelle est la plus élevée, dont la densité calorique est la plus basse, dont l'index glycémique est bas. **Cela revient à puiser en priorité ses glucides dans les légumes, les fruits, les tubercules** (autres que les pommes de terre), puis dans les céréales.

La part des lipides

Les lipides peuvent représenter **30 à 40 % de votre apport énergétique** total. Comme vous le savez maintenant (lire page 51), il y a plusieurs familles de graisses. Comment les répartir idéalement dans votre consommation moyenne* ?

Pour faire simple nous avons classé les aliments en fonction des acides gras qui prédominent dans leur composition (sachant qu'un aliment n'est jamais constitué que d'un seul type d'acides gras et résulte d'une combinaison de plusieurs types d'acides gras).

Aliments qui contiennent majoritairement des acides gras...

Saturés	Mono-insaturés (oméga-9)	Polyinsaturés (oméga-6)	Polyinsaturés (oméga-3)
• Viandes	• Avocat	• Huile de pépins de raisin	• Huile de lin
• Fromages	• Huiles d'olive, d'avocat	• Huile de tournesol	• Poissons gras (thon, saumon, sardine, hareng, maquereau, truite)
• Beurre	• Olives	• Huile de germe de blé	
• Crème fraîche	• Noisettes	• Huile de noix	
• Huiles de palme, de noix de coco, corps gras solides type Végétaline	• Amandes	• Huile de soja	• Œufs de poules nourries aux graines de lin (label Bleu-Blanc-Cœur)
	• Graisses de canard et d'oie	• Viandes d'animaux nourris aux céréales	
	• Foie gras	• Huile d'arachide	
• Biscuits et pâtisseries à base de beurre ou d'huile de palme ou d'huiles hydrogénées	• Charcuteries	• Huile de maïs	
	• Huile de colza	• Abats	

---

* Les recommandations suivantes ont été établies d'après plusieurs études portant sur l'équilibre des acides gras et la prévention des maladies cardiovasculaires, dont l'étude de Lyon menée par Serge Renaud et le Dr Michel de Lorgeril.

> **Pour les lecteurs avertis**
>
> En France, l'Anses fait la distinction entre acides gras saturés à chaînes courtes (2 à 6 atomes de carbone), moyennes (8 à 12) et longues (14 et plus). Ces derniers, à dose élevée, pourraient être athérogènes, les autres ne l'étant pas nécessairement (voir tableau page suivante). Mais parmi ces chaînes longues, des études ont également distingué les acides gras saturés avec un nombre impair d'atomes de carbone, qui seraient plutôt favorables, de ceux dont le nombre est pair, qu'il faudrait limiter. Tous ces distinguos font débat dans la communauté scientifique. D'autant que les effets des acides gras saturés pourraient être modulés par la quantité des glucides de l'alimentation, comme le suggèrent des études récentes.

• **Les acides gras saturés :**
modération mais pas exclusion

La MFM propose un mode alimentaire global dont les graisses saturées ne sont pas exclues. La raison en est que les dernières études ne trouvent pas de lien net entre la consommation de ces graisses et le risque de maladies chroniques comme les maladies cardiovasculaires. Cependant, tout le monde s'accorde à dire qu'il ne faut pas en abuser. Les acides gras saturés peuvent rendre les membranes de nos cellules trop rigides ce qui, lorsqu'ils sont en excès, empêche par exemple les globules rouges de se faufiler dans les petits vaisseaux sanguins (risque de caillot) ou ne permet pas aux cellules nerveuses de recevoir des messages chimiques importants (risque de dépression). Nous considérons qu'ils pourraient représenter 10 à 12 % de vos calories totales, **soit environ un tiers des graisses que vous consommez**, ce qui revient à les limiter sans les exclure. Pour une femme qui consomme 1 800 calories (kcal) par jour, et un homme qui en consomme 2 400, cela correspond respectivement à environ 20 et 27 grammes.

On peut donc continuer à consommer un peu de beurre (plutôt en tartines qu'en cuisine), d'huile et lait de coco, de crème et fromages, de charcuteries pour le plaisir. En tous cas, si vous les réduisez, il ne faudrait pas remplacer les graisses saturées par des glucides à index glycémique élevé, mais plutôt par d'autres graisses : mono-insaturées et polyinsaturées.

• **Les acides gras mono-insaturés : environ la moitié de vos graisses quotidiennes (50 %)**

On peut dire que globalement les acides gras mono-insaturés sont favorables à la santé cardiovasculaire. Selon les données scientifiques les plus récentes, les graisses mono-insaturées peuvent représenter 14 à 20 % de vos calories totales, c'est-à-dire à peu près **la moitié des graisses totales que vous consommez**. L'huile d'olive renferme environ 70 % d'acides gras mono-insaturés, l'huile de colza environ 60 %. Il y en a aussi beaucoup dans l'avocat, la noisette, les noix de macadamia et de pécan.

En les utilisant régulièrement pour l'assaisonnement (olive et colza) et la cuisson (olive principalement, arachide occasionnellement), vous avez de grandes chances d'atteindre votre objectif physiologique. Les amandes, noix et noisettes en-cas pourront être envisagées sans crainte de prendre du poids.

Nom commun de l'acide gras saturé	Type d'acide gras	Sources	Remarques
Acide butyrique (acide butanoïque*)	Nombre pair (4)	Beurre, fromage, crème	
Acide caproïque (acide hexanoïque)	Nombre pair (6)	Beurre, fromage, huile de noix de coco, crème	
Acide caprylique (acide octanoïque)	Nombre pair (8)	Huile de noix de coco, huile de palmiste, chocolat, beurre, fromage de chèvre	
Acide caprique (acide décanoïque)	Nombre pair (10)	Huile de noix de coco, huile de palmiste, fromage de chèvre, beurre	
Acide laurique (dodécanoïque)	Nombre pair (12)	Huile de noix de coco, huile de palmiste, chocolat	Augmente le « bon » cholestérol (HDL)
Acide myristique (tétradécanoïque)	Nombre pair (14)	Beurre, crème, lait entier, huiles tropicales	Cet acide gras n'est pas stocké, il est transformé en acide palmitique qui lui est stocké
Acide pentadécanoïque	Nombre impair (15)	Beurre, crème, lait entier	
Acide palmitique (hexadécanoïque)	Nombre pair (16)	Huile de palme, graisses animales (mouton, bœuf, porc, canard), beurre	L'excès de glucides est converti en acide palmitique dans l'organisme, lui-même converti en acide palmitoléique (mono-insaturés), puis en acides gras polyinsaturés oméga-7
Acide margarique (heptadécanoïque)	Nombre impair (17)	Beurre, crème, lait entier	
Acide stéarique (octadécanoïque)	Nombre pair (18)	Graisses animales (mouton, bœuf, porc, canard), chocolat, beurre de karité, beurre	Peut être converti en acide oléique (mono-insaturé) par le corps (puis en acides gras polyinsaturés de la famille oméga-9)
Acide arachidique (eicosanoïque)	Nombre pair (20)	Noix de macadamia, beurre de cacahuète	
Acide béhénique (docosanoïque)	Nombre pair (22)	Huile d'arachide, noix de macadamia, huile de colza, huile d'olive	
Acide tricosylique (tricosanoïque)	Nombre impair (23)	Lait, blé	
Acide lignocérique (tétracosanoïque)	Nombre pair (24)	Huile d'arachide, noix de macadamia, huile de colza, huile de lin	

*(entre parenthèses, nom selon la nomenclature de Genève)

- **Les acides gras polyinsaturés : veillez au rapport oméga-6/oméga-3**

Il s'agit des graisses des familles oméga-6 (huiles de tournesol, de maïs, de pépin de raisin, graisses céréalières et des animaux nourris aux céréales) et oméga-3 (huile de lin, de colza, noix, poissons gras, œufs de poules nourries aux graines de lin).

Collectivement, elles peuvent représenter idéalement 4,5 à 6,5 % de vos calories totales, soit **un sixième des graisses quotidiennes (16 %). Cela représente pour un homme qui consomme 2 400 calories par jour environ 15 g (11 g pour les femmes).**

Les oméga-6 pourraient intervenir pour 3 à 5 % des calories totales, dont 3,6 % en moyenne venant de l'acide linoléique (le chef de file de la famille).

Les oméga-3, entre 1,4 à 1,8 % des calories totales :

- 1,2 % provenant de l'acide alpha-linolénique (ALA, chef de file de la famille) soit 2,4 g d'ALA ;
- 0,4 % provenant des acides gras oméga-3 à longues chaînes, notamment EPA et DHA des poissons gras, soit 800 mg par jour.

L'objectif avec les acides gras polyinsaturés sera de retrouver un bon équilibre entre eux, c'est-à-dire retrouver un rapport oméga-6/oméga-3 optimal que nous considérons être proche de 2 à 3.

Ainsi, nous recommandons un apport deux à trois fois plus élevé d'oméga-6 que d'oméga-3 alors que dans une alimentation de type occidental, ce rapport est beaucoup plus élevé !

Si vous avez trop d'oméga-6 dans votre alimentation, les phénomènes inflammatoires vont être stimulés et le sang sera moins fluide, ce qui peut favoriser les infarctus ou certains cancers, par exemple.

En pratique

Quelques exemples concrets pour satisfaire les besoins journaliers en oméga-3

Quels aliments fournissent 2,4 g d'ALA ?

5 g d'huile de lin
10 g de graines de lin moulues
20-25 g d'huile de noix, de colza ou de noix de Grenoble
À titre indicatif, il faudrait consommer 100 g de margarine, 185 g de beurre, 220 g de saindoux ou encore 275 g d'huile d'olive pour un tel apport en ALA.

Quels aliments fournissent 250 mg de DHA ?

10 g de caviar ou d'œufs de poissons
20 g de saumon, d'anchois, de hareng
30 g de thon rouge, de maquereau ou de truite
40 g de bar ou de truite arc-en-ciel
80 g d'huîtres crues
90 g de moules cuites, de sardines, de lieu noir
100 g de truite saumonée, de sole, de moules crues, de colin
110 g de thon en conserve

Quels aliments fournissent 250 mg d'EPA ?

10 g de caviar
20 g d'œufs de poissons
30 g de hareng fumé ou grillé, d'anchois, de saumon
50 g de maquereau
70 g de thon rouge cuit, de langouste, araignée de mer, truite arc-en-ciel
90 g de colin, thon rouge cru, moules cuites, huîtres crues
100 g de truite, de sole
120 g de truite saumonée ou de bar
150 de crevettes, de pétoncles, de calmar

À savoir

Un ratio oméga-6/oméga-3 optimal

Même si les oméga-6 donnent naissance à des composés qui favorisent l'inflammation et les caillots sanguins, alors que les oméga-3 donnent naissance à des composés peu inflammatoires et qui fluidifient le sang, les deux familles sont nécessaires à la santé. Ce qui compte, c'est l'équilibre entre elles.

La meilleure façon de se rapprocher d'une huile idéale

Si l'on devait considérer que nos apports en graisses insaturées sont issus d'une seule huile, plus de la moitié des acides gras de cette huile devraient être mono-insaturés (oméga-9) et 16 % polyinsaturés, avec 3 fois plus d'oméga-6 (acide linoléique) que d'oméga-3 (acide alpha-linolénique). Ce qui donne, pour une part d'oméga-3, trois parts d'oméga-6 et 12 à 13 parts d'oméga-9. Il n'existe pas d'huile ayant cette composition idéale. Seule la combinaison de deux huiles permet de s'en approcher. Il s'agit de **l'huile d'olive et l'huile de colza** qui doivent être mélangées **à parts égales**.

Si vous avez beaucoup trop d'oméga-3, le risque d'infarctus sera très faible puisque le sang circulera parfaitement bien et même trop bien : dès lors, le risque d'accident vasculaire cérébral hémorragique sera plus élevé. Ceci a été observé chez les Inuits du Groenland, dont l'alimentation à base de poisson et de phoques apportait plus de 10 g par jour d'EPA et DHA.

Donc l'objectif sera dans les menus :

– *de diminuer la part des oméga-6*, ce qui n'est pas toujours simple puisqu'ils se cachent un peu partout et surtout que la plupart des animaux sont désormais nourris avec du maïs (riche en oméga-6), sauf ceux portant le label Bleu-Blanc-Cœur qui ont dans leur alimentation des graines de lin, riches en oméga-3, qui se retrouvent dans leur chair comme nous l'avons vu.

– *d'augmenter la proportion des oméga-3* en favorisant pour les assaisonnements de crudités les huiles de colza, de noix (ou de lin ou cameline si vous allez dans les

Répartition des macro-nutriments

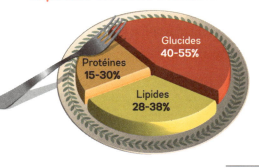

Répartition des lipides

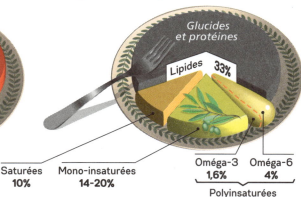

Les recommandations MFM en acides gras

Acides gras	Pourcentage de l'apport calorique conseillé	Quantité quotidienne conseillée pour une femme (1 800 kcal/j)	Quantité quotidienne conseillée pour un homme (2 400 kcal/j)
Mono-insaturés	17 % (14 à 20)	34 g	45 g
Polyinsaturés oméga-6	4 % (3 à 5)	8 g	10,7 g
Acide linoléique	3,6 %	7,2 g	9,6 g
Polyinsaturés oméga-3	1,6 % (1,4 à 1,8)	3,2 g	4,3 g
Acide alpha-linolénique	1,2 %	2,4 g	3,2 g
EPA + DHA	0,4 %	0,8 g	1 g
Total acides gras polyinsaturés	5,6 % (4,5 à 6,5)	11 g	15 g
Acides gras saturés	11 % (10 à 12)	22 g	29 g
Total	35 % (30 à 40)	70 g	93 g

magasins biologiques) et en réintégrant des poissons gras (saumon, maquereau, truite…) et certains oléagineux (noix, lin).
Si vous souffrez de pathologies inflammatoires (douleurs articulaires) ou cardiovasculaires (agrégation des plaquettes) l'objectif sera même de réduire ce rapport à 2, voire 1.

La part des protéines

Alors qu'en France, le conseil est de limiter la part des protéines à moins de 15 % des calories totales, nous estimons que les protéines peuvent contribuer pour **15 à 29 % des calories** avec au moins la moitié de protéines végétales.
Ceci revient à se rapprocher de la situation que connaissaient des pays comme l'Italie, l'Espagne, le Portugal, la Grèce, le Japon avant 1980. Par exemple, dans les années 1970, il se consommait en Espagne et au Portugal entre 80 et 100 g de protéines par habitant et par jour, avec un peu plus de la moitié d'origine végétale, alors qu'en France, ce sont traditionnellement les protéines animales qui dominent.

Les nutritionnistes ont tendance à considérer qu'en dehors des céréales, les légumes secs sont les principaux pourvoyeurs de protéines végétales dans l'alimentation quotidienne. En réalité, dans tous les pays, les légumes fournissent plus de protéines végétales que les légumes secs et celles-ci sont de meilleure qualité. En Grèce, les légumes apportent 8 g de protéines par jour, soit deux fois plus que les légumineuses.

La MFM conseille d'obtenir la moitié au moins de vos protéines végétales à partir des légumes, légumes secs, tubercules, fruits, fruits à coque, fruits oléagineux, riz, le reste étant apporté par les céréales traditionnelles (blé, orge, avoine, seigle…). Ce n'est certes pas la situation en France, pays du pain, où près de 65 % des protéines végétales sont apportées par le blé et assimilés.

Les recommandations MFM comparées aux recommandations officielles de pays francophones

	Glucides	Lipides	Protéines
MFM	40 à 55 %	28 à 38 %	15 à 30 %
France	50 à 55 %	30 à 35 %	11 à 15 %
Belgique	55 %	30 %	15 %
Suisse	50 %	30 %	10 à 20 %
Canada	45 à 60 %	20 à 35 %	10 à 35 %

• **Les protéines devraient être réparties tout au long de la journée**

On recommande en général 50 grammes de protéines pour les femmes et 60 grammes pour les hommes. Dans les pays occidentaux, la consommation de protéines excède souvent ces recommandations et surtout, il est courant qu'elle soit concentrée en fin de journée. Or selon une étude récente des universités du Texas et de l'Illinois, il vaut mieux répartir ses apports protéiques dans la journée. Une répartition sur les trois repas serait en effet plus favorable aux muscles. Dans cette étude parue dans le *Journal of Nutrition*, lorsque les protéines alimentaires étaient équitablement réparties dans la journée, le muscle synthétisait plus de protéines (25 % de plus) que lorsqu'elles étaient surtout présentes le soir. La synthèse de protéines musculaires est importante pour limiter la perte musculaire qui peut se développer au cours du vieillissement.

Les auteurs conseillent d'améliorer la part des protéines le matin, par exemple par un œuf, un laitage, du soja, une poignée de noix pour obtenir 30 g de protéines, de faire de même au déjeuner, et enfin de manger peu de protéines au dîner.

Vitamines et minéraux : quels sont nos besoins ?

Les vitamines et les minéraux sont des substances dont nous avons besoin en petite ou très petite quantité pour rester en bonne santé. La plupart des vitamines ne sont apportées que par l'alimentation, mais, au printemps et en été, le corps sait fabriquer de la vitamine D, par exposition de la peau au soleil ou de la vitamine B3 (niacine) à partir des protéines alimentaires.

Le tableau ci-contre résume les apports conseillés en la plupart des vitamines et minéraux, tels qu'ils ont été établis par LaNutrition.fr et pour ce livre à partir des études disponibles (pour une discussion sur le calcul de ces valeurs, consulter le site www.lanutrition.fr).

Les apports conseillés dans le tableau sont calculés pour couvrir les besoins de 97,5 % de la population. Les besoins individuels réels peuvent donc être inférieurs à ces valeurs.

Besoins en micronutriments selon la MFM et selon l'Anses

	Homme MFM	Homme Anses	Femme MFM	Femme Anses
Vitamines				
Vitamine A (EAR)	900 (dont 50 % de provitamine A d'origine végétale)	800	700 (dont 50 % de provitamine A d'origine végétale)	600
Vitamine B1 (mg)	2,4	1,3	2,2	1,2
Vitamine B2 (mg)	1,6	1,6	1,5	1,5
Vitamine B3 (mg)	16	14	14	11
Vitamine B5 (mg)	6	5	5	5
Vitamine B6 (mg)	2	1,8	1,7	1,5
Vitamine B8 (µg)	50	50	50	50
Vitamine B9 (µg)	400	330	400	300
Vitamine B12 (µg)	2,4	2,4	2,4	2,4
Vitamine C (mg)	500	110	500	110
Vitamine D (UI)	1 000	200 (5 µg)	1 000	200 (5 µg)
Vitamine E (mg)	15	12	15	12
Vitamine K	1 µg/kg	45 µg	1 µg/kg	45 µg
Minéraux				
Potassium (g)	> 5	pas d'ANC	> 5	pas d'ANC
Calcium (mg)	700	900	700	900
Magnésium (mg/kg)	6	6	6	6
Chlorure de sodium (g)	3,8 sans dépasser 6	ne pas dépasser 7 à 8	3,8 sans dépasser 6	ne pas dépasser 7 à 8
Fer (mg)	8	9	16 (femmes réglées) 8 (femmes ménopausées)	16
Zinc (mg)	11	12	8	10
Sélénium (µg/kg)	1	1	1	1

EAR : Équivalent d'activité rétinol
ANC : Apport nutritionnel conseillé

Quels aliments manger, en quelles quantités et à quelle fréquence ?

Les pyramides alimentaires

Dans de nombreux pays, pour faciliter la représentation de ce que l'on doit manger et dans quelles proportions, on utilise un schéma représentant une pyramide alimentaire. C'est en fait la représentation des proportions idéales des différentes classes d'aliments pour arriver à une alimentation équilibrée. Sa lecture est assez simple : à la base, on trouve les aliments qui doivent représenter la plus grande part de notre alimentation. Plus on se rapproche du sommet, moins il est nécessaire de consommer les aliments représentés.

La pyramide MFM

Les recommandations de la pyramide MFM intègrent les toutes dernières connaissances sur les relations entre alimentation et santé. Nous avons pris en compte les différents piliers métaboliques (voir première partie) pour déterminer à quel étage, et donc à quelle fréquence, vous deviez consommer tel ou tel aliment. La MFM intègre les habitudes alimentaires des végétariens et végans puisqu'aucun aliment des étages 4 à 7 (origine animale) n'est obligatoire.

Le socle

Il est constitué des boissons conseillées par la MFM : 1,5 à 2 litres d'eau par jour, si possible débarrassée de ses pesticides et des sous-produits du chlore ; thé ou tisane (2 à 5 tasses par jour) ou café ; un peu de vin rouge pour ceux qui boivent de l'alcool (0 à 1 verre par jour pour les femmes, 0 à 2 verres par jour pour les hommes, 1 verre de vin correspond à 12 cL, soit un ballon).

Le premier étage

Il est constitué des légumes, des plantes racinaires, des légumes secs et légumineuses – dont le soja –, des fruits frais et fruits secs qui devraient fournir la plus grande part des calories quotidiennes. Nous recommandons de manger 7 à 11 portions par jour de fruits et légumes, auxquelles s'ajoutent 0 à 2 portions de légumes secs (3 à 6 pour les végétariens), soit en moyenne beaucoup plus que les autorités sanitaires qui préconisent de manger 5 fruits et légumes par jour (l'Australie faisant figure d'exception avec son slogan « Go for 2 + 5 », qui conseille 2 fruits et 5 légumes par jour).

Bien souvent, la plupart des gens ne savent pas pourquoi il faut manger des fruits et légumes. « Ils sont riches en eau », « ils sont peu caloriques », « ils apportent des fibres et des vitamines ». Oui en effet, c'est déjà bien, mais ils fournissent surtout des antioxydants, des minéraux, des fibres et permettent de rétablir l'équilibre acido-basique, fondamental pour une santé optimale. Les légumes secs sont une bonne source de protéines.

De nombreuses études scientifiques indiquent que tous ces aliments limitent la prise de poids et jouent un rôle protecteur vis-à-vis de nombreuses maladies : cancers, diabète, maladies cardiovasculaires.

Pyramide alimentaire PNNS

7 portions de fruits et légumes par jour, c'est mieux que 5

Les 5 portions officiellement recommandées par jour ne seraient pas suffisantes. 7 portions par jour seraient préférables selon une étude d'observation sur 65 226 personnes de plus de 35 ans, parue dans le *Journal of Epidemiology & Community Health*. L'étude a trouvé que lorsque la consommation de fruits et légumes augmentait, le risque de décès diminuait de :
- 14 % avec 1 à 3 portions de fruits ou légumes par jour,
- 29 % pour 3 à 5,
- 36 % pour 5 à 7,
- 42 % pour 7 ou plus.

De plus, les légumes semblaient plus protecteurs que les fruits. Le jus de fruits ne conférait aucun bénéfice, alors que les fruits en conserve semblaient augmenter le risque, peut-être à cause du sirop sucré dans lequel ils sont conservés.

Quels aliments manger, dans quelles quantités et à quelle fréquence ?

Le deuxième étage

Il est constitué des féculents : tubercules (sauf la pomme de terre), produits céréaliers, pâtes, riz, pains au levain etc. en version complète ou semi-complète qui peuvent être consommés à raison de 0 à 9 portions par jour, en fonction de votre gabarit, de votre âge et de votre activité quotidienne.

Le troisième étage

On retrouve les graisses ajoutées qui respectent les bons équilibres entre acides gras : huiles pression à froid d'olive et de colza, voire huile de coco, mais aussi beurre et oléagineux (amandes, noisettes, noix…). Nous conseillons 2 à 4 portions de graisses et 1 à 2 portions d'oléagineux par jour.

Le quatrième étage

À cet étage se trouvent les laitages. Par rapport aux recommandations officielles, nous conseillons de réduire leur place dans l'alimentation, soit 0 à 2 portions maximum par jour au lieu des 3 à 4 portions conseillées.
Celles et ceux qui aiment les laitages et les tolèrent peuvent continuer d'en consommer, les autres ne doivent pas en faire une obligation.

Le cinquième étage

C'est l'étage des poissons (maigres ou gras), des fruits de mer (coquillages et crustacés), à consommer à raison de 0 à 3 portions par semaine, 2 pour les enfants et les femmes enceintes.
Les poissons peuvent être choisis maigres ou gras, sachant que les poissons gras, les coquillages et les crustacés apportent des acides gras oméga-3 à longues chaînes.

Le sixième étage

Ce sont les œufs de poules élevées en plein air, de préférence bio et riches en oméga-3, à consommer à raison de 0 à 5 par semaine.

Le septième étage

On y trouve les viandes et les volailles. Les viandes rouges sont plutôt indiquées chez l'enfant et la femme (15-50 ans) en raison des besoins en fer (0 à 2 portions par semaine), mais ce n'est pas une obligation car il y a aussi du fer dans les végétaux. Pour les hommes, la viande rouge n'est guère indispensable (0 à 2 portions par semaine maximum). Les volailles permettent de compléter les besoins en protéines hebdomadaires (0 à 3 portions par semaine).

La pointe de la pyramide

Elle est occupée par les aliments occasionnels à consommer, à raison de 0 à 3 portions par semaine :
• le pain blanc (la classique baguette), les corn flakes, le riz blanc, la pomme de terre, les confiseries, gâteaux industriels, viennoiseries, sodas dont l'index glycémique est généralement élevé ;
• les charcuteries, parce qu'elles sont associées, lorsqu'elles sont consommées fréquemment, à un risque accru de cancers digestifs.

En marge de la pyramide

En marge de la pyramide, nous conseillons :
− aromates et/ou épices à chaque repas ;
− jusqu'à 2 carrés de chocolat noir (15-20 g) par jour, si possible avec une teneur en cacao supérieure à 80 % ;
− un complément multivitaminique et minéral (MVM) quotidien qui apporte 50

à 100 % des apports conseillés dans ce livre (sans fer, cuivre, manganèse, fluor) ;
- et pour tous ceux qui résident au-dessus du 42e parallèle (latitude des Pyrénées), un supplément de vitamine D, 1 000 à 4 000 UI par jour (selon bilan sanguin), de novembre à mars.

Les déclinaisons de la MFM

La MFM autorise une très grande flexibilité. À partir de la MFM, vous pouvez décliner selon vos convictions, vos goûts, vos tolérances alimentaires, une variété de modes alimentaires très sains, qui vous apportent des bénéfices réels. Nous en présentons 3 :
- le régime méditerranéen ;
- le régime végétarien ;
- le régime paléo/sans gluten sans laitage.

Comment faire de la MFM un vrai régime méditerranéen

Fruits et légumes : suivez les recommandations de la MFM ; si vous le pouvez, ajoutez des plantes sauvages.
Céréales complètes (blé, riz, orge, avoine…) : faites-les figurer à la plupart des repas.
Corps gras : choisissez l'huile d'olive comme corps gras principal et accompagnez-la de noix ou d'autres sources d'oméga-3 végétaux.
Poissons, coquillages : consommez au moins 2 portions par semaine.
Œufs : ils font partie du régime méditerranéen, invitez-les à votre table.
Viandes : les Méditerranéens en mangent, mais en petite quantité, surtout des volailles et de l'agneau.
Produits laitiers : consommez-en régulièrement, mais en quantité modérée, surtout fromages, yaourts, lait caillé de chèvre et brebis. Le lait liquide ne fait pas partie du régime méditerranéen traditionnel.
Vin : à consommer régulièrement, mais modérément, sauf si vos convictions religieuses ou votre état de santé ne le permettent pas.
Aromates : quasiment à chaque repas.
Produits sucrés : on en mange de façon occasionnelle dans le cadre d'un régime méditerranéen.

Comment faire de la MFM un vrai régime végétarien

Fruits et légumes : suivez les recommandations de la MFM (fourchette haute).
Légumes secs : 3 à 6 portions par jour.
Produits céréaliers complets : 5 à 8 portions par jour.
Œufs : 4 à 5 par semaine (sauf régime végan).
Produits laitiers : suivez les recommandations de la MFM.

Comment faire de la MFM un vrai régime paléo

Fruits et légumes : suivez les recommandations de la MFM (fourchette haute).
Légumes secs : ils sont exclus dans le paléo strict.
Les produits céréaliers sont exclus.
Poissons, coquillages : consommez au moins 2 portions par semaine.
Œufs : consommez-en 4 à 5 fois par semaine.
Viandes : suivez les recommandations de la MFM, fourchette haute.
Produits laitiers : ils sont exclus du régime paléo strict.
Aromates, épices : à chaque repas.

Les recommandations MFM : Boissons

Boissons

1,5 à 2 L d'eau par jour

50 à 75 cl d'eau plate
+ 50 à 75 cl d'eau gazeuse alcalinisante
+ 2 à 5 tasses de thé ou de tisane
+ 0 à 2 verres de vin rouge

Les boissons, autres que l'eau, sont omniprésentes dans les rayonnages et les placards, si bien que les programmes nationaux sont obligés de rappeler l'intérêt de boire de l'eau !

Eh oui, au fur et à mesure que les industriels rivalisent d'ingéniosité pour nous placer un autre liquide que l'eau, ils sèment le doute dans les esprits : « on nous a toujours dit qu'un jus de fruits le matin c'était bien » ou « comme le Coca avec du sucre ça peut faire prendre du poids, je suis passé au Coca light ».

Il est utile de rappeler que l'eau « *est indispensable au fonctionnement de l'organisme, qu'elle représente plus de 60 % du poids du corps. Et que chaque jour, de façon naturelle (respiration, transpiration, urine...), une quantité importante et variable d'eau s'échappe* » et que c'est pour cette raison qu'il faut compenser les pertes hydriques par l'eau contenue dans les aliments et l'eau que l'on boit qui, au passage, évacue les déchets de l'organisme.

En consommant suffisamment d'eau chaque jour, on éloigne donc les risques de calculs rénaux, d'infection urinaire, de constipation, d'hypertension, de thromboembolisme veineux, de maladie coronarienne, d'AVC, de glaucome.

Il est vrai que pour une partie de la population, située d'ailleurs à chaque extrémité de la vie, il faut être particulièrement vigilant quand il fait chaud et quand des efforts physiques sont fournis. Mais normalement nous ne devrions pas rappeler qu'il est important de boire... et de ne boire que de l'eau à table et en dehors des repas !

Quelle eau choisir et sous quelle forme ?

Faut-il choisir entre l'eau du robinet et l'eau en bouteille ? Gazeuse ou plate ? En verre d'eau ou en boissons chaudes ?

Les programmes nationaux vantent les mérites de l'eau du robinet, évoquant une qualité bactériologique parfaite. Certes, comparé à certains pays, on peut être serein en Europe sur le fait que l'eau est dépourvue de bactéries... Il y a juste à sentir sa petite odeur d'eau javellisée pour se rassurer...

Toutefois, on y retrouve systématiquement des résidus chimiques (pesticides, médicaments, etc.). Alors l'eau en bouteille serait-elle meilleure ? Malheureusement elle n'est pas forcément mieux puisque conservée dans des bouteilles en plastique, parfois au chaud dans des camions qui la transportent... Elle peut aussi être vectrice de substances indésirables.

Ensuite, qu'elle soit bue sous forme de verres d'eau ou de boissons chaudes (café, thé, tisanes...), à partir du moment que rien n'y est ajouté, cela ne pose aucun problème pour l'organisme.

De combien d'eau avons-nous besoin ?

Nous éliminons environ 2,5 litres d'eau chaque jour : 1,5 L par les urines, le reste par la respiration, la sueur. Sachant que l'alimentation (fruits, légumes notamment) contribue pour 20 à 30 % environ aux besoins en eau, l'Agence européenne des aliments a estimé que l'on devrait boire environ 1,5 litre d'eau par jour si on est une femme, et 2 litres si on est un homme. Ces valeurs sont proches de celles retenues au Canada et aux États-Unis. En pratique, cela correspond à l'équivalent de 8 verres environ pour une femme, 10 verres pour un homme, toutes boissons confondues, les plus saines étant l'eau, les soupes et bouillons, les infusions, le thé. Autre (petit) avantage de boire suffisamment : cela stimule légèrement la dépense énergétique : en buvant 2 litres d'eau, on élimine près de 100 calories (lire page 101).

Comment s'hydrater en mangeant

Voici quelques équivalences entre des portions de fruits et légumes et la quantité d'eau d'un verre.

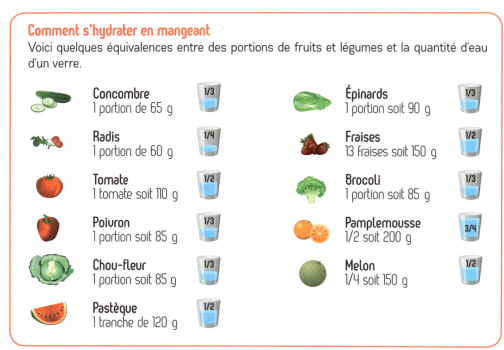

- **Concombre** 1 portion de 65 g — 1/3
- **Radis** 1 portion de 60 g — 1/4
- **Tomate** 1 tomate soit 110 g — 1/2
- **Poivron** 1 portion soit 85 g — 1/3
- **Chou-fleur** 1 portion soit 85 g — 1/3
- **Pastèque** 1 tranche de 120 g — 1/2
- **Épinards** 1 portion soit 90 g — 1/3
- **Fraises** 13 fraises soit 150 g — 1/2
- **Brocoli** 1 portion soit 85 g — 1/3
- **Pamplemousse** 1/2 soit 200 g — 3/4
- **Melon** 1/4 soit 150 g — 1/2

On peut cependant boire moins si on mange beaucoup de végétaux (voir figure ci-contre), si on consomme des yaourts et d'autres aliments riches en eau. Mais on devrait boire un peu plus lorsqu'on fait du sport, si on vit dans un environnement chaud et humide ou en altitude (au-dessus de 2 500 mètres, l'élimination urinaire et la fréquence respiratoire augmentent). Pendant la grossesse et l'allaitement, les besoins sont un peu augmentés : une femme enceinte devrait se procurer près de 2,5 L d'eau par jour et une femme qui allaite environ 3 L.

Peut-on encore boire de l'eau du robinet ?

Il est difficile de se passer complètement d'eau du robinet, même si on achète de l'eau en bouteille. En effet, on utilise beaucoup d'eau en cuisine, pour faire bouillir des aliments ou faire des soupes. Que vaut donc l'eau du robinet ?

Les nitrates

Un paramètre important à surveiller est la teneur en nitrates, qui a tendance à augmenter dans les eaux profondes et les eaux de surface d'année en année. Les principales sources de nitrates sont les activités agricoles (utilisation d'engrais inorganiques au nitrate de potassium ou d'ammonium ainsi que de fumier contenant des nitrates organiques), le traitement des eaux usées et les déchets azotés dans les excréments (animaux et hommes). L'eau du robinet en France ne doit pas contenir plus de 50 mg de nitrates par litre, 45 mg/L au Canada. En France, en 2012, 49 départements ont été concernés par un ou plusieurs dépassements de cette limite, soit 587 365 habitants (0,92 % de la population française). La situation est plus problématique pour les foyers qui utilisent l'eau de puits et de forages, en Europe comme en Amérique du Nord : LaNutrition.fr conseille de procéder alors à des analyses régulières.

À partir de 50 mg/L, les nouveau-nés peuvent manquer d'oxygène parce que les nitrites issus des nitrates transforment l'hémoglobine des globules rouges et la rendent incapable de fixer l'oxygène. Chez l'adulte, les nitrates de l'eau peuvent – y compris aux doses autorisées – conduire dans certaines conditions à la formation de composés potentiellement cancérogènes, les nitrosamines. Mais cette réaction est complexe : elle est favorisée par la quantité de protéines du repas (poisson par exemple), de fer, un pH élevé dans le tube digestif, et au contraire inhibée par la présence de vitamines C et E, peut-être de vitamine B9 et de magnésium. Concrètement, cela signifie que si votre eau est susceptible d'être polluée par les nitrates, il faut suivre les recommandations de ce livre et augmenter significativement la consommation de fruits et légumes qui sont protecteurs (même si eux-mêmes peuvent contenir des nitrates).

L'aluminium

Nous avons vu page 70 les effets de l'aluminium sur la santé. L'eau n'est pas la principale source d'apports en aluminium (moins de 5 % des apports) mais elle y contribue certainement. En effet, des sels d'aluminium sont utilisés dans le traitement de l'eau pour éliminer les particules organiques en suspension (ce n'est pas le cas pour l'eau distribuée aux Parisiens). En se liant à ces particules, ils les font s'agglomérer en flocons et se sédimenter. La réglementation fixe à 200 µg/L la teneur maximale d'aluminium dans l'eau de boisson, mais cette valeur n'est pas dictée par des soucis sanitaires, seulement par des considérations de coloration !

Selon l'Anses, en 2007, 2,7 millions de Français ont bu une eau dont le taux de sels d'aluminium était supérieur à cette norme.

Les pluies acides contribuent encore à la surcharge en aluminium. L'aluminium étant toxique pour le système nerveux, plusieurs études ont examiné le lien entre la concentration de l'eau en aluminium et le risque de démence. Prises collectivement, elles suggèrent (sans le prouver) que ce risque est multiplié par 2 dans les zones où l'eau renferme plus de 100 µg d'aluminium au litre (le fluor augmenterait ce risque, à l'inverse la silice serait protectrice).

Pesticides

En France, les limites de qualité pour les pesticides dans l'eau du robinet s'élèvent à :
- 0,10 µg/L pour chaque pesticide présent dans les eaux destinées à la consommation humaine (à l'exception de l'aldrine, de la dieldrine, de l'heptachlore et de l'heptachloroépoxyde, substances actives pour lesquelles la limite de qualité est de 0,03 µg/L) ;
- 0,50 µg/L pour le total des pesticides mesurés.

Les eaux distribuées sont généralement de bonne qualité vis-à-vis des pesticides. Le nombre de départements où plus de 95 % de la population a été alimentée par une eau respectant en permanence les limites de qualité pour les pesticides est en hausse depuis 2003.

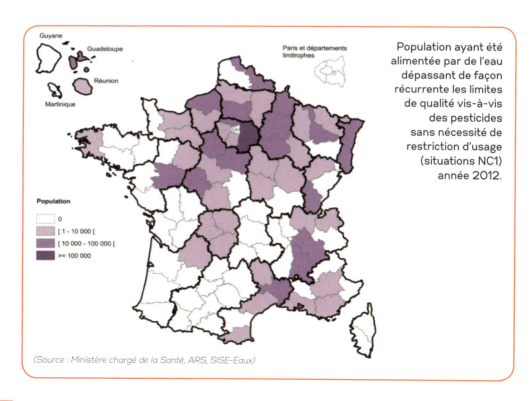

Population ayant été alimentée par de l'eau dépassant de façon récurrente les limites de qualité vis-à-vis des pesticides sans nécessité de restriction d'usage (situations NC1) année 2012.

(Source : Ministère chargé de la Santé, ARS, SISE-Eaux)

En 2012, 95,5 % de la population, soit 60,5 millions d'habitants, ont été alimentés par de l'eau en permanence conforme aux limites de qualité. Et pour 2,87 millions d'habitants, soit 4,5 % de la population française, l'eau du robinet a été au moins une fois non conforme aux limites de qualité pour les pesticides. 56,6 % des situations de non-conformité sont des dépassements récurrents (concentrations supérieures aux limites de qualité sur une période de plus de 30 jours cumulés sur une année, sans jamais dépasser la valeur sanitaire maximale, Situation NC1). Elles concernent 468 unités alimentant 640 600 habitants soit 1,01 % de la population (voir carte ci-contre).

L'atrazine (un pesticide du maïs interdit d'utilisation depuis 2003, mais très persistant) et ses produits de dégradation sont principalement à l'origine de ces dépassements. Il faut noter que l'atrazine se comporte comme un perturbateur endocrinien. En plus des pesticides eux-mêmes, on trouve dans l'eau des solvants qui entrent dans la composition des produits phytosanitaires et qui pourraient être encore plus problématiques.

Là encore, ce sont surtout les captages privés (puits, forages) qui sont les plus menacés par la pollution.

Une « soupe chimique »

L'eau du robinet contient aussi des milliers de substances chimiques pouvant avoir des effets biologiques : dérivés chlorés, plastifiants, pesticides, ignifugeants, métaux lourds, détergents, médicaments. Il y a plus de résidus de médicaments dans les rivières que de résidus de pesticides. Les principaux médicaments retrouvés dans l'eau de distribution, le plus souvent à des doses de l'ordre du nanogramme par litre, sont les anti-inflammatoires non stéroïdiens, la carbamazépine, les produits de contraste iodés (utilisés pour les examens radiologiques), les bêtabloquants, les antibiotiques, les antidépresseurs, les benzodiazépines. On trouve aussi de l'éthynyl-estradiol (l'hormone présente dans les pilules contraceptives) mais, contrairement à ce qu'on lit souvent, à des niveaux négligeables.

Actuellement, il n'y a pas de consensus dans la communauté scientifique pour savoir si cette soupe chimique pose un problème de santé publique, mais des études expérimentales sur des poissons et des batraciens ont montré des modifications génétiques lorsqu'on a exposé ces animaux à des eaux contaminées.

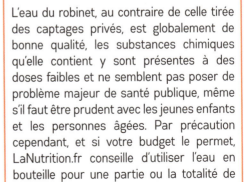

À savoir

L'eau du robinet, au contraire de celle tirée des captages privés, est globalement de bonne qualité, les substances chimiques qu'elle contient y sont présentes à des doses faibles et ne semblent pas poser de problème majeur de santé publique, même s'il faut être prudent avec les jeunes enfants et les personnes âgées. Par précaution cependant, et si votre budget le permet, LaNutrition.fr conseille d'utiliser l'eau en bouteille pour une partie ou la totalité de vos boissons.

> **En pratique**
>
> **Astuces contre le mauvais goût de l'eau**
>
> Si l'eau plate vous rebute, ou si votre eau de distribution a un fort goût de chlore, ajoutez-y un peu de jus de citron fraîchement pressé (ou en bouteille 100 % pur jus), une rondelle d'orange ou encore des feuilles de menthe fraîche. Vous avez également à votre disposition des eaux aromatisées mais regardez bien la liste des ingrédients et privilégiez toujours celles avec des arômes naturels et fuyez les versions avec sucre, édulcorants et additifs en général.

Les eaux en bouteille

L'eau embouteillée, comme tous les aliments, doit être consommée avant la date limite d'utilisation optimale et indique la durée pendant laquelle l'eau conserve toutes ses qualités gustatives, à condition que les conditions de stockage soient respectées. Elle est en moyenne d'un ou deux ans.

Une fois ouverte, une bouteille se consomme dans les deux jours, si vous utilisez un verre et si vous refermez la bouteille entre chaque usage.

Si vous buvez directement au goulot, veillez à consommer l'eau dans la journée. Une bouteille d'eau doit être conservée dans un endroit propre, sec et frais, à l'abri de la lumière, de la chaleur et du gel. Des produits odorants (solvants de peinture, bois pourri…) placés à proximité peuvent lui donner une odeur.

Contrairement à ce qu'ont rapporté en 2009 des chercheurs allemands, l'eau des bouteilles en plastique ne contient pas ou quasiment pas de perturbateurs endocriniens ; elle renferme peu ou pas de pesticides. Elle est donc de ce point de vue plus sûre que l'eau du robinet.

Comment choisir votre eau ?

Comme nous l'avons vu, contrairement à celle de nos ancêtres, notre alimentation occidentale est largement dominée par des produits acidifiants. Nous baignons dès la naissance dans une acidose chronique qui, année après année, pèse sur la santé en augmentant, par exemple, le risque d'ostéoporose. Pour enrayer cette acidose et rétablir l'équilibre, nous vous conseillons donc de privilégier les aliments basifiants, comme les végétaux, et de boire aussi chaque jour un peu d'une eau alcalinisante.

• Pour lutter contre l'acidose

Les eaux en bouteille les plus intéressantes pour lutter chaque jour contre l'acidose sont celles qui renferment beaucoup de bicarbonates : Vichy St-Yorre (4 368 mg/L) et Vichy Célestins (2 989 mg/L), Arvie (2 195 mg/L), Badoit verte ou rouge (1 250 mg/L), Vernière (946 mg/L).

Les eaux plates sont moins alcalinisantes que les eaux gazeuses, mais nous recommandons : Evian, Thonon, Valvert, Volvic, Vittel et Spa.

Notre choix (eau alcalinisante) : Vichy St-Yorre

• Pour leur teneur en calcium

Parmi les eaux les plus riches en calcium figurent Courmayeur (565 mg/L), Hépar (549 mg/L), et Contrex (468 mg/L). Mais ces eaux sont modérément acidifiantes, ce qui signifie qu'il faut consommer parallèlement suffisamment de fruits et légumes.

Parmi les eaux alcalinisantes ou neutres riches en calcium, vous pourriez choisir : Rozana (301 mg/L, mais avec un peu trop de chlorures), Vittel (203 mg/L), Quézac

(195 mg/L) ou Salvetat (150 mg/L).
Notre choix (eau alcalinisante riche en calcium) : Vittel

• Pour leur teneur en magnésium

Rozana est à la fois alcalinisante et renferme 160 mg/L de magnésium, mais avec un peu trop de chlorures. Les autres eaux alcalinisantes et riches en magnésium sont : Arvie (92 mg/L), Badoit verte ou rouge (80 mg/L).

Parmi les eaux plates : Hépar (119 mg/L) et Contrex (74,5 mg/L), mais ces deux eaux sont acidifiantes.

Notre choix (eau alcalinisante riche en magnésium) : Arvie.

En pratique

Les critères pour choisir une eau en bouteille

Voici quelques critères pour vous aider à choisir une eau en bouteille.
- Vous voulez optimiser la lutte contre l'acidose chronique : recherchez une eau apportant au moins 1 500 mg de bicarbonates au litre.
- Vous voulez une bonne source de calcium : choisissez une eau avec un minimum de 150 mg de calcium au litre.
- Vous avez besoin de magnésium : votre eau devrait en contenir 80 mg au moins par litre.

Par ailleurs, un litre d'eau ne devrait pas apporter plus de :
- 400 mg de chlorures ;
- 5 mg de nitrates ;
- 2,5 mg de fluor.

L'eau : avant, après ou en dehors des repas ?

On entend souvent dire qu'il ne faudrait pas boire d'eau pendant les repas car cela perturbe la digestion. En vérité, cette affirmation ne repose sur aucune preuve scientifique. La digestion, c'est-à-dire le processus qui permet de fractionner les aliments en particules de plus en plus petites commence dans la bouche avec la salivation, puis se poursuit avec le liquide gastrique. L'eau n'est pas nécessaire à ce processus, ou de manière marginale ; elle peut cependant aider à avaler certains aliments surtout au début du repas quand on salive peu. À l'inverse, boire un peu d'eau en mangeant ne perturbe pas la digestion.

Certains boivent beaucoup d'eau au cours du repas dans l'espoir de freiner l'appétit, mais c'est probablement inefficace car cette eau quitte l'estomac plus vite que les aliments et n'a donc pas le temps de le distendre pour donner cette impression de plénitude. Il vaudrait mieux alors boire avant le repas.

Boire de l'eau augmente la pression sanguine et pourrait favoriser la dépense énergétique, grâce à l'activation du système nerveux sympathique : le métabolisme, notamment la thermogenèse (production de chaleur), serait stimulé, ce qui pourrait permettre de perdre du poids. L'eau est aussi nécessaire à la conversion des graisses en énergie ; et avalée avant un repas, elle réduit un peu l'appétit. Cependant, les études conduites à ce jour ont donné des résultats inconstants. Une revue récente de la littérature scientifique conclut que le fait de s'hydrater avant un repas peut aider à faire perdre plus de poids aux personnes qui suivent un régime, mais que cette stratégie ne semble pas efficace chez les autres. Dans une étude indienne sur de jeunes femmes en surpoids, la consommation de 500 mL d'eau (ce n'est pas rien) 3 fois par jour une demi-heure avant chaque repas leur aurait permis de perdre environ 1,5 kg en 8 semaines.

Le thé et les tisanes

Introduit en Chine en 2737 avant J.-C., le thé est, après l'eau, la boisson la plus consommée au monde : 3 millions de tonnes de thé sont ainsi infusées chaque année et on va même jusqu'à dire qu'il se boit 15 000 tasses de thé par seconde ! Le thé est aussi l'aliment qui a fait l'objet du plus grand nombre d'études scientifiques : plus de 10 000 !

Une seule et même espèce de plante est à la base de tous les thés. Elle est originaire de Chine et porte le nom de *Camellia sinensis*. Le terrain, l'altitude, l'environnement (pluie, température…) mais également les différents modes de préparation, expliquent les différences d'appellations des thés.

Le thé noir

Il s'agit du thé le plus courant et le plus consommé par les Anglais et les Français. Il résulte d'une cascade de procédés après la cueillette : séchage à l'air chaud, roulage des feuilles pour débuter la fermentation, séchage à nouveau puis criblage, c'est-à-dire triage. La fermentation est un processus tout à fait naturel, très important puisque de cette étape dépendront les qualités organoleptiques du thé : arôme, odeur, couleur… Une fois infusé, le thé noir est comme son nom l'indique d'une couleur plutôt foncée avec de légers reflets rouges. Il peut être fumé par des bois odorants, assortis de fruits séchés, de fleurs comme le jasmin, d'épices ou encore d'huiles essentielles comme le thé à la bergamote ou Earl Grey.

Le thé Oolong

Ce type de thé se situe entre le thé noir fermenté et le thé vert non transformé. C'est un thé semi- ou partiellement fermenté. Il est moins astringent que le thé vert et son goût se rapproche plus du thé noir, ce qui en fait un excellent compromis pour s'initier si l'on n'est pas habitué au goût particulier du thé vert.

Le thé vert

Les feuilles récoltées sont uniquement traitées à la vapeur et séchées. Il n'y a pas de processus de fermentation comme pour le thé noir. C'est un thé riche en tanins et une fois infusé il est d'une couleur claire plutôt jaune. Son goût est légèrement âpre et amer.

Le thé blanc

Il s'agit d'un thé rare d'une excellente qualité, peu riche en tanins. Seuls les bourgeons blancs et les pointes des très jeunes feuilles servent à la fabrication de celui-ci. Il provient essentiellement de Chine et d'Inde mais sa faible production lui vaut un prix élevé.

Les bénéfices du thé

Un tiers de la matière sèche des feuilles de thé est constitué de flavonoïdes (seules les fraises font mieux), des molécules de la famille des polyphénols. Elles possèdent une puissante activité antioxydante, c'est-à-dire qu'elles aident à protéger notre corps des dégâts provoqués par l'oxygène et ses dérivés, à l'origine du vieillissement et de nombreuses maladies chroniques (cancers, maladies cardiovasculaires...). Selon des résultats expérimentaux, une ou deux tasses de thé protègent autant des radicaux libres que 5 portions de fruits et légumes ou un comprimé de 400 mg de vitamine C.

Les principaux flavonoïdes du thé sont des catéchines (épicatéchine, gallate d'épicatéchine, épigallocatéchine, gallate d'épigallocatéchine). Près de 80 % des flavonoïdes sont libérés dans la tasse en moins de quatre minutes d'infusion ! Résultat : en Europe du Nord, plus de 60 % des flavonoïdes de l'alimentation sont apportés par la consommation de thé, devant les oignons (13 %). Pommes, raisins et autres fruits et légumes contribuent au reste.

Après consommation d'une seule tasse de thé, le corps reçoit une protection antioxydante maximale 1 à 4 heures 30 plus tard pour le thé noir, et 3 à 5 heures 30 plus tard pour le thé vert. La consommation régulière de thé est associée à un risque réduit d'inflammation et de maladies chroniques, en particulier maladies cardiovasculaires, déclin cognitif lié à l'âge, et certains cancers (côlon, peau). Une étude française de 2014 sur plus de 130 000 personnes a conclu que les consommateurs de thé ont un risque réduit de mortalité (hors causes cardiovasculaires), surtout s'ils sont anciens fumeurs.

Une étude a aussi trouvé que les diabétiques qui boivent une grande quantité de thé Oolong (1 litre par jour) contrôlent mieux leur sucre sanguin.

Par ailleurs, le thé augmente un peu la thermogenèse (calories brûlées au repos) et diminue un peu le stress en augmentant l'activité d'un neurotransmetteur « calmant », le GABA. Il pourrait aussi améliorer l'humeur en stimulant un autre neurotransmetteur, la dopamine.

Comment choisir son thé

LaNutrition.fr conseille de boire 2 à 5 tasses par jour de thé (ou de plantes en infusion comme la menthe, très riche en flavonoïdes).

Le thé vert est intéressant car :
- il renferme plus de polyphénols que le thé noir, et surtout plus de catéchines : 30 à 42 % de la matière sèche pour le thé vert ; 3 à 10 % pour le thé noir ;
- il apporte moins de caféine, de fluor, d'aluminium que le thé noir.

Attention à ne pas consommer de thé en excès, en raison d'un risque de fluorose (qui apparaît avec certitude à partir de 10 tasses par jour). Ne pas acheter des thés bas de gamme (souvent conditionnés en sachets) trop riches en aluminium et en fluor.

Le théier accumule le fluor en poussant : les feuilles les plus anciennes en contiennent le plus ; or ce sont elles qui sont utilisées pour les thés de qualité inférieure. Le thé Oolong est le moins fluoré de tous les thés, devant le thé vert, le thé noir et les thés en briques.

> **En pratique**
>
> **Comment préparer sa tasse de thé ?**
>
> • Une tasse contient environ 10 centilitres d'eau, un mug 20 à 25 cL. Prévoir 2 g de thé pour 10 cL d'eau, soit une cuillère par tasse, et deux et demi par mug (plus une pour la théière).
> • Durées optimales d'infusion : pour les thés verts : environ 5 minutes (l'amertume apparaît à ce moment) ; 5 à 10 minutes pour les thés verts japonais ; pour les thés noirs : 5 à 10 minutes ; pour les thés blancs : 15 minutes.
> • Les thés les plus riches en caféine sont dans l'ordre : le thé noir, le thé vert, le thé Oolong.
> • Si vous ne supportez pas les effets stimulants du thé dus à la présence de caféine, il faut jeter la première infusion, et laisser infuser à nouveau. Mais pour espérer éliminer 80 % de la caféine, la première infusion doit durer 3 à 5 minutes selon le type de thé. Pour éliminer la moitié de la caféine, il faut laisser infuser environ 2 minutes.

Dans quels cas limiter votre consommation de thé ?

L'absorption du fer au cours d'un repas peut varier de 1 à 20 %. La vitamine C stimule cette absorption alors que les phytates des céréales, les fibres, certaines protéines et les flavonoïdes l'entravent. Ainsi, on retient moins le fer lorsqu'on consomme des céréales complètes, du jaune d'œuf, du café et du thé. Pris au cours du repas, le thé peut inhiber de 60 à 70 % l'absorption du fer alimentaire, ce qui peut conduire à des réserves trop faibles chez les végétariens, les végétaliens, les femmes enceintes et les enfants. La solution pour ces personnes à risque ? Boire le thé entre les repas.

Le café

Les bénéfices du café

Une tasse de café renfermerait autant d'antioxydants que trois oranges. Environ 300 sortes d'antioxydants nagent dans le fond de la tasse ou flotteraient dans les vapeurs de café. Ainsi, 150 mL de café en contiendraient 200 à 550 mg (contre 150 à 200 mg pour la même quantité de thé).

Selon l'étude française Nutrinet-santé (2010) le café représente presque 37 % des apports moyens journaliers en polyphénols. Dans l'alimentation des Occidentaux, c'est le principal contributeur, devant le thé.

Peut-on boire régulièrement du café et en quelle quantité ?

Les études trouvent que les consommateurs réguliers de café (sans sucre ajouté !) ont un risque réduit de **diabète de type 2**, un effet qui passerait par une meilleure sensibilité à l'insuline et une diminution de l'inflammation. La consommation régulière de café pourrait protéger aussi du syndrome métabolique, de la maladie de Parkinson, de la cirrhose et du cancer du foie. Le café pourrait aider à prévenir le cancer de l'endomètre et freiner la progression du cancer de la prostate.

Selon une méta-analyse sur près d'un million de personnes, la consommation

Caféine et café

Le café (comme le thé) apporte aussi de la caféine, qui contribue à l'état d'éveil et de vigilance et peut améliorer les performances physiques. La caféine aiderait aussi à prévenir la dépression chez les femmes de plus de 60 ans, comme le montre une étude de 2011 menée par l'école de santé publique d'Harvard ; elle semble aussi consolider la mémoire à long terme d'après une étude de 2014 parue dans la revue *Nature Neuroscience*. La caféine pourrait aussi améliorer certains symptômes de la maladie de Parkinson selon plusieurs études épidémiologiques. Mais la caféine et le café n'ont pas toujours les mêmes effets.

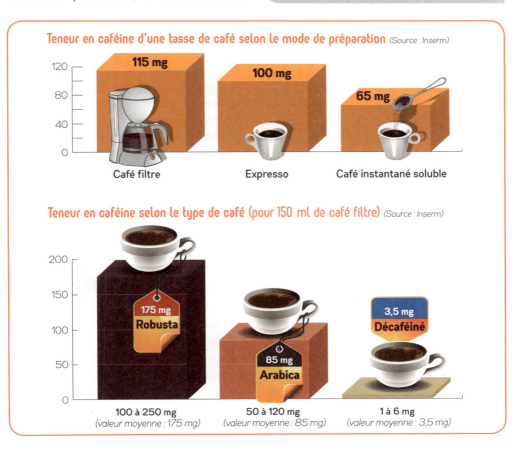

Teneur en caféine d'une tasse de café selon le mode de préparation (Source : Inserm)
- Café filtre : 115 mg
- Expresso : 100 mg
- Café instantané soluble : 65 mg

Teneur en caféine selon le type de café (pour 150 ml de café filtre) (Source : Inserm)
- Robusta : 175 mg — 100 à 250 mg (valeur moyenne : 175 mg)
- Arabica : 85 mg — 50 à 120 mg (valeur moyenne : 85 mg)
- Décaféiné : 3,5 mg — 1 à 6 mg (valeur moyenne : 3,5 mg)

de café est associée à une diminution modeste de la mortalité. Dans cette étude, il n'y a pas de bénéfice à consommer plus de 2 tasses par jour (il s'agit d'études d'observation, montrant une association mais pas nécessairement une relation de cause à effet). Côté limite supérieure, deux études conduites à Harvard sur 130 000 hommes et femmes n'ont pas trouvé qu'il y avait de risque à consommer jusqu'à 6 tasses de café par jour, mais des données plus récentes mettent en garde sur le fait de boire plus de 4 tasses par jour.

Cependant, au-delà de 2 à 3 tasses par jour, le café fait office d'un événement stressant : dans l'heure ou les deux heures qui suivent, les hormones du stress (adrénaline, noradrénaline et cortisol) montent, la fatigue diminue et la pression artérielle s'élève (de 7 à 10 mm de mercure) et reste élevée plusieurs heures. Par ailleurs, si vous souffrez d'hypertension, sachez qu'à partir de 3 tasses par jour, le café pourrait dans certains cas favoriser un diabète : essentiellement chez les personnes qui métabolisent lentement le café pour des raisons génétiques. Par précaution, si vous souffrez d'hypertension, il faudrait donc boire moins de 3 tasses par jour.

Donc, en se basant sur les données disponibles, on peut conseiller 0 à 2, voire 3 tasses de café par jour.

Pourquoi malgré tout ne pas en abuser ?

• Le café pourrait, via la caféine, être responsable d'une fuite de calcium et d'une diminution de la densité osseuse qui expose au risque d'ostéoporose. Donc si vous avez un risque de fracture osseuse, il peut être judicieux de consommer peu de café, ou alors décaféiné.

• Les femmes qui désirent avoir des enfants et les femmes enceintes devraient consommer du café modérément, par exemple une à deux tasses par jour au plus.

> **En pratique**
> **Comment choisir et préparer le café ?**
> • Préférez-le en grains et investissez dans un moulin.
> • Si vous aimez le café « puissant », optez pour du robusta, jusqu'à deux fois plus dosé en caféine que l'arabica.
> • Le café renferme des substances de la famille des terpènes appelées cafestol et kahweol qui stimulent le niveau de mauvais cholestérol. Si vous surveillez celui-ci, sachez qu'on trouve ces substances dans la fraction lipidique du café. Quand vous utilisez un filtre papier, elles restent dans le filtre. Avec les autres méthodes de préparation, bouilli, pressé, turc, le café en contient plus. L'expresso se situe entre ces deux extrêmes.
> • Si vous utilisez des dosettes, choisissez des dosettes avec papier non chloré, et des dosettes en aluminium plutôt qu'en plastique (l'aluminium sous cette forme ne pose pas de risque).
> • Si vous avez l'habitude d'acheter votre café moulu, une fois le sachet ouvert, refermez-le hermétiquement et placez-le idéalement dans une boîte et au réfrigérateur pour qu'il conserve ses arômes.

Le vin

Le vin et la santé vasculaire

Il existe aujourd'hui de nombreuses preuves que le vin, à dose modérée, améliore la santé cardio- et cérébrovasculaire. Par rapport aux abstinents, les consommateurs modérés et réguliers de vin qui suivent un régime équilibré (comme le régime méditerranéen) ont moins de risque d'infarctus, d'accident vasculaire cérébral, d'artériopathie périphérique, d'insuffisance cardiaque congestive. Même les malades qui ont subi un infarctus peuvent continuer à boire du vin. Une étude française conduite par le Dr Michel de Lorgeril (CNRS, Grenoble) a conclu que, par rapport aux non-buveurs, ceux qui consomment du vin (2 à 4 verres par jour) ont environ deux fois moins de risque de connaître des complications vasculaires.

La consommation modérée de vin est aussi associée à un risque réduit de déclin cognitif lié à l'âge et de démence, ainsi que de diabète de type 2.

Le vin est riche en polyphénols (lire encadré ci-dessous), qui lui confèrent ses propriétés anti-inflammatoires, antioxydantes, anticancer, hypotensives, anticoagulantes. Les polyphénols sont aussi antimicrobiens, antiviraux et neuroprotecteurs.

Les constituants du vin

En plus de l'alcool (éthanol), le vin renferme un mélange complexe de polyphénols : des flavonoïdes comme les anthocyanes (pigments rouges), les flavonols et les flavanols (tannins), et des non-flavonoïdes comme le célèbre resvératrol, les acides phénols, les acides hydroxycinnamiques.

Le resvératrol peut selon le cas favoriser ou bloquer l'action des hormones féminines (estrogènes) et il s'oppose expérimentalement aux mécanismes qui conduisent au cancer et à sa progression.

Les flavanols sont les plus abondants des polyphénols, les proanthocyanidines (tannins condensés) représentent la moitié des composés phénoliques. Ce sont de puissants antioxydants, fluidifiants sanguins, qui interviennent aussi dans la signalisation cellulaire.

Le vin rouge renferme environ 10 fois plus de polyphénols que le vin blanc.

Le vin et le cancer

L'alcool est considéré comme cancérogène par le Centre international de recherches sur le cancer et plus on en consomme, plus on augmente son risque d'être victime d'un cancer.

Pour le vin, le verdict est nuancé.

Les cancers oropharyngés touchent plus souvent les consommateurs d'alcool, surtout en association avec le tabagisme. Le vin est la boisson alcoolisée qui augmente le moins le risque de ce type de cancers, et le risque semble faible, voire inexistant pour des consommations modérées lorsqu'on ne fume pas.

L'alcool augmente aussi le risque de cancer du sein en proportion des doses, sans qu'on sache bien si le vin fait exception. Cela dit, dans plusieurs études (mais pas toutes), l'alcool apparaît d'autant plus dangereux qu'on manque de vitamine B9 (folates). D'où l'intérêt, si on consomme un peu de vin, de le faire dans le cadre d'une alimentation équilibrée, riche en végétaux, telle que celle décrite dans ce livre.

Hormis ces réserves sur les cancers oropharyngés et le cancer du sein, les personnes qui consomment modérément du vin ont un risque plus faible de cancers du poumon, du côlon, de la peau (basocellulaire), des ovaires et de la prostate.

Comment expliquer que, comparé à d'autres boissons alcoolisées, le vin augmente peu ou pas le risque de cancers ? Des chercheurs de l'université du Colorado ont mis en évidence un mécanisme protecteur du vin qui passe par un polyphénol du vin, resvératrol.

L'alcool est transformé en acétaldéhyde, qui endommage le code génétique des cellules, ce qui peut les rendre anormales et conduire au cancer. Mais expérimentalement le resvératrol élimine les cellules anormales avant qu'elles dégénèrent. Ce mécanisme de protection est cependant dépassé lorsqu'on consomme trop de vin.

Au total, les consommateurs modérés de vin n'ont pas un risque global de cancer plus élevé que les abstinents, ce qui n'est pas le cas avec d'autres alcools.

En pratique
Comment boire du vin

- Si vous n'avez jamais bu d'alcool ou si vous avez eu des problèmes avec l'alcool, et que vous souhaitez consommer un peu de vin, prenez d'abord le conseil de votre médecin.
- Ne buvez de vin que dans le cadre d'un régime alimentaire équilibré comme celui de ce livre, ou le régime méditerranéen.
- Buvez surtout du vin rouge, et choisissez-le bio.
- Les vins plus jeunes pourraient être plus intéressants que les vins âgés. En effet, en vieillissant, la teneur en polyphénols diminue et ceux qui restent ont tendance à s'oxyder, donc à perdre de leur activité.
- Buvez du vin essentiellement au repas.
- Si vous êtes une femme, tenez-vous-en à un verre par jour (150 mL soit 10 g d'alcool). S'il y a des antécédents de cancer du sein dans votre famille, si vous avez vous-même été soignée, prenez l'avis de votre médecin.
- Si vous êtes un homme, tenez-vous-en à deux verres de vin par jour (300 mL de vin ou 20 g d'alcool).
- Si vous êtes fumeur, si vous avez été soigné pour un cancer de l'oropharynx, prenez l'avis d'un médecin.

Les boissons alcoolisées, un héritage de l'évolution

Pourquoi les personnes qui boivent régulièrement un peu d'alcool (environ un verre quotidien chez la femme, deux chez l'homme) jouissent-elles d'une meilleure santé cardiovasculaire que celles qui ne boivent jamais ? La réponse serait à chercher du côté de l'évolution. L'alimentation de tous les primates frugivores (y compris les hominoïdes) pendant des millions d'années a été caractérisée par la consommation de fruits mûrs, qui renferment de l'éthanol à des teneurs de l'ordre de 0,5-1 %, et même 4,5 % pour les fruits blets. La compétition pour ces fruits est intense chez les primates car un fruit mûr est sensiblement plus riche en micronutriments et les individus qui en mangent régulièrement résistent mieux que les autres aux infections et aux maladies. La sélection naturelle a probablement favorisé les primates qui décelaient l'odeur de l'alcool et l'appréciaient... en petite quantité. Il faut noter en effet que les primates évitent les fruits trop mûrs, pas assez sucrés et trop alcoolisés.

Première conclusion : si l'alcool à dose régulière et modérée était universellement néfaste à la santé, nos ancêtres amateurs de fruits mûrs n'auraient pas eu d'avantage sélectif sur leurs congénères.

Deuxièmement, nous sommes probablement génétiquement faits pour consommer cet alcool avec des aliments (au repas, et non en dehors).

Troisièmement, il existe malgré tout de grandes variations dans l'espèce humaine pour ce qui est du métabolisme de l'alcool, des doses tolérées et des effets sur la santé.

Les jus de fruits

Comme nous l'avons déjà dit, un jus de fruits ne sera jamais l'équivalent d'un fruit. Il n'y a bien que les industriels des jus et les experts qui travaillent pour eux qui sont capables de vous faire croire ça. Les jus sont pauvres en fibres, ont des teneurs en vitamine C, caroténoïdes et composés phénoliques un peu plus basses que celles du fruit entier. Surtout, une pomme et un jus de pommes ne rassasient pas de la même façon : les glucides des jus sont assimilés trop vite pour que les mécanismes de régulation de l'appétit se mettent en place. Une consommation soutenue et régulière de jus de fruits, même pressés à la maison, pourrait augmenter les risques de surpoids, diabète et de caries (lire encadré ci-dessous). On peut en boire de temps en temps, mais pas quotidiennement.

Les smoothies les plus denses ont un profil nutritionnel légèrement meilleur que les jus, mais comme il y a un vide règlementaire sur les smoothies, il faut bien regarder la liste des ingrédients.

> **En pratique**
>
> **Comment choisir et consommer les jus de fruits**
>
> • Évitez de boire plus d'un litre de jus de fruits par semaine, en privilégiant les smoothies, les jus pressés maisons et les 100 % pur jus.
> • Si vous voulez vous faire plaisir, à l'apéritif par exemple, optez plutôt pour un jus de tomate, de carottes, un gaspacho et surtout fuyez les boissons aux fruits avec le suffixe « ade »... c'est une symphonie de sucre, arômes, colorants et édulcorants...

Souvent aussi sucrés que les sodas

Une étude de juillet 2014 dans le journal *Nutrition* a comparé les teneurs en sucres de 14 sodas et 19 boissons aux fruits ou jus de fruits vendus sur le marché américain. Résultats : les jus de fruits, y compris ceux 100 % jus, apportent autant de sucres que les sodas : autour de 100 grammes par litre, la palme revenant au jus de pomme 100 % jus de fruit de la marque Minute Maid avec un total de 110 g/L. Ces sucres sont constitués pour moitié environ de fructose, le reste étant du glucose et du saccharose. Le fructose est soupçonné de favoriser obésité et résistance à l'insuline. La teneur en fructose la plus élevée est relevée dans le jus de pomme Minute Maid (66 g/L), mais il y en a aussi beaucoup dans le 100 % jus de cranberry Ocean Spray (55 g/L). Le 100 % jus d'orange Tropicana renferme 28 grammes de fructose, mais aussi 24 grammes de glucose et 47 grammes de saccharose. Donc une consommation régulière de jus de fruits conduit à consommer des quantités importantes de fructose et sucres totaux (équivalent de quatre morceaux de sucre par verre).

Les sodas et boissons sucrées

Soyons directs. Ils n'ont vraiment aucun intérêt nutritionnel : ils apportent des calories vides pour un pouvoir de satiété très faible et au final ils entretiennent la faim et surtout l'envie de boire encore une boisson sucrée...

Une canette de cola est quand même l'équivalent de 7 morceaux de sucre. Une bouteille de 2 litres près de 42 morceaux... forcément ça fait réfléchir !

Une étude présentée en 2014 par des chercheurs de Harvard a évalué à 180 000 le nombre de décès dans le monde liés chaque année à la consommation de boissons sucrées, boissons aux fruits, boissons pour sportifs et sodas. Selon eux, ces boissons seraient à l'origine de 133 000 décès par diabète, 44 000 décès par maladies cardiovasculaires et 6 000 décès par cancers. L'étude ne portait que sur des adultes.

L'étude européenne EPIC menée dans 8 pays européens a conclu en 2013 que la consommation quotidienne d'une canette de boisson gazeuse sucrée est associée à une augmentation de 22 % du risque de diabète de type 2.

Les sodas accélèrent également le vieillissement comme le montre une étude américaine d'octobre 2014 sur 5 300 volontaires en bonne santé âgés de 20 à 65 ans. La consommation de sodas sucrés est associée dans cette étude à des télomères (extrémités des chromosomes protégeant l'ADN) plus courts, donc à un risque de vieillissement accéléré (lire encadré ci-contre). La consommation quotidienne de 60 cL de ces boissons, soit l'équivalent de deux canettes, reviendrait donc à vieillir prématurément de 4,6 années.

Les télomères et le vieillissement

« Les télomères, explique Thierry Souccar, directeur de LaNutrition.fr, sont des structures qui protègent l'ADN à l'extrémité des chromosomes dans les cellules. Les télomères protègent les gènes en permettant aux cellules de se diviser. Ils empêchent l'extrémité des chromosomes de fusionner ou se coller l'une à l'autre, ce qui détruirait l'information génétique ou la rendrait aberrante. À chaque division cellulaire, les télomères raccourcissent. Lorsqu'ils sont trop courts, la cellule ne peut plus se diviser. Elle devient inactive ou "sénescente" ou elle meurt. Plus on prend de l'âge, plus les télomères raccourcissent. La longueur des télomères est donc associée au vieillissement. Mais elle est aussi associée à un risque accru de maladies coronariennes et d'autres maladies chroniques, mais aussi de décès. »

Les sodas pourraient aussi favoriser les fractures. En effet, ils apportent de l'acide phosphorique qui contribue, avec le phosphore alimentaire déjà très souvent en excès, à perturber la régulation du phosphore corporel, du calcium, de la vitamine D et de l'équilibre acido-basique. Cette perturbation pourrait conduire à la perte de masse osseuse, et, chez l'enfant et l'adolescent, à des troubles de la qualité osseuse.

Les versions light, à base d'édulcorants de synthèse, n'apportent aucun bénéfice réel selon l'excellent rapport de l'Anses de janvier 2015 et ont même été liées à un risque accru de diabète.

De plus, pour les colas en particulier, il ne faut pas négliger l'apport en caféine qui perturbe le sommeil profond et augmente le risque de déshydratation chez les sportifs. Ce type de boissons sucrées doit être réservé aux occasions particulières, c'est-à-dire aux anniversaires par exemple pour les enfants mais certainement pas plusieurs fois par semaine. Votre portefeuille s'en portera aussi nettement mieux !

Chez les adolescents, il a même été prouvé que la consommation de sodas était associée à des comportements agressifs, à de la dépression et des pensées suicidaires. La caféine maintient éveillé, accentue la nervosité, favorise l'impulsivité et la prise de risque chez les enfants et les adolescents. Ainsi, les enfants qui boivent des sodas au moins quatre fois par jour ont deux fois plus de risque de comportements agressifs que ceux qui n'en consomment pas.

Les boissons énergisantes

Ces boissons, très populaires auprès des jeunes sont parfois consommées les unes après les autres dans les soirées. Pourtant, leur consommation n'est pas sans risque, essentiellement du fait de leur teneur en caféine : elle peut causer dans certains cas des problèmes cardiaques, allant de l'angine de poitrine à l'arythmie cardiaque et même jusqu'à la mort subite.

Une confusion entre boissons énergisantes et boissons énergétiques s'est peu à peu installée. Les boissons énergétiques peuvent présenter un intérêt pour les sportifs. Elles contiennent de l'eau, du sucre et des sels minéraux. En revanche, les boissons énergisantes ne sont pas des boissons de l'effort, elles contiennent généralement de l'eau, de la caféine, de la taurine, des vitamines du groupe B, des extraits de plantes (guarana...). Consommées en combinaison avec l'alcool, elles ont tendance à augmenter l'envie de boire de l'alcool, notamment chez les jeunes. Elles provoquent également une augmentation de la pression sanguine et du rythme cardiaque.

La plupart des boissons énergisantes contiennent (pour une boisson de 250 mL), l'équivalent en caféine de deux expressos, soit 50 à 85 mg. Mais certaines marques affichent des teneurs bien plus élevées.

Entre le 1er janvier 2009 et le 30 novembre 2012, l'Anses a recueilli des données concernant notamment les effets indésirables liés à leur consommation. L'analyse des données montre qu'entre 2009 et 2011, leur consommation en France a augmenté de 30 %, atteignant 30 millions de litres. Sur une période de 2 ans, 257 cas d'effets indésirables ont été rapportés à l'Anses : parmi eux, 95 concernaient des symptômes cardiovasculaires, 74 étaient d'origine psychiatrique et 57 d'origine neurologique. Parfois les symptômes se chevauchaient. Huit cas d'arrêts cardiaques ou de mort subite inexpliquée ont été recensés.

Nous recommandons donc, comme pour le café, d'éviter les fortes consommations (400 mg et plus de caféine par jour) et les mélanges avec l'alcool. De plus, la caféine, en empêchant le sommeil profond, interfère avec le développement et la maturation du cerveau. Et enfin, il faut aussi rappeler que ces boissons énergisantes sont une source de sucres, notamment de glucose-fructose.

Les recommandations MFM : Légumes frais et légumes secs

Légumes frais — 4 à 7 portions par jour

1 portion = 50 g de salade verte
= 85 g de brocolis
= 1/2 avocat
= 100 g de courge

Légumes secs — 0 à 2 portions par jour*

1 portion = 135 g de lentilles
= 135 g de haricots blancs
= 100 g de soja**

* 3 à 6 portions pour les végétariens.
** Voir pages 227-237 pour d'autres exemples de portions.

Pourquoi manger des végétaux ?

Parce qu'ils apportent :
- de l'eau qui participe à l'hydratation,
- des vitamines, qui sont par définition « essentielles à la vie »,
- des minéraux, et en particulier du potassium, qui permet de rééquilibrer le rapport sodium/potassium et l'équilibre acide-base,
- un peu de fibres qui participent au bon fonctionnement intestinal et limitent les pics de glycémie,
- des antioxydants qui protègent les cellules du stress oxydatif.

Repères de consommation

Les autorités sanitaires insistent sur le fait qu'en manger à chaque repas c'est moins compliqué qu'on ne le pense et qu'il suffit d'en consommer plusieurs portions par jour… Mais c'est quoi une portion ? Pour les fruits, c'est assez facile à comprendre, mais pour les légumes, ce n'est pas toujours évident de bien visualiser la taille d'une portion.

Dans les recommandations officielles, on parle de « la taille d'un poing » ou « deux cuillères à soupe pleines (80-100 g) ».

Cela n'est d'une part, pas toujours très concret et d'autre part, semble très restrictif. En effet, considérer que deux cuillères à soupe d'épinards peuvent suffire à un repas pour l'apport en légumes, c'est oublier qu'à côté il reste beaucoup trop de place pour les féculents comme nous le verrons dans le chapitre suivant.

Ainsi, ce n'est pas parce que l'on consomme quelques radis à un repas que cela compte pour une portion de légumes. Il faut donc se baser sur ½ assiette de légumes et pas 2 cuillères à soupe par repas. Cinq à 12 portions de fruits et légumes représentent 400 à 1 200 g par jour (voir pages 227-231 pour visualiser les portions).

Il va sans dire que les légumes peuvent être consommés :
- **crus** : crudités en début de repas, salade verte après le plat de résistance, salade composée en plat unique l'été. Ils assurent les apports en vitamine C et en fibres ;
- **cuits** : en accompagnement, refroidis en entrée (poireaux vinaigrette, macédoine)… ils fournissent de la vitamine B9. De plus, la cuisson améliore la biodisponibilité de certains composés comme les caroténoïdes ;
- **mixés** : soupes, gaspacho.

Si votre budget le permet, optez pour des légumes issus de l'agriculture biologique issus de semences non hybrides (variétés anciennes).

À savoir

Attention à ne pas mettre dans la catégorie des légumes la pomme de terre et la patate douce qui sont des tubercules et donc considérés comme des féculents.
L'avocat peut être indifféremment inclus dans votre liste de légumes ou dans celle des corps gras.

Pourquoi manger des légumes frais ?

Ils possèdent une faible densité calorique

Les légumes, de par leur importante teneur en eau, possèdent une faible densité calorique. En les privilégiant dans votre régime, comme on le fait traditionnellement à Okinawa, vous êtes rassasié plus rapidement, sans en payer le prix en termes de calories.

Ils sont très riches en antioxydants

Ils possèdent un score antioxydant très élevé par la présence de vitamine C, de caroténoïdes et de composés phénoliques.

Les bénéfices santé des régimes riches en légumes et fruits ont longtemps été mis sur le compte de la vitamine C qu'ils apportent. Une alimentation basée sur 5 à 6 portions quotidiennes de fruits et légumes fournit environ 200 mg de cette vitamine. Mais, un tel régime apporte jusqu'à trois fois plus de substances protectrices (lire ci-dessous).

Ils ont une forte densité nutritionnelle

Les études épidémiologiques rapportent que les personnes qui consomment le plus de légumes ont moins de maladies chroniques que celles qui n'en mangent pas. Ce groupe comprend en effet les aliments dont la densité nutritionnelle est la plus élevée. Ils sont riches en vitamines et minéraux indispensables à l'équilibre général : calcium, potassium, magnésium… Ils possèdent d'ailleurs un excellent ratio sodium/potassium qui permet de contrebalancer l'excès de sel de notre alimentation moderne.

En plus des vitamines et des minéraux, les légumes verts renferment des dizaines de composés essentiels à la santé : flavonoïdes (dont plus de 40 000 membres ont été identifiés), caroténoïdes (tomates, carottes, épinards), isothiocyanates (crucifères), saponines (tomates, ail, asperges, épinards, légumineuses), alcaloïdes (aubergines, poivrons, tomates)…

Ils constituent une excellente source de fibres

Riches en fibres solubles et surtout insolubles (dans la peau, les feuilles, les graines, les racines), les légumes jouent un rôle important dans la prévention des maladies cardiovasculaires.

Ils ont un index et une charge glycémiques bas

C'est notamment flagrant quand on les compare aux céréales.

Ils sont alcalinisants

Ils participent à l'équilibre acide-base en apportant des éléments basiques qui permettent de tamponner l'acidité chronique dont la plupart d'entre nous sommes victimes. L'indice PRAL des légumes et des légumineuses est quasiment toujours négatif (voir ci-contre), indiquant qu'ils sont alcalinisants.

Ils apportent des protéines

On sait moins que les légumes à feuilles et les algues sont d'excellentes sources de protéines. Les feuilles des légumes (et des plantes en général) renferment 20 à 40 % de protéines d'excellente qualité, si on les rapporte au poids sec. C'est la raison pour laquelle nos cousins primates les gorilles qui avalent de grandes quantités de feuilles ne manquent pas de protéines.

Pourquoi manger des légumineuses ?

Les légumineuses sont les plantes de la famille des *Leguminosae* ou *fabacées*. Elles sont en général cultivées pour leurs graines.
En nutrition et en alimentation, les légumineuses sont les fèves et graines de soja, les haricots blancs (lingot, mogette), rouges (azuki), mungo, pinto, les lentilles brunes, vertes, vertes du Puy, blondes ou corail, le lupin et les pois (cajan, cassés, chiches, secs). En botanique, entrent dans cette famille les flageolets, les petits pois et les haricots verts qui sont considérés à tort comme des légumes.

Indice PRAL de quelques légumes

Alcalinisant fort

Légumes	Indice PRAL (mEq/100g)
Épinards crus	- 11,9
Cresson	- 10,7
Épinards cuits	- 10,3
Courge	- 8,7
Mâche	- 7,5
Fenouil	- 7,3
Pomme de terre	- 5,2
Échalote	- 4,6
Chou-fleur	- 4,4
Courgette	- 4,3
Laitue	- 4,3
Carotte	- 4,1
Tomate	- 3,7
Brocoli	- 3,5
Champignon	- 3,5
Endive	- 3,5
Navet	- 3,2
Betterave	- 3,1
Choucroute	- 3,1
Poivron	- 2,9
Concombre	- 2,4
Champignon de Paris	- 2,2
Oignon	- 2,1
Aubergine	- 1,9
Poireau	- 1,6

Alcalinisant faible

Elles sont riches en nutriments

Les légumineuses constituent une excellente source de protéines : 100 g de légumineuses apportent autant de

À titre de comparaison, quantité de protéines des principaux aliments

Aliments	Quantité de protéines
100 g de légumineuses ou d'oléagineux	20 à 25 g
100 g de poisson, de viande ou d'abats	15 à 25 g
100 g de volaille ou de jambon	18 à 20 g
2 œufs	15 à 18 g
100 g de céréales	8 à 12 g
30 g d'emmental	9 g
1 yaourt	4 à 7 g
175 g de brocolis	4 à 5 g

protéines que 100 g de viande, de poisson ou d'abats (voir tableau ci-dessus) sans apporter de graisses saturées.

Mais ces protéines ne sont pas toujours idéalement équilibrées puisqu'elles peuvent manquer d'acides aminés soufrés comme la méthionine. Malgré tout, le soja renferme 25 % de protéines plutôt bien équilibrées et il faut rappeler que les légumes verts à feuilles apportent des protéines d'excellente qualité. Les protéines végétales peuvent à elles seules couvrir les besoins nutritionnels si l'alimentation est variée et les besoins en énergie satisfaits. Un assortiment d'aliments végétaux mangés au cours d'une journée peut apporter tous les acides aminés essentiels ; par conséquent, on n'est pas tenu de manger des protéines complémentaires dans un même repas, comme on le conseillait autrefois (haricots et maïs, couscous et pois chiches, etc.).

Toutefois, la densité nutritionnelle des légumineuses ne se résume pas seulement à leur forte teneur en protéines puisque par définition, les légumineuses sont des graines dans lesquelles les éléments de réserve de la future plante ont été concentrés. On retrouve donc en quantité appréciable des vitamines du groupe B, des minéraux comme le magnésium (30 à 50 mg pour 100 g) ou encore le fer (2 à 3 mg pour 100 g). Ce dernier est moins absorbé que le fer des aliments d'origine animale, mais il est un peu mieux assimilé que celui des céréales complètes.

Elles sont les championnes du potassium

La teneur en potassium des légumes secs est supérieure à celle des fruits et des légumes. Tout comme les fruits secs, 100 grammes de légumes secs apportent environ 1 gramme de potassium, un minéral dont presque tout le monde manque.

Elles aident à faire le plein de fibres…

Les légumineuses sont riches en fibres (jusqu'à 25 % de leur poids), plus ou moins solubles (cellulose, hémicellulose, pectines), intéressantes dans la prévention de la constipation mais également du cholestérol sanguin élevé et du sucre sanguin élevé.

Teneur en protéines des principales légumineuses

Légumineuses	Protéines (g/100 g)
Arachides	25,80
Azukis	19,87
Fenugrec	23,00
Fèves	26,12
Haricots	21,70
Lentilles	25,38
Mungos	24,54
Petit pois	5,42
Pois cassés	24,55
Pois chiches	19,30
Soja (tofu)	11,83

Tout n'est pas bon dans le légume sec

Les légumes secs contiennent des facteurs antinutritionnels qui font partie de l'arsenal de défense de la plante contre les insectes et les parasites. Ainsi, les légumes secs renferment des inhibiteurs de protéases qui neutralisent les enzymes chargées de dégrader les protéines de l'alimentation. Ils peuvent aussi contenir des lectines qui réduisent les capacités digestives et entraînent des troubles gastro-intestinaux (diarrhées, nausées). Leurs tanins réduisent la disponibilité des protéines et inhibent certains systèmes enzymatiques. Les phytates limitent l'absorption de fer, calcium, manganèse, cuivre et zinc. Inhibiteurs de protéases et lectines sont éliminés à la chaleur.

Malgré tout, ces facteurs antinutritionnels pourraient posséder des propriétés bénéfiques. Les inhibiteurs de protéases et les phytates pourraient protéger de certains cancers, tandis que les tanins font partie d'une classe d'antioxydants qui s'opposent aux radicaux libres.

... et de phytoestrogènes

Les légumineuses apportent aussi des phytoestrogènes, une classe de composés qui modulent la croissance des tissus en venant occuper les récepteurs des hormones femelles. Ils pourraient jouer un rôle important dans la prévention des cancers liés aux hormones et dans la santé osseuse. Le soja contient au moins deux fois plus de ces composés que les autres légumes secs. À noter que le fenouil, qui n'est pas une légumineuse, est lui aussi particulièrement riche en phytoestrogènes.

Elles ont un IG bas

Contrairement à une idée reçue, les légumes secs n'augmentent pas sensiblement le taux de sucre sanguin. Dans les légumes secs, l'amidon est le principal responsable de l'élévation du taux de sucre dans le sang. Mais l'amidon des légumineuses est surtout présent sous forme d'amylose, une forme que le corps digère lentement. Les légumineuses ont donc un index glycémique (IG) bas.

De plus, une part non négligeable de l'amidon (20 %) n'est pas du tout digestible. Ainsi, les glucides des légumes secs sont absorbés lentement : la montée de la glycémie est lente, étalée dans le temps, d'autant que les fibres solubles freinent l'augmentation du taux de glucose dans le sang.

De la variété avant tout !

L'idéal est de varier au maximum les légumes (et les fruits) chaque jour, puisque chacun d'entre eux apporte des substances protectrices diverses. En effet, qu'ils soient frais, surgelés ou en conserve, ils fournissent de multiples éléments qui protègent tous les organes. Au cours des siècles, nous avons fortement diminué la richesse et la diversité de nos légumes. Par exemple, parmi les légumes-feuilles, seuls restent et dominent aujourd'hui les salades et chicorées, les choux, les poireaux et les épinards tandis que cardons, blettes et oseille rejoignent le clan des curiosités culinaires.

Essayez donc de diversifier au maximum vos légumes et vos fruits en faisant se succéder au menu les différentes familles et consommez-les autant que possible en saison. Une autre façon d'introduire de la diversité consiste à alterner les couleurs dans l'assiette. **Variez les légumes, mangez coloré !**

Voici un bon moyen de se procurer tous les nutriments importants des fruits et légumes, et d'amener les enfants à les découvrir : il s'agit de manger autant de couleurs végétales que possible. Dans les aliments, les couleurs blanc-rouge-rose, bleu-violet, jaune-orange, vert trahissent la présence de constituants importants pour la santé et l'équilibre.

Blanc

Pour le peintre le blanc n'est pas une couleur mais pour vous qui souhaitez mieux manger, c'en est bien une ! Les légumes blancs renferment surtout des composés soufrés qui ont des propriétés **anti-cancer**. En fait, ce sont ces composés, en particulier ceux des crucifères (chou, navet, radis noir) qui expliqueraient la majorité des bénéfices des légumes dans la prévention des cancers. Ces composés sont sensibles à la chaleur, il faut donc cuisiner avec des cuissons douces (vapeur par exemple) et brèves, ou mieux consommer ces légumes crus.

• Ail

L'ail neutralise les bactéries, en particulier celles de la bouche et selon une étude, il pourrait prévenir le rhume. La consommation régulière d'ail réduit le risque de cancer digestif. Frais ou séché, utilisez-le copieusement en cuisine comme on le fait dans le Midi.

• Radis noir

Noir à l'extérieur mais blanc à l'intérieur, ce radis appartient comme le chou à la famille des crucifères et possède les mêmes propriétés détoxifiantes. Vous pouvez le servir en salade, râpé ou coupé en morceaux. Vous pouvez aussi le faire cuire comme les navets.

• Poireau

Le poireau est un légume de la famille de l'oignon et de l'ail. On l'adopte pour sa richesse en fibres, indispensables au transit, et en potassium, bon pour la pression artérielle et la santé osseuse. Le poireau se consomme cuit à la vapeur ou sauté.

• Chou-fleur

Avec le brocoli et les autres crucifères, le chou-fleur est votre meilleur allié contre le cancer grâce à ses isothiocyanates qui sont libérés à la mastication. Pour en tirer le meilleur parti, mieux vaut le consommer cru que cuit. Attention : dans le chou-fleur surgelé ces composés sont inactifs. Choisissez des choux fermes et lourds, aux bouquets propres.

avoir des effets bénéfiques sur la santé. Pour choisir une tomate, il ne sert à rien de la sentir car le parfum vient des petits poils situés sur les pédoncules des fruits. Achetez-les fermes, sans tache. La plupart des résidus de pesticides sont stockés dans le creux du pédoncule de la tomate. Ôtez cette partie et vous éliminez une grande quantité de ces produits indésirables.

Rouge-rose

Cette couleur est donnée aux aliments par des substances de la famille des polyphénols appelées anthocyanines (oignons rouges, radis rouges, oranges sanguines) et surtout par un caroténoïde appelé **lycopène** (tomate, pastèque, pamplemousse rose). Le lycopène serait utile pour protéger la peau du rayonnement solaire et prévenir les problèmes de prostate. Le lycopène aime la cuisson et les corps gras, donc les tomates cuisinées ne doivent pas être boudées, notamment en hiver.

• Tomate

85 % du lycopène alimentaire provient des tomates et de leurs dérivés (sauces, jus, soupes, ketchup). La consommation de plus de 6 mg de lycopène par jour – soit deux tomates fraîches – pourrait

• Pamplemousse rose

Une excellente source de lycopène, mais aussi de composés phénoliques antioxydants comme les flavones, les flavanones, les flavonols. Le pamplemousse rose peut être consommé tel quel ou mélangé aux salades. Choisissez-les brillants, fermes et lourds.

• Oignons rouges

Les oignons sont antioxydants, anti-inflammatoires et antiseptiques et pourraient jouer un rôle dans la prévention des cancers digestifs et des maladies cardiovasculaires. Les oignons rouges renferment plus de polyphénols (flavonols et anthocyanines) que les variétés jaunes et blanches. Crus ou cuits, incorporez-les à vos plats quotidiennement.

• Poivron rouge

Le poivron rouge renferme du lycopène et deux fois plus de vitamine C que la variété verte. Il contient aussi des substances appelées capsiates qui possèderaient des effets anti-cancer. Mieux vaut l'acheter bio car il est copieusement arrosé de pesticides. On peut le débiter en tranches et le consommer en salade, le cuire, ou encore l'acheter en conserve et l'incorporer aux plats chauds ou aux soupes.

• Betterave potagère

La betterave rouge figure sur la liste des dix légumes les plus riches en antioxydants, derrière les haricots rouges, les artichauts et l'ail mais devant l'aubergine et les épinards. Elle le doit à sa teneur en bétalaïnes, une famille de pigments qui lui donne sa couleur. Crue ou cuite, elle conserve ses capacités antioxydantes. C'est aussi une excellente source de potassium, un minéral important pour la pression artérielle et la santé osseuse. Ne pas oublier les feuilles de la betterave, non seulement comestibles mais aussi très riches en vitamines A, B9 et K, en magnésium, en fer ; elles apportent deux caroténoïdes, la lutéine et la zéaxanthine, intéressantes pour la qualité de la peau et la prévention de la dégénérescence maculaire liée à l'âge.

Bleu-violet

Ces légumes et fruits renferment des composés phénoliques comme les anthocyanidines (myrtille, la prune, la mûre, le raisin noir, le cassis…), les anthocyanes (myrtille, cassis, raisin) et les proanthocyanidines (raisin noir). Le Pr Roger Corder de l'université de Londres a trouvé que les Européens qui consomment le plus de ces substances (que l'on trouve aussi dans le vin rouge) vivent plus longtemps que ceux qui en consomment peu. Elles pourraient aussi prévenir le vieillissement cérébral et la maladie d'Alzheimer.

• Raisin noir

Pour de nombreux scientifiques, la consommation régulière et modérée de vin expliquerait la bonne santé cardiovasculaire des Français en dépit de taux de cholestérol élevés. Le vin rouge et donc le raisin noir sont une mine de composés phénoliques. Choisissez de préférence des raisins bio en raison des nombreux traitements administrés à la vigne. Signe de fraîcheur : la pruine, pellicule blanche qui recouvre les grains. Les grains se prêtent à la congélation pour une dégustation pendant l'hiver.

• Aubergine

L'aubergine renferme de nombreux antioxydants dont des acides hydroxycinnamiques et dans la peau une anthocyane appelée nasunine qui lui donne sa couleur. C'est aussi une source d'alcaloïdes qui jouent un rôle dans la gestion du poids et l'immunité. Sa peau doit être lisse, brillante, sans tache et le pédoncule épineux. Choisissez les variétés à peau très foncée car elles sont plus riches en composés protecteurs. Les aubergines Black Magic possèdent trois fois plus d'anthocyanes que les autres variétés. Une bonne raison de consommer les aubergines avec leur peau !

• Myrtille

Les Anglo-Saxons l'appellent « baie bleue » (blueberry). Ses constituants en font une véritable reine des fruits antioxydants. On la consomme fraîche avec un jus de citron ou un peu de vin rouge, mélangée aux compotes ou cuisinée en accompagnement de viandes.

Jaune-orange

Les fruits et légumes jaune-orange doivent leur couleur à des caroténoïdes (ananas, poivron jaune, orange, carotte, abricot…) mais aussi à des polyphénols comme les flavanones (dans les agrumes). Toutes ces substances sont antioxydantes et anti-inflammatoires. Certains caroténoïdes comme la lutéine et la zéaxanthine sont essentiels pour conserver une bonne vision longtemps.

• Orange

L'orange est une mine de polyphénols (flavanones, flavones, flavonols) antioxydants. Elle est aussi très riche en vitamine C. Mieux vaut consommer l'orange entière qu'en jus : une étude a montré qu'en mangeant des fruits entiers on réduit son risque de diabète, alors qu'en buvant plutôt des jus on augmente ce risque. Les variétés Navel et Maltaise se prêtent bien à la consommation en fruit entier ou salade. Choisissez vos oranges fermes et lourdes, avec une peau brillante et raisonnablement souple.

• Citrouille

La citrouille est probablement l'aliment le plus riche en bêta-carotène, un pigment essentiel à la vision, la croissance et la protection de la peau.

Elle contient aussi de la lutéine et de la zéaxanthine, deux autres caroténoïdes que la rétine utilise comme filtre contre la lumière bleue du rayonnement solaire. La consommation de citrouille serait bénéfique aux diabétiques, en faisant baisser le sucre sanguin. Elle améliorerait aussi l'immunité. Choisissez des citrouilles lourdes pour leur taille. Consommez en soupe, gratin ou compote…

• Carotte

La carotte renferme deux caroténoïdes, l'alpha-carotène et le bêta-carotène qui donnent naissance à la vitamine A. La carotte apporte aussi des polyphénols appelés coumarines qui possèdent des effets anti-cancer. De bonnes raisons d'en manger régulièrement, crues entières ou râpées ou cuisinées. Il faut choisir des carottes fermes et bien colorées. Les fanes doivent être fraîches et bien vertes.

Vert

Les légumes verts, en particulier ceux qui ont des feuilles sont d'excellentes sources de vitamine B9 (folates), importante pendant la grossesse. Et là où se trouve la B9, la vitamine C n'est pas loin. Sous la couverture verte de chlorophylle se cachent aussi des caroténoïdes et des polyphénols. Les aliments verts sont également de gros pourvoyeurs de potassium, un minéral crucial pour la santé cardiovasculaire et la santé osseuse.

• Avocat

Ce fruit crémeux renferme les mêmes bonnes graisses mono-insaturées que l'huile d'olive. On peut l'utiliser en salades, dans des sandwiches, en purée ou même

pour agrémenter les soupes. On évitera d'acheter les fruits avec des dépressions en forme de taches noires. Pour éviter le brunissement de la chair de l'avocat pelé ou tranché, gardez-le dans du jus de citron.

• Épinard

L'épinard est riche en lutéine et zéaxanthine, deux caroténoïdes qui préviennent les maladies de la rétine. On peut l'acheter surgelé, mais l'épinard frais peut être préparé en salade, cuit ou braisé. Évitez les épinards aux feuilles jaunâtres.

• Pomme (verte)

La pomme est très riche en polyphénols de toutes sortes (acides hydroxycinnamiques, flavonols, catéchines, proanthocyanidines). Ces substances se concentrent dans la peau ; mieux vaut donc les consommer non pelées mais comme elles sont souvent lourdement arrosées de pesticides, achetez-les bio de préférence. Il faut aussi les choisir fermes et surtout bien colorées. Les pommes cueillies avant l'heure sont décolorées.

• Brocoli

Le brocoli renferme de puissants composés anti-cancer. Pour en bénéficier pleinement, il faut le cuire *a minima* et éviter les surgelés dans lesquels ces composés sont inactivés. Le brocoli est aussi une très bonne source de vitamine K, bonne pour la solidité des os. On choisira des brocolis aux bouquets compacts, verts ou vert sombre, avec des tiges ni trop épaisses, ni trop dures.

• Courgette

La courgette contient des quantités appréciables de lutéine et de zéaxanthine, deux composés antioxydants de la famille des caroténoïdes. En s'accumulant dans l'œil, ces substances diminueraient les risques de cataracte et de dégénérescence maculaire liée à l'âge. La courgette contient aussi de la rutine, un composé de la famille des flavonoïdes qui semble important pour prévenir les infarctus.

La courgette est également bien pourvue en minéraux et oligoéléments à commencer par le potassium. Plus on la consomme à un stade de maturité avancé, plus elle contient de fibres. On sait qu'une alimentation riche en fibres issues des fruits et légumes protège de l'obésité et des maladies de civilisation (voir page 21).

> **En pratique**
>
> **Des idées pour accommoder les légumes**
>
> Utilisez les légumes frais en amuse-gueule à tremper dans une sauce, pressés, en purée cuite *a minima*, en purée mixte (avec patates douces), en gaspacho, en soupes cuites *a minima*, dans les crêpes, sur les pizzas, en accompagnement de viandes, poissons, associés au riz et aux pâtes (à parts égales), dans les omelettes.

Contre les cancers digestifs : crus ou cuits ?

Crus ou cuits, les légumes ne diminuent que modérément le risque de cancers, essentiellement les cancers digestifs. Avec, malgré tout, un avantage pour les légumes mangés crus.

En 1996, l'analyse des études épidémiologiques portant sur la consommation de légumes et le risque de cancer avait conclu que 33 des 39 études portant sur les légumes mangés crus montraient un bénéfice. En 2006 ont été examinées 28 études publiées au cours des dix années précédentes. Conclusion : les légumes protègent du cancer, mais c'est surtout vrai lorsqu'ils sont mangés crus. Les légumes (crus ou cuits) sont plus efficaces pour prévenir les cancers de la bouche, du pharynx, du larynx, de l'œsophage et de l'estomac.

Les légumes en conserve ont-ils les mêmes propriétés ?

Par rapport aux légumes frais, les légumes en conserve renferment moins de vitamines, mais la différence avec les légumes frais cuits à la vapeur n'est pas considérable, en particulier pour les caroténoïdes qui pourraient même se révéler plus disponibles. Un peu de vitamine C et de folates (vitamine B9) sont perdus au cours du traitement, une bonne partie se dissout dans le liquide de cuisson, que l'on peut consommer au lieu de le jeter. La vitamine C qui a survécu aux traitements thermiques reste stable dans une boîte pendant environ deux ans. Cependant, l'intérieur des conserves en métal est souvent tapissé de produits chimiques dont la stabilité et l'innocuité sont controversés. C'est la principale raison pour laquelle il vaut mieux limiter les conserves, sauf si l'emballage est en verre.

Les légumes surgelés, moins biens que les frais ?

La surgélation préserve un peu plus les vitamines que les conserves, mais eux aussi subissent un traitement thermique qui inactive notamment l'enzyme-clé des légumes crucifères, celle qui leur donne leurs propriétés anticancer comme nous le verrons un peu plus loin.

Les légumes surgelés qui ont été blanchis (ébouillantés) sont moins intéressants que les légumes crus fraîchement récoltés.

Le blanchiment peut en effet entraîner des pertes de vitamine C, caroténoïdes, thiamine (B1), B6 et riboflavine (B2) qui vont de 10 à 60 % selon le traitement. Cependant, une fois surgelés, les fruits et légumes conservent mieux leurs propriétés nutritionnelles que leurs équivalents frais conservés au réfrigérateur. Ceci en raison des pertes importantes qui interviennent pendant le stockage.

En effet, les pertes de vitamine C pour des végétaux stockés à 4°C pendant 7 jours vont de 15 % pour les petits pois à 77 % pour les haricots. À température plus basse, soit 0°C, la perte de vitamine C est nulle pour les brocolis (voir page suivante).

Selon une étude britannique récente, les taux de vitamine C dans les myrtilles étaient supérieurs à 50 mg/kg lorsqu'elles étaient fraîches ou surgelées, mais ils n'étaient plus que de 20 mg/kg pour les myrtilles fraîches qui avaient passé 3 jours au réfrigérateur. Dans les deux tiers des cas, il y avait plus de nutriments antioxydants dans les surgelés que dans les fruits et légumes conservés trois jours, rapportent les auteurs de cette étude.

Malgré tout, si les surgelés peuvent parfaitement contribuer aux apports en micronutriments, leur teneur en vitamines et minéraux se dégrade elle aussi progressivement dans le congélateur. Donc à consommer dans un délai raisonnable.

Les fruits et légumes surgelés ne doivent donc pas être négligés, car ils permettent d'accéder à une gamme assez variée de produits toute l'année.

Les maladies que vous pouvez prévenir en mangeant des fruits et des légumes

Maladies ou troubles	Que faut-il manger	Résultat	En vedette
Hypertension	8 à 9 portions par jour	Diminution significative de la pression artérielle	Abricot, tomate, raisin, figue, tomate, avocat, kiwi, orange, épinard, pruneau
Maladies cardiovasculaires	Entre 5 et 10 portions par jour	Risque réduit de 15 à 30 %	Tous
Accidents vasculaires cérébraux	Au moins 8 portions	Risque réduit de 30 %	Tous
Diabète de type 2 (adulte)	Au moins 5 portions	Risque réduit de 20 %	Laitue, chou frisé, épinard, pomme, banane, orange, pastèque...
Cancers (bouche, larynx, œsophage, estomac, colo-rectum)	Au moins 5 portions	Risque réduit de 15 à 30 %	Légumes crucifères (chou, chou-fleur, brocoli, etc.)
Ostéoporose	Au moins 5 portions	Prévention des fractures Stabilisation de l'os et/ou reminéralisation	Légumes crucifères, fenouil, artichaut, céleri, orange, pruneau, oignon, salade, aromates
Cataractes Dégénérescence maculaire liée à l'âge	Au moins 6 portions	Risque réduit de 30 à 40 % Diminution de la perte de vision ou stabilisation	Maïs, épinard, laitue, brocoli, petits pois
Hypertrophie de la prostate	Au moins 5 portions	Risque réduit de 10 à 20 %	Agrumes, haricots verts, petits pois, choux, maïs, champignons, ignames, épinards crus et cuits, salades, ail, oignon, tomate

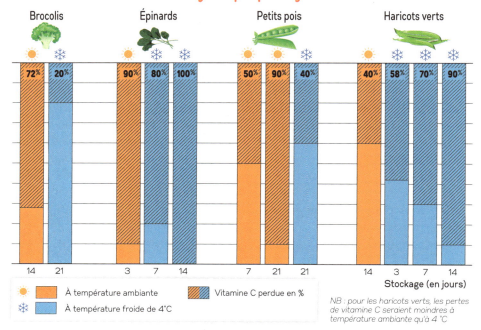

Pertes de vitamine C liées au stockage de quelques légumes verts

NB : pour les haricots verts, les pertes de vitamine C seraient moindres à température ambiante qu'à 4 °C

En pratique

Comment conserver un maximum de nutriments essentiels ?

- Choisissez de préférence les légumes frais sans pesticides.
- Achetez de petites quantités à la fois et consommez-les rapidement.
- Gardez-les au frais et à l'abri de la lumière.
- Lavez-les rapidement sans les faire tremper, épluchez au dernier moment.
- Limitez épluchage et découpage et évitez d'acheter des légumes déjà épluchés, précoupés et conditionnés.
- Pour prévenir l'oxydation des légumes épluchés (brunissement du céleri rave par exemple), on peut frotter les légumes avec un citron qui jouera le rôle d'antioxydant.
- Pour préserver les vitamines sensibles à la chaleur (en particulier C et B), ainsi que vitamines et minéraux solubles dans l'eau :
  – préférer la cuisson vapeur brève ;
  – en cas de détrempage ou de cuisson obligatoire dans l'eau, utiliser chaque fois que possible une eau sans pesticides et cuire *al dente*, soupes y compris ;
  – utilisez le moins d'eau possible et plongez les aliments dans l'eau bouillante plutôt que de l'eau froide que vous porteriez à température ;
  – évitez de saler l'eau de cuisson ;
  – récupérez l'eau de cuisson quand c'est possible pour bénéficier de ses vitamines et minéraux.
- Évitez la pratique qui consiste à ajouter du bicarbonate de soude aux légumes pour raviver leur couleur car cela crée un environnement alcalin qui nuit à la vitamine C.

N'oubliez pas les champignons

Les champignons comestibles constituent une branche à part entière de la famille des légumes.

Ce sont des organismes sans chlorophylle caractérisés par une forte teneur en glucides, dont le glucane, qu'on peut apparenter aux fibres. Ils apportent des minéraux (à hauteur de 10 % de la matière sèche) et surtout du potassium, qui participe à la restauration de l'équilibre acido-basique (indice PRAL des champignons : environ − 2). Ils apportent aussi du phosphore, du sélénium (un antioxydant qui joue un rôle protecteur dans le vieillissement cellulaire et contre certains cancers). Ils sont enfin une bonne source de vitamines du groupe B et en particulier de B2 et B3. Les champignons colorés sont aussi une source importante de caroténoïdes, ces pigments qui s'opposent à l'oxydation cellulaire due aux radicaux libres. Ils sont notamment riches en canthaxanthine.

Certains champignons comme le shiitake (lentin du chêne) ou le reishi pourraient moduler l'immunité. Ils ont des propriétés anti-inflammatoires et anti-tumeurs.

Pour leur goût délicat et parfumé, nous vous conseillons d'accommoder régulièrement les pleurotes, les bolets, la coulemelle, la girolle ou chanterelle, la morille, le mousseron et la trompette de la mort… ou encore la truffe si vous en avez les moyens.

Il est inutile de les peler. Seul le pied peut demander à être coupé ou réduit. Vous pouvez couper les champignons en fines tranches ou les hacher. La cuisson se fait à la poêle, sautés, par exemple à l'ail, en évitant d'en mettre trop à la fois. Seuls les champignons de couches, ou champignons de Paris, peuvent être mangés crus. Pour les autres, la cuisson est toujours indispensable.

Attention, certains champignons peuvent renfermer des doses élevées de cadmium (agaric des bois, psalliote), de mercure (bolet tacheté, psalliote printanière, agaric des jachères ou boule-de-neige, éringi) et de plomb (psalliote, morille vulgaire, langue-de-bœuf, clitocybe nébuleux ou grisette, bolet à pied-jaune).

Les recommandations MFM : légumes frais et légumes secs

Les recommandations MFM :
Fruits frais et fruits secs

1 portion = une pomme
= 3 abricots secs
= ¼ de melon*

* voir pages 230-231 pour plus d'exemples de portions.

Pourquoi manger des fruits ?

Les fruits, qu'ils soient frais ou secs, sont riches en antioxydants. Ils contribuent ainsi à la prévention des maladies chroniques. En réalité, ils ont de multiples atouts.

Ils sont riches en fibres

Les fruits frais apportent de l'eau, des antioxydants, mais également des fibres insolubles – principalement dans la peau – et surtout des fibres solubles (pomme, poire, fraise…). Ces dernières freinent l'absorption des graisses et réduisent les taux de cholestérol de 5 à 10 %, en particulier celui du cholestérol LDL (le « mauvais » cholestérol) et des triglycérides. Elles ralentissent aussi l'évacuation du contenu de l'estomac et freinent aussi bien la montée du glucose dans le sang que la sécrétion d'insuline après un repas. Elles prolongent ainsi la sensation de satiété. Enfin, elles jouent un rôle de régulateur hormonal en contrôlant les niveaux d'estrogènes qui sont impliqués dans l'obésité abdominale et certains cancers.

Ils sont riches en potassium

Les fruits sont une source majeure de potassium : ils diminuent ainsi le risque d'hypertension et contribuent à corriger le déséquilibre acido-basique qui caractérise l'alimentation moderne. Tous les fruits (frais et secs) ont un indice PRAL négatif (voir page 56). En somme, ils sont tous alcalinisants.

Leur IG est rarement élevé

Bien qu'étant des aliments sucrés, les fruits ont, pour l'essentiel, un IG bas ou modéré, contrairement aux aliments transformés. Cela signifie qu'ils participent à la prévention du surpoids, du diabète et de certains cancers digestifs.

Une consommation élevée de fruits est également associée à un risque cardiovasculaire réduit, un risque de diabète réduit, une corpulence et un tour de taille plus faibles et enfin à une baisse de l'inflammation.

Les atouts des fruits secs

À ne pas confondre avec les fruits oléagineux (amandes, noix, noisettes), les fruits secs, ayant été déshydratés, ont bien évidemment une teneur en eau très abaissée par rapport à celle des fruits frais : elle varie entre 20 et 30 % (au lieu de 80 à 90 % pour les fruits frais) et c'est ce qui garantit leur conservation. Ils sont de ce fait riches en sucres (65 % en moyenne) et très énergétiques : 3 à 5 fois plus caloriques (aux 100 g) que les fruits frais dont ils dérivent. Toutefois, leur richesse en substances minérales et en oligoéléments est remarquable, puisque l'apport total se situe aux alentours de 2 à 3 g aux 100 g (4 à 5 fois supérieur à celui des fruits frais).

L'abricot sec est particulièrement riche en potassium et en fer. La banane séchée est riche en potassium et en magnésium. La datte sèche et surtout la figue sèche sont très riches en calcium.

Les vitamines s'y retrouvent également à des taux très intéressants. Le bêta-carotène est parfaitement préservé, en particulier dans l'abricot sec, l'une des meilleures sources alimentaires de ce caroténoïde. Les vitamines du groupe B sont 2 à 3 fois plus abondantes que dans les fruits frais, sauf la vitamine B1 dans l'abricot quand celui-ci est traité par dioxyde de soufre (E220), un conservateur (absent en bio) qui inactive cette vitamine.

En revanche, la vitamine C est détruite à 90 % par le séchage et les fruits secs ne peuvent donc pas totalement remplacer les fruits frais.

Enfin la teneur en fibres des fruits secs est aussi considérablement augmentée par rapport à celle des fruits frais.

Compotes et jus de fruits valent-ils les fruits entiers ?

Il n'y a bien que les industriels et les programmes nutritionnels nationaux pour faire croire qu'une portion de fruit frais ou sec peut être remplacée par de la compote de fruits ou un jus de fruit, même sans sucre ajouté. En réalité, un fruit

Tableau de composition moyenne de quelques fruits secs (pour 100 g)

	Abricot sec	Banane séchée	Datte sèche	Raisins secs	Figue séchée
Calories	266	273	287	280	250
Glucides	60,7 g	63 g	69 g	66,5 g	55,6 g
Protéines	4,8 g	3 g	2,5 g	2,5 g	3,7 g
Lipides	0,5 g	1 g	0,1 g	0,5 g	1,4 g
Fibres	8,6 g	5.5 g	7,1 g	6,5 g	11 g
Calcium	55 mg	20 mg	62 mg	40 mg	160 mg
Potassium	1 520 mg	1150 mg	677 mg	783 mg	770 mg
Magnésium	52 mg	90 mg	58 mg	31 mg	62 mg
Fer	5,2 mg	1,3 mg	3 mg	2,4 mg	2,5 mg
Bêta-carotène	4,7 mg	0,15 mg	0,03 mg	0,03 mg	0,08 mg

Source : Aprifel

transformé ne sera jamais équivalent à un fruit entier du point de vue de la teneur en vitamines, en antioxydants, en fibres, en particulier si les fruits qui servent à la confection de celui-ci ont été épluchés, pas plus que du point de vue de la charge glycémique.

Celle-ci est bien plus élevée lorsque le fruit est transformé avec un risque potentiel de surpoids, de diabète, de maladie cardiovasculaire.

La charge glycémique (CG) d'1 verre de jus d'orange est 2 fois plus élevée que celle d'une orange

1 orange
CG = 6,2

1 verre de jus d'orange
CG = 13,4

Selon qu'ils sont entiers ou transformés, les fruits sont en effet associés à des effets contrastés sur la santé.

Exemple avec le diabète : dans une grande étude de Harvard portant au total sur près de 390 000 volontaires, publiée en 2013, la consommation de fruits entiers était associée à un risque de diabète réduit (- 5 % à chaque 3 portions de fruits par semaine). Dans le détail, le risque était plus faible pour les raisins frais et secs, les myrtilles, et dans une moindre mesure, les pommes, poires, bananes, pamplemousses (lire encadré). En revanche, la consommation de jus de fruits était liée à un risque de diabète accru. Les chercheurs ont calculé qu'en remplaçant 3 portions de jus de fruits hebdomadaires par leur équivalent en fruits entiers, on diminuerait son risque de diabète de 7 %, et plus encore pour les myrtilles, les raisins, les pommes, les poires, les bananes, le pamplemousse.

Conclusion : chaque fois que c'est possible, il vaut mieux manger un fruit entier qu'une compote ou un jus de fruits. On peut bien sûr faire occasionnellement ses compotes et presser ses fruits à la maison. Si on doit les acheter dans le commerce, il faut les prendre les plus proches possibles du fruit : sans sucre ajouté, et pour les jus, 100 % jus de fruits.

Des fruits contre le diabète

Les myrtilles, les pommes, le raisin noir contiennent des substances appelées anthocyanines qui réduisent expérimentalement la production de glucose par le foie. Le raisin noir renferme aussi du resvératrol, qui améliorerait la sensibilité à l'insuline. Les prunes, pruneaux, pêches, abricots, pommes sont de bonnes sources d'acide chlorogénique, une substance qui aurait des effets protecteurs contre le diabète. Les pamplemousses sont riches en naringinine, un flavonoïde qui améliore la tolérance au glucose.

Faut-il éviter de manger des fruits après le repas ?

Sur Internet, dans plusieurs ouvrages, dans des conférences, dans des livres, on entend et lit depuis quelques années qu'il ne faudrait pas manger de fruit (cru) après le repas. Trois types d'explications sont avancés :

– « *Les fruits se digèrent très rapidement,*

beaucoup plus vite que les autres catégories d'aliments. Ce qui veut dire que si nous mangeons des cerises ou des fraises après le repas, elles resteront longtemps dans l'estomac, sur les autres aliments, en attendant que ces autres aliments soient digérés. Or l'estomac est un milieu évidemment chaud, humide, qui favorise la fermentation. » (site nourriture-sante.com, 30 janvier 2015).

– « *Fraises et cerises vont donc fermenter. D'autant plus qu'elles contiennent, comme tous les fruits, beaucoup de sucres. Leur fructose se transforme alors en alcool… Au détriment de la santé générale. Ainsi des gens qui n'ont jamais consommé d'alcool découvrent parfois qu'ils sont atteints de cirrhose du foie !* » (site nourriture-sante.com, 30 janvier 2015).

– « *Nous avons tous l'habitude de manger un fruit en fin de repas ou en guise de dessert. Nous croyons que ce geste est bénéfique à la santé. Les fruits contiennent en effet de nombreuses vitamines et des minéraux mais aussi des composés acides (en particulier les agrumes). Manger un fruit après un repas aura pour conséquence d'augmenter l'acidité de l'estomac et donc de causer des maux de ventre. Il est donc conseillé de manger les fruits en dehors des repas ou 1 à 2 heures avant ou après un repas.* » (site lasantedanslassiette.com, 30 janvier 2015).

Mais ces arguments sont fantaisistes :

Pour qu'il y ait fermentation, il faut des bactéries

L'estomac est un milieu riche en acide chlorhydrique, ce qui veut dire qu'il y a très peu de bactéries. Comme il faut 6 à 10 heures aux aliments pour atteindre le côlon, le moment auquel on mange un fruit importe donc peu.

Le fructose et le glucose ne sont pas métabolisés dans l'estomac

Ils le sont dans les tissus après passage dans l'intestin et transport sanguin. Une petite partie des glucides est prise en charge par la flore intestinale et fermentée par les bactéries pour produire un peu d'alcool (éthanol). Cette production endogène d'alcool a été mesurée autour de 0,000039 g/dL. À titre de comparaison, la limite de détection des éthylotests est de 0,01 g/dL et en France il est interdit de prendre la route avec une alcoolémie de 0,05 g/dL. Donc la contribution des glucides à l'alcoolémie est infime. Si des cirrhoses apparaissent chez des personnes qui ne consomment pas d'alcool, ce n'est pas du fait de la fermentation des fruits pris après le repas, mais plutôt d'un excès de glucides dans le régime alimentaire, qui conduit à une infiltration du foie par les graisses (et leurs conséquences : fibrose, cirrhose…), exactement comme cela se passe avec les volailles nourries au maïs.

La consommation d'un fruit en fin de repas n'augmente pas l'acidité de l'estomac

Le pH de l'estomac est très bas (acide) entre les repas : autour de 1,5-2. Au cours d'un repas, il s'élève pour atteindre des valeurs comprises entre 3 et 4. En fait toute ingestion de nourriture, y compris un fruit, diminue transitoirement l'acidité de l'estomac. Les études conduites dans les années 1960 ont conclu qu'un repas avec des protéines augmente davantage l'acidité gastrique (pendant, et surtout après le repas) qu'un repas riche en glucides. Qu'il s'agisse du petit déjeuner, du déjeuner ou du dîner, tous ces repas apportent en général des protéines : donc il vaudrait mieux, pour limiter la montée acide, manger ses fruits (par définition riches en glucides) au cours du repas que le faire à distance !

Les fruits protègent l'organisme des substances potentiellement toxiques

Un repas, même bio, amène souvent des pesticides, résidus de médicaments, additifs, alcool et autres substances étrangères dont le corps doit se débarrasser. Il utilise pour cela des enzymes de phase 2 qui se lient à ces substances et les neutralisent pour qu'elles soient éliminées. Or ces enzymes de phase 2 doivent êtres activées. C'est ce que font un petit nombre d'aliments : les crucifères ainsi que la moutarde, le curcuma, l'ail, l'oignon, le soja, le romarin, la sauge, le thym, le pissenlit, le thé. Et des fruits, en particulier les baies et… les agrumes, ceux-là même dont on nous dit qu'il faut les manger loin des repas.

Conclusion : si vous vous sentez mieux en mangeant des fruits en dehors des repas, continuez. Mais si vous vous privez de fruits aux repas parce que vous avez lu que cela « fermente », vous rend « alcoolique » ou augmente l'acidité gastrique, reprenez donc vos anciennes habitudes. Et si vous souffrez de reflux gastro-œsophagien, sachez qu'il n'y a aucune raison d'éviter les agrumes ni même de les limiter. C'est la conclusion d'une étude américaine de 2006, qui analysait les données scientifiques disponibles. Ce que vous pouvez faire, c'est : arrêter de fumer, maigrir si vous êtes en surpoids, éviter les aliments frits, le café, l'alcool et surtout bien mâcher aux repas car en se mêlant à la nourriture, la salive sécrétée pendant la mastication tamponne l'acidité gastrique.

Les recommandations MFM : Féculents

Céréales

0 à 6 portions par jour*

1 portion = 1 tranche de pain au levain (45-60 g)
= 100 g de riz cuit
= 3 biscuits secs (30 g)**

Tubercules (sauf pommes de terre)

0 à 3 portions par semaine*

1 portion = 160 g de patates douces
= 200 g de panais cuit, rutabaga ou topinambour**

* en privilégiant les IG bas à modérés.
** voir pages 227-237 pour plus d'exemples de portions.

Qu'est-ce qu'un féculent ?

Selon les recommandations officielles françaises, les féculents sont une grande « famille » composée principalement de trois « membres » :
- les céréales et leurs dérivés : pain, riz, semoule, pâtes, blé, boulgour, maïs, certaines céréales du petit déjeuner sans ajout de sucres ou de graisses ;
- les pommes de terre ;
- les légumes secs et légumineuses (lentilles, flageolets, pois chiches, lingots blancs, haricots rouges ou noirs, lentilles vertes, blondes ou corail, fèves et févettes, soja).

Mais au Canada, les légumes secs sont assimilés à des alternatives aux aliments protéiques comme la viande et… dans ce guide, nous les avons classés avec les légumes frais. On pourrait discuter à l'infini de la logique qui préside à ces regroupements.

Ce qui est surtout discutable, c'est de ne tenir dans les recommandations officielles sur ces « féculents » aucun compte de l'index glycémique des céréales et des tubercules.

En France, par exemple le Programme national nutrition santé (PNNS) assure que les féculents « apportent essentiellement des glucides "complexes" qui fournissent une énergie qui se libère progressivement dans le corps » – une affirmation évidemment fausse. Comme nous l'avons vu page 41, tous les féculents ne se valent pas. Ceux à index glycémique bas, comme le riz basmati ou le pain au levain, se digèrent lentement et procurent une sensation de satiété durable. *A contrario*, les féculents à index glycémique élevé comme le pain blanc, les corn flakes, le riz gluant ou la plupart des pommes de terre font grimper la glycémie et se digèrent vite. Ils ne font pas partie de cet étage de la pyramide, et sont relégués à la pointe de la pyramide.

Pourquoi manger des céréales peu transformées ?

Pour leur teneur en antioxydants

Les céréales, en particulier lorsqu'elles sont peu transformées, sont riches en antioxydants : elles ont peu de vitamine C mais des quantités assez importantes de composés phénoliques dans le son et le germe. Selon quelques études, à poids égal, les céréales complètes ou semi-complètes posséderaient une activité antioxydante au moins aussi importante que les fruits et les légumes. L'activité antioxydante des céréales raffinées est deux fois moins importante que celle des céréales complètes.

Pour leur teneur en fibres

Nous consommons en moyenne 15 g de fibres par jour, au lieu des 30 g souvent recommandés. Une portion de céréales peu transformées apporte entre 0,5 et 4 g de fibres. Cependant, à énergie équivalente, les fruits frais apportent deux fois plus de fibres que les céréales complètes et les légumes presque 8 fois plus.

Pourquoi limiter tout de même sa consommation de céréales ?

Elles n'ont pas un bon rapport oméga-6/oméga-3

Les céréales contiennent très peu d'acides gras oméga-3 et beaucoup d'acides gras oméga-6.

Elles détériorent l'équilibre acide-base

L'indice PRAL des céréales est toujours positif ; il varie de 1,8 pour le pain complet à 12,5 pour le riz brun. Cela signifie que les céréales, même complètes, favorisent l'acidose. Anthony Sebastian (de l'université de Californie, San Francisco) a calculé que les céréales contribuent aujourd'hui à 40 % de la charge acide nette de l'alimentation.

Elles ont une charge glycémique élevée

Les céréales ont généralement un index glycémique (IG) modéré à élevé. C'est le cas des céréales raffinées, mais on sait moins que l'index glycémique du blé complet est élevé, lui aussi. Les pâtes ont en soi un index glycémique bas, mais une portion moyenne de pâtes conduit à une charge glycémique élevée.

> **À savoir**
>
> **La charge glycémique des féculents**
>
> La charge glycémique (CG) journalière d'une personne devrait être répartie dans la journée, aux trois repas principaux, afin d'éviter de trop grosses fluctuations glycémiques.
> Ainsi, la taille des portions des aliments apportant beaucoup de glucides est indispensable à visualiser au quotidien afin de ne pas dépasser votre propre CG journalière.
> La taille d'une portion et les équivalences en termes de féculents (généralement décrits dans les recommandations officielles) ne sont donc pas à baser sur la quantité de glucides, comme cela est généralement fait, mais sur la CG. Il n'y a pas d'aliments « interdits », juste des quantités à respecter pour les aliments à IG élevés qui contiennent beaucoup de glucides.

Ainsi, une charge glycémique de 15 (CG = 15, modérée) sera apportée par les portions détaillées ci-contre.

Exemples de portions de féculents ayant une charge glycémique modérée (CG = 15)

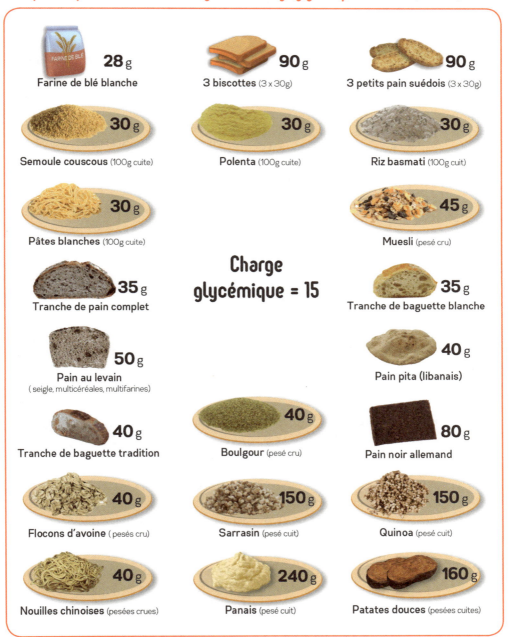

Ainsi, vous pouvez voir qu'une simple cuillère à soupe de farine blanche, utilisée pour lier des sauces par exemple, représente 8 à 16 % de la CG totale de la journée ! Pour le même impact il vaut donc mieux consommer 1 pomme ou 200 g de lentilles !

Faut-il manger des féculents à chaque repas ?

En France, les autorités sanitaires conseillent de manger des féculents « à chaque repas ». Quand c'est une habitude alimentaire, qu'on ne peut pas s'en passer, pourquoi pas ? Mais les féculents, matin, midi et soir, ce n'est pas obligatoire. D'autant que ceux dont l'IG est élevé se digèrent tellement vite que cela revient à manger du sucre tout court. Et puis attention aux quantités. Quand on dit aux gens de consommer des féculents à chaque repas, ils imaginent alors que c'est important d'en manger beaucoup. Or 2-3 cuillères à soupe (cuits) suffisent généralement.

De plus, les autorités sanitaires indiquent souvent qu'il faut en consommer « selon l'appétit », sans donner de portions précises. Baser une telle consommation sur l'appétit plutôt que sur le niveau d'activité physique est une erreur. Deux à quatre cuillères de féculents cuits, maximum six ou un petit morceau de bon pain par repas, c'est largement suffisant sinon la charge glycémique totale du repas et/ou de la journée peut se révéler trop importante pour favoriser un poids stable à long terme.

C'est le sens de nos recommandations : 0 à 6 portions de céréales par jour, 0 à 3 portions de tubercules par semaine. On peut se passer de féculents, notamment lorsqu'on est sédentaire, mais on peut aussi faire appel à eux comme source d'énergie.

Comment diminuer la charge glycémique d'un plat de féculents ?

Pour diminuer la charge glycémique, il est bon d'associer les féculents à des légumes : riz et ratatouille, pâtes et brocolis ou courgettes, autant d'associations sympathiques en goût, à la vue et sur le plan nutritionnel.

Vous pouvez aussi tester les deux recettes proposées ci-contre. Nous vous recommandons donc de privilégier les aliments dont à la fois l'IG et la CG sont modérés ou bas.

Par exemple, si vous êtes amateur de féculents, la bonne attitude n'est pas d'y renoncer mais d'en manger un peu moins et de les choisir dans la liste de ceux dont l'IG est bas ou modéré. Si vous diminuez de 15 % la quantité de vos féculents et qu'en même temps vous diminuez de 30 % leur index glycémique, vous faites baisser votre charge glycémique de 40 % !

Les féculents font-ils grossir ?

En France, le PNNS dit ceci : « Contrairement à ce qu'on pense souvent, les féculents ne font pas grossir. C'est par contre ce qu'on a l'habitude de mettre avec qui enrichit considérablement les plats. D'ailleurs, les féculents sont une bonne manière d'éviter la prise de poids, puisqu'ils permettent de tenir entre les repas et évitent ainsi le grignotage à tout moment de la journée. »

En réalité, tout cela est inexact. La preuve en est que les régimes alimentaires qui limitent ou excluent les féculents sont, à 6 mois, plus efficaces pour perdre du poids que les régimes pauvres en graisses, et « au moins aussi efficaces à 12 mois » comme le montre l'analyse récente de 13 études.

Les féculents ne doivent pas forcément être éliminés quand on est en surpoids, mais ils doivent être mieux choisis et consommés modérément si on n'a pas d'activité physique.

Idées de recettes

Salade de pennes aux poivrons

Pour 4 personnes :
- 160g de penne
- 1 poivron rouge
- 1 poivron vert
- 1 poivron jaune
- 1 poivron orange
- 3 gousses d'ail
- 5 feuilles de basilic
- huile d'olive, sel et poivre

- Faire griller les poivrons sur une plaque dans le four une quinzaine de minutes.
- Une fois refroidis, les éplucher, les épépiner et les couper en lanières.
- Éplucher et écraser l'ail, le mélanger à l'huile d'olive et aux poivrons, saler et poivrer, puis laisser mariner au frais 12h.
- Faire cuire les pâtes al dente.
- Une fois cuites, les passer sous l'eau froide, les égoutter puis les mélanger aux poivrons marinés.
- Ciseler le basilic et l'ajouter à la salade.

Dés de patate douce sautés

Pour 1 portion généreuse ou 2 petites portions :
- une grosse patate douce
- un poivron rouge bio
- thym frais
- ras el hanout
- huile d'olive

- Couper la patate douce en cubes égaux afin d'assurer une cuisson homogène.
- Dans une poêle huilée faire sauter les cubes afin de les dorer uniformément.
- Pendant ce temps, nettoyer le poivron et le couper en gros carrés, en ôtant bien les pépins et les membranes blanches.
- Quand les cubes de patate commencent à devenir tendres à l'intérieur (les piquer pour s'en assurer), ajouter les morceaux de poivron et le thym.
- Saupoudrer généreusement le tout de ras el hanout.
- Retirer du feu avant quand les morceaux de poivron commencent à suer afin d'en préserver le croquant.

En pratique
Voici quelques autres associations à essayer

- Purée de patates douces et haricots verts
- Pâtes aux poivrons
- Patates douces et courgettes
- Riz aux courgettes
- Riz et épinards
- Riz et carottes
- Poêlée de patates douces et poivrons
- Frites de patates douces, potiron, panais, carottes

Faut-il remplacer les graisses par des féculents ?

Les autorités sanitaires affirment qu'il faut réduire les graisses, notamment saturées, et qu'en compensation il faudrait consommer plus de la moitié de ses calories sous la forme de glucides, en favorisant la consommation d'aliments sources d'amidon (les féculents). En agissant ainsi, on améliorerait sa santé, notamment cardiovasculaire. Ces affirmations ne sont pas soutenues par la recherche récente.

Par exemple, dans l'étude WHI, 19 541 femmes (de 50 à 79 ans) ont suivi pendant 8 ans un régime appauvri en graisses, riche en glucides, tandis que 29 294 femmes ne changeaient rien à leur alimentation. Alors qu'au début de l'étude, les graisses représentaient 37,8 % et les glucides 45,6 % des calories des femmes du groupe « régime », leurs contributions respectives au bout de six années étaient de 28,8 % et 53,9 %.

Le résultat de cette manipulation diététique ? Nul. Aucune réduction des risques de maladie coronarienne, d'infarctus, d'accident vasculaire cérébral chez ces femmes qui avaient fait les efforts de diminuer les graisses.

Faut-il faire des féculents sa principale source de glucides ?

À la différence des recommandations officielles, nous conseillons de puiser vos glucides en priorité dans le groupe légumes, légumes secs, fruits, fruits secs, champignons, algues, tubercules hors pommes de terre de préférence aux céréales car les légumes sont, avec les fruits, les aliments les mieux adaptés à la physiologie et aux besoins de l'homme.

Par ailleurs, ce groupe comprend :
– des aliments dont la densité calorique est faible : vous êtes rassasié plus rapidement, sans en payer le prix en termes de calories ;
– les aliments dont la densité nutritionnelle est la plus élevée ;
– essentiellement des plantes dicotylédones, ce sont les plantes (et leurs fruits) dont l'homme s'est nourri pendant l'essentiel de son évolution, jusqu'au paléolithique supérieur.

Pain blanc, pain complet, quelles différences ?

Pour fabriquer du pain, il faut de la farine de blé, de l'eau, un peu de sel et de la levure ou du levain.

Les différentes variétés de pain du commerce sont obtenues à partir de différents types de farines. Lorsque le blé est moulu, la farine blanche est séparée du son qui est l'enveloppe du grain contenant les fibres et une grande partie des vitamines et minéraux.

On classe ensuite les farines en fonction de leur teneur en minéraux totaux. Lorsqu'un paquet de farine indique « type 45 ou T45 », cela signifie qu'il y a 0,45 g de minéraux totaux (les cendres) pour 100 g de farine. C'est la farine la plus raffinée, la plus blanche… et la plus pauvre d'un point de vue nutritionnel !

> **À savoir**
>
> **Farines utilisées dans les différents pains**
> - Baguette : farines T45, T55
> - Pain de campagne : farine T65
> - Pain bis : farine T80
> - Pain complet : farine T110
> - Pain intégral : farine T150

À titre de comparaison, la farine intégrale contient 1,8 à 2 g pour 100 g de minéraux, soit 5 fois plus ! Pour cela, on a ajouté à la farine blanche une partie du son.

- **La baguette blanche** est pauvre en vitamines et minéraux. Son index glycémique est élevé (sauf pour la baguette dite « de tradition française », qui a un IG modéré). La baguette n'est donc généralement pas à proprement parler un aliment santé. Malheureusement, 70 à 80 % des pains du marché sont de ce type. La consommation régulière et importante de ces pains est associée à un risque accru de diabète de type 2.

- **Le pain complet** a une meilleure qualité nutritionnelle. Il apporte plus de fibres, de vitamines et dans certains cas de minéraux que les pains à base de farine raffinée. Par rapport aux pains blancs, leur consommation régulière est associée à un risque plus faible de constipation, de troubles intestinaux, de maladies cardiovasculaires, de diabète, de cancers de l'estomac, du côlon, de la vésicule biliaire et des ovaires, de mortalité.

Le conseil des nutritionnistes de manger du pain complet plutôt que du pain blanc est donc bon pour de nombreux aspects de la santé, mais il ne change quasiment rien du point de vue de la glycémie, donc de la prise de poids. En effet, pour la plupart des aliments céréaliers aujourd'hui, la version « complète » et la version « raffinée/blanche » ont toutes deux des IG élevés. Cela s'explique en grande partie par le fait que l'amidon du blé, qu'il soit complet ou raffiné, entraîne une réponse glycémique similaire.

Donc le conseil de « manger des aliments complets » gagnerait à être plus précis.

Au final, quel pain choisir ?

Si l'on devait recommander une variété de pain pour ses qualités nutritionnelles, ce serait un pain complet multicéréales (blé, orge, avoine, seigle) et avec du levain, qui abaisse encore l'IG (lire encadré). La mie dense, peu aérée est signe d'un IG plus faible. L'idéal serait d'introduire également dans le pain des graines entières (blé, millet, quinoa ou graines de lin par exemple).

Levure ou levain, qu'est-ce que ça change ?

Le pain levé avec de la levure de boulanger se conserve moins longtemps que le pain au levain (farine fermentée). Autre différence : le pain au levain « digère » l'acide phytique, un composé des céréales qui séquestre les minéraux (zinc et magnésium notamment) et réduit leur absorption. Les minéraux du pain complet au levain sont ainsi largement mieux absorbés par l'organisme.
Les pains au levain ont un avantage supplémentaire. Ils présentent des IG plus bas que les pains à la levure. La panification au levain génère des acides organiques. Cette acidité du pain, en ralentissant la vidange gastrique expliquerait que le pic de glycémie est moins important après ingestion, alors que les fermentations à base de levure n'abaissent pas l'IG.

Faut-il préférer les biscottes au pain classique ?

Les biscottes ne sont pas constituées que de farine et de levure comme le pain. Souvent, sont rajoutées 5 à 7 % de graisses végétales et du sucre ! Donc remplacer son pain par des biscottes ne semble pas être très avantageux d'un point de vue nutritionnel, d'autant

Les recommandations MFM : féculents

que l'index glycémique des biscottes est généralement élevé. Même combat pour le pain grillé vendu en sachet, les petits pains suédois, le pain de mie ou la brioche… On peut en consommer de temps en temps, mais il faut bien lire les étiquettes ou se reporter au guide *Le Bon Choix au supermarché*.

Comment choisir et manger des pâtes

Le blé sert non seulement à la fabrication du pain mais également à celle des pâtes. Toutefois, le type de blé avec lequel on fabrique les pâtes n'est pas exactement le même que celui avec lequel on fait le pain : ce blé dur est plus riche en gluten.

En entrées, en salades froides ou en plat principal, les pâtes, traditionnellement considérées comme des « sucres lents » sont-elles en fait à la hauteur de nos espérances ? Car malgré leur IG bas à modéré (40 à 60), certaines possèdent une charge glycémique élevée.

IG et CG de quelques pâtes

Nom	IG	CG (100 grammes)
Fettucine aux œufs	40	9,6
Spaghetti Panzani	59	12,7
Macaroni Panzani	47	33,8

De plus, elles demeurent des aliments acidifiants, avec une faible densité nutritionnelle et un score antioxydant médiocre. Mieux vaut donc toujours associer des légumes à un plat de pâtes ! Côté conservation, les pâtes sèches se conservent comme les céréales, c'est-à-dire à température ambiante, à l'abri de l'humidité et dans l'obscurité.

Une fois que l'emballage est ouvert, il vaut mieux bien refermer le sachet ou mieux, transvaser les pâtes dans une boîte hermétique en prenant soin de noter dessus le temps de cuisson. Pour les pâtes fraîches, les dates limites de consommation sont plus courtes et tout produit entamé doit être consommé dans les deux jours suivants.

> ## À savoir
>
> **Si vous mangez des pâtes, rappelez-vous que :**
>
> • L'IG des pâtes cuites *al dente* est toujours plus bas que celui des pâtes bien cuites car plus la cuisson est longue, plus la gélatinisation de l'amidon est importante.
> • Les pâtes complètes ou semi-complètes sont toujours plus intéressantes nutritionnellement. Leur densité nutritionnelle est légèrement plus élevée puisqu'elles apportent des vitamines du groupe B, des minéraux et des fibres. De plus, leur index et leur charge glycémiques sont légèrement plus faibles que les pâtes blanches. Préférez-les bio, car c'est dans l'enveloppe du blé que se concentrent les résidus de pesticides de l'agriculture conventionnelle.
> • L'ajout de légumes dans un plat de pâtes permet de diminuer la charge glycémique de la portion avalée. Alors n'hésitez pas à ajouter des tomates, des courgettes, des aubergines ou des brocolis à vos spaghettis !

Comment choisir vos céréales du petit déjeuner

Si les industriels et autres spécialistes de la nutrition vous disent qu'il faut privilégier les versions simples (pétales de maïs non sucrées, non fourrées) aux versions fourrées et sucrées, fiez-vous maintenant uniquement à l'IG et à la CG qui démontrent parfaitement bien que ces aliments, hautement transformés, sont à bannir des chariots et des placards ! Seuls les mueslis et les flocons d'avoine peuvent être considérés comme de « vraies céréales » pour le petit déjeuner.

Faut-il éliminer le gluten ?

Le pain et les aliments céréaliers font partie de notre patrimoine gastronomique ; ils ont des atouts sur le plan nutritionnel (fibres, antioxydants…) lorsqu'on les choisit bien. Certains produits céréaliers ont un index glycémique modéré, parfaitement adapté à la physiologie humaine, y compris celle des sédentaires. La majorité de la population peut donc continuer à consommer des produits céréaliers de qualité (complets de préférence), avec modération s'il s'agit de sédentaires.

Mais une petite partie de la population peut tirer bénéfice d'un régime sans pain et autres céréales à gluten, un ensemble de protéines contenues dans le blé, le seigle, l'orge, le petit épeautre, l'épeautre, le Kamut® ou l'avoine… De qui s'agit-il ?

Les malades cœliaques, dits intolérants au gluten

Dans la maladie cœliaque, l'ingestion de gluten déclenche une réponse immunitaire sous la forme d'anticorps qui s'en prennent aux villosités de l'intestin grêle, à l'origine d'inflammations et de

Gluten, blés modernes et tolérance digestive

Le gluten est un mélange de protéines composé en fait de deux sous-fractions :
- les glutélines (la gluténine du blé) qui sont de grosses molécules « élastiques » ;
- les prolamines qui sont de petites molécules « visqueuses » et les plus en cause dans les phénomènes d'intolérances et de sensibilités au gluten :
  - les gliadines du blé, de l'épeautre et du Kamut®,
  - les sécalines du seigle,
  - les hordéines de l'orge,
  - l'avénine de l'avoine.

Ces protéines ne sont pas détruites par le stockage, la cuisson, le froid ou par le séchage. Notre blé actuel lui-même est une espèce créée de toute pièce par l'homme. En effet, le blé ancestral, encore appelé engrain sauvage, possédait seulement 14 chromosomes. Il y a 15 000 ans, le petit épeautre ou engrain cultivé possédait également 14 chromosomes et surtout deux fois moins de gluten que nos blés modernes. Ensuite, dans les années 1960, les agronomes généticiens ont mis au point des variétés de blés sélectionnées pour leur résistance mais pourvues de 28 chromosomes pour le blé dur (celui qui sert à faire les pâtes) et le Kamut®, et de 42 chromosomes pour le grand épeautre et le froment (blé tendre), soit 3 fois plus que le blé ancestral ! Et qui dit plus de chromosomes, dit plus de protéines nouvelles !

Bien sûr, ces hybridations successives ont eu un impact sur la digestibilité de ces protéines et sur les réactions qu'elles peuvent engendrer (allergies, intolérances et sensibilités).

En effet, les prolamines résistent globalement bien à la digestion. Acide chlorhydrique, pepsine et enzymes pancréatiques n'ont que très peu d'impact sur elles, de sorte qu'elles arrivent quasi intactes au niveau de l'intestin grêle. Et selon l'état des jonctions serrées entre chaque entérocyte (les cellules de l'intestin), c'est-à-dire selon l'état du « filtre intestinal », ces molécules peuvent se retrouver dans la lymphe ou le sang et déclencher alors une cascade de réactions.

malabsorptions (maladie auto-immune). Une maladie cœliaque non traitée (par l'éviction totale de gluten) peut avoir des conséquences graves pour la santé. Mais même si la maladie cœliaque est en pleine expansion (quatre fois plus de malades qu'il y a 60 ans), elle ne concernerait qu'1 % environ de la population.

Les personnes souffrant d'autres maladies auto-immunes

En effet, comme le pensait le Dr Jean Seignalet, il y a des preuves solides que le gluten déclenche, favorise ou entretient l'auto-immunité. Très contestée à l'origine, cette hypothèse est soutenue par les témoignages de nombreux malades, dont la célèbre chercheuse québécoise Jacqueline Lagacé, auteure de *Comment j'ai vaincu la douleur et l'inflammation chronique par l'alimentation*, ainsi que par des études expérimentales, épidémiologiques et cliniques.

Le rôle du gluten dans l'inflammation et l'auto-immunité est maintenant bien établi. Le gluten augmente de manière importante ce qu'on appelle la perméabilité intestinale : normalement, l'intestin régule avec soin le passage des ions et des molécules dont le corps a besoin pour ses fonctions ; or le gluten rend l'intestin plus perméable, non seulement chez les personnes atteintes de la maladie cœliaque, mais chez tout le monde, c'est-à-dire qu'il permet le passage de fragments de protéines qui vont déclencher une réponse immunitaire. Une perméabilité intestinale excessive est en cause dans plusieurs maladies auto-immunes : maladie cœliaque, diabète de type 1, sclérose en plaques, arthrite rhumatoïde, asthme, spondylarthrite ankylosante.

Certes le gluten n'est pas la seule substance susceptible d'augmenter la perméabilité intestinale (c'est aussi le cas, entre autres, du piment de Cayenne et du paprika) mais c'est la plus présente dans l'alimentation. Donc en cas d'auto-immunité, il est conseillé de suivre pendant quelques semaines un régime sans gluten ni produits laitiers (car les protéines laitières peuvent, elles aussi, déclencher une réaction auto-immune). Si une amélioration franche est constatée, il faut généralement poursuivre un tel régime à vie.

Les personnes sensibles au gluten

La sensibilité au gluten désigne un ensemble de symptômes chez des personnes n'ayant pas de maladie cœliaque (ni anticorps, ni atteinte intestinale), mais chez lesquelles l'immunité innée répond à l'ingestion de céréale à gluten par une réaction inflammatoire. Les symptômes de la sensibilité au gluten sont proches de ceux de la maladie cœliaque, mais ils peuvent aussi inclure des maux de tête, des troubles de la concentration, des douleurs articulaires, une perte de sensibilité. On ne sait pas précisément quel pourcentage de la population est sensible au gluten ou à d'autres constituants des céréales à gluten. D'après Julien Venesson, auteur de *Gluten, comment le blé moderne nous intoxique*, « *la sensibilité au gluten toucherait au moins 10 % des Français* ». Quoi qu'il en soit, comme il n'existe pas de test diagnostique, nombreux sont ceux qui font l'essai d'un régime sans gluten de quelques semaines ou plus – le seul moyen de savoir si le gluten est vraiment en cause dans leurs problèmes de santé.

Comment se passer de gluten

Si vous voulez mettre en place au quotidien une alimentation sans gluten, ne cherchez pas absolument à remplacer les aliments qui en contiennent par d'autres qui n'en contiennent pas.

D'autres céréales sans gluten, ou apparentées c'est-à-dire se cuisant et se consommant de la même manière, peuvent alors être une bonne alternative :
– les riz : thaï, basmati, sauvage, semi-complet, complet, rond, long, arborio…
– le millet,
– l'amarante,
– le maïs,
– le quinoa qui est une chénopodiacée et non une graminée,
– le sarrasin qui est une polygonacée.

Les céréales et pseudo-céréales sans gluten

Riz

Millet

Amarante

Maïs

Quinoa

Sarrasin

De plus, à côté des céréales il y a toutes les légumineuses, trop souvent oubliées qui peuvent parfaitement apporter des glucides, sans le gluten !

Si vous êtes habitué à mettre de la farine un peu partout dans vos préparations, la première chose à faire est d'essayer de vous déshabituer de cette coutume. Vous allègerez forcément votre consommation de glucides, limiterez donc votre charge glycémique globale et diminuerez ainsi votre tour de taille si vous ne remplacez pas la farine par d'autres sources de glucides à IG élevé, comme cela est souvent le cas avec les produits estampillés « sans gluten ». Vous pouvez aussi faire appel à des farines de légumineuses, qui sont plus intéressantes que la classique farine de riz.

Comment choisir son riz

Cultivé depuis des milliers d'années en Asie, il se retrouve aujourd'hui sur tous les continents et pour environ la moitié de la population mondiale, il constitue la base de l'alimentation (en particulier dans les cuisines asiatiques, chinoises et indiennes).

Le riz, comme toutes les autres céréales, est constitué d'amidon. Le riz standard comporte approximativement 81 % d'amylopectine pour seulement 19 % d'amylose.

– Plus un riz est riche en amylose, plus son temps de cuisson est long et moins il « colle ». Son index glycémique (IG) sera aussi plus faible et il perturbera donc moins la glycémie et la sécrétion d'insuline. Ce qui est particulièrement recommandé quand on surveille sa glycémie (pré-diabète ou diabète) ou son poids. Le riz basmati, le riz thaï sont par exemple plus riches en amylose.

– À l'inverse, plus un riz est riche en amylopectine, plus il est gluant (comme le riz du même nom), et plus son IG est élevé.

À savoir

Un grain de riz non cuit riche en amylose se reconnaît à son aspect translucide. Un grain de riz riche en amylopectine a un aspect opaque.

La plupart des riz de consommation courante sont des variétés sélectionnées au fil des années pour avoir le taux d'amylose le plus bas afin de faciliter leur cuisson. De plus, un paquet de riz comporte souvent plusieurs espèces de riz (identiques en forme et en cuisson).

Une meilleure densité nutritionnelle (DN) pour le complet

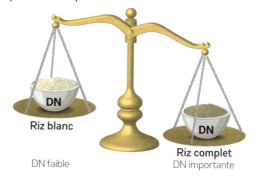

Riz blanc — DN faible
Riz complet — DN importante

Comparé au riz blanc, dont la totalité de l'enveloppe extérieure (péricarpe, son et germe) a été éliminée par une action mécanique abrasive, le riz complet contient 3 fois plus de vitamine B3, 4 fois plus de magnésium, 2 fois plus de manganèse, 2 fois plus de vitamine B9 et 2 fois plus de fibres. Il possède donc une densité nutritionnelle supérieure au riz blanc.

De plus, des études ont démontré que le son du riz était riche en substances protectrices et plus précisément permettait d'inhiber la croissance de certaines tumeurs (sein, côlon). Il y a donc un intérêt supplémentaire à consommer du riz complet ou brun, de préférence au riz blanc !

Naturellement sans gluten, il est très digeste mais attention aux versions complètes puisque ses fibres sont insolubles pour la plupart et donc bonnes pour favoriser le transit mais potentiellement irritantes. Le semi-complet est donc un bon compromis entre le blanc, pauvre en nutriments, et le complet qui de par sa richesse en fibres ne peut convenir à tous.

Pour les enfants en pleine croissance, les adolescents, les femmes enceintes, les sportifs ou les personnes dont l'activité professionnelle demande un surcroît d'énergie, il faut vous baser sur les recommandations classiquement inscrites sur les paquets, c'est-à-dire 60 g crus par personne, ce qui correspond à environ 200 g cuits.

Pour le reste de la population et plus précisément pour celles et ceux qui surveillent leur poids ou qui cherchent à en perdre, et ceux qui doivent équilibrer un diabète, il est recommandé de ne pas dépasser 30 à 40 g cru par repas, afin d'obtenir une charge glycémique moyenne.

La farine de riz est très glycémiante, donc méfiance avec les préparations (en particulier les alternatives au gluten) qui en renferment beaucoup.

Un riz bio de préférence

Le riz a souvent été mis en cause pour sa haute teneur en métaux lourds et plus particulièrement en arsenic inorganique. En effet, en septembre 2012, la Food and Drug Administration des États-Unis (FDA) a alerté sur certains produits à base de riz qui contenaient des taux d'arsenic inorganique (la forme toxique) supérieurs à 5 µg par portion. Même s'il n'existe pas de normes sur les teneurs maximales en arsenic dans l'alimentation, il n'en demeure pas moins que les enfants peuvent y être particulièrement sensibles. Il est donc important pour tous ceux qui consomment du riz ou des aliments à base de riz tous les jours, qu'ils soient estampillés « bio » puisque l'arsenic peut se retrouver dans les sols contaminés par des herbicides à base d'arsenic.

Côté cuisson, évitez de le faire dorer puisque cette opération génère des produits de glycation avancés (AGE).

Zoom sur le quinoa

Il est arrivé en France il y a déjà quelques années. Cette petite graine blanche et ronde vient d'Amérique latine. Le quinoa n'est pas une céréale bien qu'utilisé en cuisine comme telle. Il contient 15 % de protéines de bonne valeur biologique, c'est-à-dire comportant tous les acides aminés essentiels (que l'organisme ne sait pas fabriquer) dans de bonnes proportions, comparativement aux protéines du millet, du sorgho, du maïs, du riz et même du blé. On retrouve en effet de la lysine, un acide aminé essentiel qu'on ne retrouve ni dans le blé, ni dans le maïs. Très riche en méthionine, cystine, arginine, histidine et isoleucine, le quinoa sera un excellent complément protéique à un plat de lentilles corail par exemple. Dépourvu de gluten, il est généralement très bien toléré, même pour les intestins les plus fragiles.

Il est également une très bonne source d'oligoéléments tels le manganèse, le fer et le cuivre.

Les différentes variétés de riz

Lorsque le riz est récolté on parle de riz paddy. C'est le riz à l'état brut, tel que le récolte l'agriculteur. Lorsque ce dernier lui enlève les glumes (les enveloppes du grain) par des opérations mécaniques de triage et nettoyage, on le nomme alors riz cargo ou complet. Il en existe une multitude de variétés cultivées à travers le monde.

Petit tour d'horizon des principaux :

- **Le riz basmati** : originaire du nord de l'Inde et du Pakistan, son grain long a un puissant parfum qui lui a donné ce nom de Basmati qui signifie la « reine du parfum » en hindie. Il est parfois laissé une année, comme pour le vin, pour qu'il puisse développer pleinement sa saveur et son arôme de noisette. Il existe complet, semi-complet ou blanc et comme ses grains ne collent pas, il peut se consommer chaud en accompagnement des plats (légumes, légumes secs ou flocons de légumineuses, tofu, viandes et poissons) ou froid dans des salades composées. Il est aussi parfait dans les farces de légumes : aubergines ou tomates farcies au riz basmati ou avec des plats épicés au curry.

- **Le riz thaï** : comme son nom l'indique, il est originaire de la Thaïlande. Ses grains longs et fins sont naturellement parfumés, avec des notes de jasmin et ne collent pas à la cuisson. Comme le riz basmati, il se consomme chaud ou froid et se marie bien avec les légumes, les protéines animales ou végétales.

- **Le riz carnaroli** : souvent appelé le « roi des riz », son grain est long et bombé. Originaire de Novara et de Verceil, c'est le plus réputé d'Italie. Semi-complet ou blanc, il se consomme en accompagnement ou sert à la réalisation de paëllas, de riz au lait ou de risottos car même s'il est riche en amylopectine, il reste cependant plus ferme que le riz arborio classiquement utilisé pour le risotto.

- **Le riz arborio** : cette variété italienne de riz est utilisée pour la confection des risottos. Pour un risotto il faut compter 1 verre de riz pour environ 3 verres de bouillon chaud.

- **Le riz rond** : de Camargue ou d'Italie, il est idéal pour la préparation du riz au lait, car sa température d'empesage (température à partir de laquelle un mélange d'amidon commence à gélifier) est faible. Ainsi, à la cuisson ce riz devient rapidement une masse indifférenciée rendant le riz au lait moelleux et fondant.

- **Le riz à sushi** : ces grains de riz arrondis sont plutôt blancs nacrés. Une fois cuits ils sont légèrement collants mais pas trop pour réaliser de parfaits makis ou sushis.

- **Le riz glutineux ou doux** : ce riz qui est traditionnellement produit au Laos possède une teneur quasiment nulle en amylose. Constitué uniquement d'amylopectine, il devient alors très collant à la cuisson et parfait pour la réalisation de mochis japonais mais à éviter au maximum en raison de son IG !

- **Le riz rouge** : de Thaïlande ou de Camargue, ces grains de riz longs complets possèdent une belle couleur rouge sombre et une texture croquante et moelleuse à la fois. Il est parfait pour donner une belle touche colorée à une assiette ou une salade composée.

- **Le riz sauvage** : ce n'est pas à proprement parler un riz mais plutôt une plante aquatique d'Amérique du Nord (*Zizania palustris*), également de la famille des poacées (graminées). Traditionnellement récolté par les tribus indiennes, il devient courant dans des mélanges de riz et est aussi disponible seul. Il se marie aussi bien avec les légumes qu'avec les protéines animales ou végétales. Il ne faut pas le confondre avec le riz noir complet de Camargue dont la texture est moelleuse.

- **Les riz complets précuits** : ils sont parfaits pour les personnes qui courent après le temps car ils permettent de diviser le temps de cuisson par deux.

- **Les riz blancs étuvés** : Ils permettent la migration de 80 % des vitamines et des minéraux contenus dans le son vers l'intérieur du riz contre 5 % dans le riz blanc non étuvé. Toutefois, ces riz élèvent rapidement la glycémie et sont donc plutôt déconseillés au quotidien.

Les recommandations MFM :
Matières grasses ajoutées

1 portion = 1 c. à s. d'huile
= 12 g de beurre
= 12 g de margarine

Les matières grasses ajoutées, ce sont essentiellement le beurre, les huiles végétales et les margarines.

Pourquoi limiter le beurre ?

La Meilleure Façon de Manger n'interdit pas le beurre, mais conseille de le réserver aux seules tartines du petit déjeuner ou ponctuellement à quelques plats et desserts. La raison en est simple : 63 % des graisses du beurre sont saturées, 26 % mono-insaturées et 6 % seulement polyinsaturées, à comparer à la répartition conseillée dans ce livre, soit respectivement 33 %, 50 % et 16 %. Donc, quand vous consommez trop de beurre, il prend la place d'autres corps gras plus équilibrés et vous éloigne de la répartition pour laquelle votre corps est fait. Le beurre apporte certes de la vitamine A, mais cette vitamine ne manque pas dans nos pays, donc il ne faut pas en faire un argument pour pousser les consommateurs à manger du beurre.

Pourquoi privilégier les huiles végétales ?

Une huile végétale renferme en général plus de 99 % de lipides. Ni glucides, ni protides, très peu ou pas de cholestérol. Quelques vitamines et antioxydants liposolubles complètent le pourcentage restant. Elles possèdent donc toutes la même valeur énergétique, à savoir : 900 calories (kcal) pour 100 mL.

Là où elles diffèrent, c'est dans leur composition en acides gras. D'où l'importance de bien choisir ces produits, surtout pour un usage quotidien, car un choix avisé permet d'apporter les acides gras dont le corps a besoin dans les bonnes proportions (pour une discussion sur les acides gras, lire page 50 ; pour un rappel des recommandations en acides gras totaux, lire pages 81-85).

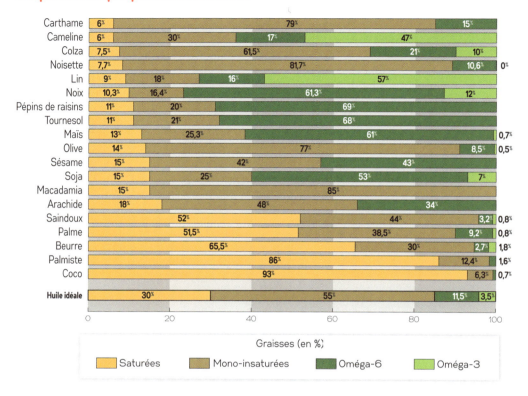

Composition de quelques huiles et beurres

Graisses (en %) — Saturées, Mono-insaturées, Oméga-6, Oméga-3

Comment s'y retrouver ? On extrait de l'huile aussi bien des graines oléagineuses (tournesol, colza...) que des fruits (noix, olives, pépins de raisin) sans parler d'huiles plus rares ou oubliées comme les huiles de sésame, de chanvre, de navet, voire de rosier muscat !

Si l'on devait considérer que nos apports en graisses insaturées sont issus d'une seule huile, plus de la moitié des acides gras de cette huile devraient être mono-insaturés (oméga-9) et 16 % polyinsaturés, avec 3 fois plus d'oméga-6 (acide linoléique) que d'oméga-3 (acide alpha-linolénique). **Ce qui donne, pour une part d'oméga-3, trois parts d'oméga-6 et 12 à 13 parts d'oméga-9.** Il n'existe pas d'huile ayant cette composition idéale. Seule la combinaison de deux huiles permet de s'en approcher. Il s'agit de l'huile d'olive et de l'huile de colza qui doivent être mélangées à parts égales.

Les huiles : raffinées ou pas ?

Les huiles non raffinées, comme l'huile d'olive vierge ou vierge extra, l'huile de colza, conservent des composés actifs bénéfiques, avec plus de polyphénols et d'antioxydants que les huiles raffinées.

Nous considérons donc que toutes vos huiles doivent porter la mention « pression à froid ». En effet, la stabilité d'une huile est variable selon la composition en acides gras. Plus une huile contient d'acides gras insaturés et moins elle sera stable. Les huiles raffinées sont globalement plus stables à la chaleur et ont un point de fumée plus élevé.

Pourquoi l'huile d'olive vierge est un bon choix ?

L'huile d'olive est l'huile la plus riche en acide gras mono-insaturés. Elle renferme environ :
- 74 % d'acide oléique mono-insaturé (oméga-9) ;
- 9 % d'acide linoléique (oméga-6) ;
- et 0,8 % seulement d'acide alpha-linolénique (oméga-3).

Elle renferme des antioxydants naturels – polyphénols, vitamine E, squalènes –, elle est anti-inflammatoire, antimicrobienne et une alimentation de type méditerranéen avec de l'huile d'olive est associée à une bonne santé cardiovasculaire et un risque réduit de cancers.

C'est une huile assez résistante à la chaleur et à l'oxydation, que l'on peut chauffer sans excès.

Cependant, elle est déséquilibrée du point de vue des acides gras polyinsaturés, avec une quasi-absence d'acide alpha-linolénique, le chef de file des oméga-3, qui donne naissance dans l'organisme aux acides gras oméga-3 à longues chaînes (EPA, DHA, DPA), mais qui aurait aussi des bénéfices propres.

Ce n'est pas un problème dans le cadre d'un vrai régime méditerranéen car les populations qui le suivent vont trouver de l'acide alpha-linolénique (oméga-3) dans les noix et certains légumes verts. C'est pourquoi, dans la MFM, l'huile d'olive, si elle est conseillée, ne doit pas représenter l'unique source d'approvisionnement en graisses.

Nous conseillons donc de l'associer à l'huile de colza en assaisonnement, ou si on la consomme seule, de la compléter chaque jour par des noix, des graines de lin ou d'autres aliments riches en oméga-3.

Elle peut être utilisée en cuisson, à condition de suivre les conseils que nous donnons page 157.

Pourquoi privilégier l'huile de colza pour l'assaisonnement ?

L'huile de colza est intéressante car elle n'est pas très chère et, elle aussi, contient une majorité d'acides gras mono-insaturés. Mais surtout, elle renferme une quantité appréciable d'acides gras oméga-3 (1 part pour 2 parts d'oméga-6). Les acides gras de l'huile de colza se répartissent ainsi :
- 7 à 8 % d'acides gras saturés ;
- 63 % d'acides gras mono-insaturés, dont 61 % d'acide oléique ;
- 30 % d'acides gras polyinsaturés dont :
  - 21 % d'acide linoléique, acide gras essentiel précurseur de la famille des acides gras oméga-6,
  - 9 % d'acide alpha-linolénique, acide gras essentiel précurseur de la famille des acides gras oméga-3.

Plusieurs études, dont la célèbre étude de Lyon conduite par Serge Renaud et Michel de Lorgeril, ont trouvé qu'un régime de type méditerranéen avec un corps gras à base de colza diminue la mortalité cardiovasculaire.

De plus, l'huile de colza est intéressante quand on est diabétique ou qu'on a un taux de sucre sanguin élevé. En effet, selon une étude d'intervention, elle aide à contrôler la glycémie lorsqu'elle est associée à une alimentation à faible charge glycémique.

Comme pour toutes les huiles polyinsaturées, la MFM conseille de l'utiliser exclusivement en assaisonnement.

Du fait de son contenu en oméga-3, l'huile de colza est relativement fragile. Il est préférable, une fois la bouteille ouverte, de la conserver à l'abri de la lumière dans le réfrigérateur. Même chose pour l'huile de lin. L'huile bio a en prime un délicieux goût de noisette.

Peut-on consommer de l'huile de noix ?

Oui. L'huile de noix renferme de l'acide linolénique (oméga-3) à hauteur de 10 %, mais elle est riche en oméga-6 (52 %). Son ratio oméga-6/oméga-3 est par conséquent un peu élevé (5/1), plus élevé que celui de l'huile de colza (2/1). Cette huile séduit généralement pour ses atouts gustatifs. Vous pouvez l'utiliser occasionnellement pour agrémenter vos salades ou l'associer à l'huile de colza.

Faut-il utiliser des huiles de tournesol, de maïs, de pépins de raisins ?

Pas régulièrement. Ces trois huiles sont des huiles polyinsaturées. Elles possèdent un très mauvais ratio oméga-6/oméga-3 avec 120/1 pour l'huile de tournesol, 60/1 pour le maïs et 140/1 pour l'huile de pépins de raisin. Ces huiles, excessivement riches en acide linoléique (oméga-6), alourdissent la balance du côté oméga-6, plateau qui est déjà suffisamment chargé. Elles ne sont pas adaptées aux besoins nutritionnels humains et ne devraient donc pas être consommées de manière exclusive, ni régulière.

En plus, elles sont souvent utilisées en cuisson, ce qui est une erreur compte tenu de leur comportement à la chaleur.

Faut-il éviter les huiles tropicales ?

Les huiles tropicales (coprah ou coco, palme, palmiste) ont mauvaise presse, en partie parce qu'elles renferment des acides gras saturés, en partie parce que certaines d'entre elles (palme, palmiste) sont associées à la déforestation. Cependant, ces huiles sont intéressantes pour cuisiner à température élevée car leurs acides saturés les rendent très stables, beaucoup plus que les huiles insaturées.

L'huile de coco et l'huile de coprah renferment des acides gras à chaînes moyennes qui sont très utiles dans les régimes cétogènes (pauvres en glucides) que l'on recommande pour traiter l'épilepsie, les cancers, les maladies neurodégénératives.

Il n'existe pas de preuve que l'huile de coco favorise les maladies cardiovasculaires. Par exemple, c'est l'huile consommée majoritairement en Thaïlande, où l'incidence de ces maladies est la troisième plus faible d'Asie du sud-est. La situation est similaire au Sri Lanka.

LaNutrition.fr conseille d'utiliser l'huile de coco pour les cuissons à température élevée (lire pages 159-160).

Pourquoi éviter les graisses *trans* ?

Les graisses *trans* sont des graisses végétales dénaturées par des pratiques industrielles pour les rendre solides (lire encadré). Il y a aussi des graisses *trans* dans certaines huiles raffinées. Le problème c'est que les acides *trans* ne sont pas reconnus par le corps.

Les acides gras *trans* d'origine industrielle ont fortement baissé dans l'alimentation depuis le milieu des années 2000 quand on a pris conscience qu'ils semblent augmenter le risque d'infarctus, d'accident vasculaire cérébral, de résistance à l'insuline, de diabète et d'obésité, d'inflammation chronique.

L'Organisation mondiale de la santé recommande depuis 2003 que les acides gras *trans* représentent moins de 1 % des apports énergétiques (soit 2,2 g pour un apport énergétique de 2 000 calories par jour). Conséquence : l'hydrogénation partielle est aujourd'hui de moins en moins pratiquée, ce qui explique que la teneur en acides *trans* des frites des chaînes de fast-food a considérablement chuté, jusqu'à devenir indétectable. Dans les biscuits et gâteaux, la situation s'est également améliorée : selon une étude européenne, la teneur en *trans* des biscuits vendus en France allait en 2005 de moins de 0,2 g à 4,8 g pour 100 g. En 2009, la teneur maximale était de 0,7 g soit près de sept fois moins.

De plus, la technologie des huiles a progressé pour limiter la formation de *trans* lors des étapes de désodorisation des huiles. Aujourd'hui, pour prendre l'exemple du soja, les huiles raffinées du commerce renferment en moyenne moins de 0,3 % d'acides gras *trans* (en pourcentage des acides gras totaux), et pour le colza, moins de 0,5 %.

Enfin, des acides gras *trans* sont naturellement présents dans les produits laitiers et les viandes de ruminants (bœuf, agneau) en raison de bactéries présentes dans l'intestin des ruminants qui exercent une « biohydrogénation » des acides gras insaturés consommés par ces animaux.

Qu'est-ce qu'un acide gras *trans* ?

Les graisses sont composées d'acides gras. La plupart des acides gras mono- et polyinsaturés naturellement présents dans l'alimentation sont dits « cis ». Cela signifie que les atomes d'hydrogène au niveau des doubles liaisons carbonées sont du même côté. Mais lorsqu'on hydrogène partiellement ces corps gras, ou encore lorsqu'on désodorise les huiles (on élimine les produits odorants et volatils par injection de vapeur d'eau dans l'huile chauffée à 180°C-240°C), l'énergie apportée convertit ces acides gras « cis » en une sorte de mutants appelés « trans », dans lesquels un ou plusieurs hydrogènes se retrouvent du côté opposé de la chaîne carbonée (voir schéma).

Et voici pourquoi les industriels ont eu recours massivement à l'hydrogénation : alors que les acides gras « cis » sont coudés, donc fluides les uns par rapport aux autres (l'huile est liquide), les acides trans sont droits, donc rigides comme du beurre et peuvent être plus facilement incorporés aux bains de friture (fast-foods) et aux aliments comme les biscuits, gâteaux, viennoiseries.

Différences de structures entre un acide gras *cis* et un acide gras *trans*.

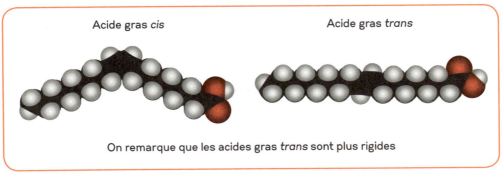

On remarque que les acides gras *trans* sont plus rigides

Les recommandations MFM : matières grasses ajoutées

Faut-il craindre les acides gras *trans* des produits animaux ?

Les acides gras *trans* des laitages et de la viande représentent selon les pays 28 à 79 % du total des graisses *trans* alimentaires. L'étude Transfair (1999) a conclu que chaque Français consomme en moyenne 1,7 g d'acides gras *trans* laitier par jour, ce qui place la France parmi les premiers consommateurs européens de ce type de graisses. La raison en est que les Français mangent beaucoup de fromage (24 kg par personne et par an) et de viande (près de 90 kg par personne et par an), deux aliments riches en acides gras *trans* (voir tableau).

Les études épidémiologiques ne trouvent pas que les personnes qui consomment le plus d'acides *trans* de ruminants ont un risque cardiovasculaire plus élevé que les autres. Mais comme le rappelle un article récent dans l'*European Journal of Clinical Nutrition*, les acides *trans*, qu'ils soient fabriqués par les industriels ou qu'ils viennent des ruminants, ont, gramme pour gramme, les mêmes effets indésirables sur le cholestérol sanguin. En général, on avale assez peu de ces acides *trans*, si bien que leurs effets réels sur la santé sont difficiles à évaluer. Mais les gros consommateurs de viande et de fromage peuvent avaler des quantités importantes de ces acides gras.

Margarine ou beurre ?

Les margarines ont longtemps été fabriquées par hydrogénation partielle des graisses, surtout en Amérique du Nord. Elles renfermaient donc des taux élevés d'acides *trans*. Ce n'est plus le cas. En Europe d'abord, et maintenant dans le monde entier, les fabricants utilisent d'autres procédés, le plus courant étant l'interestérification (lire encadré ci-contre), qui introduit un ou plusieurs acides saturés dans une huile polyinsaturée. L'industrie agro-alimentaire se veut rassurante sur ce procédé, mais les études sont contradictoires, et si le risque paraît faible avec de petites quantités, on ignore quelles pourraient être les conséquences à dose élevée (consommation régulière de margarine, plus aliments transformés contenant ces graisses).

En conséquence, la MFM considère qu'aux doses conseillées dans ce livre, le beurre et les margarines ont peu ou prou les mêmes effets, que les margarines n'ont

Les acides gras *trans* des produits animaux

Aliment (pour 100 g)	Acides gras *trans* totaux (g)
Beurre doux	4,43
Fromage	0,87
Lait entier	0,16
Yaourt nature	0,03
Viande de bœuf	0,86

pas d'avantage majeur sur le beurre, et que c'est le goût qui doit dicter son choix. Qu'il s'agisse du beurre ou de la margarine, il faudrait idéalement en consommer de petites quantités (tartines), éviter de les utiliser en cuisine et, comme le dit le Pr Walter Willett (Harvard) « *utiliser des graisses naturelles liquides aussi souvent que possible* ».

En pratique

Comment limiter les acides *trans* dans son alimentation ?

- Mangez peu d'aliments transformés et de plats préparés.
- Mangez le moins souvent possible aux fast-foods : la plupart des grandes chaînes n'utilisent plus d'huiles partiellement hydrogénées mais ce n'est peut-être pas le cas de restaurants moins importants.
- Lisez les étiquettes : n'achetez pas d'aliments avec des graisses partiellement hydrogénées. Si l'étiquette mentionne « graisses hydrogénées » sans autre précision, n'achetez pas ; seules les graisses « totalement hydrogénées » ne contiennent pas d'acides gras *trans*.
- Achetez pour vos assaisonnements des huiles vierges, non raffinées. La teneur en acides *trans* des huiles raffinées a certes baissé, mais comme les fabricants ne sont pas tenus de la mentionner, jouez la prudence : réservez-les, le cas échéant, aux cuissons.
- Suivez les conseils de ce livre en termes de fréquence de consommation des produits laitiers et de quantité hebdomadaire de viande rouge.
- Évitez de surconsommer le fromage.
- Ne prenez pas de complément alimentaire à base de CLA (acide linoléique conjugué), vendu comme aide-minceur, alors qu'il n'y a aucune preuve de son efficacité. Le CLA est en réalité un acide *trans* avec les mêmes effets potentiellement indésirables que les autres *trans*.

L'interestérification

Ce processus consiste à hydrogéner totalement une huile végétale pour obtenir des acides gras saturés, puis à la combiner par un procédé chimique ou enzymatique avec une (ou plusieurs) autre huile végétale insaturée. Ainsi, un ou plusieurs des acides gras insaturés de cette huile sont remplacés par un acide gras saturé venu du corps gras hydrogéné, en général l'acide palmitique ou l'acide stéarique. Le nouveau corps gras ainsi obtenu acquiert une consistance à la fois solide et plastique. Pour comprendre ce qui peut poser problème, il faut savoir qu'une molécule de graisse est constituée de 3 acides gras attachés à une « colonne vertébrale » de glycérol. Les acides gras peuvent occuper l'une des 3 positions baptisées sn-1, sn-2, sn-3. On considère que les acides gras en sn-1 et sn-3 sont préférentiellement détachés et oxydés au cours de la digestion, alors que celui situé en sn-2 est majoritairement conservé et recyclé avec son glycérol pour servir de base à la synthèse de nouvelles graisses qui circuleront dans l'organisme. La nature de l'acide gras en position sn-2 conditionne en partie ses effets sur la santé. S'il s'agit d'acide palmitique ou stéarique, on ne peut pas écarter un risque cardiovasculaire à dose élevée. Dans la nature, aucune huile végétale, y compris l'huile de palme, ne contient d'acide palmitique ou stéarique en position sn-2, ce qui n'est pas le cas pour les margarines obtenues par interestérification chimique.

Faut-il acheter des margarines « anti-cholestérol » ?

Les margarines surfent depuis quelques années sur la vague santé avec le cholestérol en ligne de mire. Comment s'y retrouver ?

• Ce que disent les fabricants

Le terme de « margarine-santé » désigne soit des formules d'acides gras qui promettent de diminuer le risque cardio-vasculaire en apportant notamment des oméga-3, soit des margarines à visée anti-cholestérol.

Les margarines « anti-cholestérol » sont souvent enrichies en phytostérols et phytostanols, des substances fabriquées par les plantes dont la structure est semblable au cholestérol. Les stérols sont présents en petites quantités dans toutes les plantes contenant des graisses, comme les noix, les graines, les céréales, les huiles. Ils ne sont pas considérés comme essentiels. Les stanols sont des stérols qui ont subi une hydrogénation industrielle. Dans l'intestin, ils entrent en compétition avec le cholestérol et diminuent son passage dans le sang. Le cholestérol est alors éliminé dans les selles.

Conséquence : études à l'appui, les fabricants attribuent à ces margarines la capacité de faire baisser le taux de « mauvais » cholestérol, de 7 % en moyenne, sans affecter le taux de « bon » cholestérol.

• Les effets réels des margarines

En fait, il n'existe aucun effet démontré de ces margarines sur le risque de maladie cardiaque. Plus inquiétant : il est possible que les phytostérols contribuent, à dose élevée, aux maladies qu'ils sont censés prévenir. Plusieurs études d'observation ont trouvé une association entre le taux de phytostérols dans le sang et le risque coronarien.

Selon une étude belge, 21 % des enfants d'âge préscolaire avalent des phytostérols à la table familiale, tout comme 58 % des adultes dont le cholestérol est pourtant normal.

En plus, ces margarines sont jusqu'à 3 fois plus chères que les autres et le rapport acides gras oméga-6/acides gras oméga-3 y est souvent désastreux.

> **En pratique**
>
> Nous vous déconseillons l'usage de margarines aux stérols et plus généralement le recours aux margarines comme source principale de graisses. Mais si vous devez acheter une margarine, ne l'utilisez pas en cuisson et assurez-vous qu'elle répond aux critères suivants :
> - acides gras mono-insaturés : 50 % environ de la matière grasse
> - acides gras saturés : 30 % environ de la matière grasse
> - acides gras polyinsaturés : 20 % environ de la matière grasse, avec un rapport oméga-6/oméga-3 inférieur à 4.
>
> Pour savoir quelles margarines du marché répondent à ces critères et lesquelles s'en éloignent, consultez le guide *Le Bon Choix au supermarché*.

Repères de consommation

Sachant que les matières grasses ajoutées contribuent environ pour moitié aux besoins quotidiens en graisses, la quantité de matières grasses utilisées pour cuisiner, assaisonner ou tartiner doit être de l'ordre de 32 g par jour pour une femme (si on considère qu'elle consomme en moyenne 1 800 kcal/j) et de 43 g pour un homme (si on considère qu'il consomme 2 400 kcal/j) (lire page 80).

Pour qu'elles soient équilibrées au plan nutritionnel, ces matières grasses ajoutées pourraient par exemple se répartir comme suit :

Pour une femme

– 1 cuillère à soupe* d'huile d'olive, 1 cuillère à soupe d'huile de colza et 1 cuillère à soupe d'huile de noix de coco ou 12 g de beurre ou margarine par jour

Pour un homme

– 1,5 cuillère à soupe d'huile d'olive, 1,5 cuillère à soupe d'huile de colza et 1,5 cuillère à soupe d'huile de noix de coco ou 15 g de beurre ou margarine par jour.

Tartines

La part des graisses apportées par les tartines est marginale. Il est donc possible de continuer à profiter de la saveur du beurre sur les tartines matinales.

Assaisonnement

L'huile de colza peut être utilisée seule. Cependant, pour se rapprocher des recommandations de *La Meilleure Façon de Manger*, nous vous conseillons de mélanger, dans un récipient destiné à l'assaisonnement, huiles de colza et d'olive (ou d'avocat) à parts égales.

En agissant ainsi, vous obtenez un mélange apportant, pour chaque part d'oméga-3, 3 parts d'oméga-6 et 13 parts d'oméga-9. C'est quasiment la répartition conseillée dans ce livre. En plus, vous bénéficiez des composés antioxydants et anti-inflammatoires de l'huile d'olive.

Certains d'entre vous utilisent de l'huile de lin pour sa richesse en acide alpha-linolénique oméga-3. Si c'est votre cas, vous pouvez associer l'huile de lin à l'huile d'olive pour vous rapprocher des proportions optimales. Lorsque vous mélangez 5 volumes d'huile d'olive à 1 volume d'huile de lin, vous obtenez un ratio oméga-6/oméga-3 de l'ordre de 1. Avec 34 volumes d'huile d'olive pour 1 volume d'huile de lin, le ratio est de 4. Donc, un bon mélange, c'est 5 à 34 volumes d'huile d'olive selon votre goût, pour chaque volume d'huile de lin.

Cuisson

La plupart des huiles supportent mal la chaleur. Les huiles les plus résistantes sont les huiles tropicales comme l'huile de noix de coco vierge, qui peut être utilisée pour démarrer une cuisson. Viennent ensuite l'huile d'olive vierge, les huiles de macadamia et d'avocat et les huiles de tournesol oléique et d'arachide.

> **À savoir**
>
> **Huile d'olive et cuisson**
>
> L'huile d'olive est clairement un bon choix. Les études montrent qu'elle se comporte bien mieux à la chaleur que les huiles polyinsaturées (soja, tournesol, maïs…). Elle génère moins de composés oxydés (on en avale donc moins) car ses acides gras mono-insaturés sont moins fragiles, et surtout parce que sa vitamine E, qui inhibe les réactions d'oxydation et qui est normalement détruite au cours de la friture, est ici préservée par la présence de polyphénols. Du coup, les bains de fritures peuvent être utilisés un peu plus longtemps qu'avec des huiles polyinsaturées.

Pour information, la température nécessaire pour saisir une viande à la poêle est de l'ordre de 190 °C ; les friteuses du commerce amènent l'huile à des températures comprises entre 150 °C et 190 °C.

Qu'il s'agisse des aliments eux-mêmes ou des corps gras, la MFM déconseille de toute façon les hautes températures

---

* 1 cuillère à soupe apporte 10 g de matières grasses.

et au contraire encourage les cuissons douces, basse température (moins de 100 °C), comme par exemple la cuisson à l'étouffée. Même au four, on peut rester à des températures raisonnables en allongeant simplement le temps de cuisson.

Cuissons à la poêle, en casserole, au four

• Avec les huiles

L'idéal est d'utiliser l'huile de coco (très stable) pour démarrer vos cuissons à la poêle, puis poursuivre avec l'huile d'olive, l'huile de tournesol oléique ou celle d'arachide.

À ces températures, en effet, les huiles (hors huiles tropicales) perdent leurs qualités intrinsèques : les polyphénols de l'huile d'olive commencent à se dégrader, les acides gras mono-insaturés se détachent par hydrolyse, des acides gras libres apparaissent avec des produits d'oxydation. Il faudrait donc incorporer l'huile d'olive (ou une autre) en cours de cuisson, et pas seulement au début.

Vous pouvez aussi utiliser de l'huile de noisette, dont la composition est proche de celle de l'huile d'olive.

• Avec les autres corps gras

D'une manière générale, nous déconseillons d'utiliser des margarines ou du beurre pour cuire les aliments.

Autre option éventuelle : la graisse d'oie qui contient environ 60 % d'acides gras mono-insaturés (de la même famille que ceux de l'huile d'olive) donc assez stables à la chaleur. La graisse d'oie apporte des acides gras polyinsaturés (environ 10 %), mais comme les oies sont généralement nourries avec du maïs qui contient surtout un acide gras de la famille oméga-6, la

---

◣ En pratique ◢

Précautions pour les fritures

- Filtrer le bain après chaque usage.
- Refaire le niveau de celui-ci avec le même corps gras.
- Le garder au frais dans un récipient fermé, à l'abri de la lumière et de l'air pour éviter les oxydations (dans la friteuse elle-même si elle est munie d'un couvercle).
- Ne pas laisser l'huile plus de 2 ou 3 semaines dans la friteuse sans l'utiliser : la stocker de préférence dans un récipient fermé (bouteille en verre, par exemple), à l'abri de la lumière dans un endroit frais (réfrigérateur conseillé).
- Au-delà de 25 % de composés polaires, un bain de friture est considéré comme impropre à la consommation en France. Mais si on se base sur les études récentes, il vaut mieux se fixer une limite de 20 % de composés polaires totaux. On peut contrôler cette teneur avec des kits de dosage (bandelettes, appareils, etc.).
- Un bain de friture usé se reconnaît à plusieurs indices : changement de couleur (brunissement), d'odeur et de goût, huile plus visqueuse, apparition précoce de fumées au chauffage, apparition de mousse stable (petites bulles, stabilisées par les composés d'altération de l'huile formés par oxydation sous l'action de la température au cours des fritures successives).

Choix des huiles en fonction de la façon de cuisiner

Assaisonnement

Huile de Colza • Huile d'Avocat • Huile de Lin • Huile d'Olive

Poêle/casserole

Huile d'Olive • Huile de Noisette • Huile de Coco

Four/rôtissoire

Huile d'Olive • Huile de Coco • Huile de Noisette

Fritures/wok

Huile de Coco • Huile d'Olive • Végétaline

Les recommandations MFM : matières grasses ajoutées

majorité des graisses polyinsaturées de la graisse d'oie est de cette famille oméga-6, avec très peu d'oméga-3.

Fritures profondes

La MFM conseille de limiter les fritures, car elles sont associées à des problèmes de santé (résistance à l'insuline, hypertension…).

• **Avec les huiles**

L'huile de coco est le choix numéro 1 pour vos fritures. En deuxième choix, olive, tournesol oléique, arachide, puis noisette. Les corps gras solides pour fritures de type Végétaline sont composés d'huiles tropicales. Ils peuvent être utilisés pour les fritures car ils sont très stables. Ils ne posent pas de risque particulier pour la santé dans la mesure où les fritures restent occasionnelles.

Comment bien choisir et bien conserver son huile

Préférez des huiles bio, extraites à froid. Pour bien faire, vous pourriez avoir trois types d'huiles : huile de colza, huile d'olive, huile de noix de coco (cuisson).
L'huile de colza doit impérativement se conserver au réfrigérateur pour limiter les phénomènes d'oxydation.

À savoir

Vierge, de première pression à froid, raffinée ?

Une huile pressée à froid n'est jamais raffinée. Pendant le processus d'extraction, à aucun moment l'huile ou les matières de base ne sont chauffées à plus de 50 °C.
La mention « huile de première pression à froid » concerne généralement l'huile d'olive et indique qu'il s'agit de la première huile obtenue par pression mécanique à froid. Ensuite, ces mêmes olives pourront être de nouveau pressées pour en tirer une deuxième huile et, dans certains cas, une troisième. Le recours à la chaleur et aux solvants chimiques s'impose alors.

Une huile vierge provient d'une seule graine ou d'un seul fruit. Elle est obtenue seulement par des procédés mécaniques. Elle est clarifiée par des moyens physiques ou mécaniques, n'a subi aucun traitement chimique ni aucune opération de raffinage. Toutefois, elle peut avoir été chauffée à haute température.
La mention huile végétale signifie que vous êtes en présence d'un mélange d'huiles ayant été raffinées.

Les recommandations MFM :
Noix et graines oléagineuses

1 portion = 8 noix
= 20 amandes = 25 noisettes
= 1 c. à café (5 g) de graines de lin moulues*

* voir page 233 pour plus d'exemples de portions.

Pourquoi manger des noix et graines oléagineuses ?

Pour leur contribution à vos apports en graisses

Les oléagineux sont naturellement riches en acides gras mono-insaturés. Ils sont également riches en acides gras polyinsaturés, mais à l'exception des graines de lin et de chia, des noix de Grenoble, les oléagineux apportent trop d'oméga-6 relativement aux oméga-3. Il faut donc en tenir compte dans la ration. Consommés régulièrement, ils sont bons pour la santé cardiovasculaire, comme en témoignent de nombreuses études.

Parce qu'elles sont riches en protéines

Comme les légumineuses, les oléagineux contiennent entre 10 et 25 g de protéines pour 100 g, c'est-à-dire plus que certaines viandes ou poissons. Toutefois, ils manquent généralement de lysine, méthionine et cystine, trois acides aminés essentiels. Une petite portion de légumineuses ou de protéines animales suffira à fournir les acides aminés manquants.

Pour leur densité nutritionnelle

Ils apportent des quantités conséquentes de vitamines B1, B2, E, de calcium, magnésium, phosphore, potassium, zinc, sélénium, mais aussi de fibres, avec des teneurs qui vont de 3 à 8 g de fibres pour 100 g. La palme revient aux graines de lin avec 27,9 g de fibres pour 100 g. Plusieurs études associent une consommation régulière d'oléagineux à une diminution du risque de diabète de type 2 et de cancer du côlon chez la femme.

Parce qu'elles sont une bonne source de fibres

Ils renferment des fibres, surtout insolubles, en proportions variables (4-12 %), qui facilitent le transit intestinal et diminuent le risque de cancer du côlon chez les femmes.

Nature ou grillées ?

Les versions grillées sont un peu moins intéressantes dans la mesure où elles apportent des composés appelés produits de glycation avancés (AGE), directement responsables du vieillissement (voir page 65). Les versions salées sont à éviter.

Font-elles grossir ?

Les oléagineux doivent retrouver une place dans l'alimentation quotidienne car la principale raison pour laquelle on les évite, c'est qu'ils feraient grossir. Or toutes les études montrent qu'il n'en est rien. Certes, ils sont caloriques, mais comme ils augmentent la satiété, au final on ne prend pas de poids. Ils régulent la glycémie et sont donc bénéfiques aux diabétiques de type 2, dans le cadre d'une alimentation à IG bas.

De plus, plusieurs études montrent que les personnes qui mangent régulièrement des oléagineux (non salés) ont un risque réduit de maladies cardiovasculaires. Et selon deux vastes études d'observations, une poignée par jour diminuerait de 20 % le risque de mortalité, toutes causes confondues, sur 30 ans.

L'amande

Parmi les fruits oléagineux à coque, on retrouve la star incontestée, aimée de tous ou presque et aux multiples bienfaits santé : l'amande. Parmi les fruits à coque, elle obtient de nombreuses « palmes » par rapport à ses consœurs.

Pour 100 g	Protéines (g)	Lipides (g)	AGS (g)	AGMI (g)	oméga-6 (g)	oméga-3 (g)	Rapport	Fibres (g)	Mg (mg)	K (mg)
Amande	25,4	53,4	4,04	32,4	12,4	0	12,4	12,6	232	668
Cacahuète	29,6	49,6	9,44	20,2	15,1	0	15,1	6,2	70,6	542
Noisette	16,4	63	5,2	42	5,25	0	5,25	8,2	88,4	606
Noix de cajou	19,8	49,1	9,5	25,7	8,81	0	8,81	4,4	247	580
Noix de Grenoble	14,7	63,8	5,73	11,8	38,3	8,09	4,7	5,7	126	525
Noix de Macadamia	7,91	72,9	11,5	56,8	1,3	0,2	6,5	8,6	130	368
Noix de Pécan	9,3	73,8	6,77	41,7	20,7	0	20,7	9,52	125	409
Noix du Brésil	14,1	68,2	16,4	25,8	22,9	0	22,9	8,1	366	591
Pistache	24,9	46,4	5,56	24,9	13,3	0	13,3	10,6	105	655

AGS : acides gras saturés
AGMI : acides gras mono-insaturés

La palme d'or pour :

• **les fibres** : les amandes non blanchies renferment une grande proportion de fibres (12,6 g/100 g soit 3,2 g par portion de 20 amandes), surtout insolubles (80 %) qui possèdent un effet rassasiant et permettent de faciliter le transit intestinal. Attention toutefois à en limiter la consommation si vous avez les intestins sensibles et fragiles.

• **le potassium** : elles sont également championnes dans leur catégorie sur la teneur en potassium, un élément essentiel pour limiter la rétention d'eau et surtout rétablir l'équilibre sodium/potassium.

• **le calcium** : non blanchies, elles apportent pour 100 g, 248 mg de calcium (soit 62 mg par portion) soit plus qu'un yaourt nature et autant que le camembert sans le sel.

• **la vitamine E** (surtout alpha-tocophérol) : avec 14,6 mg aux 100 g, soit plus du tiers des apports nutritionnels conseillés par portion de 25 g (20 amandes).

• **la plus faible teneur en acides gras saturés**, puisqu'elles n'en apportent que 4,4 g aux 100 g.

La palme d'argent pour sa grande richesse en protéines

Avec plus de 7,5 g de protéines par portion, les amandes font partie des oléagineux qui peuvent prétendre remplacer une partie des protéines animales consommées chaque jour. Après la cacahuète, elles sont la source la plus importante parmi les oléagineux.

La palme de bronze pour le magnésium

Après la noix du Brésil et la noix de cajou, l'amande affiche 60 mg par portion de 25 g, soit 10 % de plus que le chocolat noir à 70 % de cacao, ce qui n'empêche absolument pas de consommer les deux en même temps !

Ca (mg)	Fe (mg)	Zn (mg)	Sélén (µg)	Vit E (mg)	B9 (µg)	ORAC	PRAL	Le bon choix pour :	
248	3	3,3	2,5	14,6	93	4454	2,29	le calcium, les protéines, les fibres, le magnésium, les vitamines K et E	Amande
49,4	0	<2,9	4,7	1,17	96,2	3166	5,75	la vitamine B9, le resvératrol	Cacahuète
135	3,47	2,31	4,1	5,65	198	9645	moins 3,12	la vitamine B9, le fer	Noisette
41,8	5,03	5,4	11,7	0,8	59,7	1948	6,42	le fer, le zinc, les protéines	Noix de cajou
67,8	2,6	2,51	4,9	3,54	135	13541	5,62	le rapport oméga-6/oméga-3, la vitamine B9, l'indice ORAC	Noix de Grenoble
85	3,69	1,3	3,6	0	11	1695	moins 1,38	la teneur en fer, alcalin	Noix de Macadamia
69,7	2,6	4,69	3,8	0	17,7	17940	2,08	l'indice ORAC, le zinc	Noix de Pécan
150	2,46	4,13	1917	5	21	1419	8,15	le magnésium, le sélénium, le calcium	Noix du Brésil
98,5	2,4	2,3	9,3	1,09	95,6	7983	1,97	les fibres, les protéines, la vitamine K	Pistache

Elle ne fait pas prendre de poids

Selon une étude publiée dans le numéro d'octobre 2013 de l'*European Journal of Clinical Nutrition*, malgré leurs 190 calories par portion, la consommation d'amandes en tant qu'en-cas diminue l'appétit, tout en améliorant les apports en acides gras mono-insaturés et en alpha-tocophérol (vitamine E). Les participants n'ont pas mangé plus lorsqu'ils consommaient des amandes en en-cas ou pendant les principaux repas. Cette consommation d'amandes ne les a pas fait grossir.

Ces résultats sont d'autant plus intéressants que la consommation d'en-cas est un comportement de plus en plus fréquent et qu'il faut bien distinguer ceux qui ne présentent pas de risque pour le poids tout en offrant des avantages pour la santé.

Elle est bénéfique pour le cœur (et le reste)

Plusieurs études cliniques ont démontré que les amandes font baisser le cholestérol-LDL. Une étude anglaise montre que la consommation de 50 g d'amandes par jour (soit un peu plus de 2 portions) pendant 4 semaines améliore la santé des vaisseaux et la pression sanguine systolique.

En 2007, une étude avait déjà trouvé qu'en consommant chaque jour des amandes pendant 4 semaines on réduit les phénomènes d'oxydation à l'origine du vieillissement y compris chez les fumeurs moyens, ceux qui sont provoqués par les substances contenues dans la fumée de cigarette.

La noix : ses cerneaux et son huile

Les noix fraîches de Grenoble, du Périgord ou du Haut Quercy ont des atouts précieux pour la santé des artères, du cœur et du cerveau.

Des protéines et des fibres dans les cerneaux

Avec près de 15 % de protéines végétales, les cerneaux peuvent occuper une très bonne place dans l'équilibre alimentaire et participer à la couverture des besoins en acides aminés de manière quotidienne. Ils peuvent se consommer dès le matin afin de compléter un petit déjeuner composé uniquement de glucides et ainsi apporter un sentiment de satiété durable, ou être introduits aux deux autres repas dans l'objectif de diminuer la taille de la portion de protéines animales.

Ils contiennent aussi un peu de fibres, 5,7 %, mais quasiment deux fois moins que l'amande, ce qui permet parfois de les consommer plus facilement si vous êtes sensibles au niveau intestinal.

Des oméga-3 et des vitamines dans les cerneaux et l'huile

Les acides gras contenus dans les cerneaux et l'huile de noix sont mono-insaturés (11,8 % dans les cerneaux et 17 % dans l'huile) et polyinsaturés (46,3 % et 64,4 % respectivement).

Les cerneaux et l'huile de noix sont les seuls à fournir de l'acide alpha-linolénique (oméga-3), à raison de 8 à 10 g pour 100 g de cerneaux ou d'huile (soit 2 à 3 g par portion).

Le rapport oméga-6/oméga-3 est optimal dans les noix puisqu'il n'est que de 4,7 comparé à celui des noix de pécan et du Brésil qui avoisine 20 à 23.

Les cerneaux et l'huile sont également des sources de :
- vitamine E (alpha- et surtout gamma-tocophérol), pas les plus importantes (3,5 mg pour 100 g dans les cerneaux soit 1 mg par portion et 6,9 mg pour 100 g dans l'huile) mais qui permettent de protéger les graisses et les lipoprotéines (LDL-cholestérol) de l'oxydation et contribuent à freiner le vieillissement cellulaire ;
- vitamine K1, essentielle à la coagulation sanguine et à la bonne santé osseuse (croissance, ostéoporose), puisque chaque cuillère à soupe d'huile de noix apporte 6 % des apports nutritionnels conseillés ;
- phytostérols (72 mg pour 100 g dans les cerneaux soit 20 mg par portion et 176 mg pour 100 g dans l'huile) et en particulier campestérol, stigmastérol et bêta-sitostérol ;
- acide ellagique, un polyphénol antioxydant très étudié en cancérologie, présent également dans la grenade, les fraises et les framboises.

> **En pratique**
>
> L'huile de noix peut être consommée par toute la famille. Elle se conserve au réfrigérateur après emploi et peut s'ajouter sur toutes les crudités (salade verte, endives, roquettes...) et les plats en fin de cuisson, à raison de 3-4 fois par semaine en remplacement de l'huile de colza.

Les cerneaux peuvent être consommés dès l'âge d'un an (1 noix par jour) pour participer à l'apport en protéines végétales et en oméga-3. Les adultes, surtout ceux atteints de maladies cardiovasculaires avec hypercholestérolémie, peuvent bénéficier de leurs atouts à raison d'une dizaine de noix par jour, en en-cas ou dans les salades, puisque selon certaines études, la consommation de noix aide à fluidifier le sang et améliorer l'élasticité des vaisseaux sanguins grâce à leur teneur en L-arginine, ce qui limite les risques de caillot. Selon plusieurs études, 5 à 8 noix par jour ne font pas prendre de poids, malgré leur fort apport calorique.

La noisette

Après l'amande et la noix, c'est le fruit à coque qui mérite toute sa place dans l'alimentation quotidienne. C'est le plus riche en vitamine B9 (folates), qui assure entre autres un bon développement du fœtus (une portion de 30 g en apporte 60 µg, soit 15 % des ANC). Elle est aussi riche en potassium, en fer, calcium et vitamine E. Avec la noix commune, c'est la seule à posséder un rapport oméga-6/oméga-3 bas (proche de 5) alors que toutes les autres oscillent entre 10 et 23. Elle est donc idéale pour les femmes enceintes ou en âge de procréer avec un désir de grossesse, à raison de 30 g (environ 25 unités) dans le muesli, au petit déjeuner ou en en-cas.

La noix de Macadamia

Tout comme la noisette, elle possède un indice PRAL négatif, et ainsi à l'inverse des autres fruits à coque, n'acidifie pas l'organisme. Pauvre en protéines (moins de 3 g par portion de 20 noix) elle affiche toutefois la plus forte teneur en acides gras mono-insaturés essentiels au bien-être cardiovasculaire. Elle s'ajoute facilement dans les gâteaux maison, les salades de fruits frais car la vitamine C optimise l'absorption du fer qu'elle contient (3,69 g/100 g soit 1,1 g par portion).

La noix de pécan (noix pacane)

Fruit du pacanier, un arbre de la même famille que le noyer commun, elle affiche une bonne teneur en fibres (près de 3 g pour une portion de 15 noix) et surtout le plus fort indice ORAC, c'est-à-dire qu'elle est riche en substances antioxydantes. De plus, elle contient du zinc, essentiel à la peau et au système hormonal. Le seul bémol : son rapport oméga-6/oméga-3 proche de 20. Elle peut se consommer plusieurs fois par semaine en particulier chez les seniors, les fumeurs et ceux qui vivent dans un environnement pollué, pour limiter les méfaits d'un excès de radicaux libres. À intégrer dans les desserts maison à base de chocolat ou les plats à base de feta.

La noix du Brésil

Présente dans le top 5 des aliments les plus riches en magnésium (30 g en apportent 110 mg, soit autant que 6 carrés de chocolat noir), elle est donc anti-stress et alliée des sportifs puisque le magnésium favorise la contraction musculaire et l'influx nerveux. C'est également une des 5 premières sources de sélénium, un antioxydant majeur. Elle fournit des protéines (3,5 g pour une portion de 8 noix) et du calcium (38 mg pour une portion de 8 noix) mais doit se consommer avec parcimonie en raison de son très mauvais rapport oméga-6/oméga-3 proche de 23 et son fort pouvoir acidifiant (PRAL supérieur à 8). Elle convient donc aux stressés et aux sportifs à raison de 5 à 10 par jour, associée à des fruits secs pour contrebalancer son côté acidifiant.

La noix de cajou

Ce fruit de l'anacardier est le fruit à coque le plus riche en fer (1,5 mg par portion de 20 noix). Elle est donc intéressante en cas d'anémie ou de faible consommation de protéines animales car elle en fournit environ 6 g par portion. Elle apporte aussi du zinc, un peu de magnésium, bénéfique à l'équilibre nerveux et du bore qui améliore le fonctionnement des neurotransmetteurs (mémoire, concentration). Elle peut donc être consommée par les végétaliens et ceux qui manquent de tonus, dans les recettes à base de poulet, crevettes, porc et végétariennes (nouilles chinoises).

La pistache

C'est le fruit à coque le plus riche en fibres après l'amande (10,6 g/100 g contre 5,8 g pour le pruneau soit 3,5 g par portion). Elle apporte aussi des quantités non négligeables de magnésium qui contribue à lutter contre la constipation. C'est aussi une très bonne source de potassium (218 mg par portion). Elle est parfaite chez les personnes ayant un transit paresseux et chez ceux qui ont tendance à la rétention d'eau ou une tension artérielle élevée à raison de 10-12 pistaches broyées dans un yaourt soja nature avec des fruits frais ou secs.

La cacahuète

C'est le fruit à coque qui apporte le plus de protéines (près de 10 g par portion). Elle est idéale pour ceux qui mangent peu de protéines, dans les plats salés (poulet), en beurre de cacahuète à tartiner ou à l'apéritif, non salées. Elle est souvent montrée du doigt pour son caractère allergisant ; les dernières études montrent toutefois que la fréquence de l'allergie aux arachides serait plus faible chez les enfants dont les mères en mangent durant leur grossesse. Elle contient une substance présente également dans le raisin et dans le vin rouge qui possèderait des propriétés anti-âge, le resvératrol.

Les graines de lin doré ou brun

Grâce à leur teneur en lignanes, des phytoestrogènes, elles pourraient jouer un rôle dans la prévention du cancer du sein. Mais c'est surtout pour leur richesse en oméga-3 qu'elles sont recommandées. Ainsi 1 cuillère à café de ces graines de lin (brun ou doré) broyées apportent pas moins de 1,2 g d'oméga-3 contre seulement 0,3 g d'oméga-6 (soit un ratio oméga-6/oméga-3 de 1/4) ! Le record des oléagineux… De plus, elles sont très riches en fibres avec près de 28 % de fibres insolubles et solubles.

Les graines de chia

Issues d'une plante herbacée mexicaine, ces graines se prêtent à tous les usages culinaires. On peut les ajouter aux boissons et aux plats, par exemple riz, légumes en tous genres, sauces, yaourts. Elles sont très riches en antioxydants, en protéines de bonne qualité (14 % du poids) et en fibres (près de 12 g pour une portion de 30 g). Surtout, ce sont d'excellentes sources d'acide alpha-linolénique (oméga-3) : près de 6 g pour une portion de 30 g. C'est plus d'oméga-3 que le saumon, gramme pour gramme. Cependant, il ne s'agit pas des mêmes acides gras. Dans le saumon, on trouve des acides gras oméga-3 à longues chaînes (EPA, DPA, DHA). Nous pouvons les synthétiser de notre côté à partir de l'acide alpha-linolénique (comme dans les graines de chia), mais l'ampleur de cette conversion dépend de l'âge, du sexe, de l'environnement alimentaire. Typiquement, chez l'homme, 8 à 20 % de l'acide alpha-linolénique est converti en EPA, et 0,5 à 9 % en DHA. Jusqu'ici les études ont trouvé que la consommation de chia augmente l'EPA, mais pas le DHA dans le corps.

Prudence avec les graines de chia si vous avez une maladie auto-immune ou inflammatoire car des études suggèrent que ces graines augmentent certains médiateurs de l'inflammation, peut-être parce qu'elles contiennent des composés antinutritionnels.

🍽 Repères de consommation

Si l'on suppose que vos matières grasses ajoutées sont équilibrées (huile d'olive et colza à parts égales, un peu de beurre), noix, amandes et graines de lin peuvent compléter vos apports en acides gras sans altérer cet équilibre. Ces trois variétés doivent être consommées en priorité.

Quelles noix et graines privilégier ?

½ à 1 portion par jour	0 à 3 portions par semaine	À éviter
Amande Noix de Grenoble Graines de lin	Cacahuètes Graines de sésame Noix de Macadamia Noix de Brésil Noix de pécan Noix de cajou Noisettes Pistaches	Graines de tournesol

Amandes

	½ portion	1 portion
Grammes	12	25
Unités	10	20
Calories	70	140
Fibres	1,2	2,5
Graisses totales (g)	6	12,5
AGMI (g)	3,2	8
AGPI (g)	1,2	3
Dont LA	1,2	3
Dont ALA	0	0
AGS (g)	0,4	1

Noix de Grenoble

	½ portion	1 portion
Grammes	12	25
Unités (entières)	4	8
(moitiés)	2	4
Calories	78	163
Fibres	0,8	1,5
Graisses totales (g)	8	16,3
AGMI (g)	1	2,3
AGPI (g)	5,6	11,8
Dont LA	4,5	9,5
Dont ALA	1	2,3
AGS (g)	0,7	1,5

AGMI : acides gras mono-insaturés
AGPI : acides gras polyinsaturés
AGS : acides gras saturés
LA : acide linoléique
ALA : acide alpha linolénique

Comment les consommer ?

Noix de Grenoble et amandes peuvent facilement se consommer en-cas. Légères à transporter et faciles à manger au bureau, elles peuvent s'emporter partout. Vous pouvez aussi les incorporer à vos salades, à vos risottos ou à vos pains. Toutefois, n'en abusez pas si vous suivez un régime amincissant, elles affichent quand même une densité calorique importante : 5 à 6 calories par gramme. 10 à 30 g par jour suffisent (8 noix ou 20 amandes pèsent environ 25 g). Les oléagineux issus de l'agriculture biologique restent évidemment préférables aux « conventionnels », même si leur prix est malheureusement bien souvent dissuasif. Évitez les oléagineux grillés salés. Pourquoi faire simple – des fruits secs à l'état naturel - quand on peut faire compliqué ? Ces aliments alourdissent l'exposition de l'organisme au chlorure de sodium et en plus renferment des doses considérables de composés appelés produits de glycation avancés, directement responsables du vieillissement. Les oléagineux grillés et salés sont donc à consommer avec modération. La seule alternative : les mêmes, nature !

Entières ou moulues, les graines de lin s'incorporent à diverses préparations : salades, müesli, compote, fromage blanc, pain. On trouve des graines de lin au rayon diététique des grandes surfaces et dans les magasins biologiques. Conservez vos graines de lin entières ou prébroyées dans le réfrigérateur et consommez-les dans les 2 à 3 mois.

À savoir

Les « beurres » d'oléagineux

Vous pouvez trouver quelques-uns de ces fruits sous forme de purée, encore appelée improprement « beurre » : le « beurre » de cacahuète est le plus connu, mais vous trouverez aussi de la purée d'amande, de noisette ou encore différents oléagineux regroupés. Ces purées peuvent être utilisées le matin au petit-déjeuner sur des tartines, en remplacement du beurre et de la confiture. La marque Jean Hervé, que vous trouverez en boutiques diététiques et bio, offre une large gamme de purées d'oléagineux. Goûtez-les et variez les plaisirs !

Les recommandations MFM : Produits laitiers

1 portion = 1 yaourt = 40 g d'emmental
= 45 g de camembert
= 250 mL de lait*

* voir page 236 pour plus d'exemples de portions.

Que disent les recommandations officielles ?

Les programmes nutritionnels préconisent généralement 3 produits laitiers par jour et jusqu'à 4 pour les enfants, les adolescents et les plus de 55 ans. Selon eux, ils sont importants à tout âge. Ils aident les plus jeunes à bien grandir et les adultes à maintenir leur masse osseuse. Étant la principale source de calcium, ils seraient indispensables à la croissance et à la solidité des os à tous les moments de la vie pour construire puis conserver le capital osseux le plus longtemps possible. La réalité, nous allons le voir, est plus nuancée…

Les programmes nationaux indiquent toutefois que certains, même s'ils sont une bonne source de calcium, peuvent également apporter du sel et des matières grasses, et que la seule solution est de varier en privilégiant les versions « nature » (lait, yaourts, fromages blancs), en prêtant une attention particulière aux fromages puisque les plus riches en calcium (les pâtes dures) sont aussi ceux qui sont les plus gras et que beaucoup d'entre eux sont également de gros pourvoyeurs de sel.

Faut-il surconsommer des laitages contre l'ostéoporose ?

En octobre 2014, les résultats d'une grande étude prospective suédoise sur 61 433 femmes suivies depuis 1987, ont fait la une de la presse internationale. Ils montrent que les femmes suédoises qui consomment le plus de lait ont… plus de fractures que celles qui en consomment peu. Le risque augmente de 2 % avec chaque verre de lait.

La Suède détient le record mondial de consommation de lait et produits laitiers. Elle détient aussi le record mondial des fractures du col de fémur chez les femmes de plus de 50 ans, un des paradoxes rapportés par Thierry Souccar, directeur de LaNutrition.fr dès 2004 dans *Santé, mensonges et propagande* et développés dans *Lait, mensonges et propagande*.

Le poids de l'industrie

Les résultats de l'étude d'octobre 2014, qui ont surpris la presse, ne sont pourtant pas une nouveauté pour les internautes qui suivent LaNutrition.fr ni pour les lecteurs de la première édition de *La Meilleure Façon de Manger*. Depuis plus de 40 ans, aussi bien les études épidémiologiques prospectives que les études d'intervention ne soutiennent pas l'hypothèse propagée par l'industrie agro-alimentaire et relayée par les autorités sanitaires, selon laquelle en mangeant plus de produits laitiers on a moins de fractures. Dans les pays où l'on consomme le plus de laitages, et aussi de protéines animales, on observe le plus de cas d'ostéoporose. D'ailleurs l'Organisation mondiale de la santé ne retient ni la consommation de calcium, ni celle de laitages parmi les facteurs qui prédiraient un moindre risque de fractures.

Pour plus d'informations sur ces études, lire *Lait, mensonges et propagande* et *Le Mythe de l'ostéoporose* de Thierry Souccar.

Digérez-vous le lactose ?

On considère que 70 à 75 % des habitants de la planète ne peuvent plus, adultes, digérer le sucre du lait (lactose). Composé d'une molécule de glucose et d'une autre de galactose, il est normalement scindé

> **Les produits laitiers, c'est quoi ?**
> Les produits laitiers se classent généralement en trois catégories :
> - le lait (cru, frais, pasteurisé, stérilisé, en poudre...) ;
> - les fromages (à pâte ferme, pâte molle, fondus...) de vache, de chèvre, de brebis ;
> - les yaourts, les fromages blancs et les laits fermentés.

en deux grâce à une enzyme, la lactase. En France, 40 % des adultes le digèrent mal, surtout celles originaires du sud de la Loire, du pourtour méditerranéen, des DOM et TOM, ainsi que chez les populations d'origine africaine et asiatique, ce qui fait quand même plus de 26 millions d'individus !

En effet, après l'enfance, chez la plupart des habitants de la planète, à l'exception des descendants des peuples d'éleveurs (nord de l'Europe et de la France), l'activité de la lactase baisse de 90 % et le lactose n'est plus digéré. Les bactéries intestinales utilisent ce lactose et s'ensuivent des phénomènes de fermentations, la formation de toxines diverses qui agissent sur le système digestif, le système nerveux central, le système cardiovasculaire, les muscles et le système immunitaire.

Les signes les plus courants d'une « intoxication » généralisée à cause du lactose regroupent : troubles gastro-intestinaux, diarrhées, migraines, difficultés de concentration, eczéma, douleurs articulaires, rhinites, sinusites... Une petite partie des intolérants peut cependant digérer une dizaine de grammes de lactose par jour (équivalent d'un verre de lait), mais la plupart ont des difficultés dès qu'ils absorbent 2 à 3 g.

▬ En pratique ▬

Où trouver du calcium en dehors des laitages

• **Dans les fruits et les légumes**. Les légumes les plus intéressants sont les crucifères (toutes les variétés de choux, les brocolis) car leur calcium est particulièrement bien assimilé, dans des proportions qui vont de 40 à 60 % (environ 30 % pour le lait). En revanche le calcium des épinards est peu disponible (5 à 10 %) en raison de leur teneur en acide oxalique. Bien que le soja contienne des substances qui freinent l'absorption du calcium, celui-ci est bien absorbé. Les fruits renferment 40 à 200 mg pour 100 g, ce qui en fait également une source intéressante.

• **L'eau** est aussi un bon vecteur de calcium. Il y est aussi bien absorbé que celui du lait, parfois même mieux. Il existe deux types d'eaux minérales : les eaux sulfatées calciques, comme Hépar ou Contrex, qui apportent avec du calcium des sulfates. Ce sont généralement des eaux plates. Et les eaux bicarbonatées calciques, souvent moins riches en calcium, mais qui apportent des bicarbonates. Il s'agit généralement d'eaux gazeuses. Pour une teneur en calcium égale, il semble qu'on en retienne plus en buvant une eau bicarbonatée qu'en buvant une eau sulfatée. Ceci est lié aux effets respectifs des sulfates et des bicarbonates sur l'équilibre acide-base. Cependant, les eaux sulfatées renferment généralement plus de calcium que les eaux bicarbonatées et il est donc possible qu'au final les unes et les autres contribuent de la même manière aux apports en calcium.

• **Les aliments d'origine animale** apportent peu de calcium, entre 15 et 20 mg pour 100 g, mais les sardines sont une très bonne source à condition de les manger avec leurs arêtes (une bonne raison de préférer les sardines entières aux filets de sardines en boîte).
N'oubliez pas : le calcium alimentaire est d'autant mieux utilisé qu'on mange peu de sel et beaucoup de potassium. Il suffit de suivre les conseils de la MFM !

Les aliments riches en calcium

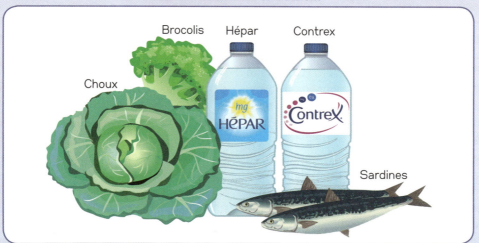

Pour savoir si on est tolérant ou intolérant au lactose, on peut pratiquer un test très simple d'expiration en laboratoire ou éviter lactose et produits en contenant pendant quelques semaines pour voir si la santé s'améliore.

Les fromages et les yaourts (sauf ceux auxquels on a ajouté du lait) contiennent très peu de lactose mais comme nous l'avons vu, ils acidifient et sont de gros pourvoyeurs de sel et de graisses saturées pour la plupart.

Lait et santé : des effets complexes

L'étude suédoise de 2014 dont il est question plus haut a rapporté des résultats inquiétants sur la **mortalité**.

Les femmes qui consomment 3 verres et plus de lait par jour ont un risque de mortalité toutes causes multiplié par près de 2 (1,93) par rapport à celles qui en boivent moins d'un verre par jour. Rapporté à chaque verre supplémentaire, le risque de décès augmente de 15 % par verre de lait en plus. Dans une autre étude publiée au même moment et conduite chez l'homme, un risque de décès plus élevé de 10 % chez les buveurs de 3 verres de lait et plus est également retrouvé. Ce risque augmente de 3 % pour chaque verre de lait. « *Ces résultats*, dit le Pr Karl Michaelsson (Université d'Uppsala), principal auteur de l'étude, *ont été suffisamment éloquents pour m'amener à diminuer ma consommation de lait* ».

Au contraire du lait, la consommation de yaourts et de fromage serait, dans cette étude, associée à une protection contre les fractures et la mortalité, en tout cas pour les femmes.

Cette étude fait suite à une autre très récente, qui avait trouvé que les intolérants au lactose (qui évitent donc lait et produits laitiers) ont moins de **cancers** que les autres.

Et à la vérité les relations entre produits laitiers et santé sont tout sauf simples.

Les études ont trouvé une association entre la consommation de laitages selon les apports conseillés (3 à 4 laitages par jour) et les risques de maladie de Parkinson, et de cancer de la prostate, du système lymphatique, des ovaires. Par ailleurs, le Fonds mondial de recherches sur le cancer (WCRF, 2007) a aussi rapporté « des preuves limitées » selon lesquelles la consommation de beurre augmenterait le risque de cancer du poumon.

Les études sur le cancer du sein n'ont jusqu'ici pas trouvé d'association crédible (dans un sens ou dans l'autre) entre les laitages et cette maladie.

Toutes ces études, il faut le préciser, sont des études d'observation ne permettant pas de conclure à une relation de cause à effet.

Il faut aussi préciser que d'autres études ont trouvé qu'une consommation élevée de laitages et de calcium est associée à un risque réduit de cancer colorectal (mais pas un risque plus faible de cancer de la vessie).

Cependant, les laitages sont une source d'hormones (estrogènes, progestérone) et ils augmentent aussi le niveau de facteurs de croissance, soupçonnés jouer un rôle important dans la cancérogénèse. Sachant que l'on sait prévenir les cancers colorectaux par d'autres moyens que les laitages (végétaux, fibres, activité physique), LaNutrition.fr conseille depuis l'origine, par précaution, de ne pas consommer plus d'un, voire deux laitages par jour, si on les tolère.

Les laitages ne protègent pas du syndrome métabolique

On entend souvent dire que les personnes qui consomment le plus de laitages bénéficient d'une protection de ce qu'on appelle le syndrome métabolique : elles auraient moins d'obésité abdominale, de triglycérides, d'hypertension, de cholestérol, et un sucre sanguin plus bas, donc un risque moindre de diabète de type 2 et de maladies vasculaires. Ces bénéfices potentiels découlent majoritairement de conclusions issues d'études d'observation, qui ne permettent généralement pas de conclure à une relation de cause à effet. Pour en avoir le cœur net, des chercheurs néo-zélandais ont procédé à une méta-analyse d'études d'intervention au cours desquelles des volontaires en bonne santé ont consommé un surplus de produits laitiers par rapport à d'autres qui en consommaient peu ou pas. 20 études portant sur 1 677 participants ont été retenues, d'une durée moyenne de 26 semaines. En moyenne, il était demandé aux groupes « laitages » de consommer chaque jour 3,6 portions de laitages de plus que les groupes « contrôle ».
Résultats : la consommation accrue de laitages a conduit à un poids corporel plus élevé (+ 0,82 kg, pour les laitages maigres et + 0,41 kg pour les laitages entiers). Il n'y a eu de changement significatif ni sur le tour de taille, ni sur la glycémie, ni sur les taux de cholestérol, ni sur la pression artérielle diastolique, ni sur l'inflammation (mesurée par le dosage de la protéine C-réactive).

Les laitages : une option, pas un passage obligé

Les produits laitiers ne sont absolument pas indispensables à la santé. Vous pouvez donc vous en passer. Mais vous pouvez aussi en consommer pour le plaisir, si vous les tolérez (absence d'auto-immunité, d'inflammation, de symptômes d'intolérance au lactose). Dans ce cas, nous vous conseillons de suivre nos recommandations de modération. Le Pr Walter Willett, directeur de la plus grosse unité de recherche en nutrition au monde (à l'Ecole de santé publique de Harvard), conseille de « *se procurer une à deux bonnes sources de calcium par jour parmi lesquelles figurent : l'eau minérale calcique, les légumes crucifères, les sardines, les amandes ou les laitages* ». Nous sommes également pleinement de cet avis.

Il n'est pas obligatoire, si vous n'aimez pas ou si vos enfants n'aiment pas, d'en cacher dans les préparations en ajoutant du lait et du fromage râpé (emmental, comté, parmesan) dans les gratins de légumes, les quiches, les purées, les plats de pâtes ou de riz et les soupes comme cela est recommandé dans les programmes nutritionnels. Ou encore de faire du riz ou de la semoule au lait au quotidien qui sont des sources de sucre supplémentaires. Et les milk-shakes aux fruits peuvent parfaitement être réalisés avec des boissons végétales.

Si vous surveillez votre ligne, inutile de passer au lait écrémé ou de cuisiner « léger » ou de faire une sauce salade avec du fromage blanc : les huiles de très bonne qualité sont parfaites pour votre organisme car elles apportent des acides gras essentiels aux membranes cellulaires comme nous le verrons plus loin.

Comment consommer des laitages

Nous conseillons de privilégier des aliments bio qui renferment moins de pesticides et qui ont aussi plus d'acides gras oméga-3.

Il n'y a pas foncièrement de différences de tolérance entre les laitages de vache et ceux de chèvre, brebis et autres mammifères. En revanche, les produits laitiers issus des petits ruminants renferment moins d'hormones (estrogènes progestérone).

Les laitages enrichis (en France) en vitamine D ont peu d'intérêt car la quantité de vitamine D qui leur a été ajoutée est trop faible du fait de la réglementation.

Évitez les produits laitiers enrichis en calcium qui n'apportent aucun bénéfice supplémentaire et pourraient au contraire conduire à des risques pour la santé.

Le lait est le laitage qui affecte le moins l'équilibre acide-base, mais il peut déclencher des réactions d'intolérance au lactose et d'allergie à certaines protéines. Par précaution, choisir un lait sans lactose.

Les yaourts sont modérément acidifiants, mais ils contiennent généralement moins de lactose que le lait (sauf lorsque du lait leur a été ajouté, alors, la teneur en lactose peut être élevée). Les yaourts renferment volontiers des épaississants, des colorants (yaourts aux fruits), du sucre et des édulcorants, des arômes naturels ou artificiels (yaourts aux fruits). Choisir les produits qui en contiennent le moins.

Les fromages sont généralement pauvres en lactose, mais il faut surveiller leur teneur en sel. Leur indice PRAL est élevé. Ils détériorent alors l'équilibre acide-base. Parmi les fromages les moins acidifiants : le petit-suisse, le bleu, le camembert, le saint-nectaire, le roquefort, la mozzarella, le cantal, le munster.

Quelles alternatives végétales aux laitages ?

Au niveau du goût, ne vous attendez pas à ce qu'une alternative végétale ait les mêmes saveurs que les produits animaux. Un lait végétal c'est tout sauf du lait ! D'ailleurs, on ne devrait pas dire lait mais jus ou boisson.

Les boissons végétales

Constituées d'eau, d'acides gras insaturés que l'on ne retrouve pas dans le lait de vache, elles sont dépourvues de cholestérol, de lactose et forcément de grosses protéines de lait de vache. Celle qui se rapproche le plus du lait de vache en terme de valeur nutritionnelle est celle de soja avec adjonction de *Lithothamnium calcareum*, une algue riche en calcium. En effet, on retrouve une très bonne teneur en protéines avec tous les acides aminés essentiels, c'est-à-dire ceux que l'organisme ne sait pas fabriquer.

À côté, on trouve d'autres boissons comme les boissons aux oléagineux (amandes, noisettes) ou aux céréales (avoine, riz, épeautre, millet, sarrasin).

Elles pourront être bues chaudes ou froides à n'importe quel moment de la journée (au petit déjeuner pour agrémenter les mueslis ou les flocons d'avoine, au goûter) ou servir à la réalisation de préparations sucrées (entremets, purées, milk-shakes, gâteaux, crêpes…) ou salées (quiches, purées, flans de légumes).

Pour bien les choisir, il faudra toujours privilégier les listes d'ingrédients qui ne contiennent pas beaucoup de sucre ou d'huile de tournesol.

Ces boissons conviennent donc aux personnes sensibles aux laits animaux ou voulant trouver des alternatives végétales au lait de vache.

Toutefois les boissons de riz sont déconseillées car elles possèdent un IG élevé.

Les programmes nutrition nous disent que les boissons au soja contiennent des isoflavones, dont il faut limiter la consommation, notamment chez les enfants et les femmes enceintes. Les études ne montrent pas que les enfants qui ont reçu du soja après la naissance ont connu des problèmes de développement. À notre connaissance il n'existe donc pas de contre-indications à consommer tous les jours un peu d'isoflavones et il est peut-être plus dommageable pour l'organisme de consommer de manière pluriquotidienne de fortes concentrations d'hormones femelles et d'IGF-1 via les produits laitiers animaux.

Les yaourts soja et les desserts végétaux

Pour remplacer les yaourts de vache, de brebis ou de chèvre, les yaourts soja peuvent parfaitement trouver leur place. Toutefois, comme pour les boissons végétales, il faut apprendre à en apprécier le goût nature. Même s'il existe désormais des desserts végétaux à base de soja, d'avoine ou encore de riz, ils sont le plus souvent très sucrés. Attention donc à ne pas troquer un mal pour un autre !

Les aides culinaires végétales liquides

À votre disposition également des recettes 100 % végétales qui s'utilisent en remplacement de la crème fraîche liquide ou semi-liquide.

Sous forme de petites briquettes ou de sachets, il en existe à base de :

- légumineuses : soja et soja « gratin » ;
- céréales : riz, avoine, épeautre (qui ont une saveur plus douce que celle du soja) ;
- oléagineux : amande.

Les « crèmes cuisine » peuvent servir à la confection de sauces et de potages, à garnir une quiche ou un gratin, à la réalisation de desserts et pour tapisser un fond de tarte sucrée par exemple… Elles peuvent aussi s'ajouter aux pâtes ou à d'autres céréales cuites. En somme, elles servent à donner de la douceur et de l'onctuosité aux plats, avec une parfaite digestibilité.

Elles sont constituées en majorité d'eau, de céréales, légumineuses ou oléagineux, d'un épaississant végétal, d'un peu d'huile et de sel.

Il faut compter une centaine de calories pour 100 ml, soit deux à trois fois moins qu'une crème fraîche classique. Mais le gros avantage nutritionnel est l'absence de lactose et d'acides gras saturés qui rendent plus digestes les plats dans lesquels elles sont incorporées. Ces aides culinaires sont donc particulièrement intéressantes non seulement pour les végétaliens mais également pour celles et ceux qui surveillent leur bilan lipidique, pour ceux qui ne digèrent pas les graisses animales, pour les intolérants au lactose et pour tous les gourmands et adeptes de nouvelles saveurs !

Le tofu soyeux se prête très bien aussi à la préparation de veloutés, de quiches, de sauces et de desserts de type tiramisus, flans ou glaces. Côté nutritionnel, c'est une excellente source de protéines végétales (5 %) et il n'apporte que 3 % de lipides. De plus, de par sa composition (il contient un agent de coagulation, le nigari – chlorure de magnésium), il fournit également du magnésium.

Le lait de coco et la crème de coco, plus épaisse, s'utilisent aussi bien dans les recettes salées (avec curry et gingembre) que sucrées (smoothies, crèmes dessert). Ils apporteront une petite touche d'exotisme aux plats. Il faut compter une densité calorique proche de 2 avec 20 % de lipides dont plus de 17 % d'acides gras saturés.

Et les produits laitiers allégés ?

Bien souvent, pour les yaourts, ils sont une source d'édulcorants synthétiques qui bien que dépourvus de calories entretiennent cette appétence pour le sucré.

Les fromages à 5 % de MG type camembert, restent une source majeure de sel. Mieux vaut encore se faire plaisir avec une portion raisonnable (30 g) de fromage de chèvre que d'avaler, sous prétexte qu'il est moins gras, le double de camembert à 5 %. Caséine (protéine des produits laitiers) et sel en excès n'ont jamais fait bon ménage avec les maladies cardiovasculaires et le cancer.

Les fromages fondus, ne fondez pas pour eux !

Les programmes nutritionnels indiquent clairement que même si les fromages fondus à tartiner sont très appréciés des enfants, certains de ces produits contiennent souvent beaucoup de matières grasses, de sel et peu de calcium. Et nous sommes globalement en accord avec cela. Mais ce qui n'est pas stipulé et qui à notre sens est bien plus dommageable pour les bambins est le fait qu'ils apportent en plus des amidons transformés, des épaississants, des arômes, des conservateurs et des sels de fonte, source de phosphates qui à poids égal trompent le consommateur en augmentant la capacité d'hydratation donc la teneur en eau du produit. Surtout, la présence de plus en plus importante de phosphates est associée à un risque plus élevé de maladies cardiovasculaires, rénales, osseuses et même de cancers.

Pour aller plus loin

Pour en savoir plus sur les laitages, lire :

• *Lait, mensonges et propagande* de Thierry Souccar

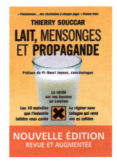

Une enquête solide sur le lobby laitier et sur les effets réels du lait sur la santé.

• *Le mythe de l'ostéoporose* de Thierry Souccar

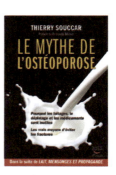

Pourquoi l'ostéoporose n'est pas une maladie en réalité et tous les conseils utiles pour prévenir les fractures.

Les recommandations MFM :
Poissons et produits de la mer

1 portion = 100 g de sardines en boîte
= 6 huîtres
= 150 g de cabillaud**

* 2 à 3 portions pour les omnivores.
** voir page 234 pour plus d'exemples de portions.

Nos ancêtres du paléolithique supérieur (environ 35 000 à 12 000 ans avant J.-C.) consommaient des quantités significatives de poissons, mollusques et de volatiles aquatiques. Jusqu'ici il était admis que la majorité des protéines animales de nos ancêtres directs *Homo sapiens* provenaient de la viande. Or il apparaît que 10 à 50 % de ses protéines venaient des animaux aquatiques. Cette diversification alimentaire a peut-être joué un rôle important dans l'évolution, et dans l'ascendant pris par *Homo sapiens* sur son voisin Néanderthal, deux lignées qui ont cohabité plusieurs dizaines de milliers d'années. En effet, Néanderthal se nourrissait majoritairement de viande. Par rapport à la viande, la chair des poissons et des animaux aquatiques contient des quantités plus importantes d'acides gras oméga-3, et notamment du DHA (acide docosahexaénoïque), particulièrement impliqué dans le développement des cellules nerveuses (cerveau, rétine, etc.).

Pourquoi miser sur le poisson ?
Parce qu'il est riche en protéines

Les protéines du poisson sont bien assimilées par le corps puisque leur indice de digestibilité est en moyenne de 85 %. Il est supérieur pour la sardine (95 %) et l'églefin (100 %).

Parce qu'il est une bonne source de vitamines et minéraux

Les poissons apportent du sélénium, du zinc, du magnésium et du calcium, surtout dans les arêtes. Pour cette raison, les sardines entières sont préférables aux sardines sans arêtes. Les poissons d'eau de mer sont une bonne source d'iode.

Côté vitamines, ils renferment de la vitamine D, de la vitamine A, principalement dans le foie (100 g de foie de morue contiennent 60 000 UI de vitamine A ou rétinol), de la vitamine E (0,3 à 7 mg pour 100 g de chair) et des vitamines B1 et B3.

Parce qu'il est riche en oméga-3

Les poissons gras sont **riches en acides gras oméga-3** à longues chaînes, qu'on appelle EPA et DHA.

Normalement, le foie humain sait fabriquer ces acides gras à partir d'un autre acide gras oméga-3 de l'alimentation : l'acide alpha-linolénique (du lin ou du colza, par exemple). Mais cette production est insuffisante. Il ne suffit donc pas de consommer des graines de lin ou de l'huile de colza pour ne manquer ni d'EPA ni de DHA. Il faut aussi se procurer ces acides gras directement préformés, dans les poissons, les crustacés, les coquillages ou les œufs de poules nourries aux graines de lin.

Comme ils sont essentiels aux structures des cellules nerveuses et rétiniennes et à leur fonctionnement, ils favorisent le développement intellectuel et visuel du bébé dont la maman a consommé ces poissons.

Par ailleurs, plusieurs études suggèrent que le DHA apporte une protection contre la prématurité. Comme ils fluidifient le sang, régulent le rythme cardiaque et freinent les inflammations, ils protègent des maladies cardio- et cérébrovasculaires. Comme ils augmentent la libération de sérotonine, ils combattent la dépression.

Enfin, ils apportent une protection contre toutes les maladies chroniques qui ont une composante inflammatoire (lire ci-dessous).

Parce qu'il diminuerait le risque d'accident vasculaire

L'analyse en 2012 des résultats de 17 études prospectives portant sur plus de 315 000 personnes a trouvé que par rapport aux personnes qui consomment peu ou pas de poisson, celles qui mangent un plat de poisson par semaine voient leur risque de mortalité cardiovasculaire réduit de 16 %. Ce risque est réduit de 21 % avec 2 à 4 portions par semaine. Chaque portion supplémentaire de 15 grammes est associée à une diminution de 6 % du risque.

Le risque d'accident vasculaire cérébral, lui, est diminué modestement : de 6 à 12 % selon l'analyse des résultats de 26 études prospectives (2012). Des bénéfices attribués aux acides gras oméga-3 qui fluidifient le sang et diminuent l'inflammation.

Parce qu'il réduit les maladies inflammatoires

D'une manière générale, dans les études épidémiologiques, les personnes qui mangent du poisson gras ont moins de maladies inflammatoires. Mais lorsque des patients qui souffrent de ces maladies prennent de l'huile de poisson ils n'ont pas toujours de bénéfices.

Malgré tout, une consommation régulière de poissons gras pourrait être utilement conseillée dans les maladies digestives inflammatoires, l'arthrose et la polyarthrite rhumatoïde, l'eczéma.

Combien d'oméga-3 dans les produits de la mer (en g pour 100 g) ?

Poissons	Acide α-linolénique	EPA	DHA	EPA + DHA	Total oméga-3
Truite de lac grise (Siscowet)	1,6	1,2	1,8	3	4,6
Maquereau (Atlantique)	0,1	0,9	1,6	2,5	2,6
Maquereau roi	0	1	1,2	2,2	2,2
Sardine fraîche	0,5	1,2	1,2	2,4	2,9
Hareng du Pacifique	0,1	1	0,7	1,7	1,8
Hareng de l'Atlantique	0,1	0,7	0,9	1,6	1,7
Truite de lac	0,4	0,5	1,1	1,6	2
Thon rouge	0	0,4	1,2	1,6	1,6
Esturgeon (Atlantique)	0	1	0,5	1,5	1,5
Chevaine ou chevesne	1,1	0,7	0,8	1,5	2,6
Saumon sauvage Chinook	0,1	0,8	0,6	1,4	1,5
Morue charbonnière (morue noire)	0,1	0,7	0,7	1,4	1,5
Anchois (Europe)	0	0,5	0,9	1,4	1,4
Thon albacore	0,2	0,3	1	1,3	1,5
Grand corégone	0,2	0,3	1	1,3	1,5
Sprat	0	0,5	0,8	1,3	1,3
Truite grise (Lean Lake)	0,9	0,4	0,8	1,2	2,1
Poisson-serre (tassergal, poisson azur)	0	0,4	0,8	1,2	1,2
Shadine ronde	0,1	0,4	0,8	1,2	1,3
Saumon rouge (sockeye)	0,1	0,5	0,7	1,2	1,3
Capelan	0,1	0,6	0,5	1,1	1,2
Lavaret	0,8	0,5	0,5	1	1,8
Saumon rose	0	0,4	0,6	1	1
Sardines (boîte)	0,5	0,4	0,6	1	1,4
Flétan du Groenland	0	0,5	0,4	0,9	0,9
Truite arc-en-ciel d'élevage	NC	0,25	0,65	0,9	NC
Bar d'Amérique	0	0,2	0,6	0,8	0,8

NB : pour une espèce de poisson donnée, la teneur en graisse totale et la composition en acides gras peuvent varier de manière importante en fonction du lieu de pêche, de la saison et des techniques d'alimentation pour les poissons sauvages. Par exemple : le hareng contient 5 % de graisses de février à avril, et 20 % de juillet à octobre.

	Acide alpha-linolénique	EPA	DHA	EPA + DHA	Total oméga-3
Eperlan	0,5	0,3	0,2	0,5	1
Mulet	0,1	0,3	0,2	0,5	0,6
Goberge	0	0,1	0,4	0,5	0,5
Truite arc-en-ciel sauvage	0,1	0,1	0,4	0,5	0,6
Poisson-chat	0,1	0,2	0,2	0,4	0,5
Flétan du pacifique	0,1	0,1	0,3	0,4	0,5
Carpe	0,3	0,2	0,1	0,3	0,6
Morue de l'Atlantique	0	0,1	0,2	0,3	0,3
Tambour brésilien	0	0,1	0,1	0,2	0,2
Mérou nègre	0	0	0,2	0,2	0,2
Haddock (églefin)	0	0,1	0,1	0,2	0,2
Perche	0	0,1	0,1	0,2	0,2
Plie	0	0,1	0,1	0,2	0,2
Espadon	0	0,1	0,1	0,2	0,2
Sole	0	0	0,1	0,1	0,1
Mollusques et crustacés					
Huître	0,1	0,3	0,2	0,5	0,5
Crevette	0	0,3	0,2	0,5	0,5
Moule bleue	0	0,2	0,3	0,5	0,5
Crabe (Alaska)	0	0,3	0,1	0,4	0,4
Crabe bleu (conserve)	0	0,2	0,2	0,4	0,4
Homard	0	0,3	0,1	0,4	0,4
Calamar	0	0,1	0,3	0,4	0,4
Moule Méditerranée	0	0,1	0,1	0,2	0,2
Coquille Saint-Jacques	0	0,1	0,1	0,2	0,2
Poulpe	0	0,1	0,1	0,2	0,2
Clam	0	0,1	0,1	0,1	0,1
Pour comparaison : jaune d'œuf	0,7	0,1	0,7	0,8	1,5

NB : pour une espèce de poisson donnée, la teneur en graisse totale et la composition en acides gras peuvent varier de manière importante en fonction du lieu de pêche, de la saison et des techniques d'alimentation pour les poissons sauvages. Par exemple : le hareng contient 5 % de graisses de février à avril, et 20 % de juillet à octobre.

Parce que sa consommation protégerait de la dépression

Ce sont les conclusions d'études d'observation récentes. D'autres indices le suggèrent : le nombre de personnes atteintes de dépression a augmenté dans les pays industrialisés, alors que la consommation de graisses, et notamment d'acides gras oméga-3, diminuait. Européens et Américains, qui mangent peu de poisson, sont 10 fois plus touchés par la maladie que les Taïwanais, qui en consomment beaucoup. Enfin, les personnes dépressives ont aussi un risque cardiovasculaire élevé. Or, on l'a vu, la consommation de poisson est associée à un faible risque cardiovasculaire. Dans les études d'intervention, les patients qui prennent des oméga-3 (huile de poisson) y trouvent souvent un bénéfice lorsqu'il s'agit de dépression primaire, mais pas dans les troubles bipolaires, la dépression du post-partum ou les états dépressifs qui accompagnent les maladies cardiovasculaires, la maladie d'Alzheimer, la schizophrénie…

Parce qu'il pourrait ralentir le déclin cognitif

Les études d'observation ont trouvé que les personnes qui consomment le plus de poisson, ou qui ont le plus de DHA dans le sang, ont aussi moins de risque de voir leur mémoire diminuer et moins de risque de démence.

Les suppléments d'huile de poisson ne préviennent pas le déclin de la mémoire de personnes en bonne santé après 2 ans de traitement (ils ne font pas mieux qu'un placebo). Peut-être ces études sont-elles trop courtes. Dans les études conduites sur des adultes souffrant de troubles légers de la mémoire, les suppléments d'huile de poisson semblent apporter un bénéfice. Mais ce n'est pas le cas lorsqu'une maladie d'Alzheimer est déjà installée.

Quels poissons renferment du mercure ?

Le mercure relargué dans l'environnement provient à la fois de sources naturelles et humaines. Le mercure organique sous la forme de méthylmercure est celui que l'on rencontre le plus souvent dans la chaîne alimentaire. Le mercure est un neurotoxique, un toxique du développement et probablement un toxique cardiovasculaire. Il pourrait aussi favoriser l'apparition de diabète.

Les autorités sanitaires européennes ont fixé à 1,3 µg/kg de poids corporel la dose hebdomadaire acceptable de méthylmercure, exprimée en mercure. En Europe, l'exposition moyenne ne dépasse pas cette limite, à l'exception des très jeunes enfants et des enfants dans certaines études. Mais les 5 % de personnes les plus exposées au mercure alimentaire sont proches de la limite ou la dépassent. Les très gros consommateurs de poisson peuvent dépasser la dose maximum d'un facteur de 6.

Les données pour la France trouvent que les poissons du commerce renferment en moyenne 65 µg de mercure par kg de chair, les valeurs les plus élevées étant relevées dans le thon vapeur (476 µg/kg en moyenne, avec un maximum de 702 µg/kg).

D'une manière générale, les poissons prédateurs, en fin de chaîne alimentaire, et les poissons à croissance lente (comme le flétan) sont les plus contaminés, comme le montre le tableau page suivante.

Taux de mercure dans les poissons et crustacés (µg/kg de chair en moyenne)

Poissons et crustacés les moins contaminés	
Capelan	5
Moules	15
Sprat	21
Crevettes	26
Saumon	31
Truite	31
Sardine	32
Pilchard	32
Hareng	36
Esturgeon	40
Poissons les plus contaminés	
Espadon	1 212
Requin	691
Vive	763
Bonite	583
Barracuda	340
Flétan	209
Eperlan	325
Bar	300
Thon	290

Faut-il éviter de manger du poisson à cause du mercure ?

Trop de mercure dans le corps (surtout si cela est lié à la consommation de poissons contaminés) augmente le risque d'infarctus du myocarde. En même temps, les poissons gras semblent diminuer ce risque.

Des chercheurs ont donc voulu savoir si la dangerosité du mercure l'emporte sur le bénéfice des poissons.

Ils ont analysé le statut en mercure (via les cheveux) et le statut en acides gras oméga-3 (via une prise de sang) de 572 Scandinaves tous victimes d'un infarctus. L'analyse des résultats montre ainsi que même une très faible augmentation de la consommation de poisson (entraînant une hausse de 1 % de la teneur en oméga-3 dans le sang) préviendrait 7 % des infarctus dans la population malgré une petite augmentation de la quantité de mercure dans le corps humain. En revanche, lorsque la teneur en mercure des cheveux est très élevée, les bénéfices des oméga-3 sont insuffisants et la mortalité cardiovasculaire augmente. Conclusion : les bénéfices l'emportent sur les risques ; on peut donc manger du poisson, mais il faut éviter ceux qui sont contaminés.

Le saumon de Norvège, victime médiatique

Un reportage alarmiste d'Envoyé Spécial de 2013 avait semé la panique en le qualifiant de « *nourriture la plus toxique au monde* ». Des accusations outrancières, dénoncées par les toxicologues comme le Pr Jean-François Narbonne, expert à l'Anses et conseil de LaNutrition.fr. Un rapport (de décembre 2014) du Comité scientifique norvégien pour la sécurité alimentaire (VKM) coupe court aux rumeurs. Le saumon d'élevage contient 70 % de dioxines et PCB en moins qu'en 2006, et sa teneur en mercure a été divisée par deux grâce à un changement d'alimentation. Les huiles végétales ont largement remplacé les farines et huiles de petits poissons, lesquelles ne représentent plus que 29 % de la nourriture du poisson contre 90 % en 1990.

Surimi et compagnie : c'est comme du poisson ?

Le flou et l'opacité règnent autour des préparations à base de poisson (dont Parmentier, brandade, panés, croquettes, nuggets, rillettes, surimis, soupes et plats cuisinés). Pour la plupart, les informations sur les étiquettes sont très imprécises : espèces utilisées, pourcentage de poisson entrant dans chaque préparation sont des données parfois inexistantes. Peut-être parce qu'environ 80 % de ces produits sont fabriqués non à partir de filets de poisson mais plutôt de « chair » ou de « pulpe de poisson ».

C'est le règne des appellations vagues, qui cachent souvent un mélange « peu ragoûtant » de chutes de filetage, desquelles sont enlevés tous les morceaux nobles (filet, darne, baron), et auxquelles s'ajoutent des arêtes, de la peau, le tout mixé dans des broyeurs à très forte pression. Pour l'ensemble des produits étudiés, la teneur en poisson se révèle bien souvent inférieure à 30 % (sauf pour les poissons panés), et ils sont souvent « enrichis » d'agents texturants qui n'ont rien à voir avec le poisson. Certains surimis renferment moins de 40 % de chair de poisson pour plus de 60 % d'un mélange d'huile, d'amidon, de sucre, d'eau, d'arôme... Définitivement à laisser en rayons !

Coquillages et crustacés... trop souvent abandonnés

Sur le plan nutritionnel, ils ont tout bon : haute teneur en protéines, en zinc, en iode, avec très peu de graisses saturées. Le profil en acides aminés des coquillages se rapproche de ceux du lait et de l'œuf.

Ils sont riches en antioxydants

Les huîtres et les moules contiennent des quantités importantes de l'acide aminé cystéine, et d'un produit de sa dégradation, la taurine (5 % de la matière sèche dans les moules). Ces deux substances sont des antioxydants majeurs, qui participent à la protection contre les toxiques et les radicaux libres. La cystéine entre dans la composition du principal détoxifiant cellulaire, le glutathion, protecteur de nombreux tissus comme le cristallin de l'œil. **La taurine favorise l'élimination des substances toxiques par la bile.**

Par ailleurs, une douzaine d'huîtres couvrent la totalité des besoins quotidiens en zinc, le minéral qui préserve la cystéine et la taurine (et les protéines qui les contiennent) des attaques des radicaux libres issus des rayonnements ou de la pollution.

Ils sont bons pour les cheveux

Ces trois composants des huîtres sont aussi impliqués dans les processus de croissance des cheveux et des ongles. On pourrait donc prescrire très sérieusement des huîtres pour les problèmes de cheveux et d'ongles, à condition de consommer aussi de la vitamine B6, nécessaire à la synthèse des protéines du cheveu. Comme les choses sont bien faites, le pain complet est précisément riche en vitamine B6 !

Ils sont bénéfiques pour la mémoire

Les crustacés contiennent des quantités appréciables de choline et de bétaïne (jusqu'à 2 000 mg/100 g), et de méthionine, trois substances nécessaires à la synthèse des neurotransmetteurs du cerveau impliqués dans la mémorisation. Par ailleurs, 80 % des graisses apportées par les crustacés sont sous la forme de phospholipides (phosphatidylcholine, phosphatidylsérine) et de sphingolipides. Ces graisses entrent dans la constitution des tissus nerveux. Or, les enquêtes alimentaires montrent que l'alimentation actuelle apporte de moins en moins de choline et de phosphatidylcholine. Dans les expérimentations animales, des déficits de ces substances s'accompagnent de troubles de la mémoire, d'un vieillissement précoce du cerveau et parfois d'une destruction des neurones.

Les produits de la mer devraient être mis régulièrement au menu des personnes âgées, pour contribuer activement au maintien des capacités cognitives.

Les algues, pourquoi les réintroduire ?

Les algues sont une très bonne source de protéines. La teneur en protéines des macroalgues (visibles à l'œil nu) varie beaucoup en fonction des familles d'algues. **Les algues brunes** présentent des teneurs protéiques faibles qui s'échelonnent entre 8 et 15 % de leur poids sec. **Les algues vertes** ont quant à elles des teneurs en protéines qui varient entre 10 et 26 % de leur matière sèche. **Enfin, la famille des algues rouges** est la plus riche en protéines puisque ces dernières représentent 8 à 47 % de leur poids sec. Si les protéines des algues sont intéressantes d'un point de vue quantitatif, elles le sont moins sur un plan qualitatif. L'intérêt nutritionnel d'une protéine dépend en effet de deux facteurs : la nature des acides aminés qui la composent et sa digestibilité. En ce qui concerne les acides aminés, les protéines des algues comportent autant d'acides aminés essentiels (qui doivent être apportés par l'alimentation) que les protéines du soja par exemple. En revanche, la nature de ces acides aminés est différente, ce qui fait que les algues ne peuvent être considérées comme des substituts du soja mais comme des sources de protéines complémentaires aux autres protéines végétales. Le seul « hic » des protéines des algues, c'est vraiment leur digestibilité. Les algues contiennent ce que l'on appelle des facteurs antinutritionnels qui limitent leur digestibilité. Les plus importants sont les fibres alimentaires. Elles se lient aux protéines et empêchent leur dégradation par les enzymes des sucs digestifs.

Elles apportent globalement autant de vitamines que les légumes (et plus de B1, B3, B9) et fournissent surtout plus de minéraux : sodium, potassium, calcium, magnésium, soufre, phosphore et iode. Enfin, elles apportent des acides gras à longues chaînes : acide arachidonique (oméga-6), EPA, DHA (oméga-3), si importants en nutrition. Pour ces raisons, elles réduisent probablement le risque cardiovasculaire. Elles sont riches en lignanes, sources de phytoestrogènes. C'est notamment le cas du fucus.

Les algues pourraient diminuer le risque de cancers digestifs en piégeant, par l'intermédiaire des alginates, les ions fer et cuivre capables de catalyser la formation de radicaux libres dans les cellules à renouvellement rapide, comme celles du côlon.

Côté préparation, les algues fraîches doivent être rincées avant d'être cuisinées.

Elles sont consommées par les hommes comme des légumes occasionnels. La plus connue est l'algue Nori (espèce Porphyra) qui est utilisée pour faire les sushis. Le kombu *(Laminaria japonica)* et le wakamé, deux algues brunes, sont également très cultivées et consommées par les Asiatiques. Dans les pays de l'Atlantique Nord (Canada, Irlande, Norvège et France), c'est la *Palmaria palmata* qui est la plus consommée (le dulse).

On peut déguster les algues *al dente*, ou cuites longuement. Les algues sèches sont vendues en feuilles, en rubans, en morceaux ou en poudre. On peut les réhydrater en les plongeant dans l'eau ou d'autres liquides (vin, bière, vinaigre). Cependant, tout comme les champignons, les algues présentent l'inconvénient de concentrer certains métaux lourds toxiques au-delà d'une certaine quantité comme le plomb, l'arsenic ou encore le mercure. De ce fait, ne consommez pas les algues cueillies en bord de mer et choisissez plutôt celles du commerce dont l'emballage mentionne les teneurs en ces différents métaux.

Et pourquoi pas un petit tartare d'algues à l'apéritif ?

Cette préparation contient principalement des algues fraîches et/ou déshydratées (haricots et laitue de mer, dulse…) et de l'huile d'olive auxquelles on ajoute, selon la recette, différents condiments : cornichons, câpres, oignon, échalotes, ail, jus de citron… Comme le tartare contient le plus souvent de l'huile d'olive, les acides gras sont en majorité mono-insaturés et surtout les algues constituent une véritable mine de nutriments : fibres, vitamines (B, C, E), calcium, magnésium, iode. Et même si la teneur en sel est élevée, elle est en partie contrebalancée par la présence de potassium.

Le tartare d'algues est donc idéal à l'apéritif ou en entrée sur des toasts de pain au levain ou à la place du beurre dans les sandwichs. On peut aussi en farcir des tomates, des concombres ou des courgettes cuites à la vapeur.

Idée de recette

Tartare d'algues

Ingrédients :
- 2 c. à s. de dulse déshydratée
- 2 c. à s. de laitue de mer déshydratée
- 2 c. à s. de jus de citron
- 3 c. à s. d'huile d'olive extra vierge
- 1 c. à c. de vinaigre balsamique
- 1 échalote
- 2 gousses d'ail
- 3 cornichons
- 1 c. à s. de câpres
- 1 c. à s. de graines de sésame grillées

- Réhydrater les algues dans du bouillon de légumes jusqu'à absorption du liquide (environ deux heures).
- Les mixer avec tous les autres ingrédients jusqu'à obtention d'une texture présentant de fins petits morceaux.
- Réserver au frais.

🍴 Repères de consommation

LaNutrition.fr recommande 0 à 3 portions de poisson par semaine, dont 2 à 3 pour les adultes omnivores avec au moins une portion riche ou très riche en oméga-3 et 2 portions pour les femmes enceintes et les enfants avec là aussi au moins une portion riche ou très riche en oméga-3.

Mais le poisson n'est pas indispensable : les végétariens peuvent se tourner vers d'autres sources d'oméga-3 à longues chaînes comme les œufs de volaille nourries au lin. Sans oublier que nous disposons des enzymes qui permettent normalement de transformer l'acide alpha-linolénique des graines de lin, des noix ou de l'huile de colza en EPA et DHA (à condition de ne pas consommer trop d'oméga-6). Il faut savoir aussi qu'une consommation modérée de vin est associée à une augmentation du niveau d'EPA.

Pour les adultes

2 à 3 portions par semaine soit 240 à 360 g/semaine environ

- **Poissons riches en EPA/DHA**

Saumon, chevaine, morue noire, truite grise, truite saumonée, capelan, lavaret, thon albacore (ce dernier, pas plus d'une fois par semaine en raison de la contamination par le mercure).
Ces poissons apportent 1 à 1,4 g d'EPA/DHA pour 100 g, soit en moyenne 1,4 g d'EPA/DHA par portion de 120 g.
Donc, une portion par semaine couvre 20 % des besoins hebdomadaires en EPA/DHA d'un homme (25 % des besoins d'une femme).

- **Poissons très riches en EPA/DHA**

Maquereau, hareng, sardine, pilchard.
Ces poissons apportent plus de 1,5 g d'EPA/DHA pour 100 g, soit en moyenne 2,4 g d'EPA/DHA par portion de 120 g.
Donc, une portion par semaine couvre 34 % des besoins hebdomadaires en EPA/DHA d'un homme (2 400 calories quotidiennes), 42 % des besoins d'une femme (1 800 calories quotidiennes).

- **Poissons (et assimilés) modérément riches en EPA/DHA : en complément**

Truite arc-en-ciel, bar, éperlan, mulet, goberge, huître, crevette, moule bleue.
Ces poissons, mollusques et crustacés apportent 0,5 à 0,9 g d'EPA/DHA pour 100 g, soit en moyenne 0,70 g par portion de 120 g.
Donc, une portion par semaine couvre 10 % des besoins hebdomadaires en EPA/DHA d'un homme (12 % des besoins d'une femme).

- **Poissons maigres : en complément**

Choisir de préférence les espèces ci-dessous qui ne sont pas menacées par la pêche industrielle selon WWF.
Cabillaud du Pacifique, colin d'Alaska, dorade grise de ligne, lieu jaune de ligne, lieu noir, merlu blanc du Cap, sole d'Hastings, tacaud, turbot.

- **Pas plus d'une fois par semaine (espèces contaminées)**

Anguille et civelle, bonite, congre, daurade, empereur, escolier noir, escolier serpent et rouvet, grande sébaste, petite sébaste, grenadier, lingue bleue ou lingue espagnole (julienne), loup de l'Atlantique, marlin, palomète, pailona commune, raie, thon albacore, voilier de l'Atlantique.

• Pas plus d'une fois par mois (espèces contaminées)

Esturgeon, baudroie ou lotte, thon blanc, requin, flétan, brochet, sabre argent et sabre noir.

• À éviter (espèces contaminées)

Espadon, marlin, siki, thon rouge (espèce menacée).

Pour les enfants et les femmes enceintes

**2 portions par semaine
soit 240 g/semaine environ**

Comme précédemment, privilégiez les poissons très riches et riches en EPA/DHA (voir page précédente). En revanche, les précautions visant à réduire la consommation de poissons contaminés sont plus draconiennes.

• Pas plus d'une fois par mois (espèces contaminées)

Anguille et civelle, bar, bonite, congre, daurade, empereur, escolier noir, escolier serpent et rouvet, grande sébaste, petite sébaste, grenadier, lingue bleue ou lingue espagnole (julienne), loup de l'Atlantique, marlin, palomète, pailona commune, raie, thon albacore, voilier de l'Atlantique.

• À éviter (espèces contaminées)

Espadon, marlin, siki, thon rouge (espèce menacée), esturgeon, baudroie ou lotte, thon blanc, requin, flétan, brochet, sabre argent et sabre noir.

Enfin, en cas de grossesse, ne pas consommer du **foie de morue** plus d'une fois par semaine (risque d'excès de vitamine A).

Comment choisir son poisson ?

On peut l'acheter surgelé, même s'il est préférable de le consommer frais. Les poissons congelés ou surgelés conservent globalement la majeure partie de leurs acides gras.

Lorsqu'il est bien frais, le poisson doit dégager une odeur légère et agréable, avoir une peau luisante et tendue, des écailles qui adhèrent bien à la peau, des yeux clairs, brillants et convexes et des ouïes de couleur rouge vif.

Mieux vaut le cuisiner le jour de l'achat, car il ne se conserve qu'un jour ou deux au réfrigérateur.

Dans la catégorie poisson gras, la sardine, le maquereau et le hareng présentent plusieurs avantages : on les trouve en abondance naturellement – la pêche ne menace pas les réserves halieutiques – et ils ne sont pas chers.

Les poissons en conserve contiennent des quantités appréciables d'oméga-3.

À savoir

Le cas du thon

Le thon en conserve est riche en oméga-3 : il y en a trois fois plus dans le thon blanc (germon) que dans le thon albacore (pâle). Malheureusement, le thon blanc renferme aussi 5 à 8 fois plus de mercure que l'albacore. **Pour ces raisons, il ne faut pas consommer de thon albacore plus d'une fois par semaine, et de thon blanc plus d'une fois par mois.** Le meilleur choix en conserve, pour la teneur en oméga-3, est le maquereau ou le saumon au naturel.

Il y en a généralement un peu plus dans le poisson conservé au naturel que dans le poisson conservé dans de l'huile, parce que les acides gras du poisson peuvent migrer dans l'huile.

Comment cuisiner un poisson gras ?

La préparation des poissons gras demande des précautions : les cuissons agressives (four à haute température, fritures) altèrent les acides gras oméga-3. De plus, lors de la friture, EPA et DHA se dissolvent dans l'huile de cuisson, tandis que celle-ci diffuse dans la chair du poisson. Pour préserver les qualités nutritionnelles des poissons gras, préférez des modes de cuisson peu agressifs : marinades, bain-marie, papillotes, poché et vapeur.

Poisson sauvage ou d'élevage ?

Aujourd'hui, la contamination en dioxines et PCB des poissons d'élevage est très faible. On peut donc en consommer sans risque. On croit souvent que les saumons sauvages apportent plus d'oméga-3 que les saumons d'élevage, mais ce n'est pas exact.

En 2005, Michel Lucas et ses collaborateurs de l'université Laval (Québec) ont analysé 46 saumons d'élevage et 10 saumons sauvages. Conclusion : le saumon d'élevage est un peu plus riche en oméga-3 que le saumon sauvage, mais la différence est assez faible. Selon cette étude, une portion de 180 grammes de saumon d'élevage apporte plus de 1 500 mg d'EPA et DHA, les deux acides gras oméga-3 à longues chaînes qui expliquent les propriétés du poisson, contre 1 300 mg pour le saumon sauvage. Le premier contient toutefois plus d'oméga-6 (l'autre famille d'acides gras essentiels dont la part est excessive en France).

Explication : « *Le saumon d'élevage est globalement plus gras que le saumon sauvage* », note Even Jorgensen, qui élève des saumons en Norvège. Cet éleveur estime que le saumon sauvage possède de meilleures qualités nutritionnelles. Mais, dit-il, « *le problème avec ces saumons est que leur qualité peut beaucoup varier. Ce qui n'est pas le cas de l'élevage* ». Pour Michel Lucas, en tout cas, « *les concentrations élevées d'oméga-3 dans le saumon d'élevage permettent d'encourager la consommation de ces poissons* ». L'équipe a aussi comparé les teneurs en EPA et DHA de la truite arc-en-ciel sauvage et d'élevage. Cette fois, l'avantage est nettement en faveur de la truite d'élevage, qui, avec un peu moins d'un gramme d'EPA/DHA, en renferme 5 fois plus que la truite sauvage.

Les recommandations MFM : Œufs

0 à 5 œufs par semaine

Qu'y a-t-il dans un œuf ?

L'appellation « œuf » désigne principalement les œufs de poule. S'ils proviennent d'un autre animal, le nom de l'animal en question doit obligatoirement être accolé : œufs de caille par exemple.

L'œuf est composé de trois parties : la coquille, composée essentiellement de carbonate de calcium, le « jaune », composé pour moitié d'eau, pour un tiers de graisse, et pour 15 % de protéines, de cholestérol et de micronutriments, le « blanc », qui renferme 90 % d'eau et 10 % d'albumine.

Parmi les micronutriments, on trouve les vitamines A, D, E, K, des vitamines du groupe B (B2, B5, B8, B9, B12), du fer, du zinc, du sélénium et deux pigments caroténoïdes, la lutéine et la zéaxanthine (lire plus loin).

L'œuf possède donc une forte densité nutritionnelle pour une faible densité calorique.

Dans le blanc, la composition en protéines (albumine) est constante quelle que soit l'alimentation de la poule.

Contrairement à la composition en protéines, la composition en graisses de l'œuf varie en fonction de l'alimentation de la poule. Les graisses qui se trouvent dans le jaune des œufs du commerce sont constituées d'acides gras mono-insaturés (50 %), d'acides gras saturés (35 %), polyinsaturés (15 % environ) et de 20 % d'une quasi-vitamine appelée choline.

Pourquoi manger des œufs ?

L'avantage des œufs est leur faible coût. Même d'une excellente qualité, c'est-à-dire issus de poules élevées en plein air ou portant les labels rouge ou biologique, ils restent tout à fait abordables.

Parce que c'est une excellente source de protéines

L'œuf est considéré par l'OMS comme une source de protéines de référence pour l'enfant. En effet, tous les acides aminés essentiels sont présents dans les bonnes proportions. De plus, la valeur biologique de ses protéines (utilisation réelle par l'organisme) est meilleure que celle de la viande de bœuf ou du lait de vache. Pour un prix bien plus modique.

Parce que l'œuf est bon pour la mémoire et le foie

20 % du jaune d'œuf est constitué d'une quasi-vitamine appelée choline : en tout, 2,3 g dans 100 g d'œuf. La plupart des habitants des pays occidentaux manqueraient de choline. C'est le précurseur de l'acétylcholine, un messager chimique du cerveau qui sert de support à la mémoire. La choline est parfois préconisée dans le traitement des cirrhoses et des hépatites parce que ces maladies se traduisent aussi par des dégénérescences graisseuses. Enfin, la choline protégerait de certains cancers.

Parce qu'il protège les yeux

Le jaune d'œuf tire sa belle couleur de pigments végétaux ingérés par la poule, des caroténoïdes, dont la lutéine et la zéaxanthine. Selon une étude allemande récente, 100 g de jaune contiennent ainsi 1 270 à 2 480 µg de lutéine et 775 à 1 280 µg de zéaxanthine. Ces deux caroténoïdes jouent un rôle protecteur contre deux maladies ophtalmiques : la cataracte et la dégénérescence maculaire liée à l'âge (DMLA).

Repères de consommation

Pour tous

Excepté dans certaines situations précises, les œufs peuvent être consommés régulièrement, jusqu'à 5 par semaine qu'ils soient à la coque, durs, brouillés, en omelette, idéalement en alternant pour éviter les composés formés lors des fritures…

Comment choisir ses œufs ?

Nous vous conseillons d'acheter des œufs fermiers, pondus par des poules élevées librement. Ceci se traduit par de très grandes différences dans la qualité des graisses contenues dans le jaune d'œuf. Les jaunes d'œufs de poule qui ont reçu du maïs renferment trop de graisses de la famille oméga-6 par rapport aux oméga-3, tout simplement parce que les acides gras du maïs sont majoritairement de la famille oméga-6.

Pourtant, les poules ne mangent pas naturellement du maïs : elles se nourrissent d'herbe et d'asticots. Contrairement au maïs, les asticots et l'herbe sont une source de graisses de la famille oméga-3 : 60 % des acides gras de l'herbe appartiennent à cette famille. Les œufs de poules nourries librement ont 3 fois plus d'oméga-3 que ceux de poules nourries au maïs.

Une autre manière d'améliorer la teneur en oméga-3 des œufs consiste à donner aux volailles, en plus des céréales, des quantités variables d'aliments riches en oméga-3 : huiles végétales, huiles de poisson ou encore algues et graines de lin. Ces derniers œufs sont signalés dans le commerce par le label Bleu-Blanc-Cœur. Un œuf « oméga-3 » apporte en moyenne 100 mg d'EPA/DHA qui sont les oméga-3 que l'on trouve dans le poisson gras. Donc, un œuf de ce type correspond, du point de vue des acides gras oméga-3, à 5 g de poisson gras. Si l'on y ajoute la teneur en acide alpha-linolénique, qui est l'oméga-3 que l'on trouve dans le lin ou le colza, un œuf moyen issu de cette filière apporte en tout environ 260 mg d'oméga-3. Le rapport oméga-6/oméga-3 est excellent puisqu'il est compris entre 1,5 et 3.

Faut-il craindre le cholestérol des œufs ?

La teneur élevée de l'œuf en cholestérol a longtemps fait craindre des effets néfastes de cet aliment sur le cœur. En effet, un œuf couvre à lui seul les besoins quotidiens en cholestérol. Chez la plupart d'entre nous, le cholestérol sanguin ne varie pas lorsqu'on mange beaucoup d'œufs (jusqu'à trois par jour), mais dans 30 à 40 % des cas, le cholestérol sanguin augmente. Ce cholestérol doit-il inquiéter ? Nous ne le pensons pas. Selon une méta-analyse de 2013 qui portait sur 22 études prospectives, les personnes qui consomment le plus d'œufs (1 œuf et plus par jour) n'ont pas plus de maladies cardiovasculaires que celles qui mangent un œuf au plus par semaine, et la mortalité due à ces maladies n'est pas différente. À noter que ces études ont aussi trouvé que la consommation d'œufs est associée à un risque plus élevé de diabète de type 2. Mais dans ce cas, comme il s'agit d'études anglo-saxonnes dans lesquelles les œufs sont surtout consommés frits avec du bacon, nous pensons que les œufs sont moins en cause que les fritures, qui de plus avec ces charcuteries, sont sources d'AGE (lire p. 65).

Les recommandations MFM : Viandes

1 portion = 1 faux-filet (120 g)
= 1 cuisse de poulet (175 g)
= 1 tranche de gigot d'agneau (120 g)*

* voir page 235 pour plus d'exemples de portions.

Pourquoi consommer de la viande ?

D'après les recommandations officielles, il faudrait consommer une à deux fois par jour de la viande (et du poisson ou des œufs...). « C'est essentiel »... N'en déplaise aux végétariens, végétaliens et autres défenseurs des animaux ! Qu'en est-il vraiment ?

Cette catégorie alimentaire est surtout préconisée pour les apports :
- en protéines qui interviennent dans la constitution de l'organisme (squelette, muscles, croissance, défenses immunitaires...) ;
- en vitamine B12, absente du règne végétal ;
- en zinc et en fer héminique.

Une portion journalière de 120 grammes environ est amplement suffisante pour un adulte.

Les viandes rouges (bœuf, agneau, mouton, cheval, taureau) et les viandes blanches (veau, porc, volaille) sont riches en protéines de bonne qualité : 15 à 25 g en moyenne de protéines par 100 g. Par exemple, une portion de 120 g de rumsteck (grillé) couvre plus de la moitié des besoins en protéines d'une femme de 60 kg, une escalope de veau (poêlée) de 120 g couvre 75 % de ses besoins.

Elles apportent aussi du fer (les viandes rouges surtout), du zinc et de la vitamine B12.

Pourquoi, malgré tout, en limiter la consommation ?

L'acidification

Les viandes contribuent à l'acidification de l'organisme. Cette acidification peut être neutralisée assez facilement en n'abusant ni de viandes, ni de protéines animales et en mangeant copieusement des fruits et légumes comme le recommande *La Meilleure Façon de Manger*.

La surcharge en fer

Le fer, qui peut être un avantage pour les femmes actives, les enfants et les adolescents, peut aussi entraîner une surcharge de l'organisme, notamment lorsqu'on en élimine peu, ce qui est le cas des hommes et des femmes après la ménopause.

Le fer en excès est une source de radicaux libres. On dit qu'il est pro-oxydant.

L'excès de fer est associé dans certaines études à un risque accru de cancer, d'athérosclérose, d'AVC et de mort subite.

En effet, d'après une méta-analyse de 21 études, la consommation de fer héminique, trouvé dans la viande rouge, est liée à une augmentation du risque de maladie coronarienne de 57 % (infarctus du myocarde et angine de poitrine).

La viande rouge devrait donc être consommée avec modération, sauf ponctuellement si les besoins en fer sont élevés.

N'oublions pas que les légumes apportent du fer, qui est correctement absorbé en présence de vitamine C, ce qui explique d'ailleurs que l'on ne trouve pas davantage d'anémies chez les femmes végétariennes que chez celles qui sont omnivores.

Les substances mutagènes

La viande est le plus souvent cuite à température élevée : elle apporte alors des substances qui peuvent favoriser des cancers (lire page 64). Les exsudats de début de cuisson, les jus de viande dans la poêle peuvent donner naissance à des composés cancérogènes, les amines hétérocycliques aromatiques (AHA). Il est préférable d'éviter de consommer ces « jus ». Évitez de même les parties carbonisées des viandes et volailles rôties qui renferment d'autres AHA, ainsi que la cuisson au barbecue horizontal qui, en sus de savoureuses grillades, nous fournit largement en hydrocarbures aromatiques polycycliques, eux aussi cancérogènes.

Prudence avec les viandes rouges

Plusieurs études épidémiologiques ont trouvé que les personnes qui consomment le plus de viande rouge ont un risque plus élevé de cancers, notamment digestifs.

Dans la grande Étude prospective européenne sur le cancer et la nutrition (EPIC), qui suit plus d'un demi-million d'Européens dans 10 pays, pour 100 g de viande en plus chaque jour, **le risque de cancer de l'estomac** distal est multiplié par 3,52 ; pour 100 g de viande rouge supplémentaire, ce risque est augmenté de 73 %. Pour 100 g de viande rouge supplémentaire chaque jour, **le risque de cancer colorectal** est multiplié par 1,25.

Le Fonds mondial de recherches sur le cancer conseille de ne pas manger plus de 500 g de viande rouge en moyenne par semaine (500 g de viande cuite correspondent à environ 700-750 g de viande crue).

🍽 Repères de consommation

Hommes adultes tous âges, femmes de plus de 50 ans en bonne santé

Pas plus d'une fois par semaine : bœuf, taureau, cheval.

Pas plus de trois fois par semaine : dinde, poulet, canard, pintade, lapin, porc, veau. Les volailles sont souvent peu grasses (à condition de ne pas manger la peau). Elles sont de bonnes sources de cystéine, un antioxydant majeur.

La teneur du veau en matières grasses varie de 2 à 15 %. 120 g d'osso bucco (jarret de veau sauté) contiennent 6 g de lipides.

À l'occasion : agneau, mouton, gibier.

Agneau et mouton sont les viandes les plus grasses. L'agneau renferme entre 9 et 25 % de graisses : des graisses en majorité mono-insaturées, comme dans l'huile d'olive, mais aussi des graisses saturées.

Le gibier, comme le lièvre, le chevreuil, la biche ou le sanglier, le faisan, la perdrix, offre des viandes souvent moins grasses que la viande rouge d'élevage, et ces graisses sont intéressantes car souvent riches en acides gras polyinsaturées avec un bon rapport oméga-6/oméga-3.

Femmes entre 15 et 50 ans, enfants en croissance

0 à 2 fois par semaine : bœuf, taureau, gibier.

Ces viandes peuvent apporter des quantités intéressantes de fer. Côté matières grasses, il ne faut pas s'inquiéter : la plupart des morceaux de bœuf contiennent moins de 6 % de matière grasse. Par exemple : 120 g de rumsteck grillé contiennent 3 g de lipides, 120 g de collier braisé (bœuf bourguignon) contiennent 7 g de lipides. Le gibier (biche, sanglier, chevreuil) est une excellente source de fer. 120 g de ces viandes peuvent couvrir jusqu'à 30 % des besoins.

Pas plus de deux fois par semaine : dinde, poulet, canard, pintade, lapin, porc, veau.

À l'occasion : agneau, mouton.

Comment manger de la viande ?

Pour vous aider à réduire votre consommation de viande, gardez à l'esprit que vous devez avoir dans l'assiette une petite portion de viande pour une grande portion de légumes et non l'inverse.

– Débarrassez la viande de toutes les graisses visibles avant de la faire cuire.

– Si vous voulez consommer du foie, demandez des foies d'animaux jeunes (foie de génisse ou d'agneau) et au mieux choisissez-les « bio ». Vous serez ainsi certain qu'ils contiennent peu de toxines, puisque celles-ci s'accumulent dans cet organe tout au long de la vie de l'animal.

– Enlevez toujours la peau des volailles après la cuisson.

– Préférez les volailles élevées en plein air plutôt qu'en batterie, ces dernières reçoivent en effet des traitements médicamenteux…

Les recommandations MFM : Charcuteries

0 à 3 portions par semaine

1 portion = 1 tranche de jambon
= 4 tranches de saucisson
= 40 g de rillettes*

On entend par charcuteries, les saucisses et saucissons, le jambon, les pâtés, rillettes, les rognons, le salami, le chorizo, le bacon, le boudin, les gésiers de volaille, le blanc de dinde et de poulet ou encore la mortadelle ou le foie gras.

Pourquoi manger dans certains cas des charcuteries ?

Pour améliorer son statut en fer et en zinc. Selon une étude britannique, les femmes qui évitent viande rouge et charcuteries (moins de 90 g/j) ont deux fois plus de risque de manquer de fer que les grosses consommatrices de ces aliments (plus de 140 g/j). Par exemple : 100 g de saucisson sec couvrent 10 % des besoins quotidiens en fer. La palme revient au boudin noir : 100 g couvrent la totalité des besoins quotidiens de la femme non ménopausée. Les qualités du boudin intéressent les populations à risque de déficit en fer : une femme sur quatre non ménopausée, les enfants en forte croissance, les femmes enceintes. Les charcuteries peuvent donc aider à remonter un niveau de fer trop bas ou combattre l'anémie.

Aliment	Teneur en fer (mg/100 g)
Boudin noir poêlé	23
Pâté de foie de volaille	9
Pâté de campagne	5,5
Bloc de foie gras de canard	4,5
Pâté de lapin	3
Chorizo	2,8
Merguez bœuf/mouton cuite	2
Saucisse de Francfort	2
Chipolata cuite	1,3
Rillettes pur porc	1
Jambon cru ou cuit	1
Saucisse de Toulouse	1
Saucisse de Strasbourg	1
Saucisse de Morteau	0,8
Lardons fumés crus ou cuits	0,8
Saucisse de Montbéliard	0,5
Lardons nature crus ou cuits	0,5

Pourquoi limiter notre consommation de charcuteries ?

Parce qu'elles élèvent le risque de cancer

Leur consommation est associée à un risque de cancer colorectal plus élevé. Le cancer colorectal est, en France, le deuxième cancer le plus fréquent chez la femme et le troisième chez l'homme, avec au total plus de 36 000 nouveaux cas en 2003. La grande Étude prospective européenne sur le cancer et la nutrition (EPIC), qui suit plus d'un demi-million d'Européens dans 10 pays, a trouvé que, pour 50 g de charcuteries supplémentaires par jour, le risque de cancer de l'estomac distal est multiplié par 2,45.

Pour 100 g de charcuteries en plus chaque jour, le risque de cancer colorectal est multiplié par 1,55.

> **Les dangers des nitrates et des nitrites**
>
> Les charcuteries sont une source importante de nitrites. Les nitrates et nitrites alimentaires peuvent conduire dans certaines conditions à la formation de composés cancérogènes appelés nitrosamines, comme la N-nitroso-proline. Les nitrosamines sont accusées de provoquer des cancers digestifs. Des nitrosamines peuvent apparaître lorsqu'on mange beaucoup de charcuteries (fer plus nitrites). À l'inverse, un régime riche en fruits et légumes, café, ail, thé vert, vitamine C, prévient la formation de nitrosamines. Les fraises, par exemple, inhibent jusqu'à 70 % la formation de ces agents cancérogènes.

Parce qu'elles nuisent à l'équilibre optimal des graisses alimentaires

La teneur en graisses des charcuteries varie considérablement : le jambon cuit dégraissé est un aliment réellement maigre (3 à 5 % de graisses), alors que les rillettes peuvent en contenir jusqu'à 40 %.

Une bonne part – en moyenne 40 % – de ces graisses est saturée, soit une place sensiblement supérieure aux recommandations de *La Meilleure Façon de Manger*. 50 % en moyenne des acides gras des charcuteries sont mono-insaturés (comme dans l'huile d'olive), 10 % polyinsaturés. Le rapport entre les oméga-6 et les oméga-3, qui devrait dans l'idéal être proche de 3, est de l'ordre de 12 à 13 dans les charcuteries classiques.

Selon une étude américaine conduite sur 90 000 femmes, celles qui consomment le plus de saucisses et de bacon ont deux fois plus de risque de développer un diabète de type 2 que celles qui en consomment peu. Ce sont les graisses saturées des charcuteries qui expliqueraient cette association.

Parce qu'elles apportent trop de sel

Chaque Français consomme aujourd'hui en moyenne 8 à 10 g de sel par jour, surtout fournis par le pain, les charcuteries et les plats cuisinés industriels. Les charcuteries contribueraient pour près de 15 % à cet apport. L'excès de sel serait responsable de 25 000 décès par an en France et de 75 000 accidents cardiovasculaires, mais le coût réel pour la santé publique est difficile à quantifier par manque de données fiables.

🍴 Repères de consommation

Hommes adultes et femmes de plus de 50 ans

0 à 3 portions de charcuteries par semaine.
Privilégier les aliments dont la teneur en acides gras saturés se rapproche des recommandations de ce livre : jambon cuit, andouilles, andouillettes, foie gras.

Enfants en croissance, femmes ayant des besoins importants en fer

0 à 3 portions de charcuteries par semaine.
Privilégier les aliments riches en fer (et sans sel nitrité) : boudin noir (15 à 20 mg de fer pour 100 g), pâté de foie, foie gras.

Comment choisir des charcuteries ?

Choisir des produits issus d'animaux nourris aux graines de lin : les charcuteries issues de cette filière renferment 5 fois plus d'oméga-3 que les charcuteries traditionnelles, avec un rapport oméga-6/oméga-3 proche de 3, au lieu de 12 à 13 pour les charcuteries traditionnelles.

Teneur en graisses des principales charcuteries

Charcuteries peu grasses : moins de 10 % de graisses	Charcuteries plus grasses : entre 10 et 30 % de graisses	Charcuteries très grasses : plus de 30 % de graisses
Bacon Jambon (cru, cuit) Jambon sec (découenné)	Andouillette Boudin blanc Cervelas Fromage de tête Jambon fumé Pâté de foie de volaille Saucisses de Lyon, Strasbourg, cocktail, de Morteaux Saucisson à l'ail Terrine de canard	Boudin noir Chipolata Merguez Mortadelle Rillettes Rosette Salami Saucisses d'Auvergne, alsaciennes, de Toulouse, de Montbéliard Saucisson

Les recommandations MFM :
Sel et alternatives

5 g par jour maxi

1 g de sodium = 2,5 g de sel

Le sodium participe avec le potassium à la répartition de l'eau au sein de l'organisme, à la régulation de la pression artérielle et du volume sanguin, au bon fonctionnement musculaire… Toutefois, une consommation de chlorure de sodium (sel) excessive, aggrave certains maux, du plus « banal » comme la rétention d'eau aux plus dommageables pour la santé comme l'hypertension artérielle, l'ostéoporose, les calculs rénaux ou encore le cancer de l'estomac.

On lit et entend souvent qu'il faut éviter les sources de sodium. Mais l'ion sodium, selon qu'il est associé à l'ion chlorure, comme dans le sel de table ou au contraire à du citrate, du phosphate ou du bicarbonate (comme dans une eau pétillante) n'a pas du tout les mêmes effets sur le volume du plasma et la pression artérielle. La combinaison chlorure + sodium augmente le volume du plasma et la pression artérielle. Ce n'est pas le cas de l'association sodium + bicarbonate, telle qu'on la trouve souvent dans les eaux gazeuses. C'est donc à tort que certains patients se voient déconseiller une eau en bouteille comme Vichy sous prétexte qu'elle renferme du sodium.

Si je ne (re)sale pas mes plats, ça ne signifie pas que je consomme peu de sel…

Bien souvent lorsque l'on demande aux gens s'ils consomment beaucoup de sel, une minorité dit se servir allègrement de la salière et la grande majorité est persuadée que leur alimentation est assez pauvre en sel. Mais bien souvent la réalité en est tout autre.

Le sel visible, celui de la salière, ne représente que 10 à 20 % du sel consommé, le reste – donc de 80 à 90 % ! – est caché non seulement dans les plats préparés et les biscuits apéritifs (c'est ce qui est le plus souvent répandu et qui entretient le fait que les gens pensent ne pas en consommer beaucoup) mais également là où on s'y attend le moins : pain, fromages, charcuteries, moutarde, bouillons cube, céréales du petit déjeuner, etc.

De combien de sel a-t-on besoin ?

En France, les hommes consomment en moyenne via les aliments 8,7 g de sel par jour et les femmes et les enfants 6,7 g. Au Canada, l'apport moyen global est de 8,5 g par jour. Il faut ajouter à ces chiffres le sel ajouté par le consommateur lui-même lorsqu'il sale ses plats ou l'eau de cuisson, soit environ 1 à 2 g par jour. Les autorités sanitaires américaines et canadiennes estiment qu'il ne faudrait pas dépasser 5,8 g de sel par jour et que les besoins sont de l'ordre de 3,8 g par jour. L'Organisation mondiale de la santé conseille un maximum de 5 g par jour. Cependant, il n'est probablement pas utile lorsqu'on est en bonne santé de viser une consommation de sel proche de zéro.

On peut diminuer les effets indésirables du sel en consommant beaucoup de potassium. En Europe et au Canada, on se procure en moyenne 3 à 4 g de potassium par jour, ce qui est probablement insuffisant. Pour se procurer plus de potassium, rien ne vaut les fruits, légumes, légumes secs, tubercules. Comptez en moyenne 3 g de potassium pour un kilo de végétaux (frais).

On distingue deux sources de sel :

Le sel « visible » : c'est celui ajouté en cuisinant (gros sel) ou à table (sel fin, fleur de sel) et qui ne représente qu'une faible part (10 à 20 %) du sel consommé.

Le sel « caché » : il est présent à l'état naturel dans les produits ou ajouté lors de leur fabrication. C'est la principale source de sel dans l'alimentation (80 %). On le trouve dans les aliments suivants :
- pain, biscottes, viennoiseries ;
- fromages ;
- charcuteries (bacon, pâté, saucisson, rillettes, salami, viande des grisons, lardons, saucisses, chorizo, jambon) ;
- sauces et condiments (moutarde, ketchup, mayonnaise, vinaigrettes et sauces prêtes à l'emploi, câpres, bouillons cubes, sauces soja) ;
- soupes (briques, sachets) ; plats préparés (frais, surgelés) et conserves ;
- poissons fumés et salés, harengs salés sous vide, anchois ;
- chips et biscuits apéritifs.

Le sel caché dans les aliments

10 à 20 % du sel consommé.

80 à 90 % du sel consommé.

Comment réduire sa consommation ?

Pour réduire la consommation de sodium, rappelez-vous que le pain consommé à chaque repas, le fromage du midi et la soupe le soir réalisée avec un petit bouillon cube sont autant de mauvaises habitudes qu'il faudra progressivement limiter.

Voici également quelques autres conseils :
- réduire la quantité ajoutée dans l'eau de cuisson des céréales et des légumes secs ;
- goûter les plats avant de les saler ou les resaler ;
- habituer les enfants à ne pas resaler les plats ;
- utiliser des aliments « bruts », non préparés, non transformés ;
- limiter la consommation de pain et de fromage à une fois par jour et pas plus de 30 g pour les fromages ;
- consommer de façon occasionnelle les charcuteries ;
- comparer les teneurs en sel pour choisir entre deux produits ;
- remplacer une partie du sel par des condiments (herbes aromatiques, épices, poivres, ail, oignon, échalote) ;
- favoriser les modes de cuisson qui conservent la saveur des aliments (étouffée en cocottes, vapeur, papillote) ;
- augmenter en contrepartie la part des végétaux pour leur richesse en potassium. Parmi les plus riches en potassium : abricots secs, pruneaux, pistaches, raisins secs, noisettes, amandes, figues sèches, noix du Brésil, cacahuètes, dattes sèches…
- si l'on prend un médicament ou un complément alimentaire, choisir la version non salée (lire encadré page suivante).

Zoom sur le pain et les Français

Le pain, l'un des piliers du modèle alimentaire français, est l'un des aliments les plus consommés : plus de 9 Français sur 10 (98 %) en consomment. En 2010, 54 % des enfants, 68 % des adolescents et 85 % des adultes en consommaient au moins une fois par jour. En moyenne, c'est 55 kg par habitant, soit l'équivalent de plus d'une demi-baguette par jour (Enquête CREDOC 2010).

Le pain est ainsi le principal aliment contributeur des apports en chlorure de sodium de la population française (enquête individuelle nationale des consommations alimentaires INCA2). En 2002, l'Anses (ex-Afssa) a identifié le pain comme le principal contributeur aux apports en sel et a préconisé dans ce cadre que la quantité de sel ajouté lors de la préparation de la pâte par les boulangers n'excède pas 18 g par kilogramme de farine.

La Confédération nationale de la boulangerie et boulangerie-pâtisserie française a signé en février 2014 un accord collectif avec le Programme national pour l'alimentation (PNA) et le secteur s'est engagé en faveur de l'amélioration nutritionnelle, par une réduction de la teneur en sel des baguettes : 80 % des baguettes fabriquées avec une quantité maximale de 18 g de sel/kg de farine d'ici fin 2014.

Même si dans cet accord aucun mot sur les types de fermentations et la qualité des farines… on avance doucement…

Du sel dans les médicaments

Des chercheurs britanniques s'inquiètent des effets nocifs de la présence de sel dans des médicaments ou des spécialités à base de vitamines et minéraux. Ils demandent aussi que la teneur en sel des médicaments soit affichée. Les chercheurs ont suivi plus de 1,2 million de patients britanniques pendant plus de sept ans. Ils ont recensé, pendant cette période, plus de 61 000 accidents cardiovasculaires. Les patients qui prenaient la version salée d'un médicament avaient un risque d'infarctus, d'accident vasculaire cérébral ou de mort subite augmenté de 16 %, en comparaison avec les patients qui avaient pris la version non salée du même médicament. Ils avaient aussi sept fois plus de risque que les autres de souffrir d'hypertension artérielle. Le taux de mortalité dans ce groupe de patients était supérieur de 28 % au taux constaté chez les autres patients. Du sel est ajouté à de nombreux médicaments pour améliorer leur absorption par l'organisme. Il s'agit souvent de versions effervescentes et solubles.

Les alternatives contenant du sel

Même si les solutions alternatives apportent également pour la plupart du sodium, elles fournissent aussi d'autres nutriments essentiels ou permettent de par leur goût d'en utiliser moins.

La fleur de sel non raffinée

C'est la mince couche de cristaux qui se forme à la surface des marais salants. Ses fins cristaux se dissolvent rapidement et il est conseillé de l'incorporer à la fin des cuissons. Elle est plus riche en magnésium (sous forme de chlorure de magnésium) et en oligoéléments que le sel conventionnel.

Le sel de l'Himalaya

Ce sel rose non raffiné et d'une haute pureté possède une meilleure teneur en minéraux : calcium, potassium et fer (qui lui donne sa belle couleur) et oligoéléments.

Le sel marin aux légumes, épices et herbes aromatiques

Ces sels, constitués de 36 % de sodium, associent le sel marin à des aromates goûteux et peuvent donc remplacer le sel de table conventionnel. Ils se déclinent en de multiples saveurs pour satisfaire tous les palais.

Le gomasio

Il est composé d'un mélange de sel marin non raffiné et de graines de sésame grillées. Utilisé traditionnellement au Japon et dans l'alimentation macrobiotique, sa composition peut varier d'une marque à une autre et on y retrouve parfois également des algues. Il est pratique à saupoudrer sur les salades.

Les sauces soja

Le shoyu et le tamari sont des sauces salées obtenues par fermentation naturelle du soja. Le tamari (saveur plus prononcée) et le shoyu (plus doux) contiennent des vitamines et des minéraux. Ils s'utilisent pour les marinades, les bouillons et les assaisonnements.

Les programmes nationaux recommandent la consommation de 5 fruits et légumes par jour. Nous considérons que pour faire le plein de potassium, il faut plutôt viser 8 à 10 portions par jour de végétaux pour un effet optimal (fruits frais et secs, légumes, légumineuses, algues). Ainsi non seulement il faut limiter ses apports en sodium mais dans le même temps, augmenter ses apports en potassium même si cette notion n'est jamais abordée.

> ### À savoir
>
> #### Comment se repérer sur une étiquette ?
>
> Pour se repérer sur une étiquette alimentaire et comparer deux produits, reportez-vous au tableau des ingrédients et retenez que : **1 g de sel = 0,4 g de sodium**. Ainsi, par jour, il ne faudrait pas dépasser 5 g de sel, soit 2 g de sodium.
>
> **Quelques exemples d'apports en sel :**
> - 1 bol de soupe en brique (250 ml) : 1,5 g de sel
> - 2 tranches de pain de mie : 1 g de sel
> - 4 petits pains grillés suédois : 1,65 g de sel
> - 40 g de bleu d'Auvergne : 1 g de sel

Les aromates et épices

Les épices et les herbes aromatiques sont de véritables trésors culinaires et nutritionnels. Leur utilisation quotidienne va permettre de limiter l'utilisation du sel, mais aussi du sucre et des mauvaises graisses dans les plats, de l'entrée de crudités au dessert de fruits, en passant par le plat traditionnel familial. Les épices et les herbes aromatiques sont des condiments, puisque par définition, ils sont destinés à relever le goût des aliments et des plats.

Les épices sont issues de cultures ou de cueillettes sauvages. Elles peuvent provenir de différentes parties des plantes : d'écorces (cannelle), de fleurs (safran, clou de girofle), de feuilles (thé, laurier), de fruits (poivre, aneth, moutarde), de bulbes (ail, oignon, gingembre), de graines (fenouil, coriandre).

Les herbes aromatiques sont cultivées pour leurs qualités aromatiques, condimentaires ou médicinales. On les emploie généralement fraîches, séchées ou déshydratées pour assaisonner, relever ou parfumer diverses préparations culinaires crues ou cuites.

Elles appartiennent principalement à trois familles botaniques :
- les **alliacées** (ail, ciboulette, échalote, oignon) ;
- les **apiacées** (aneth, angélique, anis vert, carvi, cerfeuil, coriandre, cumin, fenouil, livèche, persil) – comme la carotte, le panais, le fenouil et le céleri ;
- les **lamiacées** (basilic, lavande, marjolaine, mélisse, menthe, origan, romarin, sarriette, sauge, thym).

L'expression « fines herbes » désigne parfois un mélange de quatre herbes aromatiques, composé de ciboulette, cerfeuil, persil et d'estragon.

De manière générale, les épices et herbes aromatiques servent donc à diminuer l'apport en sel, sucre et matières grasses saturées. Mais elles possèdent également bien d'autres vertus sur la santé comme l'ont prouvé de multiples études :
- elles ont des propriétés **antioxydantes** et à ce titre contribuent à la protection du système cardiovasculaire et cérébral ;
- elles sont de très bons **anti-inflammatoires** ;
- elles sont d'excellentes **sources de minéraux** indispensables ;
- et certaines ont des propriétés **anti-cancer**.

Certaines épices devraient cependant être utilisées avec modération : le poivre, le curry, les piments, chilis, paprikas, harissa, tabasco car elles augmentent la perméabilité du tube digestif. Celui-ci laisse alors passer des fragments de protéines à l'origine d'intolérances ou de sensibilités ; elles favorisent aussi les hémorroïdes et perturbent le retour veineux.

Zoom sur certains épices et aromates

Le romarin renferme de multiples composants bénéfiques :
– la silymarine (aussi retrouvée dans le chardon-marie et l'artichaut) qui protège le foie des virus et possède des propriétés antitumorales ;
– l'acide carnosique (un diterpénoïde qu'on trouve aussi dans la sauge, l'origan, le basilic, la sarriette) qui exerce une action sur les muscles lisses de l'appareil digestif et est un puissant antioxydant qui s'oppose au rancissement des graisses par les radicaux libres ;
– des flavonoïdes comme la diosmine qui améliore la circulation et renforce les vaisseaux sanguins ;
– l'acide carnosique et des acides phénoliques aux propriétés antiradicalaires (acide caféique, acide rosmarinique).

Le curcuma, le gingembre, la cardamome et le galanga appartiennent à la famille des zingibéracées ; les deux premiers sont particulièrement étudiés par la recherche scientifique et nous conseillons de les utiliser quotidiennement en cuisine (mais prudence si vous avez un risque élevé de calculs rénaux à base d'oxalate car ils en sont riches).

Le curcuma, ingrédient indispensable du célèbre curry, est utilisé dans le traitement des troubles digestifs, en particulier les ulcères de l'estomac. C'est un anti-inflammatoire préconisé dans l'arthrose. Il possède des propriétés anticancer.

Le gingembre, racine au goût poivré bien connue des Chinois, est efficace contre les nausées et les dyspepsies. Il est lui aussi anti-inflammatoire.

Vous pouvez faire provision de ces épices et aromates et les conserver au sec, à l'abri de l'air et de la lumière dans des récipients inertes (verre, métal). Pour profiter de leurs vertus, utilisez-les chaque jour dans les plats de poissons, de viandes et de légumes, mais aussi les soupes, les salades et les desserts sans oublier les infusions.

Ainsi consommés, ils agissent comme de véritables suppléments antioxydants et anti-inflammatoires.

Préférez les épices et aromates bio. Les épices issues de l'agriculture intensive renferment des taux plus élevés de pesticides. Surtout, elles sont irradiées à des fins de stérilisation, ce qui entraîne des pertes importantes de nutriments, comme la vitamine C et les caroténoïdes.

Les épices et les aromates : comment les utiliser en cuisine ?

Quoi ?	Type	Comment l'utiliser en cuisine ?
4 épices	Épice	Ce mélange est composé de cannelle, clou de girofle, noix de muscade et gingembre. Il s'allie parfaitement avec les plats mijotés, les ragoûts, les boulettes de viandes, les légumes frais ou secs, les coulis de tomates. Il peut aussi être intégré dans les compotes de fruits, le pain d'épices, les cakes et les quatre-quarts.
5 baies	Épice	Ce mélange est composé de poivre blanc, poivre noir, poivre vert, piment de Jamaïque et de baies roses. Il peut être employé au quotidien en remplacement du poivre, pour parfumer volailles et poissons, tartes maison, etc.
Ail	Aromate	Il s'utilise cru ou cuit dans les plats de poissons, les gigots, les salades. Quand il est bouilli, sa saveur est adoucie.
Aneth	Aromate	D'une saveur anisée, les feuilles fraîches se marient avec les poissons (pour les marinades), les légumes, les boulettes de viande, les blanquettes ou encore le fromage blanc. Les graines s'utilisent dans les betteraves rouges, les concombres.
Angélique	Aromate	On utilise les feuilles fraîches dans les salades, les épinards et on emploie les tiges confites pour parfumer certains plats.
Anis vert	Aromate	Les graines peuvent être utilisées en pâtisserie et en infusion. Les feuilles servent à assaisonner les salades.
Badiane - anis étoilé	Épice	Sa saveur anisée se marie avec les desserts et les soupes. On peut aussi en faire de délicieuses infusions.
Basilic	Aromate	Les feuilles fraîches s'utilisent dans les plats à base de tomates, les salades, les soupes, les omelettes ou encore les pâtes.
Bourrache	Aromate	Les fleurs bleues peuvent facilement s'inclure dans les boissons rafraîchissantes. Les grandes feuilles, au goût de concombre, se mêlent aux épinards et les jeunes feuilles aux salades.
Cannelle	Épice	Cette écorce à saveur sucrée âcre et brûlante se marie avec les compotes de fruits, les desserts et les biscuits maison.
Câpre	Condiment	Les boutons floraux confits au vinaigre et au sel assaisonnent les mayonnaises, les salades, les œufs, les sauces froides (la rémoulade), le steak tartare. Ils relèvent certaines viandes et poissons ainsi que les pizzas. Ils entrent dans la composition de la tapenade et peuvent être associés aux vinaigrettes et aux sauces à base d'œuf.
Cardamome	Épice	Les graines s'utilisent en remplacement du gingembre dans les entremets sucrés et dans le vin chaud. Elles peuvent être incorporées dans l'eau de cuisson du riz ou des pâtes. Pour en révéler toutes les saveurs faites-les revenir quelques minutes dans une poêle.
Carvi	Aromate	Les graines sont utilisées dans les pâtisseries (gâteaux, biscuits), dans certains fromages et dans la choucroute. Les feuilles se marient avec les potages et les salades.
Cerfeuil	Aromate	Cet aromate entre dans la composition des « fines herbes » avec la ciboulette, le persil et l'estragon. Il peut s'utiliser frais ou séché mais il est préférable de ne pas le cuire ou de l'incorporer en fin de cuisson car son parfum légèrement anisé est très volatil. Il parfume les crudités, les plats froids de poissons et de viandes, les potages, les salades, les sauces (vinaigrettes, béarnaises) et les omelettes.
Ciboulette	Aromate	On utilise les feuilles fraîches hachées dans les salades pour apporter un léger goût d'ail.

Les épices et les aromates : comment les utiliser en cuisine ?

Quoi ?	Type	Comment l'utiliser en cuisine ?
Citronnelle	Aromate	Les tiges s'utilisent dans la cuisine asiatique pour aromatiser les soupes, les currys et les sauces. Les feuilles sont utilisées pour réaliser des infusions.
Coriandre	Aromate	Les feuilles sont idéales pour aromatiser les tajines, les soupes, les salades marocaines, les currys, les sauces au yaourt ou au fromage blanc. On utilise les graines séchées entières dont l'arôme rappelle un peu celui de l'écorce d'orange dans les marinades pour viandes ou poissons, les courts-bouillons. Les graines moulues se marient avec le couscous, les tajines, le riz ou encore se mêlent à la préparation du pain d'épices et de certaines confitures.
Cumin	Aromate	Les graines entières peuvent s'utiliser avec les plats orientaux (tajines, couscous, brochettes), chili con carne, guacamole, tous les choux, les soupes, les omelettes, l'agneau et bien sûr les fromages (gouda, munster). Elles peuvent aussi être utilisées légèrement poêlées et incluses dans les pains faits maison. L'utilisation est la même pour les graines moulues.
Curcuma	Épice	La poudre se marie avec certaines viandes (volailles, porc). Sa couleur caractéristique permet de colorer et aromatiser certaines sauces (vinaigrettes), le riz, les pâtes, les légumes blancs (chou-fleur) ou encore certains fromages. Attention à ne pas en abuser si vous souffrez de calculs d'oxalate.
Curry	Épice	Ce mélange indien d'une dizaine d'épices à base de curcuma, coriandre, cumin, gingembre ou encore piment se marie parfaitement avec les plats salés comme les viandes, les poissons, les œufs, les soupes maison, les cakes ou encore les poêlées de légumes.
Échalote	Aromate	On l'utilise crue, émincée pour aromatiser les vinaigrettes, les crudités, les poêlées de légumes ou encore pour agrémenter ou servir de base à certaines sauces pour viandes rouges : brunes (chasseur, diable, gratin, piquante, bordelaise, bourguignonne...), blanches (fines herbes, américaine, Bercy...), béarnaise, beurre blanc.
Estragon	Aromate	Ses feuilles aromatiques sont utilisées pour aromatiser les soupes de poireaux ou les soupes froides de type gaspachos, la sauce béarnaise, les omelettes, les champignons, la vinaigrette, les sauces à base de fromage blanc ou de yaourt pour les crudités à l'apéritif. Il se marie avec les volailles (le poulet en particulier), les gigots et les rôtis.
Fenouil	Aromate	Les graines entières s'utilisent avec les fruits de mer (crevettes, langoustines) et les poissons (bouillabaisse), les soupes de légumes, les pains et les biscuits maison. Elles servent aussi à faire des tisanes pour stimuler les montées de lait chez la femme enceinte.
Fenugrec	Aromate	On utilise les graines moulues dans les currys.
Gingembre	Épice	Sa saveur piquante et poivrée se marie avec les salades de fruits, les entremets, les pâtisseries, les gâteaux et avec les plats salés : tajines, marinades, vinaigrettes, bouillons.
Girofle	Épice	Les clous (entiers ou en poudre) à saveur piquante agrémentent les vins chauds, les salades de fruits, les pains d'épices, les biscuits, les marinades, les courts-bouillons pour poissons et volailles. Ils peuvent être piqués entiers dans un oignon pour parfumer l'eau de cuisson du riz ou les bouillons de viandes ou volailles.
Laurier	Aromate	Sa saveur s'allie avec tous les plats mijotés, les soupes de poissons, les bouillons, la ratatouille, les sauces et les pommes chaudes.
Lavande	Aromate	Ses fleurs bleues parfument et embellissent les salades de fruits et les crèmes dessert.

Les épices et les aromates : comment les utiliser en cuisine ?

Quoi ?	Type	Comment l'utiliser en cuisine ?
Livèche	Aromate	Ses jeunes feuilles au goût anisé aromatisent les poissons et ses graines au goût de céleri parfument les pains.
Marjolaine	Aromate	En poudre elle se mêle aux farces, pizzas, poissons, soupes, vinaigrettes, choux et légumes secs, et également aux plats à base de fromage. Elle peut aussi être saupoudrée sur des olives et des cubes de gruyère pour l'apéritif.
Menthe	Aromate	Ses feuilles vertes s'utilisent dans les desserts (salades de fruits, mousse au chocolat, melon), les plats salés (taboulé). Elles s'associent avec d'autres aromates (persil, basilic, ail, coriandre, cardamome, piment). Elle peut aussi servir de base pour les tisanes.
Muscade	Épice	La noix est à râper juste au moment de son utilisation. Elle aromatise les sauces blanches (béchamel), les purées de pommes de terre, les escalopes à la crème, les gratins de légumes (chou-fleur), les purées de courges et potiron, les pâtes, le riz... Mais aussi les plats sucrés : biscuits, cakes, crèmes et les boissons alcoolisées (à consommer avec modération) : punch, sangria où elle se marie avec le clou de girofle et la cannelle.
Origan	Aromate	Les feuilles s'utilisent dans les salades, les pizzas, les grillades, les pâtes, la mozzarella, les tomates et les coulis de tomate. Elles peuvent aussi être incorporées dans certaines sauces à base d'huile d'olive et de citron pour en parfumer les poissons.
Oseille	Aromate	Ses jeunes feuilles s'utilisent sur les poissons, dans les sauces et pour la réalisation de potages.
Paprika	Épice	La poudre de ce petit piment doux parfume la soupe, les vinaigrettes, les légumes, les caviars d'aubergines, les risottos, les steaks hachés ou le goulasch de bœuf et colore les plats (comme les tajines). Il peut aussi être incorporé dans les omelettes, les plats à base de poulet et dans les produits laitiers nature (fromage blanc, petit-suisse ou yaourt). Pour l'apéritif, il se marie avec les mini-brochettes de crevettes et langoustines marinées et poêlées.
Pavot	Épice	Les graines au léger goût de noisette se marient avec les pains, les fromages frais, les biscuits et gâteaux. Elles peuvent aussi être incorporées dans les sauces qui accompagnent les légumes, le riz, les pâtes.
Persil	Aromate	Il peut s'utiliser dans la plupart des plats : crudités de légumes, salades, omelettes, taboulés et pour la réalisation d'un beurre persillé.
Piments	Épice	Celui de Cayenne donne du piquant aux plats exotiques, aux marinades de poisson ou encore aux huiles pour pizza quand il est entier. Moulu, il rehausse les salades, les légumes, la ratatouille, les sauces tomates, les crevettes et les langoustines. Celui d'Espelette n'est pas plus fort que le poivre, il sert à relever certains plats comme le poulet basquaise.
Poivre	Épice	Qu'il soit vert, noir, gris ou blanc, le poivre est issu d'une seule et même espèce. Il s'utilise dans la plupart des plats (sauces, vinaigrettes, viandes, poêlées de légumes). Il peut aussi être utilisé dans les desserts comme les salades de fruits. Le poivre blanc, débarrassé de son enveloppe possède une saveur moins piquante.
Ras el hanout	Épice	Ce mélange d'épices marocaines peut s'employer dans les couscous, les tajines, les plats à base de viandes, les brochettes de volailles.
Romarin	Aromate	On l'utilise en début de cuisson pour les viandes et volailles (blanquette, agneau, lapin, côtelettes, grillades), les soupes, les poissons ou encore tous les plats à base de tomates type ratatouille.

Les épices et les aromates : comment les utiliser en cuisine ?

Quoi ?	Type	Comment l'utiliser en cuisine ?
Safran	Épice	On utilise les stigmates, toujours en très faibles doses, dans la cuisine espagnole, italienne (pour les risottos) et provençale (bouillabaisse, paëlla, poissons, riz). Il s'associe avec les sauces tomate et peut également agrémenter les desserts (crème brûlée, gâteau de riz).
Sarriette	Aromate	La saveur de ses petites feuilles rappelle celle du thym mais son goût est légèrement plus piquant. On l'utilise dans les légumineuses, le pot au feu, les viandes (l'oie, le lapin, le rôti de porc, le canard) ou encore avec les haricots verts. Il peut aussi être utilisé dans les farces, les omelettes, les pâtes et se marie parfaitement avec les fromages de chèvre.
Sauge	Aromate	Sa saveur chaude, un peu amère se marie avec les plats en sauce, le canard, la dinde, les farces, le rôti de porc et les poissons gras. Elle peut facilement s'incorporer à l'eau de cuisson des légumes secs (haricots blancs, fèves).
Thym	Aromate	Il s'utilise frais ou sec, dans les bouquets garnis, pour aromatiser les plats à base de tomates (ratatouille, coulis), les viandes en grillades ou mijotées, les poissons cuits au four, les légumes farcis, les omelettes.
Vanille	Épice	Elle est utilisée dans les desserts : crèmes, gâteaux, mousses, salades de fruits, confitures, compotes.

Le vinaigre

Parmi les condiments indispensables à mettre dans les placards, les vinaigres arrivent dans le peloton de tête. Ce liquide acide, dont le pH se situe entre 2 et 3, est obtenu par une double fermentation : une fermentation alcoolique, suivie d'une fermentation acétique qui transforme l'éthanol des boissons alcoolisées en acide acétique grâce à l'action de bactéries spécifiques.

Classiquement le vinaigre est concentré à 5-8 % d'acide acétique. On retrouve également de l'acide tartrique et de l'acide citrique mais en moindre quantité.

Il est constitué à 93 % d'eau et possède donc une très faible densité calorique (seulement 2,4 calories pour 10 mL).

Les vinaigres biologiques sont le plus souvent vieillis en fûts de chêne afin de leur donner de multiples arômes. Parmi les plus communs on peut citer :

- **Le vinaigre de cidre** obtenu à partir de pommes. Son acidité est légèrement inférieure à celle du vinaigre de vin. Il est idéal en vinaigrette pour les crudités, les salades vertes et également pour aromatiser les viandes blanches, les poissons et les crustacés.

- **Le vinaigre de vin** peut être blanc ou rouge selon le vin d'origine. Le premier s'utilise plus volontiers dans les crudités, les salades ou encore pour déglacer une viande blanche alors que le deuxième sublime à merveille la viande rouge et les salades de choux tout en apportant des polyphénols antioxydants protecteurs.

Le vinaigre blanc est aussi appelé vinaigre d'alcool. Il est idéal pour faire les conserves de légumes maison, mais on peut aussi l'utiliser pour cuisiner volailles ou fruits de mer.

- **Le vinaigre balsamique italien** produit dans la région de Modène, au nord de l'Italie, à partir de moût de raisin et non de vin. Il possède une saveur aigre-douce qui relève les viandes grillées, les salades, les crudités et les desserts de fruits frais. En conventionnel, c'est-à-dire non bio, malheureusement, la belle couleur de ce vinaigre est obtenue par ajout d'un colorant dit « caramel » (E150d) actuellement controversé.

- **Le vinaigre de Xérès** en provenance d'Espagne est préparé avec du vin vieilli pendant au moins deux ans en fûts de chêne, il possède un arôme puissant qui se marie parfaitement avec les viandes rôties et les légumes crus ou cuits.

À côté des **vinaigres courants**, on retrouve aussi :
- **le vinaigre de miel**, préparé avec de l'hydromel, qui possède une saveur plus douce car son acidité ne dépasse pas 5° ;
- **le vinaigre de riz**, blanc ou rouge, issu de la fermentation lente du riz gluant, très utilisé en cuisine asiatique et qui se marie avec les plats à base de riz.

Il existe aussi des **vinaigres aromatisés** avec des plantes aromatiques (ail, estragon) ou des fruits (framboise). Ainsi, n'hésitez pas à bousculer un peu vos habitudes !

Pour quelles utilisations culinaires ?

En cuisine, les vinaigres servent pour :
- la vinaigrette avec des huiles pression à froid ;
- les marinades, afin d'attendrir la viande ;
- la cuisson : par exemple poulet au vinaigre ;
- la conservation des légumes : cornichons, câpres, oignons, salicornes ;
- Le déglaçage des viandes blanches ou rouges ;
- La réalisation de sauces (pour les huîtres par exemple) ;
- Les desserts, et en particulier les salades de fruits rouges (fraises).

Quels sont les bienfaits sur l'organisme ?

L'acide acétique qu'il contient permettrait de réduire la pression sanguine et donc la tension artérielle. De plus, s'il est consommé en même temps que des aliments riches en calcium, il permet d'améliorer la solubilité de celui-ci et renforce ainsi son absorption intestinale.

De récentes études ont aussi démontré qu'il permettait de réduire l'index glycémique du repas et donc de diminuer les fluctuations de glycémie qui suivent le repas. Ainsi, il est prouvé que l'ajout d'un petit bol de salade au repas du midi et du soir avec une cuillère de vinaigrette suffit à abaisser l'IG d'un repas de 30 %. Un résultat dû à l'acide acétique qui diminue la digestibilité et l'absorption des glucides en inhibant certaines enzymes responsables de la digestion des glucides. De même, en 2005, des chercheurs suédois ont trouvé une relation directe entre l'acide acétique et la satiété puisqu'il pourrait aider à manger moins et à réduire les fringales qui surviennent en plein milieu de l'après-midi ou dans la soirée.

À savoir

Degré d'acide acétique ou d'alcool

Sur l'étiquetage d'un vin, le degré indiqué est celui du degré alcoolique alors que celui du vinaigre est le degré d'acide acétique. Le vinaigre ne contient pas d'alcool.

Les recommandations MFM : Sucres

90 kcal par jour (25 g) pour une femme
140 kcal par jour (40 g) pour un homme

L'Organisation mondiale de la santé (OMS) a recommandé dans un avis de mars 2015 de limiter la consommation de sucres libres dans les aliments à moins de 10 % de la ration énergétique journalière et même, pour des bénéfices additionnels, à 5 % de l'apport énergétique, ceci afin de réduire les risques de surpoids, d'obésité et de caries dentaires. Les sucres libres évoqués par l'OMS sont constitués des sucres ajoutés aux aliments et aux boissons par le fabricant, le cuisinier ou le consommateur, ainsi que des sucres naturellement présents dans le miel, les sirops, les jus de fruits et les jus de fruits à base de concentré. Cela ne concerne ni les sucres des fruits et des légumes frais ni ceux du lait.

La **consommation de sucre** (sur la base des ventes de sucre) qui était approximativement de 5 kg par an et par personne au début du XXe siècle a été multipliée par 6 en une centaine d'années ! En France, cela représente environ 30 kg de sucre par an et par personne (consommation stable), en Belgique à 38 kg, au Royaume-Uni à 41 kg sans égaler toutefois les Américains avec 63 kg de sucre par an et par personne en moyenne.

Comme pour le sel, le **sucre visible**, celui que l'on met dans les boissons chaudes (café, thé, tisane) et les pâtisseries maison est facilement identifiable et donc, si on le souhaite, contrôlable, en tous cas chez soi. Pour le sucre du miel, des sirops, des jus de fruits, le contrôle est possible à la maison, mais plus compliqué à l'extérieur, surtout lorsqu'il s'agit des enfants.

Enfin, pour le **sucre ajouté par l'industriel**, l'opacité règne. L'étiquetage nutritionnel donne la quantité totale de glucides pour 100 g « dont x g de sucre ». Mais cette information ne permet pas de faire la différence entre le sucre ajouté et les sucres présents naturellement. Elle permet simplement de distinguer les glucides complexes, comme l'amidon, des sucres simples, sans que l'on sache s'ils étaient présents au départ ni la quantité qui y a été ajoutée. Une bonne manière faite par la réglementation à l'industrie agroalimentaire et à l'industrie sucrière !

Pour l'organisme, un excès de sucre, tout comme un excès d'aliments à IG élevés ou un excès de glucides, va favoriser un hyperinsulinisme chronique, c'est-à-dire une élévation de la sécrétion d'insuline qui dure dans le temps et qui, au fil des années, peut engendrer une résistance à l'insuline et un diabète.

De plus, le sucre blanc, utilisé pour la fabrication des gâteaux et biscuits (30 à 70 % de saccharose pour 100 g), augmente les besoins de l'organisme en vitamine B1 et magnésium.

À savoir

IG des sucres simples

Sirop d'agave	11-25
Fructose	20
Sirop de fruits ou de pomme	50
Miel	54-55
+ il est riche en fructose (liquide) et + l'IG est bas	
+ il est riche en glucose (solide) et + l'IG est élevé	
Sucre de canne complet	65
Saccharose	70
Glucose, sirop de glucose	100

Les sucres à limiter

Tous les sucres ajoutés dont la liste suit ont des effets indésirables lorsqu'on les consomme au-delà des seuils proposés dans la MFM. Ils favorisent la prise de poids, l'inflammation, le stress oxydant et sont associés à un risque accru de diabète. Sans forcément éliminer tout aliment sucré, il est préférable de limiter boissons sucrées et produits industriels, lire les étiquettes, sucrer peu lorsqu'on fait la cuisine, et éviter de sucrer café, thé, tisanes, yaourts.

- **Le sucre** est le sucre de table que vous mettez dans votre café ou dans vos gâteaux. Il est extrait de la betterave sucrière ou de la canne à sucre et est constitué à 99,7 % de saccharose (ou sucrose) qui contient 50 % de glucose et 50 % de fructose. Son IG est modéré (IG = 68) du fait de la présence de fructose.

- **Le glucose** a un pouvoir sucrant faible à modéré mais c'est un bon agent de charge (il augmente le volume du produit sans lui apporter de calories) et il est donc prisé des industriels. Seulement, il fait monter en flèche la glycémie. Aussi appelé dextrose, on le retrouve très souvent dans les charcuteries car il contribue à donner une couleur rose à la viande de porc, plus appétissante que la couleur grise naturelle. On le trouve également dans les yaourts, les biscuits apéritifs, les chips.

- **Le fructose** est le sucre naturellement présent dans les fruits et le miel. Sous ces formes, il est assimilé sans problèmes. Dans les rayons des supermarchés, vous pouvez le trouver sous forme de poudre. Côté calories, le fructose et le sucre sont à peu près équivalents, mais le fructose possède un pouvoir sucrant supérieur à celui du sucre, donc vous en mettez moins et son IG est beaucoup plus faible (IG = 15 environ). Il peut aussi être produit à peu de frais par les industriels à partir d'amidon de maïs, de blé ou de pomme de terre. Pour une même saveur sucrée, il permet de réduire la quantité totale de glucides et donc de diminuer l'apport énergétique et est donc très prisé en biscuiterie et en pâtisserie industrielle.

Toutefois, lorsqu'il est consommé régulièrement sous forme de sucre ajouté, il entraîne une augmentation des graisses (triglycérides) dans le sang, favorise la prise de poids et la résistance à l'insuline. Il augmente aussi le stress oxydant et contribue à la glycation.

- **Le sirop de glucose** est un mélange de glucose seul et de chaînes de glucose. On le trouve dans la liste des ingrédients de très nombreux produits. Moins cher que le sucre de table, il est obtenu à partir de la dégradation chimique de l'amidon de blé, de maïs ou de pomme de terre. Les industriels y ont recours dans les sorbets, pour obtenir des textures plus dures, dans les céréales du petit déjeuner pour améliorer la texture et la conservation, dans les viennoiseries pour ajuster le goût sucré, dans les biscuits pour favoriser le brunissement ou améliorer la friabilité.

- **Le sirop de glucose-fructose** est un mélange de glucose et de fructose, dont la composition varie :
  - 42 % de fructose et 58 % de glucose : c'est la formule de base ;
  - 55 % de fructose et 45 % de glucose : c'est le HFCS 55 (*high fructose corn syrup*, sirop à haute teneur en fructose) ;
  - 90 % de fructose et 10 % de glucose ou HFCS 90.

Il est obtenu à partir du sirop de glucose et est utilisé par les industriels en raison de son faible coût par rapport au sucre de table et de ses avantages technologiques :
- dans les sodas et les boissons aux fruits, il augmente la saveur sucrée et exacerbe les arômes de fruits ;
- dans les glaces, il permet d'obtenir des textures plus souples et plus « cuillérables » ;
- dans les biscuits, il améliore la conservation et la texture en permettant de conserver le caractère moelleux et participe à la coloration (cuisson).

Consommé en excès, le sirop de glucose-fructose favorise, comme le sucre, la résistance à l'insuline, la stéatose hépatique, le surpoids et le diabète.

- **Le sucre inverti** est un mélange de sirop de glucose et de sirop de fructose à concentration égale (50/50) qui affiche un pouvoir sucrant légèrement supérieur au fructose. Il évite la dessiccation des sirops, des pâtes, des fondants et peut également être utilisé en biscuiterie-pâtisserie car il favorise la conservation du moelleux, la coloration des produits et augmente la saveur sucrée. Il s'apparente à ce qui se passe dans le tube digestif après digestion du sucre et séparation du glucose et du fructose. Il a donc tous les inconvénients du sucre blanc.

- **Le sirop d'agave**
Ce sirop issu de l'agave bleue, un cactus mexicain, ressemble beaucoup au miel liquide mais avec un goût plutôt neutre. Un peu moins calorique que le sucre classique (3 calories par gramme), il est très riche en fructose et donc possède un IG autour de 15-20. Il a donc tous les inconvénients du fructose pur et devrait être limité.

Pouvoir sucrant de plusieurs sucres

Sucre	Pouvoir sucrant
Saccharose	1
Fructose	1,1-1,7
Glucose	0,5-0,8
Sucre inverti	0,95
Sorbitol (E 420)	0,4-0,5
Maltose	0,4
Lactose	0,3

Les sucres que l'on peut consommer modérément

On nous demande souvent : « et si on remplace le sucre par le miel ou le sirop d'agave ou encore la stévia, c'est mieux non ? ». Rappelez-vous que le maître-mot sera encore et toujours de se débarrasser de l'appétence pour le goût sucré, mais si vous devez passer par un stade intermédiaire, voici un rapide tour d'horizon de ces spécialités…

Le miel

Le miel compte 3 calories par gramme. Il a un IG moyen de 55 mais surtout il apporte des vitamines, minéraux, acides aminés et autres substances aromatiques dont on ne connaît pas encore toutes les vertus sur l'organisme. Le miel peut être consommé à dose modérée car même s'il est riche en fructose il n'a pas les inconvénients du fructose pur, du fait de la présence d'antioxydants.

Il peut s'utiliser par exemple le matin à la place des confitures qui ont un IG plus élevé. Le miel est constitué de différents sucres : fructose, glucose, galactose, maltose, saccharose… Plus il est riche en fructose (son IG est plus bas) et plus il est liquide (il peut donc être utilisé en pâtisseries). À l'inverse, plus il est riche en glucose et plus il a tendance à cristalliser (il peut donc être utilisé pour les boissons chaudes par exemple mais son IG est plus élevé).

Si vous voulez préparer une pâtisserie pour une occasion spéciale, sachez que 100 g de sucre peuvent être avantageusement remplacés par 65 g de miel (ceci en raison de son pouvoir sucrant qui est 1,3 fois plus élevé que celui du saccharose) soit une « économie » de 192 calories vides !

La stévia

La *Stevia rebaudiana* est une plante originaire d'Amérique du Sud dont la feuille renferme des substances ayant un pouvoir sucrant élevé, les glycosides de stéviol. Et ce sont ces substances que vous retrouvez dans les sachets vendus dans les supermarchés. L'extrait de stévia est l'un des édulcorants les plus sûrs disponibles actuellement, contrairement à d'autres édulcorants synthétiques. Cependant, il est affecté d'une dose journalière admissible[1] (4 mg par kilo de poids corporel) ce qui doit malgré tout inciter à la modération.

Attention aussi de ne pas tomber dans les pièges de certains industriels qui mettent en avant des yaourts sucrés avec des extraits de stévia mais qui renferment également du sucre !

Le xylitol de bouleau

Cet édulcorant venu des pays nordiques est utilisé depuis longtemps dans les chewing-gums. Vous pouvez désormais le trouver sous forme de poudre. Il remplace le sucre que vous mettez dans vos boissons chaudes ou vos laitages avec 40 % de calories en moins. Mais attention, comme tous les polyols, il peut causer des ballonnements et autres soucis digestifs si vous en consommez trop. Ainsi, ne dépassez pas 50 g par jour, voire moins si vous avez les intestins sensibles.

Les édulcorants synthétiques : à éviter

Oui vous avez bien lu, synthétiques, car nous considérons que les appeler de synthèse les pare encore trop de

---

1. La dose journalière admissible (DJA) représente la quantité d'une substance qu'un individu moyen de 60 kg peut théoriquement ingérer chaque jour, sans risque pour la santé, exprimée en mg par kilo de poids corporel.

« naturalité ». En effet, tous les jours nous synthétisons naturellement des hormones, des acides aminés et des acides gras non essentiels mais jamais nous ne synthétisons ces « faux sucres ». Rappelez-vous que ces agents sucrants sont de toutes pièces créés par l'homme, qu'ils n'existent pas dans la nature et qu'ils ont tous une dose journalière admissible. Les édulcorants synthétiques comme l'aspartame ou le sucralose sont des produits sucrants parfois présents dans les produits allégés ; ils apportent moins de calories que le sucre. Leurs risques potentiels – effets sur la glycémie, perturbations de la flore intestinale – ont été souvent rapportés. Ainsi, le « zéro sucre » ne signifie pas « zéro impact ».

Comment éviter de conditionner les enfants pour le sucré ?

Le sucre possède une forte densité calorique et une densité nutritionnelle proche de zéro ! Que de l'énergie et rien d'autre, pas de vitamines, pas de minéraux, pas d'antioxydants, pas de fibres… Bref, ça ne sert qu'à contenter les papilles, or le sucre appelle le sucre et plus généralement le goût sucré appelle le sucre.

Il est donc important de ne pas habituer les enfants au goût sucré dans les aliments du quotidien. Ainsi il faudrait éviter :
- l'ajout systématique de sucre ou de confiture dans les yaourts ou petits-suisses des enfants ;
- les céréales sucrées pour le petit déjeuner ;
- les chocolats chauds préparés avec une poudre chocolatée sucrée ;
- de donner invariablement des gâteaux au goûter ;
- de servir des jus de fruits plutôt que des fruits…

En effet, ce sont autant de petits gestes qui, répétés tous les jours, conditionnent le goût…

Comment se passer de sucre ou se déshabituer ?

On commence par répertorier toutes les sources de sucre quotidiennes, pour soi et ses enfants.

Quand la liste des sources de sucre est dressée, il faut commencer par enlever celles qui posent le moins de problème, par exemple « je peux enlever le sucre dans mes boissons chaudes », « je peux me passer de mon soda en rentrant du travail », « je vais réussir à ne plus manger de biscuits devant la télévision ou l'ordinateur le soir », etc.

Pour le goûter, il faudra miser plutôt sur les oléagineux, les fruits frais ou séchés, une petite tartine de pain multicéréales avec un peu de beurre ou de confiture et si besoin un carré de chocolat, le plus noir possible. Et plus tôt vous initierez ces changements chez un enfant, plus cela deviendra naturel pour lui de manger une clémentine et des amandes au goûter plutôt qu'une brioche avec de la pâte à tartiner dedans.

Les interdire complètement serait pour vos enfants et pour vous tout simplement contre-productif. Comme on le répète souvent : chaque aliment à sa place mais doit garder sa juste place ! De bonnes explications valent mieux qu'une interdiction !

Il est bien évident que les boissons sucrées (colas, sodas, jus de fruits, boissons énergisantes) sont à éviter ou limiter et qu'il est vain de penser que les remplacer par des versions « light » changera votre comportement ou celui de vos enfants. Elles ne feront qu'entretenir l'appétence pour les produits sucrés.

Les édulcorants et leurs effets sur la santé

Nom	Pouvoir sucrant (par rapport au saccharose)	DJA (mg par kilo de poids)	Sources	Effets sur la santé jusqu'à la DJA
Aspartame (E 951)	200	40	Édulcorant de table (Canderel), boissons, desserts, préparations laitières, confiseries, compléments alimentaires.	**Possible** : migraines, prématurité (2 études de cohorte), perturbation de la flore intestinale. **Peu probable** : épilepsie, allergies, tumeurs du cerveau, cancers du sein et des voies urinaires, augmentation de l'appétit. **Faux** : œdèmes, convulsions, nausées, troubles de la vue.
Acésulfame K (E 950)	200	9	Édulcorant de table (Hermesetas), boissons, confiseries, dentifrices, produits pharmaceutiques. Améliore le goût fade des polyols.	**Possible** : perturbation de la flore intestinale.
Sel d'aspartame (64 %) et d'acésulfame K (36 %) (E 962)	350	40 et 9	Édulcorant de table (Ligne, Tutti Free), confiseries, desserts, boissons déshydratées, produits pharmaceutiques, aliments fonctionnels.	Idem aspartame.
Saccharine (E 954)	300 à 400	5	Édulcorant de table (Hermesetas), boissons, confiseries, desserts, compléments alimentaires.	**Possible** : trouble de la régulation du glucose et de la flore intestinale. **Peu probable** : cancer de la vessie, dommages de l'ADN, allergisant.
Acide cyclamique et cyclamate de calcium ou sodium (E 952)	20 à 40	7	Boissons, desserts, confiseries, compléments alimentaires.	**Possible** : trouble de la régulation du glucose et de la flore intestinale. **Peu probable** : divers cancers, atrophie des testicules, allergisants.
Sucralose (E 955)	600	15	Boissons, desserts, confiseries, compléments alimentaires.	**Possible** : trouble de la régulation du glucose et de la flore intestinale. **Peu probable** : perturbateur du système immunitaire, allergisant.
Neotame	7 000 à 13 000	0 à 2	Confiserie, fruits en conserve, produits laitiers, pâtisseries, chewing-gum.	**Possible** : trouble de la régulation du glucose et de la flore intestinale.
Néohespéridine dihydrochalcone D (E 959)	1 500 à 2 000	0,5	Boissons, desserts, confiseries.	**Possible** : trouble de la régulation du glucose et de la flore intestinale.

Quand les recommandations officielles se trompent

Dans les recommandations nutritionnelles officielles, il est dit que pour éviter les grignotages, dans l'après-midi ou le soir par exemple, il faut manger suffisamment de féculents aux repas du midi et du soir. Mais en réalité, plus on mange de glucides – d'autant plus si ceux-ci sont à IG élevés – et plus on a envie de glucides quelques heures après ! Ainsi, **ce n'est pas en forçant sur le pain, les pommes de terre ou les pâtes qu'on évite le grignotage**, mais en consommant suffisamment de protéines animales ou végétales.

Par quoi remplacer le sucre ?

Commencer par afficher un rappel sur les placards ou le réfrigérateur : « Je me déshabitue de cette appétence pour le sucré ! ».

Ensuite, place aux arômes subtils et tout à fait naturels pour réveiller vos papilles !

Les épices comme la cannelle ou encore le mélange 4 épices possèdent une charge glycémique nulle et n'apportent aucune calorie. Vous pouvez les utiliser pour relever une salade de fruits ou remplacer une partie du sucre dans des recettes de cakes, compotes, pâtes à tarte…

Les extraits naturels de citron, d'orange ou encore de vanille donnent du goût et permettent de remplacer ou diminuer le sucre dans un laitage nature, une boisson chaude ou un gâteau. Deux gouttes suffisent à aromatiser un dessert un peu fade, le tout sans en payer le prix fort en termes de calories et sans perturber la glycémie.

Les huiles essentielles comestibles de menthe, de lavande, de cannelle, de gingembre, de mandarine ou d'orange (amère ou douce) trouvent leur place dans les mets plutôt sucrés et des huiles essentielles de romarin, de fenouil, de basilic ou de thym dans les plats plutôt « salés ».

Pour la confection de biscuits et de gâteaux maison, optez pour un **sucre de canne complet** (type rapadura issu du commerce équitable) qui a un IG moyen et qui mêle des saveurs de caramel et de réglisse. Il n'est ni raffiné ni cristallisé et apporte quelques éléments bénéfiques (minéraux, vitamines, acides aminés). Mais cela ne doit pas être un prétexte pour faire plus de desserts maison !

Le sucre de canne peut aussi être roux ou blond (peu raffiné et cristallisé) mais attention parfois il s'agit de sucre blanc coloré avec du caramel !

Et si on s'autorise une gourmandise : le chocolat noir à 85 % de cacao !

Le cacao et le chocolat sont fabriqués à partir de la noix de cacao (*Theobroma cacao*). Le cacao a été introduit en Europe par Christophe Colomb en 1502, mais il était consommé de longue date par les peuples d'Amérique du Sud en particulier pour traiter l'inflammation et les douleurs de poitrine. Depuis 60 ans, le chocolat est plutôt vu comme un aliment-plaisir que comme un médicament.

Pourtant il a des **vertus santé** bien réelles.

• **Il contient des quantités importantes de polyphénols** sous la forme de catéchines et épicatéchines. On trouve ces substances dans d'autres aliments comme les fruits, le thé et le vin, mais celles du chocolat ont une caractéristique particulière : leur nature chimique fait qu'elles sont dégradées et éliminées plus lentement une fois ingérées, ce qui les rend plus efficaces. On peut conclure des différents travaux existants que les antioxydants du chocolat améliorent les défenses de l'organisme contre les radicaux libres.

• **Il aurait un effet anti-inflammatoire et fluidifiant, intéressant pour le cœur** et pour prévenir ou retarder les plaques d'athérome dans les vaisseaux. Les polyphénols du chocolat diminueraient en effet le niveau dans l'organisme d'une substance qui favorise l'inflammation et la coagulation du sang, et qu'on appelle leucotriène. Les polyphénols agissent en freinant l'activité d'une enzyme qui transforme l'acide arachidonique (oméga-6) en leucotriène. De fait, dans les études d'intervention, les volontaires qui reçoivent du chocolat ont un sang plus fluide. Il est clair que les personnes qui sont à l'abri des caillots sanguins et de l'inflammation chronique ont moins de risque que les autres d'être victimes d'un infarctus. De plus, le cacao favorise la vasodilatation et en améliorant ce paramètre, il protégerait l'organisme contre les maladies coronariennes.

• **Il aurait même de possibles effets sur le système immunitaire.**

Le chocolat noir est celui qui renferme le plus de polyphénols, suivi par le chocolat au lait, puis loin derrière le chocolat blanc qui n'en contient aucun. Seul le chocolat noir semble capable de fluidifier le sang, mais également améliorer la sensibilité à l'insuline et faire baisser la tension artérielle.

Toutefois, les procédés de fabrication, de fermentation, de séchage, de torréfaction et d'alcalinisation détruisent des quantités considérables de polyphénols. En conséquence, la plupart des produits à base de chocolat qu'on trouve sur le marché en sont très pauvres. En fait, on ne trouve de cacaos très riches en polyphénols que dans les laboratoires de recherche en nutrition, où ils servent aux études cliniques !

Même lorsque les procédés de fabrication sont ajustés au mieux pour préserver les polyphénols, leur teneur varie beaucoup selon les espèces cultivées et le pourcentage de cacao utilisé dans la formulation.

Le chocolat noir, à condition qu'il soit au moins à 85 % de cacao, est une gourmandise compatible avec les recommandations de la MFM.

Peut-on être accro au chocolat ?

Certains y voient un effet des substances psychoactives qu'il renferme, mais l'explication est certainement plus triviale. La dépendance au chocolat n'est pas une invention des femmes pour assouvir, l'esprit léger, leur passion dévorante. Les chercheurs sont bien ennuyés. Ils aimeraient identifier les substances qui ravissent leurs épouses, or, le cacao renferme des centaines de molécules susceptibles d'agir sur le comportement :
- il contient des substances toniques (caféine, théobromine, théophylline) qui mettent en forme ;
- il recèle aussi de la phényléthylamine, véritable antidépresseur végétal qui donne un meilleur moral (toutefois, proche des amphétamines, elle est probablement détruite pendant la digestion) ;
- son magnésium lutte contre le stress et prévient la spasmophilie ;
- de plus, c'est un « aliment plaisir » qui fait sécréter des endorphines (morphine produite par notre propre corps) qui donnent une sensation d'euphorie et de bien-être.

Malheureusement quand on donne du cacao (riche en composés actifs, mais sans saveur) aux accros du chocolat, cela ne parvient pas à apaiser leur besoin compulsif. Cette soi-disant dépendance au chocolat s'expliquerait certainement par l'attirance universelle pour les aliments sucrés-gras, d'où l'importance de le choisir à 85 % minimum qui garantit une teneur moindre en sucre.

Les recommandations MFM : Compléments alimentaires

1 complément quotidien
de vitamines et minéraux
à dose modérée

Pourquoi prendre un complément alimentaire de vitamines, minéraux et acides gras ?

Parce que l'alimentation est souvent imparfaite

En 1999, Nicole Darmon, chercheur au Conservatoire national des arts et métiers (Paris), a fait appel à la programmation linéaire pour savoir si l'alimentation actuelle des Français leur permet de respecter les apports nutritionnels conseillés (ANC). Sa conclusion : « *Que ce soit pour l'homme, la femme ou l'enfant de 1 à 3 ans, la construction d'une ration respectant les ANC est tout simplement impossible à réaliser quand on impose au programme de ne pas dépasser les quantités d'aliments effectivement consommées par 50 à 75 % de la population* ».

La couverture des besoins est particulièrement difficile pour les vitamines B1, B6, E, et D, le niveau des recommandations de 1992 pour cette dernière (10 µg/j) étant « *impossible à atteindre lorsque tous les autres ANC sont respectés* ». Côté minéraux, les apports en magnésium, fer, zinc et cuivre sont problématiques. Pour atteindre les ANC, une femme adulte devrait consommer chaque jour 1,250 kg de fruits et légumes frais. « *Ceci*, commente Nicole Darmon, *est probablement impossible à réaliser* ».

Parce qu'ils sont une assurance peu chère

Le programme détaillé dans ce livre doit vous permettre de vous approcher et même atteindre les apports optimaux pour la plupart des vitamines, minéraux et acides gras. Malgré tout, il est parfois difficile de demander à la seule alimentation, fût-elle parfaite, de subvenir à l'ensemble des besoins en micronutriments. Il faut alors faire appel ponctuellement ou régulièrement à des compléments nutritionnels. Les compléments de vitamines, minéraux, acides gras n'ont pas pour vocation de se substituer à l'alimentation. Ils sont trop imparfaits et surtout trop incomplets. Ils peuvent cependant vous apporter une assistance peu chère pour couvrir vos besoins.

Voici, sur les compléments de vitamines et minéraux, le jugement d'une des plus grandes autorités, le Pr Walter Willett, de l'École de santé publique de Harvard : *« La recherche nous dit que plusieurs des ingrédients qui entrent dans la composition d'un complément nutritionnel de base – en particulier, les vitamines B6, B9, B12, la vitamine D – sont essentiels pour prévenir les maladies cardiovasculaires, le cancer, l'ostéoporose et d'autres maladies chroniques. Donc, prendre un complément de vitamines et minéraux est une démarche sûre et rationnelle qui complémente une bonne alimentation mais ne peut la remplacer ».*

Les nutriments à rechercher

Nous avons identifié quelques nutriments pour lesquels nos besoins peuvent être difficiles à couvrir par la seule alimentation et le mode de vie. Ce sont les vitamines B1, B2, B6, C, D, E et pour les minéraux, le magnésium, le potassium, le fer et le zinc.

- **Vitamine B1** : les apports conseillés sont de l'ordre de 2,2 à 2,4 mg par jour, mais cette vitamine peut manquer lorsqu'on consomme beaucoup de féculents et/ou de produits sucrés.

- **Vitamine B2** : les apports conseillés vont de 1,5 à 1,6 mg. Dans l'étude Val-de-Marne, 14 à 31 % des femmes et 8 à 22 % des hommes ont des valeurs évoquant un risque élevé de déficit.

- **Vitamine C** : selon nous, un adulte devrait s'en procurer 400 mg par jour. Ceci peut être réalisé en consommant 8 à 10 portions de fruits et légumes par jour. Si ce n'est pas le cas, vous pouvez compléter en prenant un supplément minéro-vitaminique.

- **Vitamine D** : entre octobre et mars dans l'hémisphère Nord, les doses de vitamine D optimales sont impossibles à atteindre par l'alimentation et l'exposition au soleil. Nous vous conseillons donc de vous procurer 1 000 UI de vitamine D3 par jour, ou plus selon dosages sanguins. Pour y parvenir, un complément est indispensable (d'origine animale ou végétale).

- **Vitamine E** : dans l'étude Val-de-Marne, 40 à 90% des personnes sont en dessous des deux-tiers des apports nutritionnels conseillés, et jusqu'à 17 % en dessous du tiers, ce qui suggère que les déficits sont répandus. Il faudrait se procurer environ 15 mg par jour.

- **Magnésium** : la plupart d'entre nous manquent de magnésium en particulier si le mode de vie expose au stress et au bruit. Il est alors conseillé de prendre un complément apportant 300 mg par jour, par exemple sous forme de citrate.

- **Potassium** : les conseils de ce livre devraient vous aider à améliorer considérablement vos apports en potassium, mais pour atteindre le niveau que nous considérons comme optimal (plus de 5 g/j), vous pourriez envisager de consommer un supplément de citrate de potassium (1 à 2 g/j), si vous n'avez pas de problèmes rénaux.

- **Fer** : dans l'étude Val-de-Marne, le déficit en fer touche 29 % des enfants de moins de 2 ans, 14 % des 2-6 ans, 15 % des adolescents et 10 % des femmes en âge de procréer. Dans SU.VI.MAX, 23 % des femmes ont des réserves de fer insuffisantes. LaNutrition.fr conseille de privilégier l'alimentation pour combler un déficit en fer, par exemple en recherchant des végétaux riches en fer, qu'on consommera avec des sources de vitamine C, ou des aliments d'origine animale comme la viande rouge, le boudin. Si cela ne suffit pas, on peut prendre un médicament à base de fer, ou un complément alimentaire comme la spiruline enrichie en fer.

- **Zinc** : les apports conseillés vont de 8 à 10 mg par jour. Dans l'étude Val-de-Marne, 18 à 25 % des enfants, 25 à 50 % des adolescentes et hommes adultes, et 57 à 79 % des adolescentes et femmes adultes ne reçoivent pas les deux-tiers des ANC.

Pourquoi il ne faut pas abuser des compléments alimentaires

Parce qu'ils ne reproduisent pas exactement la nature

Plusieurs des ingrédients des compléments nutritionnels reproduisent de manière imparfaite les nutriments de l'alimentation. C'est le cas de la vitamine B9 de synthèse ou acide folique, qui diffère du groupe de nutriments naturels appelé folates. C'est aussi le cas de la vitamine B6, et souvent celui de la vitamine E. Le terme de vitamine E désigne une famille de 8 isomères, mais, dans les compléments nutritionnels, on n'en trouve le plus souvent qu'un seul (de surcroît, souvent sous sa forme synthétique). Une fois absorbés, ces nutriments synthétiques peuvent se comporter différemment des nutriments naturels. À dose faible ou modérée, cela ne pose pas de problème, car ces formes miment les formes naturelles dans leurs effets, et peuvent donc rendre des services. À dose élevée en revanche, le métabolisme particulier de ces formes peut perturber certains équilibres.

Parce que certaines associations sont discutables

Beaucoup de compléments vitaminiques contiennent du fer. Ce fer peut, dans certaines circonstances, réagir avec la vitamine E pour générer des radicaux libres : précisément le but inverse de celui recherché. Les mêmes réserves s'appliquent aux compléments contenant du cuivre et du manganèse.

Repères de consommation

Pour tous, chaque jour ou en cures : un complément multivitamines et minéraux (MUM)

Nous conseillons de prendre régulièrement un complément de vitamines et minéraux faiblement dosé (50 à 100 % des apports conseillés dans ce livre) avec la plupart des nutriments, à l'exception du fer, du cuivre et du manganèse. Il n'y a pas de

> **Avertissement !**
>
> Aucun des conseils et informations donnés dans ce livre ne remplace une consultation médicale. Certains compléments présentent des contre-indications.
> Seul un diagnostic complet, avec la connaissance des antécédents personnels et familiaux, l'examen clinique, le bilan alimentaire et les analyses biologiques, permet de personnaliser et adapter la complémentation alimentaire.

déficit en cuivre et manganèse dans la population générale. Le fer devrait être prescrit par un médecin, au vu d'un bilan biologique et clinique.
Marques conseillées : Nutriting, Life Extension, LaNutrition.fr

Pour tous, d'octobre à mars (hémisphère nord) : un complément de vitamine D3

La vitamine D délivrée en dose unique semble aussi efficace que celle délivrée quotidiennement. Une autre alternative consiste à prendre de la vitamine D une fois par semaine ou deux fois par mois (par exemple : 30 000 à 60 000 UI en une dose mensuelle, selon qu'il s'agit d'un enfant ou d'un adulte).

Doses quotidiennes :
- Pour un enfant nourri au sein ou passé à l'alimentation solide : 400 à 800 UI de vitamine D3 par jour
- Pour un enfant plus âgé : 800 à 1 000 UI/j
- Pour un adolescent ou un adulte : 1 000 à 4 000 UI/jour selon bilans sanguins
Marques conseillées : en pharmacie Zyma D 80 000 UI (à diluer dans un flacon compte-gouttes avec de l'huile végétale de manière à délivrer une quantité calibrée par goutte) ; vitamine D3 en gouttes de DPlantes (400 UI par goutte).

En situation de stress, surmenage

Magnésium : 300 mg par jour pour un adulte, 150 mg pour un enfant.
Marques conseillées : StressMagPlus de LaNutrition.fr

En cas de déséquilibre acido-basique ou de faible consommation de fruits et légumes

Nous conseillons aux adultes de prendre selon le cas (régime plus ou moins riche en fruits et légumes, risque d'ostéoporose) 1 000 à 2 000 mg de **citrate de potassium**.
Marque conseillée : Citrate de potassium de LaNutrition.fr

En pratique

12 règles pour choisir un complément alimentaire

● **Règle n°1 : Une pilule ne compense pas les dégâts d'un mode de vie déséquilibré**
Prendre un complément alimentaire ne permet pas de s'exonérer de l'effort permanent d'améliorer son mode de vie, choisir des aliments peu transformés, manger frugalement, éviter les toxiques, ne pas fumer, ne pas boire excessivement, faire de l'exercice, réduire son stress, avoir une vie sociale et amoureuse riche. Toutes ces mesures ont plus de poids sur le vieillissement en bonne santé que les compléments alimentaires.

● **Règle n°2 : Des dosages sanguins quand vous le pouvez, mais...**
Avant de prendre des compléments alimentaires, l'idéal serait de faire doser régulièrement certains nutriments essentiels comme les vitamines et les minéraux, mais aussi les substances qui témoignent de l'équilibre général, comme les marqueurs de l'oxydation ou les produits de dégradation des neurotransmetteurs. Mais ces dosages sont souvent onéreux.

...

En pratique

...

Il existe d'autres manières de raisonner :
En se basant sur les enquêtes alimentaires, on peut imaginer que si vous résidez dans l'hémisphère nord vous avez besoin de prendre un supplément de vitamine D en hiver ; si vous surconsommez des glucides, vous avez besoin de vitamines du groupe B ; si vous mangez peu de fruits et légumes un supplément de potassium et d'antioxydants vous sera utile ; si vous êtes stressé(e), vous manquez probablement de magnésium, etc.

Des questionnaires plus spécifiques vous permettent d'en savoir plus sur vos besoins. Par exemple, dans son livre *La Révolution des antioxydants*, Michel Brack propose un questionnaire pour évaluer son stress oxydant. De même, Julia Ross dans *Libérez-vous des fringales* et Eric Braverman dans *Un cerveau à 100%* font de même pour évaluer vos besoins éventuels en acides aminés.

Lire aussi *Le Guide pratique des compléments alimentaires*, de Brigitte Karleskind et *Le Guide des compléments antioxydants* de Daniel Sincholle et Claude Bonne.

● **Règle n°3 : Consultez votre médecin** (ou votre pharmacien, votre diététicien) si vous êtes suivi médicalement, si vous fumez, si vous êtes enceinte ou si vous allaitez

● **Règle n°4 : Des nutriments associés**
Que ce soit dans des complexes de base ou des complexes antioxydants, les vitamines et les minéraux – à condition qu'ils soient compatibles – sont plus efficaces ensemble qu'isolés. Ils agissent en synergie. Il faut donc éviter de prendre une substance isolée.

● **Règle n°5 : Une capsule par jour est peu vraisemblable**
On trouve encore sur le marché des multivitamines/minéraux (MVM) à raison d'une unité de prise par jour. Malheureusement, ces formulations a minima ne permettent pas d'ingérer la quantité optimale d'ingrédients nécessaires, notamment en minéraux. Il faudra donc souvent encadrer ces MVM par des formules complémentaires.

● **Règle n°6 : Plus cher, c'est souvent mieux que pas cher du tout**
En règle générale, les prix élevés sont justifiés par une formulation qui fait appel à des ingrédients de qualité (par exemple la vitamine E naturelle avec ses 4 tocophérols et ses 4 tocotriénols, plutôt que de l'alpha-tocophérol synthétique). En général, les marques de supermarché et les grandes marques vendues en pharmacie (celles qui font de la pub à la télé) sont à éviter. Les meilleurs produits sont dans les pharmacies dirigées par des spécialistes de nutrition, les magasins diététiques, en vente par correspondance et sur Internet.

● **Règle n°7 : Ni fer ni cuivre, ni manganèse**
Le fer peut favoriser la formation des radicaux libres qui nous font vieillir et peuvent conduire à des maladies chroniques. Il ne devrait être donné qu'aux personnes qui en manquent. Le cuivre peut être encore plus agressif que le fer. En plus, les mécanismes d'élimination du cuivre sont peu actifs et il a tendance à s'accumuler au fil des années (il peut être nécessaire de prendre des suppléments de cuivre lorsqu'on consomme pendant longtemps des doses élevées de zinc – probablement au-dessus de 80 mg de zinc par jour).

Le manganèse est un nutriment essentiel, mais les déficits sont rarissimes. L'alimentation en apporte des quantités confortables (4 à 5 mg/j), mais les végétariens en reçoivent aisément 10 mg par jour. Un excès de manganèse a été associé à des troubles neurologiques.

...

En pratique

...

● **Règle n°8 : Du zinc modérément**
L'excès de zinc et/ou sa consommation prolongée pourraient favoriser le cancer de la prostate, selon plusieurs études d'observation. Mais toutes les études ne montrent pas cela. LaNutrition.fr conseille par précaution de ne pas prendre plus de 15 mg de zinc par jour sous la forme de supplément, sauf prescription médicale.

● **Règle n°9 : Des vitamines naturelles quand c'est possible**
Pour les vitamines C, E, le bêta-carotène : des formes naturelles existent. À l'exception de la vitamine C, pour laquelle formes naturelle et synthétique sont équivalentes, mieux vaut opter pour une vitamine E et du bêta-carotène naturels. La vitamine E synthétique (dl-alpha-tocophérol) peut faire chuter le taux sanguin d'une substance cousine, le gamma-tocophérol qui apparaît essentiel à la lutte contre certains polluants et oxydants azotés difficiles à contrôler.
Le bêta-carotène synthétique entraîne une élévation anormale des taux de bêta-carotène dans le corps, avec là aussi une incidence possible sur le niveau d'autres caroténoïdes.
La vitamine B9 est essentielle, mais il faut éviter les compléments alimentaires qui l'apportent sous la forme d'acide folique à des doses supérieures à 200 µg par jour car au-delà, l'acide folique a tendance à s'accumuler dans l'organisme.

● **Règle n°10 : Tous les sels minéraux ne se valent pas**
La forme sous laquelle se trouvent les minéraux dans les compléments nutritionnels est importante pour que ceux-ci soient bien absorbés et pour ne pas entraîner d'effets secondaires gênants.

– **Magnésium** : on préférera le citrate de magnésium ou le bisglycinate de magnésium. Le glycérophosphate est très biodisponible, mais il apporte du phosphate. Des formes moins chères (oxyde) peuvent être prises à condition de ne pas dépasser 50 à 100 mg par prise, pour éviter l'effet laxatif et pour favoriser l'absorption.
– **Zinc** : préférer le citrate de zinc, une forme physiologique que l'on retrouve dans le lait maternel.
– **Potassium** : le citrate comme le bicarbonate corrigent l'acidose chronique ; ce sont les formes à privilégier. Le citrate est un peu mieux toléré que le bicarbonate. En cas d'alcalose hypokaliémique, il faut privilégier le chlorure de potassium.

● **Règle n°11 : Des doses modérées de vitamine A préformée**
La vitamine A (rétinol) peut augmenter le risque de malformation au premier trimestre de la grossesse ; elle est soupçonnée aussi de fragiliser l'os. Enfin, elle n'est pas antioxydante comme les caroténoïdes dont certains (bêta-carotène, alpha-carotène) peuvent se transformer en vitamine A selon les besoins : il est plus intéressant de choisir un complément nutritionnel qui contient du bêta-carotène ou d'autres caroténoïdes provitamine A.

● **Règle n°12 : Ni phosphates, ni lactose, ni fructose, ni glucose-fructose, ni maltodextrine**
Ces substances (utilisées comme excipients) sont liées, à des degrés divers, à des problèmes de santé et n'ont rien à faire dans des compléments alimentaires.

Quelques repères pour savoir en quelle quantité manger

C'est quoi une portion de légumes ?

6 à 12 radis (60 g)   65 g de concombre (1/3)

90 g de carotte   1 tomate (110 g)

½ avocat (110 g)   50 g de salade verte

85 g de brocoli

1 artichaut (230 g)

90 g d'haricots verts

100 g de courge

85 g de chou

100 g de poireau

85 g d'aubergine

90 g d'épinards

1 courgette (95 g)

1 navet (85 g)

85 g de champignons cuits

160 g de patate douce

200 g de panais, de rutabaga ou de topinambour

130 g de pommes de terre

Quelques repères pour savoir en quelle quantité manger

C'est quoi une portion de fruits ?

1 poire

13 fraises

20 grains de raisin

20 framboises

3 abricots secs

3 dattes séchées

C'est aussi :
1 tranche de pastèque,
2 abricots,
1 pêche,
10 litchis,
1 mangue,
2 figues,
20 cerises

Quelques repères pour savoir en quelle quantité manger

C'est quoi une portion de légumineuses ?

130 g de lentilles

130 g haricots blancs

130 g petits pois

130 g de pois chiches

C'est quoi une portion de charcuterie ?

1 tranche de jambon

4 tranches de saucisson

40 g de rillettes

80 g boudin noir

C'est quoi une portion de noix ou de graines oléagineuses ?

8 noix (25 g)

20 amandes (25 g)

25 noisettes (30 g)

8 noix du Brésil (25 g)

20 noix de cajou (30 g)

45 pistaches (30 g)

45 cacahuètes (30 g)

C'est quoi une portion de produits de la mer ?

100 g sardines en boîte

1 maquereau (180 g)

150 g de cabillaud

120 g de saumon (1 darne)

120 g de crevettes (5 à 8 crevettes)

25 moules ou 6 huîtres

C'est quoi une portion de viande ?

1 cuisse de poulet 175 g

1 tranche d'agneau de 120 g

1 côte de porc de 130 g

1 escalope de veau de 120 g

1 faux-filet de 120 g

Quelques repères pour savoir en quelle quantité manger

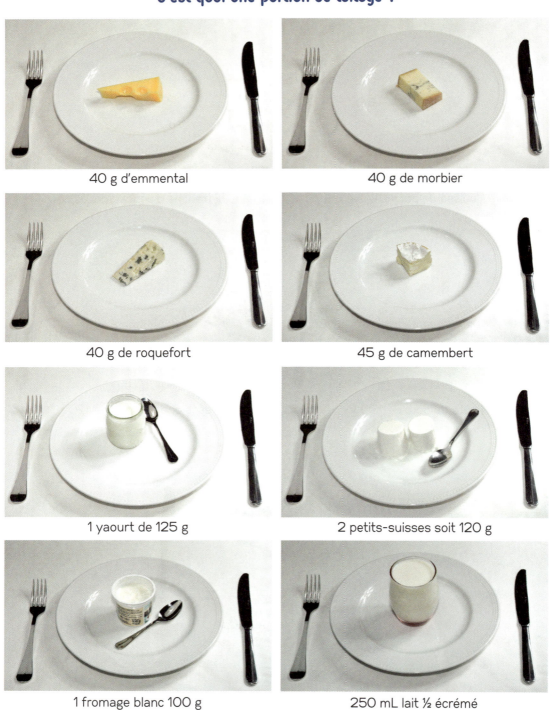

C'est quoi une portion de produit céréalier ?

100 g de riz cuit

3 biscuits secs (30 g)

30 g de flocons d'avoine

85 g de pâtes

1 à 2 tranches de pain

Testez-vous !

Grâce au test qui va suivre vous allez pouvoir dégager vos points forts à conforter et vos points faibles à améliorer, pas à pas.
Prenez conscience de vos points forts et de vos points faibles nutritionnels afin de définir des priorités dans vos objectifs nutritionnels et de vous améliorer dans les domaines qui posent problème.
Pour chacune des affirmations suivantes, dites si Oui ou Non vous vous sentez concerné et dégagez ainsi vos points forts à consolider et vos points faibles à améliorer.

Mes points forts	OUI donc je continue ainsi	NON donc j'essaie de modifier mes habitudes
Je lis la liste des ingrédients avant d'acheter mes produits		
Je bois au moins 1,5 litre par jour (eau, thé, café, tisanes)		
À table, je prends le temps de bien mastiquer		
À tous les repas il y a au moins deux portions de légumes (l'équivalent de deux poignées)		
J'ai au moins deux légumes différents à chaque repas (déjeuner et dîner)		
Je mange au moins 3 fruits par jour		
Je mange des légumes secs au moins deux fois par semaine		
Je privilégie toujours un pain avec une mie colorée		
Je consomme de l'huile d'olive tous les jours		
J'utilise des épices et des aromates tous les jours dans mes plats		
Je mange des oléagineux tous les jours		
Je mange des champignons au moins trois fois par mois		
Je planifie mes menus sur plusieurs jours		

Mes points faibles

	OUI donc j'essaie de modifier mes habitudes	NON donc je continue ainsi
Je mange du pain blanc (baguette) à tous les repas		
Je sucre mes boissons chaudes		
Je consomme des céréales le matin (autres que le muesli et les flocons d'avoine)		
Je mange deux sources de féculents à chaque repas ou je me sers de grosses quantités		
Je mange des pommes de terre (purée, frites, rissolées, gratins) plus d'une fois par semaine		
Je bois plus d'un litre de jus de fruits par semaine		
Je bois des sodas deux ou trois fois par semaine		
Je resale systématiquement mes plats		
Je mange des viennoiseries (pain au lait, croissant, brioche, pain au chocolat...) tous les jours ou 3-4 fois par semaine		
Je mange des charcuteries au moins trois fois par semaine (saucisson, rillettes, pâté...)		
Je mange de la viande plus de quatre fois par semaine		
Je mange plus de deux laitages par jour		
Je mange des biscuits ou gâteaux tous les jours au goûter		
Je mange sans avoir réellement faim		
J'ajoute de la crème fraîche tous les jours dans mes plats		

Troisième partie

La meilleure façon de choisir ses produits et planifier ses repas

Savoir décrypter une étiquette alimentaire

Quand on souhaite apprendre ou réapprendre à bien manger, même s'il faut toujours privilégier les produits bruts, non transformés, il arrive un moment où les produits emballés sont un passage plus ou moins obligé. Et pour la plupart des gens, se retrouver devant une étiquette alimentaire relève d'un véritable défi quand il s'agit de la décrypter ! « C'est écrit trop petit », « Moi je ne regarde que les calories », « Moi je me fie à une marque »... Et il faut dire que les noms compliqués fleurissent sur les emballages afin de mieux perdre le consommateur... Un peu comme certains médecins ou scientifiques qui vous perdent dans leur jargon. Au final, vous dites oui sans avoir réellement compris pourquoi on vous prescrivait tel ou tel médicament et c'est exactement pareil avec les aliments, vous les choisissez parce qu'on vous a dit que c'était bien, sans réellement savoir si c'était vrai et pourquoi...

L'objectif de cette partie est de vous faire devenir acteur de vos achats en allant à l'essentiel sur une étiquette. Bien sûr vous ne deviendrez pas un expert en additifs mais il y a de fortes chances que désormais, retourner un paquet dans tous les sens devienne un réflexe lors de vos futurs achats !

Pour éviter de se dire « eh bien maintenant, je vais passer 2 heures à faire mes courses ! », voici quelques astuces simples.

1re règle : trouver la liste des ingrédients

La liste des ingrédients est obligatoire sur tout produit, et toujours indiquée par ordre pondéral décroissant. Elle inclut tous les ingrédients, même les additifs. Pour faire simple, le premier ingrédient est celui qui compose majoritairement le produit. Donc, vu ce que nous avons abordé dans la première partie du livre, regardez les 2-3 premiers ingrédients et premièrement traquez la présence de sucres et de graisses, sous toutes leurs formes, et regardez bien leur qualité. Plus la liste des ingrédients est courte et mieux c'est !

Je privilégie des ingrédients « naturels »

J'évite	Je privilégie
Huile de palme, huile de palmiste, huile partiellement hydrogénée, huile végétale	Huile d'olive, huile de colza, huile de tournesol, beurre
Sirop de glucose-fructose, sirop de sucre inverti, maltodextrine, aspartame, sucralose	Sucre de canne, miel
Amidon modifié, amidon transformé	Farine
Blanc d'œuf ou jaune d'œuf en poudre	Œufs
Lait en poudre, protéines de lait	Lait

Si dans cette liste, vous voyez des noms que vous ne comprenez pas et n'arrivez pas à prononcer, laissez le produit en rayon ! C'est ainsi souvent le cas avec les additifs, reconnaissables à leur code (E suivi de 3 ou 4 chiffres) ou à leur nom scientifique et leur catégorie. Un additif, c'est une substance d'origine naturelle ou synthétique ajoutée à un aliment dans le but d'en améliorer la conservation, le goût, la couleur, l'aspect… Seuls les additifs autorisés peuvent être utilisés. Ils se retrouvent dans la plupart des produits sauf dans les denrées alimentaires non transformées (poisson/viande, fruit/légume frais…). Ils ne sont pas tous à éradiquer de l'alimentation puisque certains sont utiles par exemple pour limiter le développement de bactéries et moisissures. Même si certains additifs peuvent être allergisants, ils sont normalement sans danger s'ils sont consommés de manière ponctuelle et isolée… Mais à bien y regarder, d'une semaine sur l'autre on a toujours les mêmes produits dans son chariot, non ? Vos yaourts 0 % sont toujours les mêmes, midi et soir ? Les gâteaux pour les enfants sont globalement identiques ? Ainsi il n'est pas rare d'entendre « je consomme les mêmes produits depuis plus de 10 ans parce que j'y suis habitué, je les repère bien en magasin… ».

Ainsi, ce qui va commencer à poser problème n'est pas la consommation ponctuelle de tel ou tel additif mais le fait de le retrouver tous les jours, voire plusieurs fois par jour… sans compter les cocktails d'additifs, et donc les interactions entre eux que l'on peut faire durant une même journée et qui n'ont jamais été et ne pourront jamais être analysés.

En privilégiant les listes courtes d'ingrédients, vous limitez ainsi le

Exemples de listes d'ingrédients de deux types de biscuits

Tartelettes à la fraise

Ingrédients : farine de blé 43 % ; nappage à la fraise et à la pomme 40 % (sirop de glucose-fructose, purée et purée à base de concentré de fraise 39 %, purée de pomme 20 %, stabilisant : glycérol, gélifiant : pectines, arômes, acidifiant : acide citrique, correcteur d'acidité : E331, colorant : anthocyanes) ; graisse de palme ; sucre ; sirop de glucose ; œufs en poudre ; sel ; poudres à lever : E500, E503, E341 ; protéines de lait ; lait en poudre écrémé ; arôme.

Petit-beurre

Petit-beurre bio

Ingrédients : farine d'épeautre complet 31 % ; farine d'épeautre 31 % ; sucre de canne roux ; beurre 17 % ; miel ; poudre à lever : ammonium, sodium ; sel de mer ; vanille Bourbon.

nombre d'additifs. Un maximum de 3 additifs nous semble un bon compromis, particulièrement pour les personnes allergiques ou sensibles.
Choisissez également les versions complètes ou semi-complètes en vérifiant dans la liste des ingrédients que les termes « céréales complètes » ou « farines complètes » s'appliquent à toutes les céréales présentes dans le produit, et pas seulement à une seule.

2e règle : affiner avec le tableau des ingrédients

Il n'est pas obligatoire sur un étiquetage, sauf s'il y a une allégation nutritionnelle. Il permet de connaître la valeur énergétique et la composition en nutriments d'un aliment, pour 100 g ou 100 mL de produit. Il faut toujours comparer les valeurs pour 100 g et donc se référer à cette colonne pour comparer deux produits. Cela permet en plus de donner un pourcentage qui parle assez bien : si par exemple vous voyez dans la colonne « pour 100 g » pour des biscuits que la teneur en sucre est de 50 g, vous savez que la moitié de votre produit est composé de sucre ! (voir exemple d'étiquette ci-contre).

Les calories

C'est le plus souvent ce que regarde une femme quand elle achète un produit, car c'est bien connu, il faut contrôler les calories ! Comme nous l'avons amplement vu dans la première partie de ce livre, ce n'est pas l'unique élément à regarder. Retenez juste que l'énergie est apportée par les protéines, les glucides et les lipides et s'exprime en kilocalories (kcal), appelées plus couramment calories, et en kilojoules (kJ) mais ça, personne ne s'en sert donc oubliez les kilojoules !

Exemple de tableau nutritionnel des barres de céréales Nesquik

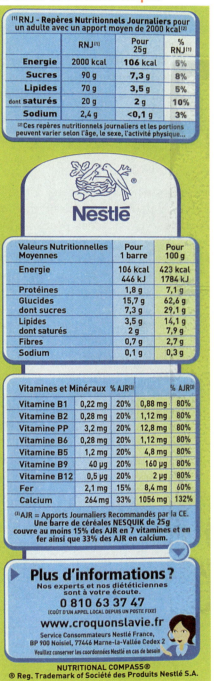

Savoir décrypter une étiquette alimentaire

Globalement, aux 100 g :
- de 0 à 200 calories : à privilégier ;
- de 200 à 400 : à surveiller ;
- au-dessus de 400 : à consommer avec modération !

Mais bien sûr ce n'est pas aussi simple et si vous vous basez uniquement sur les calories, vous vous privez des huiles, des oléagineux et ça ce n'est pas possible. Il faut donc affiner avec les teneurs en protéines, lipides et glucides.

Les protéines, lipides et glucides

Pour les protéines, entre deux aliments, retenez qu'il vaut mieux choisir celui qui en apporte le plus car les protéines ont cette capacité à maintenir un état de satiété (absence de faim) plus longtemps. C'est notamment le cas si, de façon ponctuelle, vous achetez un plat cuisiné pour le déjeuner.

Pour les lipides, normalement la lecture de la liste des ingrédients vous a fourni la qualité des graisses et si ce n'est pas le cas, toujours entre deux produits, choisissez celui qui apporte le moins d'acides gras saturés et celui qui fournit le plus d'oméga-3. Encore faut-il que cette teneur soit indiquée.

Pour les glucides, ce n'est pas aussi simple malheureusement. Pour le sucre, moins vous en aurez dans le produit et mieux cela sera mais cela ne veut pas dire que l'aliment est meilleur pour autant puisque tant que l'index glycémique ne sera pas stipulé sur les emballages, il n'y aura aucun moyen de savoir si l'amidon va se digérer rapidement ou lentement.

Le sodium

Dans le tableau nutritionnel, les industriels peuvent noter soit sel, soit sodium, à vous de faire la conversion : 1 g de sel = 0,4 g de sodium et de vous rappeler que 5 grammes de sel maxi suffisent. Donc pour comparer deux types de biscuits apéritifs par exemple, ou deux types de chips, regardez le produit qui en apporte le moins.

Choisissez en priorité les aliments qui ont une teneur réduite en sel. Certains jambons affichent parfois des teneurs 25 % inférieures à d'autres.

Faut-il regarder les AJR ?

Les AJR ou apports journaliers recommandés sont des valeurs repères, définies par la réglementation, qui permettent de couvrir les besoins de la population en vitamines et minéraux. L'indication en pourcentage permet de situer le produit par rapport à ces valeurs repères mais dans la majorité des cas, les AJR sont dramatiquement bas, comme pour la vitamine D, si bien que nous considérons que cette indication n'est pas indispensable et au contraire pourrait vous faire penser qu'un produit est bon pour la santé parce qu'il fournit 100 % des AJR, alors que bien souvent il s'agit d'un ajout de vitamines et que le produit est relativement peu riche en bons nutriments. Les céréales pour enfant du petit déjeuner en sont l'exemple type puisque nutritionnellement très pauvres et avec un IG très élevé, les industriels

contrebalancent cette rareté en bons nutriments par des ajouts pas toujours très favorables de fer et de vitamines du groupe B synthétiques.

Les allégations, ça vaut le coup de s'y fier ?

Les allégations sont des « mentions qui affirment ou suggèrent que l'aliment possède des caractéristiques particulières liées à sa composition ou ses propriétés nutritionnelles ». L'industriel ne peut alléguer si les règles ne sont pas respectées.

On peut distinguer trois types d'allégations :

– les allégations nutritionnelles : « allégé en, sans sucre, sans sucre ajouté, source de, riche en (vitamines, minéraux, fibres) » ;

– les allégations santé : « le calcium contribue à la solidité des os » ;

– les allégations liées à la production : « naturel, frais, sans colorant, sans additif ».

Concernant les allégations sur le sucre, si vous avez bien regardé la liste des ingrédients, inutile de vous encombrer avec ça puisque l'objectif est de choisir des produits sans sucre ajouté (ou peu). Les produits estampillés « Sans sucre ajouté » ou « Allégé en sucre » sont le plus

Les allégations nutritionnelles

• Sur le sucre :

« Sans sucres » : pas plus de 0,5 g de sucres pour 100 g ou 100 mL de produit

« Allégé en sucres » : au minimum 30 % de sucres en moins qu'un produit similaire

« Sans sucres ajoutés » : non additionné de sucres ou de matières sucrantes lors de sa fabrication, mais il peut contenir les sucres naturellement présents dans les aliments qui ont servi à le préparer (jus de fruits, compotes…)

• Sur le sel :

« À teneur réduite en sel / sodium » : au minimum 25 % de sel en moins qu'un produit similaire

« Pauvre en sel / sodium » : ne contient pas plus de 0,12 g de sodium pour 100 g ou 100 mL de produit (soit 0,3 g de sel pour 100 g ou 100 mL de produit)

« Sans sel » : ne contient pas plus de 0,005 g de sodium pour 100 g ou 100 mL

• Sur les matières grasses :

« Sans matière grasse » : moins de 0,5 g de lipides pour 100 g ou 100 mL de produit

« Allégé en matières grasses » : au minimum 30 % de matières grasses en moins qu'un produit similaire

« Pauvre en matières grasses » : pas plus de 3 g de lipides pour 100 g ou 1,5 g pour 100 mL de produit

• Autres allégations :

« Source de vitamines et/ou minéraux » : les teneurs en vitamines et/ou minéraux de l'aliment concerné représentent au moins 15 % des apports journaliers pour 100 g

« Source de fibres » : la teneur en fibres est supérieure ou égale à 3 g pour 100 g ou à 1,5 g pour 100 kcal

« Source d'oméga-3 » : la teneur en acide alpha-linolénique (ALA) est supérieure ou égale à 0,3 g pour 100 g, 100 mL ou 100 kcal ou si la teneur en acide docosahexaénoïque (DHA) est supérieure ou égale à 0,018 g pour 100 g, 100 mL ou 100 kcal

« Riche en… » : l'aliment contient deux fois ou plus les valeurs définies pour « source de… »

souvent les compotes et les jus de fruits, bref, ceux que l'on vous déconseille au quotidien, car nous le rappelons, rien ne vaut un fruit entier frais ou sec !

Pour les allégations sur le sel, choisissez de préférence les produits qui mentionnent « À teneur réduite en sel/sodium » : ils contiennent au minimum 25 % de sel en moins qu'un produit similaire. Ce produit est toujours salé, mais moins que la majorité des produits équivalents.

La mention « riche en fibres » vaut aussi le coup qu'on s'y arrête un peu car elle ne peut être apposée que si la teneur en fibres est supérieure ou égale à 6 g pour 100 g.

Les mentions sur les huiles

Extra vierge ou Vierge extra :
Elle est considérée comme la meilleure. L'huile d'olive n'est pas raffinée, et elle est fabriquée avec des olives de qualité supérieure. Elle possède un taux d'acidité inférieur à 1 %. C'est un gage de qualité et de goût.

Vierge :
L'huile a été obtenue par un procédé d'extraction mécanique, sans être trop chauffée (donc dénaturée) et simplement filtrée. Pas de raffinage (pas de traitement chimique) pour éliminer les impuretés et améliorer la conservation. Son taux d'acidité est légèrement supérieur.

Première pression à froid :
L'huile a été obtenue par pression et non par centrifugation (il est alors écrit « extraite à froid ») ou par procédé chimique.

Les diverses appellations et allégations des jus du commerce

Les **« 100 % Purs Jus de fruits »** sont obtenus par simple pression des fruits, sans adjonction de sucre ni d'additifs. Ce sont les jus que vous pourriez faire chez vous.

Les jus **« À base de jus concentré »** sont aussi 100 % pur jus. Ils sont élaborés à partir de jus de fruits déshydratés, c'est-à-dire débarrassés d'une partie de leur eau. Les produits sont reconstitués en réincorporant au jus de fruits concentré la même quantité d'eau que celle extraite lors de la concentration. Cette concentration a pour but de faciliter le stockage et le transport. Toutefois, ce procédé dénature les qualités du fruit, parce qu'il exige la plupart du temps de chauffer la matière première.

Et enfin, les **« Nectars de fruits »** sont constitués de jus, de pulpe et de purée de fruits (25 à 50 % minimum selon les fruits), auxquels on ajoute de l'eau et du sucre (20 % maximum).

La mention « À teneur garantie en vitamines et/ou minéraux » que l'on retrouve sur l'emballage signifie que le jus de fruits ou le nectar a fait l'objet d'un ajout de vitamines et/ou minéraux (qui peuvent être perdus lors de la fabrication ou l'entreposage) à des quantités au moins égales à celles présentes dans l'aliment avant la fabrication ou l'entreposage.

La mention « À teneur garantie en vitamine C » est un engagement de l'industriel qui garantit que la teneur en vitamine C dans le jus est identique à celle du fruit.

L'allégation nutritionnelle « Naturellement riche en… » signifie que le jus contient naturellement plus de 15 % des AJR (apports journaliers recommandés) du nutriment (vitamine ou minéral) concerné. Les purs jus sont toujours « sans sucre ajouté » conformément à la législation.

>
> **Attention aux précisions qui détournent des mauvaises qualités d'un produit**
>
> Par exemple, méfiez-vous des mentions mettant en avant l'apport en vitamines et minéraux alors que le produit est résolument trop riche en sucre ! Ou des produits qui mentionnent la présence de vitamine D (généralement en quantité de toute façon insuffisante) ou de fer (nous ne sommes pas tous en manque !).

Mais les jus à base de concentrés peuvent faire l'objet ou non d'ajout de sucre.

Et enfin, l'allégation « À faible teneur en calories » concerne seulement les nectars. Pour les nectars de fruits sans addition de sucres ou à faible valeur énergétique, les sucres peuvent être remplacés totalement ou partiellement par des édulcorants.

Détail pratique, sachez que tous ces jus, une fois entamés, ne peuvent être gardés au réfrigérateur que quelques jours.

Les dates

La DLC, pour date limite de consommation, est utilisée pour les aliments périssables (viande, poisson, yaourts, etc.). Elle est signalée par la mention « à consommer jusqu'au » suivi de la date de péremption. Au-delà de cette date, il y a un danger pour la santé par développement de bactéries ou de moisissures.

La DLUO pour date limite d'utilisation optimale est utilisée pour les aliments non périssables (conserves, céréales du petit déjeuner, confiture, etc.). Elle est signalée par les mentions « consommer de préférence avant le » ou « à consommer avant fin » suivis de la date de péremption. Au-delà de cette date, il n'y a aucun danger pour la santé mais la qualité du produit (goût, odeur, texture, etc.) n'est plus assurée.

Je me préoccupe du bien-être animal

Avez-vous déjà remarqué les codes inscrits sur les coquilles des œufs retrouvés en magasin ou chez votre boucher ? Un numéro est inscrit avant les lettres « FR » :

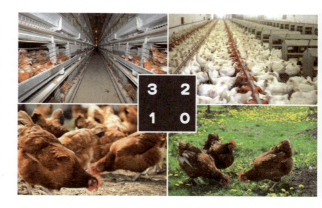

Code 0 : Œuf bio de poules élevées en plein air (agriculture biologique)

Code 1 : Œuf de poules élevées en plein air

Code 2 : Œuf de poules élevées au sol en hangar

Code 3 : Œuf de poules élevées en cage

Sachez également que la nourriture de la poule n'est pas la même et que par conséquent la qualité nutritionnelle des œufs est différente.

Les labels et les logos

Vous pouvez vous fier, en termes de bien-être animal et de respect de l'environnement, au label biologique et au label rouge puisque les aliments qui en bénéficient répondent à un cahier des charges défini dont le respect est contrôlé régulièrement par des organismes certifiés. Mais ignorez autant que possible les logos marketing « élu produit de l'année », « saveur de l'année » car ils cachent souvent des produits hautement transformés !

En résumé, savoir lire les emballages permet de choisir parmi les produits répondant au mieux aux piliers métaboliques et de remplir son chariot d'aliments sains, bruts, peu transformés en évitant les pièges et en répondant à vos réels besoins.

⊨ En pratique ⊨

Mes commandements :

Je privilégie les ingrédients « naturels »
Je choisis les listes d'ingrédients les plus courtes et les plus simples
J'opte pour les produits ayant le moins de sucre ajouté (sous toutes ses formes)
Je regarde la liste des ingrédients et je choisis les meilleures graisses
Je repère bien la position des ingrédients qui composent majoritairement mon produit
Je préfère les produits ayant le plus de fibres
J'évite les symphonies de colorants, d'arômes, de stabilisants, de gélifiants, de conservateurs, d'exhausteurs de goût, d'épaississants...
Je privilégie les aliments ayant le moins de calories
Je me méfie des précisions qui détournent les mauvaises qualités d'un produit (ajout de vitamine D en trop faible quantité)

Planifier ses repas

Les connaissances sur l'équilibre alimentaire sont indispensables mais sont parfois bien insuffisantes… car c'est bien connu, entre la théorie et la pratique, il y a souvent beaucoup d'efforts à fournir.
Nous allons donc vous guider, pas à pas, dans votre nouvelle façon de manger.
Le premier objectif sera de voir un peu plus loin que le repas suivant. En d'autres mots, planifier les menus. Pas forcément sur une semaine si cela vous paraît impossible mais au moins sur 2 ou 3 jours.

Les règles de base

– Faites un plan alimentaire, adapté à votre rythme de vie et vos contraintes familiales, et établissez votre liste des courses en fonction.

– Chaque semaine prenez le temps de faire les menus et gardez vos feuilles de menus d'une année sur l'autre dans un classeur ou un cahier. Vous pourrez ainsi les reprendre d'une année sur l'autre.

– Les jours où vous n'aurez pas le temps de préparer le repas du soir en rentrant par exemple, anticipez les cuissons ou regroupez-les (vous n'aurez plus qu'à réchauffer) ou préparez un repas froid.

– N'hésitez pas à « recycler » les restes : lentilles en salade, poireaux vinaigrette…

– Lors de vos achats, variez les durées de conservation : du frais à consommer dans la semaine, des surgelés, des conserves en dépannage.

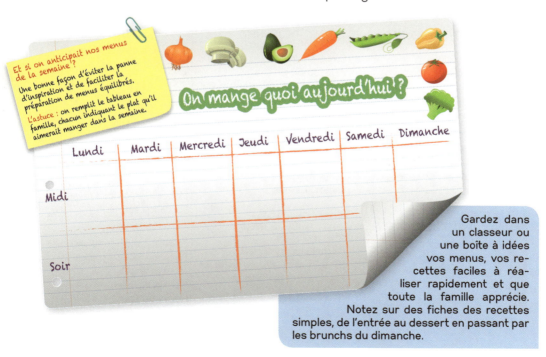

Et si on anticipait nos menus de la semaine !?
Une bonne façon d'éviter la panne d'inspiration et de faciliter la préparation de menus équilibrés.
L'astuce : on remplit le tableau en famille, chacun indiquant le plat qu'il aimerait manger dans la semaine.

Gardez dans un classeur ou une boîte à idées vos menus, vos recettes faciles à réaliser rapidement et que toute la famille apprécie. Notez sur des fiches des recettes simples, de l'entrée au dessert en passant par les brunchs du dimanche.

Une semaine de menus de printemps

	PETIT DÉJEUNER	DÉJEUNER	DÎNER
Lundi	Thé, café ou infusion* 1 bol de fraises 2 tranches de pain au levain** aux graines de lin + margarine oméga-3 1 poignée d'amandes	Carottes et chou rouge vinaigrette 2-3 sardines fraîches Petits légumes de printemps vapeur 30 g de riz basmati 3 abricots	10 radis Omelette aux champignons Laitue avec dés de roquefort Compote de pommes*
Mardi	Thé, café ou infusion* 1 ou 2 tranches de pain semi-complet** + margarine oméga-3 1 yaourt de brebis et purée de pruneaux non sucrée 1 pomme	Fonds d'artichaut et tomates confites Bœuf au wok et fondue de poireaux 30 à 50 g d'orge mondé 1 poignée de cerises	Velouté de carottes Salade romaine et champignons crus émincés Fromage de chèvre 1 tranche de pain au levain** 1 pomme au four
Mercredi	Thé, café ou infusion* Muesli maison et lait de soja 3-4 figues sèches	Betteraves à l'huile de noix Cuisse de poulet et chou-fleur 30 à 50 g de pâtes semi-complètes (cuisson *al dente*) 1 yaourt nature, purée de fruits	Soupe de fèves à la tunisienne Salade de mâche vinaigrette 1 yaourt de brebis et quelques noix 1 fruit cru ou cuit
Jeudi	Thé, café ou infusion* 2-3 prunes 1 tranche de pain multicéréales** + purée d'amandes complète 2-3 noix	Asperges vinaigrette Maquereau et poêlée de courgettes 1 tranche de pain au levain** 1 yaourt avec éclats d'abricots secs	½ avocat vinaigrette 1 part de quiche maison aux légumes Salade frisée 100 g de fraises
Vendredi	Thé, café ou infusion* 1 demi-pomelo Muesli pommes, raisins secs et lait de soja	Coquilles Saint-Jacques et timbale de riz (30-50 g) Salade pissenlit vinaigrette Ananas	Salade de lentilles blondes aux légumes de printemps Œuf mollet Fromage blanc ciboulette 1 bol de framboises
Samedi	Thé, café ou infusion* 2 tranches de pain complet** ou intégral + margarine oméga-3 Smoothie lait d'amande et figues sèches	Magret de canard aux blettes 1 tranche de pain au levain** Cabécou 1 pomme	Crudités (salade romaine, chou rouge ou blanc et navet cru) 1 galette de sarrasin (purée de lentilles corail et champignons) Mousse légère de fruits rouges (lait de soja, agar-agar)
Dimanche	Thé, café ou infusion* Yaourt de soja nature 1 banane 3 petits pains grillés suédois + margarine oméga-3	Carottes râpées vinaigrette Salade de seiche et fonds d'artichaut Une timbale de riz à la tomate 1 part de papaye	Soupe de cresson au quinoa Petits légumes de printemps et dés de tempeh Fromage de chèvre en faisselle Fraises au romarin

* Sans sucre ajouté. ** Une tranche de pain = 30 à 50 g.

Une semaine de menus d'été

	PETIT DÉJEUNER	DÉJEUNER	DÎNER
Lundi	Thé, café ou infusion* 2 tartines de pain complet** + beurre 1 nectarine 10 noisettes	Gaspacho Tartare de saumon frais, fenouil Timbale de quinoa (30-50 g) 3 abricots frais	Pain de courgettes-roquefort 1 part de laitue Compote de pêches au thym
Mardi	Thé, café ou infusion* Milk-shake de framboises au lait d'amande 3 petits pains suédois + purée d'amande non sucrée	Salade verte et avocat Tajine de poulet aux fruits secs Timbale de riz basmati (30-50 g) 2 à 3 reines-claudes	Crème de chou-fleur à la ciboulette Tian de légumes à la provençale 1 pêche
Mercredi	Thé, café ou infusion* Salade de fruits (prunes, poires, melon, jus de citron, feuilles de menthe) 1 verre de lait de soja parfumé à la vanille 2 tranches de pain** au lin + beurre	Salade de brocolis et kamut® 2 œufs durs 1 part de bûche de chèvre 1 petite tranche de pain au levain** 1 fruit frais	Salade de concombre Tarte brocolis et feta Compote de prunes*
Jeudi	Thé, café ou infusion* 3 biscottes de seigle + margarine oméga-3 7 noix du brésil 1 bol de cerises	Salade de roquette et radis roses Courgettes farcies au poulet Purée de lentilles corail 1 part d'ananas	Salade romaine vinaigrette Chou chinois sauté au gingembre 30 à 50 g de pâtes semi-complètes (cuisson *al dente*) 1 yaourt de chèvre nature 3 figues fraîches
Vendredi	Thé, café ou infusion* 1 yaourt soja nature + 2 c. à s. de flocons d'avoine aux fruits (melon-fraise-pastèque)	Salade de melon aux crevettes et langoustines Roquette 1 tranche de pain au levain** 1 yaourt de brebis	Terrine de légumes et flocons de quinoa Laitue et betterave crue ou cuite Fromage de chèvre ou de brebis et coulis de mûres 1 tranche de pain multicéréales** 1 poignée de groseilles
Samedi	Thé, café ou infusion* 1 poignée de mirabelles 1 œuf coque 2 tranches de pain de seigle + beurre	Avocat et crevettes fraîches Tomates farcies au quinoa 1 yaourt de brebis 1 banane	Carottes râpées vinaigrette huile de noix Salade de riz rouge aux légumes d'été 1 fromage blanc Quelques fraises
Dimanche	Thé, café ou infusion* 2 c. à s. de flocons d'avoine et lait d'avoine 1 c. à s. de graines de tournesol 1 grappe de raisin	Gaspacho au melon Émincé de dinde Haricots verts et girolles 30 à 50 g de riz basmati complet Poire au chocolat	Salade d'artichauts Bruschetta de poivrons et fromage de chèvre Salade de fruits et noix de cajou

* Sans sucre ajouté. **Une tranche de pain = 30 à 50g.

Planifier ses repas

Une semaine de menus d'automne

	PETIT DÉJEUNER	DÉJEUNER	DÎNER
Lundi	Thé, café ou infusion* 1 yaourt soja et purée de pruneaux 1 poire 2 tranches de pain de seigle** + margarine oméga-3	Salade de carottes crues et roquette Escalope de dinde et blettes 30 à 50 g de quinoa 3 figues fraîches	Soupe légumes et haricots rouges Salade verte, échalotes, persil Pomme cuite et pistaches concassées
Mardi	Thé, café ou infusion* Raisin frais 2 tartines de pain noir** et saumon	Salade de scarole et de betteraves cuites, éclats de noisettes Colin en papillote et purée de brocolis 1 tartine de pain complet avec roquefort 1 poire	Soupe de légumes (poireaux, carottes) Poêlée de chou chinois 1 timbale de riz basmati au curcuma Salade de fruits frais
Mercredi	Thé, café ou infusion* 1 tranche de jambon Muesli maison et lait épeautre-noisettes	Cocotte de moules Poêlée de cèpes 1 part de Cantal 1 petit bol de batavia 1 petite tranche de pain** Poire pochée	Soupe de légumes maison Rillettes de sardines maison 1 tranche de pain au levain** 1 yaourt + compote de fruits et raisins secs
Jeudi	Thé, café ou infusion* 1 pomme Granny Smith Petit fromage frais de brebis (40 g) 1 grande tranche de pain noir allemand (50 g) + purée de fruits*	Tartare de bœuf Salade d'endives, épinards frais et noix 1 tranche de pain multicéréales** 5-6 prunes	Cassolette de légumes Timbale de riz basmati 1 yaourt soja nature 1 compote de fruits (pommes, fruits rouges…)
Vendredi	Thé, café ou infusion* Pomelo 1 œuf 1 ou 2 tranches de pain de seigle** + purée de fruits*	Salade de céleri Tajine d'agneau aux abricots secs Salade d'endives 1 pomme et 2 biscuits secs	Soupe de navets et patates douces Salade verte + un demi-avocat Fromage de chèvre + quelques figues 1 tranche de pain**
Samedi	Thé, café ou infusion* Smoothie poire-pruneaux au tofu soyeux 2 tranches de pain** + margarine oméga-3	Velouté de panais au curcuma Lieu noir et courge vapeur 30-50 g de quinoa Fromage (Cantal) 3 clémentines	Soupe de champignons Salade de mâche 2 petits-suisses* Compote de pommes 1 tranche de pain au levain**
Dimanche	Thé, café ou infusion* Flocons de sarrasin aux pommes 10 amandes	Salade de chou rouge cru aux pommes et châtaigne Filet de poisson vapeur, compotée d'endives Fromage blanc + noisettes concassées 1 poire	Soupe de légumes (vert de poireaux, céleri) Risotto au fenouil et champignons Salade de mâche Compote pomme-prunes

* Sans sucre ajouté. ** Une tranche de pain = 30 à 50 g.

Une semaine de menus d'hiver

	PETIT DÉJEUNER	DÉJEUNER	DÎNER
Lundi	Thé, café ou infusion* 1 kiwi Flocons d'avoine aux raisins secs et à la cannelle	Salade d'endives, noix, pomme et panais crus râpés Gratin de morue aux blettes ½ mangue 1 tranche de pain**	Radis noir Soupe de céleri et courge à la muscade et graines torréfiées Omelette aux oignons rouges + salade frisée Compote de pommes 1 fromage blanc 1 tranche de pain**
Mardi	Thé, café ou infusion* 3 petits pains grillés suédois + miel 10 amandes 1 kiwi	Filet mignon mariné au citron, épinards Purée de patates douces au thym Salade trévise 1 pomme râpée au citron et à la cannelle	Tartare d'avocat Marmite de légumes (chou, carotte, poireaux) et pois chiches Pomme au four
Mercredi	Thé, café ou infusion* 1 orange 1 œuf à la coque 1 tranche de pain complet** + beurre	Poêlée de Saint-Jacques et haricots blancs Navets vapeur, sauce aux herbes 1 morceau de fromage de chèvre 1 pomme	Soupe de carottes au curry Tarte aux oignons et au fromage Salade frisée 1 orange sanguine
Jeudi	Thé, café ou infusion* 1 poire 1 fromage blanc 2 tranches de pain multicéréales** + purée d'amande*	Betterave et mâche en salade avec dés de fromage (cantal), sauce citron Quinoa et lentilles corail aux épices et aux légumes (poireaux, courge) 6 à 7 litchis	Salade de carottes à l'orange Filet de hareng vapeur Compotée de chou vert et d'échalotes Compote pommes-pruneaux
Vendredi	Thé, café ou infusion* Flocons de quinoa au lait d'amande et noix de cajou 6 litchies	Filet mignon Purée de panais et céleri Salade batavia 1 part de roquefort 1 orange	Poireaux en salade Endives braisées aux champignons 1 yaourt soja 1 tranche de pain multicéréales** 1 fruit cuit
Samedi	Thé, café ou infusion* ½ pomelo 1 œuf coque 2 tranches de pain complet** + beurre	Petite salade d'endives vinaigrette Rillettes de maquereaux 1 tranche de pain de seigle** Ragoût de carottes, oignons, poireaux et rutabaga aux épices Crème soja chocolat ou vanille	Soupe à l'oignon Chou braisé et quinoa rouge 1 fromage blanc nature 1 compote pomme-pruneaux
Dimanche	Thé, café ou infusion* 1 banane Yaourt de soja nature 40-50 g de pain d'épeautre** aux graines de pavot + margarine oméga-3	6 huîtres Cuisse de pintade aux choux de Bruxelles Salade verte (scarole ou batavia) 1 part d'ananas 2 tranches de pain de seigle	Crème de betterave Pâtes aux brocolis et champignons, sauce roquefort 2 clémentines

* Sans sucre ajouté.   ** Une tranche de pain = 30 à 50g.

Planifier ses repas

Faire sa liste de courses

Nous vous conseillons de prendre un feutre surligneur et de mettre en évidence tout ce que vous aimez. Il nous semble important de vous donner des listes positives d'aliments à consommer afin que vous vous aperceviez facilement de l'étendue et surtout de la diversité dans chaque rayon. Ainsi, même si vous n'aimez pas tel ou tel aliment, il est facile d'en trouver d'autres dans le même rayon afin de varier au maximum votre alimentation.

Rayon fruits et légumes

La règle est de les choisir de saison.

HIVER

LÉGUMES : Betterave, Brocoli, Cardon, Carotte, Céleri, Chou, Chou de Bruxelles, Chou-fleur, Courge, Cresson, Crosne, Endive, Épinard, Mâche, Navet, Oignon, Oseille, Panais, Pissenlit, Poireau, Potiron, Radis, Salsifis, Topinambour.

FRUITS : Ananas, Avocat, Banane, Citron, Clémentine, Fruit de la passion, Goyave, Grenade, Kaki, Kiwi, Litchi, Mandarine, Mangue, Pamplemousse, Papaye, Poire, Pomelo, Pomme, Orange, Orange sanguine.

PRINTEMPS

LÉGUMES : Artichaut, Asperge, Aubergine, Betterave, Carotte, Céleri, Chou-fleur, Chou rouge, Concombre, Courgette, Cresson, Épinard, Fève, Lentille, Navet, Oignon, Oseille, Petit pois, Poireau, Pois gourmand, Poivron, Radis, Salade frisée, laitue ou romaine, Tomate.

FRUITS : Abricot, Amande fraîche, Banane, Cassis, Cerise, Fraise, Fraise des bois, Framboise, Melon, Mûre, Pomme, Prune, Rhubarbe.

ÉTÉ

LÉGUMES : Ail, Artichaut, Aubergine, Batavia, Betterave rouge, Blette, Brocoli, Carotte, Chou de Bruxelles, Chou-fleur, Chou rouge, Concombre, Cornichon, Courge, Courgette, Cresson, Épinard, Fenouil, Fève, Haricot vert, Laitue, Lentille, Maïs, Mesclun, Navet, Oignon nouveau, Oseille, Pâtisson, Poireau, Poivron, Radis, Salade, Salsifis, Tomate.

FRUITS : Abricot, Amande, Banane, Brugnon, Cassis, Cerise, Figue, Fraise, Fraise des bois, Framboise, Groseille, Melon, Mirabelle, Mûre, Myrtille, Nectarine, Pastèque, Pêche, Poire, Pomme, Prune, Quetsche, Raisin, Reine-claude.

 ## AUTOMNE

LÉGUMES : Betterave rouge, Blette, Bolet, Brocoli, Carotte, Céleri, Cèpe, Chou chinois, Chou de Bruxelles, Chou-fleur, Coprin chevelu, Courge, Cresson, Endive, Épinard, Fenouil, Laitue, Mâche, Maïs, Navet, Oignon, Panais, Pied de mouton, Pleurote, Poireau, Potiron, Radis, Rosée des prés, Salade, Salsifis, Topinambour, Trompette de la mort.

FRUITS : Abricot, Agrumes (oranges, citrons, clémentines, mandarines, pomelos), Ananas, Banane, Cassis, Cerise, Figue, Fraise, Framboise, Groseille, Kiwi, Mangue, Melon, Mûre, Myrtille, Papaye, Pêche, Poire, Prune, Raisin.

Faire sa liste de courses

Rayons légumes secs

Flageolets, haricots blancs ou rouges, haricots verts, lentilles (corail, blondes, vertes, brunes), petits pois, pois chiches, fèves, soja et dérivés.

Rayon poissonnerie et produits de la mer

Cabillaud, lieu noir, églefin, merlan, limande, merlu, thon, hareng, maquereau, sardine, saumon, truite (grise ou saumonée ou arc-en-ciel), crevette, huître, moule, crabe, langoustine.

Rayon boucherie

Poulet élevé en plein air, dinde, pintade, lapin, porc (filet mignon, jambon blanc, jambon de pays, dés de jambon), bœuf, canard, gibiers.

Rayons œufs

Œufs de poules élevées en plein air ou Bleu-Blanc-Cœur.

Rayons épicerie

Huiles et condiments

Huiles (pression à froid) : d'olive, de colza, de noix, de cameline ou de lin.

Aromates et épices

Ail, ciboulette, oignon, échalote, persil, aneth, anis vert, badiane, cannelle, carvi (graines), coriandre, cerfeuil, cumin, sauge, thym, basilic, menthe, estragon, ciboulette, gingembre, galanga, curcuma, cardamome, safran, sarriette, romarin, marjolaine, fenugrec, piment, origan, bourrache, curry, clou de girofle, baies roses, muscade, poivre en grains.
Sel de mer non raffiné ou sels aromatiques aux herbes ou aux algues, fleur de sel.
Moutarde.

Sauce soja (tamari, shoyu).
Vinaigres.
Gousses de vanille, extrait de vanille, poudre de cacao (100 %), chocolat 85 %
Purée de tomates, tomates confites à l'huile d'olive.
Algues en poudre.

Oléagineux

Amandes, noix (de Grenoble, du Brésil, de pécan, de macadamia ou de cajou), noisettes, graines de lin, de sésame, de courge, de pavot, de tournesol.
Purées d'oléagineux (d'amandes, de cajou, de noisettes, de sésame blanc [tahin]).
Olives vertes ou noires, tapenade.

Fruits séchés

Abricots secs, pruneaux, figues sèches, raisins secs, mangue séché, baies de goji ou de cranberry, mulberries…

Céréales complètes ou semi-complètes

- avec gluten : pâtes, blé en grains, boulgour, Kamut®, semoule de blé fine, polenta.
- sans gluten : riz basmati, riz sauvage, trio de riz, quinoa, sarrasin, amarante.
Farines : de blé semi-complète ou complète, d'épeautre, de sarrasin, de Kamut®.
Farines précuites : crème de quinoa, d'avoine, de sarrasin.
Flocons (de sarrasin, de quinoa, d'azukis, d'avoine).
Muesli sans sucre ajouté.

Auxiliaires de cuisine

Arrow-root, levure de boulanger, poudre levante, agar-agar.
Conserves de sardines à l'huile d'olive, de maquereau au naturel, de thon.
Si besoin : sucre de canne complet, miel, sirop d'agave.

Rayon surgelés

Légumes et fruits : aubergines, brocolis, champignons, choux-fleurs, carottes, courgettes, épinards, haricots verts, petits pois, poêlée de légumes sans sauce, poireaux, poivrons, potiron, mélange de fruits rouges non sucrés.
Viandes et produits de la mer : viande non hachée, escalope de volailles, crevettes, moules, filets de poissons, cabillaud, saumon, noix de Saint-Jacques.

Boulangerie

Pains exclusivement fermentés à base de levain (pas de levure) et confectionnés avec des farines complètes (blé, avoine, seigle, orge, épeautre, petit épeautre…)

Rayon laitages et assimilés

Boissons végétales : laits d'amande sans sucre ajouté, d'avoine, de soja, de noisettes, de châtaigne, de coco.
Yaourts (vache, chèvre ou brebis) nature sans sucres ajoutés ni édulcorants, fromages blancs et petits-suisses nature.
Fromages de chèvre, brebis ou vache.
Tofu (soyeux ou ferme).
Crème spéciale cuisine : soja, avoine, amande.
Lait de vache (facultatif).

Boissons

Eaux minérales (plates ou gazeuses).
Thé, tisanes, café.

On en pense quoi des « drive » ?

Si vous faites vos courses sur Internet, dans les « drive », sachez que d'une fois sur l'autre vos aliments préférés sont répertoriés, ainsi, plus besoin de se demander et de se rappeler quels étaient les produits achetés. Ce qui est plutôt une bonne chose, mais mis à part cela, la variété des fruits et des légumes n'est pas toujours au rendez-vous et dans ces drive foisonne l'antichambre de la bonne alimentation : beaucoup d'aliments emballés, transformés et au final peu de produits frais naturels et bruts… Attention donc à ne pas vous fournir exclusivement dans ces versions drive…

Faire sa liste de courses

Optimiser ses choix alimentaires

Il n'est pas toujours aisé de changer du jour au lendemain ses habitudes alimentaires. Il faut parfois plusieurs mois, voire plusieurs années, pour que ces changements deviennent de vraies habitudes. Mais peu importe, l'essentiel est d'optimiser ses propres habitudes alimentaires.

J'utilise ou je mange d'habitude :	Je remplace si possible par :
Barres chocolatées, chocolat au lait	Chocolat noir à 85 % de cacao minimum plus riche en polyphénols et moins sucré, avec plus ou moins d'amandes ou de noisettes
Beurre (sur les tartines)	Purée d'amandes complètes
Biscottes	Petits pains grillés suédois sans sucre ajouté ou biscottes de farine de seigle
Biscuits apéritifs salés	Oléagineux non salés qui apportent en plus des protéines, des acides gras polyinsaturés, des fibres et des antioxydants
Céréales chocolatées ou spécial « ligne » du petit déjeuner ou estampillées « enfants »	Muesli sans sucre ajouté ou flocons d'avoine
Compotes de fruits sucrées	Compotes « sans sucre ajouté » ou mieux des fruits entiers avec la peau pour bien mastiquer et faire le plein de fibres et d'antioxydants
Confitures	Compotes de fruits « sans sucre ajouté » du commerce ou « maison »
Crème fraîche (dans les desserts)	Purées d'oléagineux (purée d'amandes, purée de noisettes, etc.)
Crème fraîche (dans les gratins)	Crème de soja cuisine
Crème glacée	Sorbet peu sucré ou salade de fruits « maison »
Farine blanche type 65	Farine semi-complète type 80, type 110, autres farines
Frites	Frites de patates douces, pâtes cuites *al dente*, riz basmati, toujours avec des légumes
Fruits au sirop	Salade de fruits « maison » sans sucre ajouté (avec un peu de cannelle et de vanille)
Galette de sarrasin garnie au jambon, gruyère et œuf	Galette de sarrasin garnie à la purée de lentilles corail et champignons
Huile de tournesol	Huile d'olive pour cuire et huile de colza ou de noix pour assaisonner
Jus de fruits sous la dénomination « nectar de fruits »	Jus de fruits avec la mention 100 % pur jus (sans sucre ajouté)
Jus d'orange ou d'un autre fruit	Un fruit entier de saison (pomme, poire, banane, clémentine, orange, etc.) ou 3 fruits secs (abricot, figue, raisins, pruneaux)
Lait de vache	Lait végétal
Lardons	Dés de jambon
Pain blanc / baguette / pain de mie / pain brioché / pain viennois	Pain au levain : multicéréales, complet, de seigle, avec une vraie mie dense et ferme
Pâte à tartiner chocolat-noisettes	Morceau de chocolat noir râpé ou pâte à tartiner maison à base de purée de noisette et de chocolat, sans huile sans sucres ajoutés

J'utilise ou je mange d'habitude :	Je remplace si possible par :
Pâtes blanches	Pâtes semi-complètes cuites *al dente*
Pommes de terre (pour épaissir les potages)	Riz complet ou basmati, lentilles blondes ou corail, flocons d'avoine
Pommes de terre (accompagnement ou purée)	Patate douce (cuite au four ou à l'eau) ou pâtes cuites *al dente* ou quinoa ou riz basmati
Riz cuisson rapide	Riz basmati, riz semi-complet ou sauvage
Salades en barquettes	Salades de légumes frais (salade verte, betterave, carottes râpées, etc.) et vinaigrette maison
Sel	Gomasio ou sel aux épices
Soda sucré type Cola	Perrier ou eau gazeuse avec un jus de citron
Soupes moulinées et veloutés	Soupes avec des morceaux de légumes qui rassasient plus vite
Sucre de table	Sirop d'agave, miel, extrait de stévia
Viennoiserie (croissant, pain au chocolat, pain aux raisins)	Pain au levain : multicéréales, complet, de seigle
Yaourt aux fruits ou sucré	Yaourt ou fromage blanc nature avec quelques raisins secs ou un extrait naturel de citron, d'orange ou de vanille

En pratique

Les règles de base pour bien faire ses courses

- Je planifie mes menus sur 3-4 jours ou sur la semaine.
- Je fais une liste de courses en fonction avant de partir.
- Je mange avant d'aller faire mes courses.
- Je privilégie les marchés et les petites surfaces par rapport aux supermarchés qui regorgent d'aliments transformés.
- Je fais attention aux promotions en tête de gondole qui sont souvent effectuées sur des produits peu « nutritionnellement corrects ».
- Je ne me laisse pas tenter par des produits allégés, enrichis, les logos marketing.
- Je choisis le maximum de produits bruts, peu transformés, de saison, complets.
- Si besoin entre deux produits, je choisis celui qui a la liste d'ingrédients la plus courte.
- Je traque le sucre, sous toutes ses formes, qui se trouve en première position sur les listes d'ingrédients.
- Si je ne comprends pas au moins 5 des ingrédients notés sur la liste ou si je lis amidon modifié, sirop de glucose-fructose, aspartame, sucralose, je le laisse en rayon. Ce sont des marqueurs fiables de produits tellement transformés et éloignés de ce que vous pourriez faire à la maison, qu'ils ne doivent pas franchir votre panier car vous ne contrôlez plus réellement ce que vous mangez.
- Pour éviter les tentations, j'évite de remplir les placards d'aliments qui n'apportent que des calories vides.
- Je compare les prix au kilo.
- Je reste attentif aux DLC et DLUO.
- Je respecte la chaîne du froid avec un sac isotherme pour mes surgelés.
- Je me fais plaisir une fois par semaine avec une gourmandise.
- Je garde en tête que chaque aliment a sa place mais doit garder sa juste place.
- Je donne le bon exemple à mes enfants ou petits-enfants.

Quatrième partie

Composer des repas qui répondent aux grands piliers métaboliques

Le petit déjeuner sain et complet

Selon un dogme et (presque) tous les nutritionnistes, le petit déjeuner devrait être le repas le plus important de la journée, mais bien souvent, c'est celui qui passe à la trappe (en 2007, on estimait qu'environ 15 % de la population ne prenait pas de petit déjeuner) ou qui est de loin le plus déséquilibré.

Et les programmes nationaux n'améliorent en rien la piètre qualité de ce premier repas puisque dans la plupart des cas, il se résume à un produit céréalier, un fruit ou un jus de fruits, un produit laitier et une boisson…

Nous allons indiquer, à la lumière des dernières données scientifiques, les petits déjeuners qui respectent au mieux l'organisme à ce moment de la journée.

Tout d'abord, comme nous l'avons amplement vu, il vous faudra faire une croix sur le pain blanc, la baguette traditionnelle, les biscottes, les viennoiseries et de nombreuses céréales du petit déjeuner, même estampillées « diététique ».

Et si vous consommez un petit déjeuner essentiellement à base de glucides, vous allez devoir y intégrer une source de protéines (animale ou végétale) car elles réduisent la sensation de faim et aident à brûler les graisses corporelles même au repos.

Comment composer un petit déjeuner équilibré ?

Pour composer un petit déjeuner équilibré et respectueux des grands équilibres métaboliques, il suffit de choisir un aliment dans chaque catégorie en fonction des saisons et surtout de vos envies. L'important sera toujours et encore de varier au maximum. Le plus simple est parfois d'opter pour un petit déjeuner les jours de semaine, lorsque vous travaillez, et de procéder à quelques changements le week-end quand vous avez plus de temps.

Une boisson sans sucre ajouté

Café (arabica, robusta, en dosette, en capsule…)
Thé (noir, vert, Darjeeling, Earl Grey, Sencha)
Chicorée à l'eau
Infusions : fruits rouges, thym, tilleul, verveine, menthe, réglisse…
Maté
Rooïbos (s'apparente au thé, mais sans caféine)

Un aliment protéique

1 yaourt soja nature
½ poignée d'oléagineux : amandes, noisettes, noix de cajou, noix du Brésil...
1 yaourt : de brebis, de chèvre ou de vache sans sucre

1 fromage blanc ou 2 petits-suisses (nature et sans sucre)
1 œuf : sur le plat, à la coque, brouillé, en omelette ou 5 œufs de caille
3-4 tranches de viande des grisons ou de bacon
1 tranche de jambon, de blanc de dinde, de blanc de poulet ou de saumon fumé
30 g de fromage
150 mL de lait écrémé ou demi-écrémé
150 mL de lait de soja, d'amandes, d'avoine (sans sucre ajouté)

Un fruit de saison

1 tranche de melon ou de pastèque
½ pomélo ou 1 banane, 1 orange, 1 pêche, 1 nectarine, 1 pomme, 1 poire
1 petit bol de fruits rouges : cerises, fraises, mûres, framboises...
1 petite grappe de raisin
3-4 fruits secs : figues sèches ou abricots secs ou pruneaux
2 kiwis ou 2 abricots ou 2 prunes

Un aliment glucidique à IG bas

40 g de pain au levain (multicéréales, complet, de seigle, bûcheron...)
3-4 biscottes de seigle
40 g flocons de céréales (avoine, quinoa, sarrasin)
40 g muesli sans sucre ajouté (maison ou du commerce)

Si j'opte pour des tartines, je mets quoi dessus ?

Margarine oméga-3
Beurre doux ou salé

Purée d'oléagineux : d'amandes ou de noisettes
Compote sans sucre ajouté

Idée de recette

Muesli maison
- 5 c. à s. de flocons d'avoine ou d'une autre céréale
- 2 fruits secs coupés en 4 (abricots, figues, pruneaux)
- 5-6 amandes ou noisettes ou 3 noix
- 1 yaourt ou du lait végétal (soja, avoine, amandes)
- 1 fruit frais de saison en morceaux
- le jus d'½ citron (facultatif)

Mélangez le tout dans un bol et savourez !

Céréales ne signifie pas glucides lents !

Le marketing sur les céréales du petit déjeuner estampillés « enfants » ou « ligne » est généralement très poussé. Sur les paquets fleurissent des allégations du type « formule énergie », « supplémentation en vitamines » ou encore utilise des ingrédients connotés santé comme le miel. Toutefois, ces indications sont là pour détourner le problème qui est et restera que ces céréales sont hautement transformées, avec un IG très élevé qui attise l'appétit et favorise à long terme la prise de poids. Il s'agit en effet bien de céréales mais pour l'organisme cela équivaut à du sucre.

Attention donc à celles fabriquées à partir de farines et non de grains entiers qui sont alors des céréales extrudées et ainsi soumises à des hautes pressions et des hautes températures.

Même si certaines marques se targuent d'avoir diminué la teneur en sucre de leurs formules (environ 1 à 2 grammes par portion), cela s'est fait au détriment de l'amidon qui soumis à de telles transformations, possède un IG élevé ! Ainsi, au final, le résultat est le même pour l'organisme !

Les seules céréales nutritionnellement correctes sont les mueslis floconneux sans sucres ajoutés qui combinent des

Le porridge plus rassasiant que les autres formes d'avoine

Des chercheurs ont comparé en 2014 chez des volontaires l'influence sur la faim de 3 types de petits déjeuners à base d'avoine : des flocons d'avoine instantanés à réhydrater dans de l'eau bouillante pour donner du porridge, des flocons d'avoine « traditionnels » (muesli) et des céréales « prêtes à consommer » à base de farine d'avoine (Cheerios). Chaque petit déjeuner comptait 150 calories d'avoine et 67 calories de lait. Les résultats montrent que lorsque les participants mangeaient des flocons d'avoine en porridge, ils avaient moins faim ensuite. Un effet satiétogène attribué à leur viscosité : les aliments plus visqueux ont tendance à réduire l'appétit, d'où les différences entre les types de céréales. À noter également que l'IG du porridge est de 59, celui des céréales à base de farine d'avoine est de 74, ce qui est une autre manière d'expliquer les résultats de l'étude.

céréales complètes avec des fruits secs et oléagineux car leur IG est bas. Les flocons d'avoine également riches en fibres.

La confiture

Qu'elle soit du commerce ou maison, nous vous déconseillons de consommer régulièrement de la confiture qui restera approximativement constituée de 50 % de sucre et donc de calories vides ! Si vous prenez en compte le sucre des fruits, cela donne en tout près de 10 g pour la cuillère à soupe matinale de 15 g. Avec les confitures allégées, vous limitez certes un peu l'apport en sucre mais vraiment de façon infime, environ de 10 %. N'espérez pas faire mieux avec de la marmelade d'orange : elle contient encore moins de fruits que les confitures. Alors comme pour tous les autres aliments, rien n'est formellement interdit, mais autant que possible, essayez de limiter cette douceur matinale.

Le miel est aussi une source de sucre comme nous l'avons vu mais il possède d'autres vertus. Donc en fine couche sur votre tartine, pourquoi pas…

La pâte à tartiner

Ces aliments mythiques du petit déjeuner et du goûter ne sont qu'une pluie de sucre, un flot d'huile et seulement une petite cascade de noisettes ! Généralement seulement 13 % de noisettes pour 60 à 70 % d'un mélange savamment dosé de mauvaises graisses et de sucre !

Bourrées de calories vides, les pâtes à tartiner sont à classer tout simplement parmi les aliments plaisir et non parmi ceux qui ont un intérêt nutritionnel. Elles sont à acheter de temps en temps, en petit conditionnement et toujours à accompagner d'un pain de bonne qualité !

Je ne peux pas me passer de laitages le matin, comment les choisir ?

Nous conseillons de privilégier des aliments bio d'abord parce qu'ils renferment moins de pesticides, mais aussi parce que les études montrent que le lait bio contient moins d'oméga-6 (25 % en moins selon une étude de 2013) et plus d'oméga-3 (62 % de plus) que le lait conventionnel. Dans cette étude, le ratio oméga-6/oméga-3 était 2,5 fois moins élevé dans le lait bio : 2,28 contre 5,77.

Le lait est le laitage qui affecte le moins l'équilibre acide-base, mais il peut déclencher des réactions d'intolérance au lactose et d'allergie/sensibilité à certaines protéines. Par précaution, choisissez un lait sans lactose. Les yaourts contiennent généralement moins de lactose que le lait (sauf lorsque du lait leur a été ajouté, alors la teneur en lactose peut être élevée).

On ne tolère pas beaucoup mieux les laitages de chèvre ou de brebis ou d'autres mammifères que ceux de vache. En revanche, ces laitages de petits mammifères sont plus intéressants car ils contiennent moins d'hormones femelles.

Les laitages enrichis en calcium n'apportent rien à la santé osseuse et pourraient même poser des problèmes à long terme.

Ceux enrichis en vitamine D, en France, ont peu d'intérêt pour l'adulte car la quantité de vitamine D qui leur a été ajoutée (au maximum 5 µg par portion) est généralement insuffisante pour améliorer le statut en vitamine D en hiver. Les yaourts renferment volontiers des épaississants, des colorants (yaourts aux fruits), du sucre et des édulcorants, des arômes naturels ou artificiels (yaourts aux fruits). Choisissez les produits qui en contiennent le moins, donc des versions nature.

Les fromages sont très acidifiants, notamment le parmesan, les fromages à pâte dure, les fromages industriels (qui en plus renferment des phosphates).

J'ai l'habitude de sucrer mes boissons chaudes

Si vous avez pour coutume de mettre un sucre dans votre boisson chaude le matin, regardez dans le tableau ci-dessous le nombre de kilo de sucre par an, et donc de calories vides, que vous pourriez épargner à votre organisme.

S'il vous semble impossible de vous débarrasser de ce sucre dans vos boissons chaudes, posez-vous les bonnes questions : est-ce que j'aime réellement le goût du thé ou du café ? Dans ce cas, pourquoi mettre un élément sucré dedans ? Allongez votre café ou au contraire faites le plus corsé, changez de marque et si tout cela ne fonctionne pas c'est tout simplement que vous n'aimez pas le café ou le thé, donc n'en consommez plus et passez à une autre boisson chaude !

Ne pensez pas vous en sortir mieux si vous avez depuis peu opté pour du sirop d'agave ou du miel, ou encore pour les édulcorants synthétiques ou les extraits de stévia… ils entretiennent le goût pour le sucre et l'objectif sera toujours et encore de se déshabituer du goût sucré.

Je fais comment si je n'ai pas faim ?

Il est possible (mais pas certain) que le petit déjeuner soit un repas important, qu'il soutienne les performances intellectuelles et l'humeur, en particulier des enfants et des adolescents. En ce qui concerne le poids et la ligne, les études divergent. Les industries céréalière et laitière et les nutritionnistes qui travaillent pour elles ont cherché depuis des décennies à accréditer l'idée qu'il ne faut pas sauter de petit déjeuner, au risque de se retrouver en surpoids. Mais les études récentes et indépendantes ne trouvent pas que les personnes qui sautent le petit déjeuner sont plus grosses que celles qui le prennent tous les jours : le dogme de l'importance du petit déjeuner comme rempart contre la prise de poids est en passe de s'effondrer ! Donc, il n'y a pas

Nombre de sucre par jour selon le nombre de boissons chaudes	Nombre de grammes par jour	Nombre de kilos de sucre par an
1	5	1,8
2	10	3,7
3	15	5,5
4	20	7,3
5	25	9,1
6	30	11
7	35	12,8
8	40	14,6
9	45	16,4
10	50	18,3

d'obligation et finalement, l'important c'est surtout de quoi est constitué ce petit déjeuner.

Cela dit, il y a des circonstances où on a intérêt à (se) forcer à s'alimenter le matin (de manière équilibrée, bien sûr). En effet :
- les enfants devraient partir à l'école en ayant mangé et bu ;
- on devrait prendre un petit déjeuner si on a tendance, poussé(e) par la faim, à grignoter en milieu de matinée ;
- on devrait prendre un petit déjeuner si on a remarqué qu'on est moins alerte le matin lorsqu'on n'en prend pas ;
- on devrait prendre un petit déjeuner si on a remarqué qu'on mange moins ou mieux au repas suivant lorsqu'on en a pris un.

Si cela vous est difficile, et si cela fait des années vous n'avez rien avalé le matin à part un verre d'eau ou un café, commencez toujours progressivement.

Tout d'abord, dans la grande majorité des cas, quand on n'a pas faim le matin c'est que le repas du soir a été trop conséquent ! En vous levant, prenez un petit verre d'eau et essayez de prendre votre douche avant de manger, vous laisserez un peu plus de temps à votre organisme pour avoir faim.

Débutez par ce qui pourrait passer le mieux le matin :
- Prenez par exemple des fruits frais de saison, arrosez-les d'un filet de jus de citron, ajouter des feuilles de menthe fraîche et pourquoi pas un peu de gingembre. Vous pouvez aussi les consommer sous forme de fruits secs, de salade de fruits ou de smoothies (fruits entiers mixés au blender). Les enfants qui boudent les fruits entiers le matin consomment volontiers une salade de fruits frais dans un grand bol.
- Les oléagineux sont parfois une très bonne manière de recommencer à manger, pour les petits comme pour les grands. Quelques amandes, noisettes peuvent être pris dans la voiture ou les transports en commun.
- Essayez un yaourt au lait ou au soja. Vous pourriez introduire progressivement un œuf à la coque ou au plat, un peu de jambon...

Je prends mon petit déjeuner très souvent à l'hôtel

Selon les établissements, la palette des petits déjeuners va du pire au meilleur.

Le pire que vous puissiez avoir : du pain blanc ou des viennoiseries servies avec du beurre, du miel et de la confiture et une machine automatique qui délivre un jus grisâtre tenant lieu, selon le cas, de café ou de thé déjà sucré. Si tel est le cas, tentez de demander à l'hôtel des aliments de remplacement : des œufs ou une tranche de jambon, des fruits ou encore un yaourt nature. Il est parfois possible de trouver à l'extérieur de l'hôtel un café plus accueillant ou une épicerie de quartier où acheter le nécessaire pour prendre un petit déjeuner nutritionnellement correct (un fruit, des oléagineux, des fruits secs, un pain au levain prétranché).

Le mieux est d'emporter dans votre valise des fruits secs, des oléagineux et des biscottes de seigle, et si vous pouvez une pomme ou un autre fruit qui ne s'écrase pas.

Mais tous les hôtels n'offrent pas de piètres petits déjeuners et vous pouvez trouver sur le buffet un large choix de fruits frais et secs, de pains complets au levain ou de muesli, des œufs sous toutes leurs formes et accommodés de diverses façons, une grande variété de thés et tisanes...

Le déjeuner équilibré

Selon votre mode de vie et votre activité professionnelle, le déjeuner en semaine peut être pris à de multiples endroits et de diverses manières : à la maison, au restaurant d'entreprise, au bureau en emportant sa lunch-box, sous forme plus nomade avec un sandwich, seul ou entre collègues, avec ses enfants ou son mari…

Dois-je prendre une entrée, un plat et un dessert ?

Où que vous soyez pour prendre ce repas, il y a un maître mot : s'écouter ! En effet, nous sommes tous différents, avec des gabarits et des âges variés et donc des besoins spécifiques d'une personne à une autre.

Les recommandations qui sont faites par les autorités sanitaires – une entrée, un plat de viande ou de poisson avec des féculents et des légumes, un laitage et un dessert – peuvent s'avérer bien trop importantes en quantité pour une grande majorité de la population.

Êtes-vous en pleine croissance ? Êtes-vous enceinte ? Êtes-vous sujet(te) au grignotage ? Avez-vous un métier qui nécessite une grande dépense d'énergie ? Faites-vous une heure ou plus de sport tous les jours ? Si vous avez répondu non à ces questions il est probable que vous n'ayez pas besoin de manger beaucoup de féculents ou de prendre un dessert (hors fruit frais).

Même s'il est important de bien manger au repas du midi, et d'ailleurs toujours plus à midi que le soir, il faut bien cibler ses priorités : et l'objectif pour les deux repas principaux est de penser : VÉGÉTAUX !

À la question « Qu'avez-vous mangé ce midi ? » peu de personnes répondent les légumes en premier et dans la majorité des cas ils commencent par citer la viande ou le poisson comme si celui-ci en était l'élément principal.

Changez donc votre manière d'aborder les repas en vous demandant : « quels légumes vais-je manger ce midi ? ». Et ce n'est qu'ensuite que vous pourrez y adjoindre une source de protéines (animales ou végétales) et seulement après quelques cuillères à soupe d'aliments glucidiques à IG bas et en dernier un fruit, à moins que vous ne préfériez le réserver pour plus tard.

Comment je fais pour manger systématiquement des légumes à midi ?

L'entrée n'est pas un passage obligé, c'est toutefois une bonne manière d'apporter des légumes. Ainsi, sans être une obligation si vous apportez des légumes en plat principal, l'entrée peut contribuer à la couverture des portions de légumes journalières ; elle est donc recommandée si vous avez bon appétit ou si vous n'avez pas l'habitude de manger de la « verdure ».

Faites une liste de ce que vous aimez : carottes râpées, betteraves, céleri rave râpé, champignons, tomates ou tomates cerise, concombre, radis, cœurs de palmier, endives, mâche… et pour l'hiver un petit bol de soupe (sans pommes de terre) !

L'assiette du déjeuner

Votre assiette du déjeuner comprendra :
- La moitié en légumes : des crudités en entrée si vous lesouhaitez, et des légumes cuits dans votre plat principal
- ¼ de protéines végétales ou animales parmi :
  - légumineuses (si vous êtes végétarien notamment)
  - viandes, notamment les volailles
  - poissons
  - œufs
  - produits laitiers : (en moindre quantité, ils ne sont pas indispensables)
- ¼ de céréales à IG bas : 2 tranches de pain, riz basmati, pâtes *al dente*, maïs, etc.
- 1 portion de fruits et d'oléagineux en dessert.

Pour le plat principal, même principe : « Quels légumes allez-vous manger ? ». Là encore il est utile de tenir un petit répertoire des légumes que vous aimez, en fonction des saisons (voir page 256) ; parfois on peut aimer un légume cru mais ne pas l'apprécier une fois cuit ou l'inverse. Et comme bien souvent vous n'avez pas le temps à midi de vous lancer dans une recette avec de nombreux ingrédients, il faut parer au plus rapide et au plus simple en faisant cuire les légumes dans une poêle ou au wok avec un filet d'huile d'olive, des épices et des aromates. L'idéal également est d'avoir toujours dans votre réfrigérateur des légumes déjà cuisinés, de la veille par exemple, que vous n'aurez plus qu'à réchauffer. Il existe également au rayon surgelés, des mélanges de légumes déjà prédécoupés (brocolis, chou-fleur, carottes, petits pois, poivrons…) qu'il ne vous reste qu'à faire réchauffer à l'étouffée, plutôt que dans un grand volume d'eau comme cela est souvent mentionné sur l'emballage, afin de conserver un maximum de nutriments.

Idées de recettes

Tajine d'agneau aux abricots secs

Pour 6 personnes

Préparation : 30 min
Cuisson : 60 min

- 1,5 kg d'épaule d'agneau coupée en morceaux
- 12 à 18 abricots secs moelleux
- 200 g d'amandes
- 1 gros oignon
- 2 bâtons de cannelle ou 1 c. à c. rase de cannelle en poudre
- 2 clous de girofle
- 1 c. à c. rase de gingembre en poudre ou frais râpé
- 1 c. à c. de curcuma frais râpé ou en poudre
- 3 ou 4 pistils de safran
- 5 tiges de coriandre
- Huile d'olive
- Sel et poivre

Recette issue du livre *Les Recettes du régime IG*, de Amandine Geers, Olivier Degorce, Angélique Houlbert. Thierry Souccar Éditions, 2014

Rincer les amandes puis les faire tremper dans un grand bol d'eau.
Faire de même avec les abricots.
Dans une cocotte à fond épais, faire dorer l'agneau en tous sens. Éplucher l'oignon et l'émincer. Une fois la viande bien dorée, ajouter l'oignon et poursuivre la cuisson 10 minutes à feu doux. Ajouter ensuite les épices. Mélanger soigneusement et couvrir d'eau.
Cuire à couvert pendant 25 minutes à feu doux.
Hacher la coriandre. Émonder les amandes. Au bout de 25 minutes de cuisson, ajouter les abricots, la coriandre et les amandes. Saler et poivrer. Poursuivre la cuisson encore 25 minutes. Piquer la viande avec un couteau. Elle doit bien se détacher.
On peut servir le tajine avec des patates douces cuites à la vapeur et une grande salade.

Gratin de morue aux blettes

Pour 4 personnes

Préparation : 30 min
Cuisson : 45 min

- 500 g de morue
- 600 g de blettes
- 2 oignons
- 1 c. à s. d'huile d'olive
- 1 c. à c. d'un mélange d'herbes sèches (thym, sarriette…)
- 700 mL de lait de soja nature
- 3 c. à s. de farine de blé complète
- 2 c. à s. de d'huile d'olive
- Muscade

La veille, dessaler la morue en la faisant tremper dans une grande quantité d'eau que l'on change plusieurs fois jusqu'au lendemain.

Laver les blettes, couper les côtes en morceaux et émincer le vert. Les cuire à la vapeur pendant 15 minutes. Réserver.

Cuire ensuite la morue à la vapeur pendant 20 minutes. Piquée d'une pointe de couteau, la chair ne résiste pas.

À l'aide d'une fourchette, émietter la morue.

Préparer la béchamel végétale : éplucher l'oignon et le couper en petits dés. Le faire revenir avec l'huile d'olive pendant 5 minutes. Ajouter les herbes. À l'aide d'un fouet, délayer progressivement la farine avec le lait de soja dans un bol. Ajouter ce mélange aux oignons et laisser épaissir légèrement tout en mélangeant.

Mélanger les blettes, la béchamel et la morue et répartir le mélange dans un plat. Placer au four pendant 20 minutes à 160 °C.

Ajouter du fromage râpé (emmental, parmesan ou fromage de chèvre) si vous le souhaitez.

Servir aussitôt.

Recette issue du livre *Les Recettes du régime IG*, de Amandine Geers, Olivier Degorce, Angélique Houlbert. Thierry Souccar Éditions, 2014

Les enfants et les fruits et légumes…

Voici quelques astuces pour aider les enfants dans leur découverte des légumes et des fruits qui peuvent d'ailleurs aider les plus grands à en consommer davantage.

Les fruits

Pensez aux smoothies, avec ou sans laits végétaux, aux salades de fruits frais (fraises au vinaigre), aux brochettes de fruits, aux papillotes à la plancha avec un carré de chocolat noir dedans (c'est chaud, ça passe mieux) et dans les produits laitiers nature (fromages blancs, yaourts, petits-suisses) pour ceux qui en consomment.

En été, pensez au melon et à la pastèque en entrée.

Les légumes

Faites avec votre enfant une liste des légumes en 2 colonnes : une crue et l'autre cuite. Cochez avec votre enfant les légumes choisis et ajoutez-les systématiquement dans la même assiette avec les pâtes, le quinoa, les lentilles ou le riz.

Pensez à la ratatouille.

Incluez les légumes dans les quiches maison.

Faites-les en crudités râpés (carottes, courgettes, céleri), en purée, en coulis (tomates), en gaspacho (tomate, concombre) ou toute autre soupe froide.

Servez-les sous forme de bâtonnets à tremper dans des sauces à base d'avocat, de caviar de tomates ou d'aubergines (parfait avec les carottes, le concombre, les radis), de crudités déjà prêtes type petites carottes à croquer ou tomates cerise.

Présentez-les toujours en petite quantité au début et n'hésitez pas à renouveler l'opération.

Même si l'IG est plus élevé et les pertes vitaminiques un peu plus importantes, augmentez légèrement la cuisson du légume. Les légumes croquants-craquants passent moins bien chez les plus petits.

Donnez-leur du « peps » avec les aromates et les épices ou de la couleur (curcuma) pour les légumes blancs (intérieur de la courgette, chou-fleur).

Faites-les participer dès le plus jeune âge à la préparation des menus : découpe des légumes et des fruits.

Faites pousser des tomates cerise et des radis dans le jardin ou dans des jardinières, allez à la cueillette des fruits sauvages en été (mûres).

Mettez plusieurs couleurs dans l'assiette et donc si possible plusieurs légumes (pour les bonbons par exemple, c'est prouvé que plus il y a de couleurs et plus on en mange) !

Et surtout, évitez de les dissimuler dans les gratins et autres préparations bourrées de crème fraîche et de fromage ; de la même façon pas de ketchup pour camoufler les légumes !

> ### « C'est bon pour la santé »
>
> Il ne faudrait pas dire aux enfants récalcitrants que les légumes sont bons pour leur santé. En effet, cela pourrait s'avérer contre-productif selon une étude parue dans le *Journal of Consumer Research*. Des chercheurs américains ont recruté des enfants âgés de 3 à 5 ans. Les expériences consistaient à leur lire une histoire à propos d'une petite fille qui mangeait des crackers ou des carottes. Parfois, l'histoire faisait référence aux bénéfices apportés par les aliments qu'elle consommait : par exemple, ils la rendaient plus forte ou l'aidaient à apprendre à compter.
>
> Ensuite, les enfants pouvaient manger l'aliment présenté dans l'histoire ; les auteurs ont mesuré la quantité consommée par les enfants.
>
> Résultats : les enfants mangeaient moins de carottes ou de crackers quand on leur racontait qu'ils permettaient de mieux apprendre à lire ou à compter. Et dans leurs évaluations des aliments, les enfants jugeaient moins bons les crackers et en mangeaient moins lorsqu'on les présentait comme un instrument pour atteindre un objectif de santé.
>
> Par conséquent, mieux vaut ne pas faire de commentaires en servant un aliment « santé » à un enfant, sauf peut-être pour dire qu'il est délicieux – si tel est le cas !

« Mais les fruits et légumes coûtent cher ! »

Oui en effet, si vous achetez des tomates ou des fraises en plein hiver, cela risque de vous trouer le budget. Mais si vous respectez les saisons, et optez parfois pour des légumes surgelés, vous verrez que le prix au kilo est tout à fait raisonnable et que le prix de la viande, du poisson, des fromages vous enlève au final plus de pouvoir d'achat qu'un simple kilo de pommes biologiques à 1,80 € en pleine saison !

Une erreur à ne pas commettre : manger trop peu de protéines au déjeuner

Concernant le repas du midi, il est courant d'entendre : « *J'ai mangé : une petite tranche de jambon ou une petite part de poisson, un peu de viande rouge…* ».

Lorsque les personnes veulent faire attention à leur poids, elles font l'impasse sur les protéines, en ne mangeant que des légumes, une petite portion de viande ou de poisson et terminent par un fruit… Or, les protéines, qu'elles soient végétales ou animales, sont très rassasiantes. Il est important qu'elles fassent partie de votre assiette.

De même, vous pouvez être amenés, pensant qu'il s'agit de repas complets, à manger des « pasta box » qui en réalité n'apportent que quelques grammes de jambon dans un océan de glucides, ou encore le fameux sandwich poulet-crudités qui n'est en fait, lui aussi, qu'une bombe glucidique avec un soupçon de protéines et de légumes… Il est certain que quelques heures après de tels déjeuners, la faim se fera indéniablement ressentir.

Il faut bien avouer que l'on est rarement attiré par une tranche de jambon, un steak ou des légumes secs et qu'indubitablement on se tournera vers les purs glucides qui attiseront encore plus la faim s'ils s'agit d'aliments à IG élevés ou à forte charge glycémique.

On ne le répètera donc jamais assez : que vous soyez omnivores ou végétariens, c'est bien à ce moment précis de la journée qu'il faut miser sur les apports en protéines, sachant que les temps de digestion peuvent aussi être très différents selon les aliments dont elles sont issues.

Par exemple : le temps de séjour gastrique des œufs (mollets ou à la coque) et du poisson n'est que d'1 à 2 heures alors que le jambon, les volailles mettront 3 à 4 heures pour quitter l'estomac.

Les lentilles, les petits pois, le bœuf, les viandes rôties, les harengs ou encore les sardines à l'huile mettront de 4 à 7 heures pour être totalement digérées.

Ainsi, le poisson à la vapeur à midi est-il une bonne solution pour toutes celles et ceux qui ont constamment faim ? Il nous semble en effet que le paramètre de la faim dans l'après-midi prend ici toute sa dimension. Si 100 g de poisson à midi avec des légumes et un peu de riz vous « calent » jusqu'au repas du soir sans fringale, aucun problème ! En revanche, si vers 16 h, l'estomac gargouille et que vous ne pouvez rien vous mettre sous la dent que des biscuits pas toujours nutritionnellement corrects, peut-être devriez-vous envisager de manger un peu plus de protéines rassasiantes, comme les légumineuses, au déjeuner.

Les féculents à midi ne sont pas un passage obligé

Nous vous le rappelons ici, l'essentiel est de baser vos déjeuners sur les légumes et les protéines (animales ou végétales). Si culturellement vous êtes habituésauxféculents, alors reportez-vous au tableau ci-contre pour ajuster votre portion.

Nous vous rappelons donc ici que malgré ce que disent les autorités sanitaires, la consommation de « féculents » comme ils sont couramment appelés n'est pas « selon l'appétit » mais bel et bien « selon l'activité physique et/ou la dépense énergétique ».

Calculez votre portion de féculents à IG bas au déjeuner

Pour rappel : 1 c. à s. est à peu près équivalente à 10 g crus ou 30 g cuits

Mon gabarit	Je suis sédentaire, ménopausée, j'ai besoin de perdre du poids	Je suis en pleine croissance, enceinte ou allaitante, sportif ou avec un métier actif
< 1,60 m	1 c. à s.	4 c. à s.
1,60 m - 1,70 m	2 c. à s.	5 c. à s.
1,70 m - 1,80 m	3 c. à s.	6 c. à s.
1,80 m - 1,90 m	4 c. à s.	7 c. à s.
> 1,90 m	5 c. à s.	8 c. à s.

Le laitage certainement pas obligatoire à tout âge !

Il n'est absolument pas obligatoire comme nous l'avons déjà vu précédemment. Si vous êtes amateur de fromage, c'est bien à ce moment de la journée que vous pouvez l'inclure dans votre repas. En effet, n'oubliez pas que le fromage est une source d'acides gras saturés et qu'il sera toujours préférable de le consommer à midi plutôt que le soir. Vous dormirez forcément mieux la nuit sans un « trop-plein » de grosses protéines laitières et de graisses saturées !

Les fromages sont généralement pauvres en lactose, mais il faut surveiller leur teneur en sel. Leur indice PRAL est élevé. Ils détériorent alors l'équilibre acide-base. Parmi les fromages les moins acidifiants : le bleu, le camembert, le saint-nectaire, le roquefort, la mozzarella, le cantal, le munster.

La salade qui accompagne le fromage sera toujours la bienvenue avec une vinaigrette à base d'huile d'olive et de colza et agrémentée de quelques cerneaux de noix. En effet, si vous n'avez pas pris d'entrée de crudités et que les légumes se sont faits rares au plat principal, vous pouvez facilement pallier ce manque par un bol de salade verte, de roquette, de mâche, de mesclun…

Pour ceux qui n'aiment pas les produits laitiers, ils peuvent parfaitement passer directement au fruit et pour ceux qui souhaitent en consommer, la condition sera encore et toujours de choisir des versions nature non sucrées, c'est-à-dire les plus basiques possibles.

Et pour finir… toujours et encore des végétaux !

Afin d'assurer à l'organisme le plein de vitamines, d'eau, de potassium, d'antioxydants, il est souhaitable de terminer par un fruit, qu'il soit frais de saison, sous forme de salade de fruits maison, de compote maison sans sucre ajouté ou en dernier recours de compotes industrielles. Pour rappel, rien ne vaut un fruit fraîchement cueilli et mangé avec la peau (d'où l'intérêt de les choisir issus de l'agriculture biologique ou raisonnée afin de ne pas faire le plein de pesticides en même temps que d'éléments protecteurs !)

Si d'expérience vous supportez mal les fruits à la fin des repas (lire page 131), si vous avez l'impression de ballonner facilement, prenez-les hors repas, mais attention à ce qu'ils n'élèvent pas votre glycémie trop rapidement, surtout si ce sont des fruits possédant des IG élevés. Ils pourraient ainsi augmenter votre tour de taille…

Je prépare ma « lunch box »

En d'autres termes, je prépare « ma gamelle » ! Comme nous venons de le voir, la bonne formule est composée d'une base de légumes de saison, d'une portion suffisante de protéines (animales ou végétales), d'un soupçon d'aliments glucidiques à IG bas et d'un fruit.

Si vous n'avez pas la possibilité de faire réchauffer votre plat, misez sur une grande salade composée froide.

Une base de légumes de saison avec une vinaigrette à base d'huile d'olive et/ou colza	Tomates cerise, tomates, radis, billes de melon, bâtonnets de concombre, asperges fraîches ou en conserve, cœurs de palmier, bouquets de chou-fleur, champignons crus, macédoine de légumes, lanières de poivrons, ½ avocat, haricots verts, carottes, courgettes et betteraves crues…
Une portion suffisante de protéines	Pensez aux protéines végétales : légumes secs froids (haricots rouges, lentilles, pois chiches). Les viandes blanches peuvent se consommer facilement froides et tous les poissons n'ont pas besoin d'être réchauffés pour être consommés dans des salades mixtes. Pensez également aux conserves de poissons (sardines à l'huile d'olive, maquereau au naturel), aux crevettes, aux œufs de poules ou de cailles cuits.
Un soupçon d'aliments glucidiques à IG bas	Céréales et apparentées (blé en grain, pâtes cuites *al dente*, riz ou quinoa), patate douce ou une tranche de pain au levain.
Un laitage (en option)	Éventuellement quelques cubes de fromage dans la salade composée (féta, billes de mozzarella).
Un fruit	Un fruit frais ou une salade de fruits

Ce midi c'est pique-nique

Afin de ne pas tomber dans le piège du classique jambon-beurre avec baguette blanche et chips, vous pouvez prendre avec vous, si vous êtes en déplacement ou si vous n'avez pas accès à un moyen réfrigéré pour garder vos aliments :

– des légumes faciles à emporter et à déguster (tomates cerise, radis, concombres et carottes en bâtonnets, champignons crus, poivrons crus en lanières, bouquets de chou-fleur), servis avec un coulis de tomates agrémenté d'épices et d'aromates ;

– des soupes froides (type gaspacho) en briques ou en bouteille en verre ;

– des salades composées complètes 100 % végétaliennes avec une base de légumes (frais ou en conserve type antipasti) et des céréales et légumineuses cuites, par exemple lentilles + maïs (ou encore du seitan ou du tofu), dans lesquels une vinaigrette à base d'huile pressée à froid pour les bons acides gras sera ajoutée ;

– des gressins ou des sticks de quinoa à tremper (à dipper) dans un petit pot de

tapenade (qui regorge d'oméga-9) ou d'houmous (qui apporte du potassium et des fibres) ;
- des chips de légumes (carottes, betteraves) qui apportent plus de bêta-carotène et d'antioxydants que les versions classiques à base de pommes de terre ;
- des oléagineux non salés.

Pensez toujours aux légumes sous toutes leurs formes pour contrebalancer l'excès de sel qui accompagne souvent les aliments de l'épicerie salée, et pour apporter suffisamment de potassium afin de rééquilibrer la balance sodium/potassium.

Vous pouvez aussi emmener des petites conserves de poissons : sardines à l'huile d'olive, maquereaux marinés, moules en escabèche, tentacules de calmar.

Pour le dessert, sans glacière, il faudra miser sur :
- les fruits frais, les fruits secs en vrac ou en sachets, salades de fruits, compotes et desserts de fruits ;
- les desserts à base de soja, de riz ou de chanvre, en briques ou en pots individuels ;
- ou pour le plaisir, des petites briques de boissons végétales aromatisées (vanille ou chocolat).

À côté des bouteilles d'eau, plate ou gazeuse, vous pouvez prendre un jus de légumes (briques, bouteilles), et n'oubliez pas d'emporter une thermos de café ou de thé.

N'hésitez pas à ajouter dans vos préparations quelques olives vertes ou graines oléagineuses (noix, noisettes, sésame, lin, tournesol, courge) et toujours des aromates et épices pour relever et varier les saveurs, du curcuma pour la couleur, du basilic frais pour le goût, de la ciboulette et du persil pour le bonheur des yeux...

Attention aux Doypack express à réchauffer au four à micro-ondes qui bien souvent n'apportent pas assez de légumes et trop de glucides : quinoa, couscous, lentilles, polenta, épeautre, riz ou risotto... En accompagnement de deux repas pourquoi pas, mais pas comme seul repas.

Le sandwich doit rester occasionnel

Inutile de vous rappeler que le sandwich est une véritable bombe glucidique et qu'à ce titre il ne peut trouver sa place de manière quotidienne au repas du midi. La charge glycémique d'un casse-croûte au pain blanc, sans compter l'apport en sel, dépasse les besoins physiologiques de l'organisme ! Ainsi, oubliez tous les sandwichs préparés par des enseignes spécialisées ou les boulangeries, même s'ils sont réalisés à partir de pains complets. Si vous devez en manger un de temps en temps, au moins, préparez-le à la maison avec des ingrédients que vous aurez vous mêmes choisis. En effet, le préparer soi-même permet de contrôler la quantité et la qualité des ingrédients (pain, garniture, sauce).

En termes de quantité, basez-vous sur l'équivalent d'un demi-sandwich habituel et si possible essayez de l'accompagner d'une petite salade verte ou de tomates cerise, et d'un fruit frais.

Choix du pain	Au levain réalisé avec des farines semi-complètes ou complètes de plusieurs céréales (pas seulement blé)
Choix de la garniture	Des crudités pour les fibres et les vitamines (salade, tomates, concombres, cornichons…) Des protéines (jambon, poulet, œuf dur, thon, saumon, truite fumée…) Il est possible d'ajouter un peu de fromage (fromage frais de chèvre par exemple)
Choix de la sauce	Le pain peut être au préalable tartiné avec : houmous, tapenade, pistou, avocat écrasé, moutarde, pâté végétal, purée de tomates maison afin de remplacer le beurre, la mayonnaise ou le ketchup.

Je mange au restaurant d'entreprise, quel doit être mon plateau type ?

Si vous avez un restaurant d'entreprise, il faudra sur votre plateau vous rapprocher le plus possible de ce que vous auriez pu faire à la maison et ne pas vous laisser tenter tous les jours par les gourmandises proposées.

En premier lieu, essayez de prendre une entrée de crudités, sans sauce si possible ou alors avec de l'huile d'olive si vous en avez à disposition. En revanche, évitez pomme de terre, taboulé occidental à base de semoule (le vrai taboulé libanais, à base de persil et tomates et un peu de blé est, lui, recommandé), salade de riz ou de pâtes… Recherchez uniquement des légumes et rien d'autre.

Dans un second temps, il faudra choisir en priorité du poisson ou de la viande en alternance dans la semaine ou si vous mangez végétarien, un plat de céréales ou légumes secs, et pas des bombes glucidiques comme les quiches, les pizzas, les feuilletés… Demandez la sauce à part si c'est possible ou pas de sauce du tout.

Côté acccmpagnement, là encore, priorité absolue aux légumes et poêlées de légumes, avec une seule cuillère de pâtes ou de blé ou de quinoa mais le plus souvent sans pomme de terre, ni riz blanc.

Après le plat de résistance, si vous avez la possibilité de prendre un peu de salade sans sauce dans un bol, n'hésitez pas !

Pour les produits laitiers, là encore rien d'obligatoire, mais si vous souhaitez en prendre un, optez pour un morceau de fromage qui se mange facilement sans pain et dans ce cas vous n'en prendrez pas le soir, ou choisissez un yaourt nature.

En guise de dessert, si vous mangez cinq jours sur sept à midi à la cantine, il faudra toujours préférer les fruits entiers, puisque la plupart du temps, les salades de fruits et les compotes sont agrémentées de sucre. De temps à autre vous pourrez manger un autre dessert du type : riz ou semoule au lait, pâtisseries, tartes, génoises, etc.

> **En pratique**
>
> Si un jour vous souhaitez vous autoriser un dessert sucré en évitant un impact important sur votre poids, ne prenez pas du tout d'aliments glucidiques sur votre plateau, c'est-à-dire pas de pain, pas de « féculents » !

Dernier point, et pas des moindres, évitez de toucher au pain de la cantine qui pulvérise tous les IG ! Les petits pains complets sont un peu plus fréquentables car préparés avec de la farine de type 110, mais comme ils sont rarement au levain, attendez-vous à des IG élevés malgré tout. Il suffit d'en manger peu.

Un petit café ou thé sans sucre après le repas et vous pourrez retourner à votre poste de travail, le corps léger et l'esprit alerte.

N'hésitez pas aussi à faire des remarques, positives et négatives, au prestataire. Il existe parfois une petite urne dans laquelle vous pouvez déposer vos suggestions. Par exemple, il est possible d'avoir de l'huile d'olive pression à froid à disposition sans que le budget total de l'entreprise qui fait la cuisine ne soit en danger !

À midi, je mange au resto !

Si vous mangez au restaurant à midi, oubliez :
- Les sandwicheries, qui ne proposent malheureusement que des plats ayant des charges glycémiques très élevées ou des salades insipides ou arrosées de sauce crudité mêlant crème fraîche, amidon transformé et sucre… Sans parler des desserts type brownies ou tartes que l'on vous propose pour clore votre repas.
- Les établissements qui vendent des pâtes très cuites à emporter ou à consommer sur place puisque là encore, avec la teneur en acides gras saturés de la sauce et la charge glycémique élevée, vous pouvez rapidement atteindre, en un seul repas, ce que vous devriez consommer tout au long de la journée.
- Les pizzas qui sont aussi des bombes glucidiques, des aliments très acidifiants, pauvres en antioxydants et qui détiennent des records de teneur en sel et en graisses saturées quand elles sont bien garnies de fromage.

Si vous avez le choix, optez donc pour une brasserie. Si, à la maison, il est possible de maîtriser la composition d'un repas du début à la fin, ce n'est pas le cas au restaurant. Ainsi, même avec de la bonne volonté, il arrive que dans ces circonstances on ne fasse pas les meilleurs choix nutritionnels.

> **À savoir**
>
> ### Le plat à éviter
>
> D'après une étude de l'université Cornell publiée dans *International Journal of Hospitality Management*, la présentation de la carte du restaurant inciterait souvent les clients à faire de mauvais choix. Les chercheurs ont constaté qu'un plat attire davantage l'attention s'il est écrit en gras, s'il est surligné ou s'il est encadré ; il serait alors plus souvent commandé. Pas de chance : d'après Brian Wansink, auteur principal de l'étude : « *Dans la plupart des cas, ce sont les plats les moins sains du menu* ».

Le déjeuner équilibré

Pour ne pas se faire influencer par la présentation de la carte et mieux manger au restaurant, la solution est :
– d'éviter soigneusement de prendre la formule « entrée, plat, pain-fromage et dessert » ;
– de demander un petit bol de salade ou une assiette de crudités toujours avec la sauce à part (huile d'olive + vinaigre si possible) ;
– de choisir un plat principal et de demander à ce que celui-ci soit toujours accompagné de légumes et de la sauce à part ;
– comme à la cantine, peu ou pas de pain puisque celui-ci est quasiment toujours blanc et fermenté à base de levure, même dans certains grands restaurants étoilés ;
– il vaut mieux faire l'impasse sur le dessert sauf si le restaurateur peut vous proposer un quart d'ananas frais, une salade de fruits maison…
– pour terminer, demandez un café ou un thé et autorisez-vous le carré de chocolat qui l'accompagne.

Si vous mangez dans la même brasserie ou le même petit restaurant chaque jour, essayez de discuter avec le restaurateur pour l'amener à faire évoluer son offre.

Dans l'après-midi, après un tel repas, n'hésitez pas à faire une collation saine et équilibrée si une réelle petite faim physiologique se fait ressentir, c'est-à-dire si vous sentez un creux au niveau de votre estomac…

Comment manger sain au resto

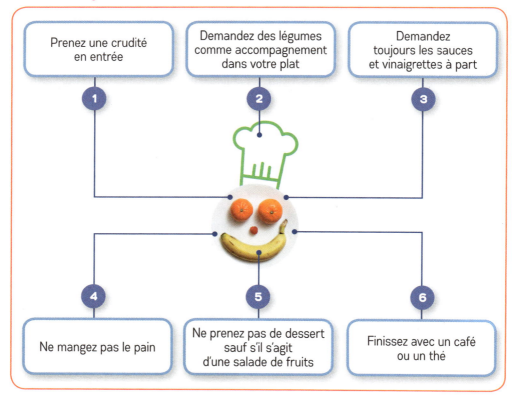

1. Prenez une crudité en entrée
2. Demandez des légumes comme accompagnement dans votre plat
3. Demandez toujours les sauces et vinaigrettes à part
4. Ne mangez pas le pain
5. Ne prenez pas de dessert sauf s'il s'agit d'une salade de fruits
6. Finissez avec un café ou un thé

Mâchez bien, vous mangerez moins

Pourquoi est-il si important de mâcher ? Parce que la mastication est un des facteurs qui va déclencher la satiété, autrement dit le sentiment de n'avoir plus faim. Le fait de mâcher provoque après 15 à 20 minutes la libération par le cerveau d'un neurotransmetteur : l'histamine. C'est elle qui va transmettre le message « arrête de manger, tu n'as plus faim ». Conséquence : plus on mâche, moins on a faim. Mais ce n'est pas tout : non seulement l'histamine provoque le sentiment de satiété, mais en plus elle augmente le métabolisme des lipides. Donc en mâchant, vous mangez moins et vous éliminez davantage. Les études montrent que la mastication joue un rôle dans le contrôle de la glycémie et donc le risque de maladies chroniques comme le diabète.

Autre paramètre important : la consistance des aliments. Plus un aliment est masticable (ferme), plus on dépense de calories pour le digérer. Donc, évitez les aliments mous. Si vous voulez en savoir plus, vous pouvez lire *Le Régime Mastication* du Dr Arnaud Cocaul (Éditions Thierry Souccar, 2009).

Index masticatoire des principaux aliments

IM NUL (aliments mous à éviter)	IM FAIBLE	IM MODÉRÉ	IM ÉLEVÉ (à privilégier)
LÉGUMES			
Soupes industrielles et purées industrielles	Soupes et purées maison passées au moulin à légumes Cèpes Courgettes cuites	Artichaut cuit Courgettes croquantes Épinards hachés Betterave cuite Carotte cuite Champignons de Paris crus et cuits Chou-fleur cuit Navet cuit Tomate Poivron cuit	Artichaut cru Betterave crue Carotte crue Céleri rave cru Chou blanc et rouge crus Brocoli cru Chou-fleur cru Épinards en branche, blettes Girolles, pleurotes Radis Concombre Salade verte Fenouil Poivron cru Oignon Poireau Céleri

Le déjeuner équilibré

IM NUL (aliments mous à éviter)	IM FAIBLE	IM MODÉRÉ	IM ÉLEVÉ (à privilégier)
FRUITS, FRAIS, SECS ET OLÉAGINEUX			
Fruits sous forme de sorbets	Banane Framboise, fraise, mûre Pastèque Kiwi Avocat	Myrtilles, groseilles Melon Abricot, pêche, mangue Agrumes Raisin Poire Pomme cuite Olives	Pomme crue Ananas Noix de coco Pruneau Abricot sec Figue, banane, poire et ananas séchés Amandes, noix de Grenoble, noix de cajou, cacahuètes, noix du Brésil, noisettes
LÉGUMINEUSES			
	Tofu Quinoa	Lentilles, petits pois, pois cassés, haricots blancs	Pois chiches, haricots rouges, haricots verts cuits *a minima* Fèves crues et cuites
POMMES DE TERRE			
	Pomme de terre vapeur, chips, purée	Frites Pomme de terre avec la peau vapeur	
PRODUITS CÉRÉALIERS			
	Riz gluant Couscous Polenta Bol de céréales au lait Barres aux céréales	Riz basmati Riz thaï Ebly Pâtes bien cuites Boulgour	Riz complet Spaghettis complets *al dente* Flocons d'avoine Muesli
PAINS ET PRODUITS DE BOULANGERIE			
	Croissant, pains au chocolat, brioche Pain de mie Baguette blanche Cracottes au froment	Pain grillé, biscottes au blé complet Baguette de tradition	Petits pains suédois au blé complet Wasa fibres Pain multicéréales au levain Biscuits secs type petit beurre

IM NUL (aliments mous à éviter)	IM FAIBLE	IM MODÉRÉ	IM ÉLEVÉ (à privilégier)
PRODUITS LAITIERS			
Crème glacée Yaourts à boire ou brassés Crèmes dessert et flans Fromages frais et fondus Crème fraîche Chantilly	Brousse Faisselle Fromages à pâte molle (camembert, brie...) Pélardon frais Roquefort	Pélardon sec Fromages à pâte dure (emmental, cantal...)	
MATIÈRES GRASSES			
Huiles, beurre, margarine, saindoux, graisse d'oie			
VIANDES ET CHARCUTERIES			
	Cervelle Foie gras Pâté, terrine Boudin	Steak haché Foies de volaille, foie de veau Rognons Jambon cru Saucisse Merguez	Foie d'agneau très cuit Volailles (dinde, poulet, canard, oie) Viandes blanches (lapin, veau, porc) Bœuf Agneau Gibier
PRODUITS DE LA MER			
	Surimi Thon en conserve Flétan Sole, limande Poisson pané	Huître Poisson blanc (cabillaud, merlan, colin...) Poisson gras (maquereau, saumon, sardine, thon) Noix de Saint-Jacques	Crustacés (crevettes, langouste, homard) Mollusques (moules, calmars...)

Les collations saines et équilibrées

En milieu de matinée ou d'après-midi, il arrive parfois qu'un « petit creux » se ressente, surtout si le repas précédent était incomplet. Il est important à ce moment précis de bien distinguer la faim physiologique de la faim psychologique.

La faim et la satiété... des sensations à reconnaître et à retrouver

La faim est un état de motivation interne qui conduit à la recherche et à la consommation d'aliments. La sensation de faim, souvent désagréable, commence en général après quelques heures sans manger. Il s'agit d'une baisse transitoire de la glycémie qui peut s'accompagner de fatigue intellectuelle ou physique, voire de vertiges et bien sûr de contractions de l'estomac : on dit que le ventre « gargouille ». En fait, la faim pousse l'organisme à satisfaire les cellules afin qu'elles puissent exercer leur rôle, fonctionnel ou de structure. Une fois la faim comblée, les cellules envoient un signal au cerveau pour lui faire savoir qu'il n'est plus nécessaire de manger : c'est la satiété.

La satiété correspond au terme extrême du rassasiement : c'est une sensation que l'on ressent après avoir mangé, quand on n'a plus faim et qui provoque normalement l'arrêt de la prise alimentaire.

L'essentiel, si une faim physiologique se fait sentir c'est de prendre une collation équilibrée dépourvue de « calories vides », qui :
– donne de l'énergie pour continuer ;
– ne coupe pas l'appétit pour le repas suivant ;
– apporte des éléments essentiels : vitamines, minéraux, fibres, acides gras essentiels.

Cette collation équilibrée se différencie donc du grignotage par le choix des aliments qui la constituent. Sucrés ou salés, les aliments doivent être les moins transformés possibles. Il faut par exemple en profiter pour favoriser ceux qui n'ont pas été consommés au repas précédent, par manque de temps ou d'envie à ce moment-là.

La collation n'a donc rien d'obligatoire. Seules petites exceptions pour le goûter : les plus jeunes et les plus âgés, et donc à chaque extrémité de la vie. Il peut s'agir d'un quatrième moment important de la journée, une sorte de « repère » et pas nécessairement pour répondre à une réelle faim… mais pour tout le reste de la

Distinction entre faim physiologique et faim psychologique

	FAIM PHYSIOLOGIQUE	FAIM PSYCHOLOGIQUE
Comment ?	Elle augmente progressivement	Elle apparaît soudainement
Où ?	Au-dessous du cou : « ça gargouille »	Au-dessus du cou : « ça salive »
Quand ?	Plusieurs heures après le dernier repas	Indépendamment de l'heure du dernier repas
Pendant ?	Le temps nécessaire pour être rassasié	Tout le temps même lorsque l'estomac est rassasié
Pour ?	Donner un sentiment de satisfaction	Donner un sentiment de honte

Source : Brian Wansink. *Conditionnés pour trop manger*, Editions Thierry Souccar, 2009.

population : on ne mange que lorsque l'on a réellement faim !

Avant de partir de la maison, pensez à préparer ou à mettre dans le cartable de votre enfant un petit sachet congélation zippé avec une collation. Et il va de soi que les barres chocolatées sucrées, les viennoiseries (brioches, pain au chocolat, croissant), les biscuits pour enfants ou encore les sodas ne doivent pas être considérés comme des aliments idéaux pour cette pause mais comme des aliments plaisir, car ils ont des IG élevés et des additifs souvent douteux.

Si votre enfant est vraiment très attaché à ces biscuits, il faut opter pour les versions nature, avec des céréales complètes si possible et issues de l'agriculture biologique.

En pratique

Quelques idées de collations, à choisir selon l'activité de la journée :

- 1 boisson chaude sans sucre ajouté (thé noir ou thé vert, infusion, café) ou 1 verre d'eau pour se réhydrater
- 1 fruit frais de saison ou ½ poignée de fruits secs (abricots, pruneaux, figues, raisins, etc.) ou 1 compote sans sucre ajouté maison (ou en gourde en dépannage) ou 1 smoothie maison
- ½ poignée d'oléagineux non salés (amandes, noix, noisettes, noix de pécan, noix de cajou, noix de macadamia, noix du Brésil…) ou 1 yaourt nature (vache, brebis, chèvre) ou 1 fromage blanc nature ou 2 petits-suisses natures ou 1 yaourt soja nature
- 1 petite tranche de pain au levain (multicéréales, complet, de seigle, de campagne…) ou 2 petits pains suédois ou 2 biscottes de seigle sur lesquelles vous pourrez mettre selon vos envies un peu de beurre, de margarine, de confiture, de purée d'amandes ou du chocolat noir râpé !

De plus, ne mettez pas tout le paquet dans son cartable : deux ou trois suffisent et à ce moment vous pourrez lui rappeler que ce n'est pas un vrai quatrième repas mais une collation, en essayant de maintenir un écart minimum de deux heures avant le dîner.

Si votre enfant a vraiment très faim, il faut insister sur les aliments qui se mastiquent et non ceux qui s'avalent : un fruit entier plutôt qu'une compote ou un jus, du pain plutôt qu'une brioche fondante…

Et là est toute la difficulté si vous avez habitué votre enfant à son en-cas 100 % glucides à IG élevés au goûter ! Car à la sortie de l'école, bien souvent ce n'est pas un bisou qu'il demande en premier, mais son goûter ! Rassurez-vous : rien n'est impossible et par des essais minimes mais répétés vous pourrez introduire des fruits secs ou frais ou encore quelques oléagineux non salés.

En effet, noix de Grenoble et amandes peuvent facilement se consommer en en-cas. Légères à transporter et faciles à manger au bureau, elles peuvent s'emporter partout. Évitez les oléagineux grillés salés (pourquoi faire compliqué lorsqu'on peut faire simple : des fruits secs à l'état naturel). Les aliments grillés salés alourdissent l'exposition au chlorure de sodium et en plus, renferment des doses considérables de composés appelés produits de glycation avancés, directement responsables du vieillissement. Les oléagineux grillés et salés sont donc à consommer avec modération. La seule alternative : les mêmes, nature et non grillés !

Reportez-vous page 233 pour un rappel des portions.

Le dîner équilibré à la maison

Le maître mot pour le dîner sera « léger » ! Or bien souvent c'est le repas qui apporte le plus de calories, le plus de mauvais lipides et celui qui possède une charge glycémique record. En effet, on entend souvent « C'est le seul repas que je partage avec ma famille, donc c'est celui où on mange le plus ».

Effectivement, ce qui est important, c'est se mettre autour d'une même table, si possible sans la télévision, afin de rendre ce moment convivial pour tous les membres de la famille. Même à deux, inutile de brancher le téléviseur pour voir des informations qui mettent littéralement le moral dans les chaussettes et vous poussent indéniablement à manger plus pour vous réconforter ! Ce n'est pas encore prouvé scientifiquement, mais il serait intéressant de connaître l'impact du « JT de 20 h » sur la prise alimentaire…

La meilleure alimentation est celle qui n'a pas de publicité à la télé

Qu'est-ce qu'on fait à manger ce soir ?

Dure question que celle-ci, qui revient inlassablement dans la bouche des mères de famille ! Aussi, afin de concilier repas convivial avec « légèreté » et respect de l'équilibre nutritionnel, il faudra systématiquement vous poser la question suivante : « Quels légumes je vais préparer ce soir ? », et ce n'est qu'à partir du moment où vous aurez trouvé le légume de saison adéquat (cru, cuit, râpé, en soupe, en salade…) que vous pourrez y adjoindre une source d'aliments glucidiques, qu'elle provienne de céréales ou de légumes secs.

Ainsi, nul besoin de préparer entrée, plat avec viande ou poisson accompagnés de féculents et de légumes, produit laitier, dessert ! Faites simple !

Quand vous construisez votre planning de la semaine et/ou votre liste de courses, l'essentiel sera toujours de penser aux légumes. Pour le reste, il vous suffira d'avoir toujours dans vos placards un peu de pâtes, de quinoa, de lentilles, de riz, de semoule mais généralement ce ne sont pas ces aliments qui posent problème. Donc focalisez-vous sur les légumes.

Ils peuvent aussi être scindés en : entrée (soupe, crudités) et en accompagnement mais cela vous demandera deux préparations différentes alors qu'avec un plat unique, on résout le problème.

Exemples d'assiettes du soir

Pour un adulte, ayant une activité physique, ou un enfant :

½ légumes + ¼ viande ou poisson
ou œufs + ¼ céréales

ou : ½ légumes + ¼ légumes secs
+ ¼ céréales.

Pour un adulte sédentaire :
¾ légumes + ¼ céréales

ou : ¾ légumes + ¼ légumes secs.

Dans la famille, tout le monde n'aime pas les légumes !

En pensant « légumes » pour le soir, vous faites déjà un grand pas dans l'équilibre nutritionnel de la journée de tous les membres de votre famille. Rappelez-vous que seulement 20 % des enfants consomment cinq portions de fruits et légumes par jour. Alors comment faire ? Comme nous l'avons vu, il est essentiel de faire dresser des listes de légumes aux enfants et aux plus grands, en faisant deux colonnes : cru et cuit (voir page 276). En effet, certains préfèrent les carottes crues alors que d'autres les préfèrent cuites, c'est souvent la même chose pour les endives. Vous pouvez même mettre dans la colonne du légume cuit si vous le préférez chaud ou froid comme les poireaux : plutôt fondue de poireaux ou plutôt « poireaux vinaigrette »…

Pour les enfants, il est impératif de leur faire goûter un maximum de légumes dès le plus jeune âge. Si cela n'a pas été fait ou si vous avez encore à table des mines de dégoût, faites juste goûter une petite quantité et n'hésitez surtout pas à proposer plusieurs fois le même légume… En revanche, évitez de les cacher dans des gratins qui regorgent de crème fraîche et de gruyère ! La même règle doit vous guider pour des tartes qui peuvent contenir de la crème fraîche, du gruyère

Quelques recettes de plats du soir

Soupe de fèves à la tunisienne

Pour 4 personnes

Préparation : 20 min
Cuisson : 40 min

- 150 g de fèves fraîches
- 100 g de lentilles
- 1 c. à s. de fenugrec
- 3 gousses d'ail émincées
- 1 oignon râpé
- 1 c. à c. de cumin
- 2 c. à s. d'huile d'olive
- 2 c. à s. de persil haché
- 2 c. à s. de purée de tomates
- 1 pincée de piment

Recette tirée du livre *Les Recettes du régime IG*, d'Amandine Geers, Olivier Degorce, Angélique Houlbert, Thierry Souccar Éditions, 2014

La veille, faire tremper le fenugrec dans un bol d'eau.

Le lendemain, faire revenir à feu doux avec l'huile d'olive, l'oignon, l'ail, le fenugrec égoutté, le cumin et la feuille de laurier pendant 5 minutes en remuant de temps en temps.

Ajouter alors les lentilles et un litre d'eau. Au bout de 20 minutes environ, ajouter le persil, la purée de tomates, le piment et les fèves (les éplucher si elles sont grosses). Prolonger la cuisson 10 à 15 minutes.

Saler et poivrer en fin de cuisson.

Vérifier la cuisson des fèves et servir aussitôt.

Galettes de sarrasin aux lentilles corail et champignons

Pour 4 personnes

Préparation : 15 min
Cuisson : 20 min

- 4 galettes de sarrasin
- 120 g de lentilles corail crues
- 400 g de champignons de Paris
- persil frais

Recette d'Angélique Houlbert

Préparer la purée de lentilles corail : cuire les lentilles corail dans de l'eau légèrement salée pendant 15 minutes. Ajouter du curry ou d'autres épices (selon les goûts).

Couper les champignons en lamelles et les faire revenir dans l'huile d'olive. Ajouter du persil haché en fin de cuisson.

Garnir la crêpe de sarrasin de purée de lentilles corail et de champignons, poivrer. Laisser cuire 2-3 minutes dans la poêle à feu moyen et servir avec une salade de mâche assaisonnée d'huile et de vinaigre.

> ### Terrine de légumes et flocons de quinoa
>
> **Pour 6 personnes**
>
> Préparation : 15 min
> Cuisson : 50 min
>
> - 2 aubergines
> - 400 g de potimarron
> - 2 gousses d'ail + 1 oignon émincés
> - 50 g de flocons de quinoa
> - 1 c. à c. de 4 épices (cannelle, muscade, poivre, girofle)
> - 1 œuf
>
> Recette tirée du livre *Les Recettes du régime IG*, d'Amandine Geers, Olivier Degorce, Angélique Houlbert, Thierry Souccar Éditions, 2014
>
> Laver les légumes.
> Couper l'aubergine en petits morceaux.
> Couper le potimarron en deux, enlever les graines et le couper en morceaux sans l'éplucher.
> Faire cuire ces légumes à la vapeur pendant 10 à 15 minutes avec l'ail et l'oignon.
> Dans un robot, mélanger l'ensemble des ingrédients.
> Saler et poivrer.
> Chemiser un moule allant au four et y verser la préparation.
> Cuire thermostat 6 (180 °C) pendant 25 à 35 minutes.

et des lardons… Ce sont de très bonnes idées mais il faut veiller à adapter les préparations.

Je n'ai pas le temps le soir

Concrètement, si vous n'avez pas beaucoup de temps pour la préparation du repas, essayez selon les saisons :
- de présenter des tomates cerise dans des petits ramequins ;
- de couper des tomates sur lesquelles vous déposez du basilic fraîchement coupé ;
- de détailler des morceaux de concombre ou de carottes crues à tremper dans une tapenade, de l'houmous ou encore du guacamole ;
- de râper des carottes ;
- de présenter des radis roses ou des rondelles de radis noir ;
- de toujours avoir dans votre congélateur des légumes surgelés (chou-fleur, brocolis, petits pois, épinards, courgettes, champignons…) ;
- d'avoir en dépannage des conserves de légumes (haricots verts, cœurs de palmier, pousses de soja, macédoine…).

Comment faire pour augmenter ma consommation de légumes secs ?

Si vous avez des difficultés à digérer les légumes secs, et que vous n'avez pas l'habitude d'en manger, optez pour des lentilles (blondes, brunes, du Puy ou encore corail), elles sont souvent plus faciles à digérer que les pois chiches par exemple. Afin de limiter les ballonnements, vous pouvez les faire tremper et jeter l'eau de trempage, ou les acheter déjà cuites sous vide (mais jamais « préparées »). Les légumes secs peuvent être réduits en purée ou mixés avec d'autres légumes, dans la soupe par exemple, en remplacement des pommes de terre.

Le produit laitier est bien sûr facultatif pour le soir, comme pour tous les autres repas de la journée d'ailleurs. Si cela vous fait plaisir, un yaourt soja mais sinon, passez directement aux fruits (fruit frais, salade de fruits, fruits au four…) comme nous l'avons vu pour le déjeuner.

La meilleure façon de cuisiner

Les modes de cuisson qui préservent la qualité des aliments

Du côté des nutriments

Les légumes cuits sont appauvris en nutriments solubles dans l'eau comme la vitamine C, et sensibles à la chaleur comme la vitamine C et les caroténoïdes. Des choux de Bruxelles cuits au four à micro-ondes perdent 20 à 60 % de leurs xantophylles (lutéine, zéaxanthine) et 14 à 15 % de leur bêta-carotène.

Mais les choses ne sont pas aussi simples, comme en témoigne le sort réservé au lycopène, le pigment antioxydant qui donne à la tomate sa couleur rouge. Le lycopène de la sauce tomate est mieux absorbé que celui de la tomate crue parce que la cuisson le rend plus accessible. Une étude a comparé le bêta-carotène présent dans le sang après avoir mangé des épinards et carottes crus et les mêmes légumes cuits au four à micro-ondes. Chez ceux qui avaient mangé les légumes cuits, le taux de bêta-carotène dans le sang a quasiment doublé, alors qu'il n'a augmenté que de 30 % après la consommation de ces mêmes légumes crus. Mais un détail a son importance : pour avoir autant de bêta-carotène d'un groupe à l'autre (9,3 mg), il faut manger 55 g de carottes et 40 g d'épinards crus, et 113 g de carottes et autant d'épinards cuits. En conclusion, la cuisson augmente la biodisponibilité ; mais si l'on considère des quantités identiques de légumes, les concentrations de bêta-carotène dans le plasma seront similaires, avec même un avantage au cru pour certains cousins du bêta-carotène comme l'alpha-carotène.

Du côté des enzymes

Les enzymes présentes dans les végétaux ont une importance considérable dans la prévention des cancers. Les cellules des légumes crucifères comme le chou, le brocoli contiennent des substances appelées glucosinolates. Les glucosinolates sont stables jusqu'au moment où ils sont mis en présence d'une enzyme des cellules voisines appelée myrosinase.

Les deux se rencontrent lorsque les tissus sont déchirés, par exemple lorsqu'un insecte s'attaque à la plante, ou encore lorsque vous croquez dans un morceau de chou ou que vous coupez des brocolis. Ils forment alors d'autres composés qu'on appelle isothiocyanates, qui ont la particularité d'activer dans notre corps des enzymes chargées de neutraliser les substances cancérigènes. Ces enzymes sont appelées enzymes de phase 2.

Lorsque l'on chauffe des crucifères, la myrosinase est inactivée : la transformation en isothiocyanates est perturbée (elle a quand même lieu en partie dans l'intestin, grâce à la flore bactérienne), et l'élimination des substances toxiques se fait beaucoup moins. Par exemple, la myrosinase est inactivée lorsqu'un brocoli est cuit à la vapeur pendant 15 minutes. Les légumes surgelés qui ont été blanchis (ébouillantés) sont de ce point de vue moins intéressants que les légumes crus. Le micro-ondes aussi dénature la myrosinase. Pour résumer, lorsque vous mangez des crucifères cuites, vous recevez beaucoup moins d'isothiocyanates que lorsqu'elles sont crues.

Non seulement il y en a moins, mais ces isothiocyanates qui proviennent des légumes cuits apparaissent dans l'organisme plusieurs heures après le repas, c'est-à-dire un peu tard si l'on considère que leur intérêt est justement de neutraliser des substances dangereuses qui seraient apportées par les aliments, comme les pesticides.

L'ail, de son côté, contient une enzyme appelée alliinase qui convertit l'alliine en allicine. L'allicine est un puissant anticancer. Elle est activée lorsqu'on écrase ou coupe une gousse d'ail. Il suffit de 60 secondes de micro-ondes pour l'inactiver complètement. Dans une expérience très parlante, on a donné à des rats de l'ail, cru ou cuit, avant de leur inoculer un agent cancérogène. Lorsque l'ail était cuit, les gènes des rats ont été endommagés, alors que lorsqu'il était cru, les lésions de l'ADN ont diminué de 64 %.

Du côté des facteurs antinutritionnels

Les caroténoïdes sont mieux absorbés lorsque les légumes sont cuits, on l'a vu, mais la chaleur a d'autres avantages. Les légumineuses et certains tubercules renferment des facteurs antinutritionnels, comme des inhibiteurs de protéases.

Ces composés provoquent des troubles digestifs si l'aliment est mangé cru. Chez l'animal, ils peuvent même conduire au cancer du pancréas.

La chaleur inactive ces inhibiteurs de protéases et elle améliore du même coup la digestibilité des légumes secs. Ce n'est pas le seul moyen, puisque le trempage, la fermentation, la germination ont les mêmes effets.

La germination réduit aussi le niveau d'acide phytique, un composé ambivalent, qui, d'un côté, séquestre les minéraux et diminue leur absorption par l'organisme, et d'un autre pourrait diminuer les cancers digestifs.

La germination est de ce point de vue plus efficace que la cuisson ; elle améliore aussi la qualité protéique.

La cuisson au four à micro-ondes

La cuisson au micro-ondes ne détruit pas plus de vitamines que la cuisson à l'eau – sauf peut-être pour la vitamine C. Les pertes sont surtout importantes lorsque les légumes sont placés dans de l'eau. Les autres composés nutritionnels sont assez bien préservés, comme le montrent des essais menés sur les flavonoïdes de l'oignon et les polyphénols de l'huile d'olive vierge.

Comme la plupart des modes de cuisson, le micro-ondes génère des produits de glycation avancés (AGE) qui peuvent aggraver certaines maladies.

De plus, la distribution irrégulière de la température dans le produit chauffé ne permet pas toujours d'inactiver certaines bactéries. Ainsi, les salmonelles survivent dans des œufs pochés au micro-ondes. Lorsqu'ils ne sont pas chauffés assez longtemps, des morceaux de poulet contiennent encore des bactéries du type *Escherichia coli*.

Il est conseillé d'éviter de chauffer des aliments dans des récipients en plastique, car certains composants des plastiques peuvent migrer dans l'aliment chauffé.

Effets des différents modes de cuisson sur le chou

Micro-ondes : il détruit 97 % des flavonoïdes et 74 % de l'acide sinapique (un précurseur du sulforaphane, un isothiocyanate). L'activité de la myrosinase est inhibée en 2 minutes de micro-ondes.
Cuisson eau bouillante : elle détruit 66 % des flavonoïdes et 90 % de l'activité de la myrosinase.
Cocotte-minute : c'est presque la moitié d'une autre substance antioxydante qui est perdue dans l'eau de cuisson.
Cuisson vapeur – moins de 7 minutes : c'est elle qui conserve le mieux les substances antioxydantes et l'activité de la myrosinase. Le mieux pour éviter la perte en nutriments étant de consommer le chou cru.

Les modes de conservation

De tout temps, l'homme a essayé de prolonger la durée de vie de ses aliments. Le séchage, le fumage, la salaison, le saumurage ont laissé la place à de nouvelles techniques : utilisation du froid, appertisation, pasteurisation ou irradiation.

Réfrigération, mode d'emploi

C'est le mode de conservation qu'on utilise chez soi dans un réfrigérateur, et auquel font appel l'industrie agroalimentaire et la distribution. Les températures sont comprises entre – 1 °C et + 8 °C.

Congélation, mode d'emploi

La congélation n'est plus aujourd'hui qu'une pratique ménagère. La congélation consiste à refroidir progressivement les aliments (en quelques heures) dans une plage allant de – 15 °C à – 20 °C. C'est ce qu'on fait à la maison en plaçant viandes, poissons, pain, plats cuisinés au congélateur.
Le refroidissement étant lent, l'eau que renferment les aliments forme des cristaux de glace qui peuvent déchirer les cellules.

La meilleure façon de réfrigérer

- Débarrasser les aliments de leur emballage.
- Placer les viandes, poissons, fromages dans des récipients fermés.
- Fruits et légumes vont dans la partie basse du réfrigérateur.
- Viandes, charcuteries, poissons dans la partie la plus froide (2 °C) (voir la notice de votre appareil).
- Beurre, fromages, semi-conserves se placent dans la partie haute et dans la porte du réfrigérateur.

Ce qu'il faut placer dans votre réfrigérateur :
- Tous les aliments frais (légumes, fruits, viandes, poissons, œufs).
- Les semi-conserves (anchois, olives, cornichons).
- Les produits pasteurisés et stérilisés, après ouverture :
 – se conservent 2 à 3 jours : lait, plats cuisinés…
 – se conservent un mois environ : semi-conserves, sauces prêtes à l'emploi.
- Les restes : à conserver dans la partie haute du réfrigérateur dans des récipients fermés.

Ce qu'il ne faut pas placer : bananes, avocats, pommes de terre, oignons.

Un aliment congelé peut rester comestible pendant trois mois à deux ans selon la nature du produit.

La congélation à la maison peut s'accompagner de réactions indésirables, comme le brunissement des fruits et légumes ou le rancissement des graisses. Lors du dégel, apparaît souvent une exsudation qui peut faire fuir vitamines et sels minéraux.

Contrairement à ce que l'on pourrait croire, les teneurs en vitamines des légumes congelés peuvent varier durant le stockage dans un congélateur.

La vitamine C reste généralement stable à des températures inférieures à − 20 °C. En revanche, des légumes placés à des températures supérieures, de l'ordre de − 10 °C, peuvent perdre des quantités importantes de vitamine C. D'où l'importance d'avoir un congélateur bien réglé !

La meilleure façon de congeler

- Faire blanchir les légumes et certains fruits avant de les congeler pour éviter les réactions de brunissement (dues à des enzymes).
- Emballer les aliments pour éviter le dessèchement et l'oxydation. Étiqueter et dater l'emballage.
- Les aliments congelés se conservent moins longtemps que les surgelés achetés de l'industrie agroalimentaire.
- La viande de bœuf se conserve bien, le porc pas plus de six mois.
- Les jus de fruits et les boissons ne sont pas altérés.

Ce qu'il ne faut pas faire : Recongeler des aliments décongelés car, entre-temps, les bactéries résistantes au froid risquent de se multiplier, rendant ensuite l'aliment impropre à la consommation.

Surgélation, mode d'emploi

Les produits surgelés sont stabilisés dans cet état par un abaissement rapide de la température (− 30 à − 40 °C), pour obtenir une température à cœur inférieure ou égale à − 20 °C. La surgélation est donc une forme de congélation très rapide : on abaisse rapidement la température des aliments aussi bien en surface qu'en profondeur afin d'éviter la formation de cristaux de glace de grande taille qui pourraient léser les cellules de l'aliment. Les aliments surgelés peuvent se conserver à une température inférieure à − 18 °C (ou moins) pendant plusieurs mois, voire plusieurs années. À ces températures, les réactions chimiques sont ralenties et les micro-organismes ne se multiplient plus. Cependant, comme ils n'ont pas totalement disparu, ils peuvent se réactiver à l'occasion d'une rupture de la chaîne du froid.

Pasteurisation, procédé UHT

La pasteurisation consiste à appliquer à un aliment une température de 72 °C pendant 15 à 20 secondes, puis à refroidir immédiatement. Dès lors, il est pauvre en germes et consommable tel quel. La pasteurisation concerne le lait pasteurisé du commerce et le lait qui entre dans la fabrication des yaourts et fromages. Le lait pasteurisé doit être conservé au réfrigérateur.

Un autre type de traitement thermique, la pasteurisation « haute » utilise des températures de 85 °C à 134 °C, ce qui débarrasse l'aliment de la totalité de ses germes. Le lait à pasteurisation haute se conserve (au réfrigérateur) plus longtemps que le lait pasteurisé, mais moins longtemps que le lait UHT.

La meilleure façon d'utiliser les surgelés

• Achat
Préférer les points de vente équipés d'armoires ou bacs fermés.
Vérifier lors de l'achat la date limite d'utilisation.
Ne pas acheter un emballage déformé.
Transporter les aliments surgelés dans un emballage isotherme.

• Conservation
Un aliment surgelé peut être conservé : 24 heures dans le réfrigérateur, 3 jours dans le compartiment à glace d'un réfrigérateur, plusieurs mois dans un congélateur. Viande maigre : 10 à 12 mois, viande grasse : 6 à 8 mois, poisson maigre : 4 à 6 mois, poisson gras : 3 à 4 mois, légumes et fruits : 8 à 12 mois, plats préparés : 3 mois, pain : 1 mois, pâtisseries, gâteaux : moins de 6 mois.

• Consommation
Les aliments à décongeler peuvent être placés dans le réfrigérateur ou immergés dans l'eau à température ambiante.
Les viandes, poissons, plats préparés ne doivent pas être cuits immédiatement, afin d'éviter de les porter à des températures élevées. On peut les décongeler préalablement au four à micro-ondes.
Ne jamais remettre au congélateur un aliment qui a été décongelé, sauf s'il a subi une nouvelle cuisson.
Mieux vaut éviter de laisser dégeler les légumes plus de quatre heures avant de les cuire. Plus la durée entre décongélation et cuisson est longue, plus il y a de pertes en caroténoïdes.

Le procédé UHT est l'abréviation de « ultra-haute température ». Dans ce procédé, le lait, le jus de fruit ou le potage sont chauffés durant quelques secondes à une température comprise entre 135 °C et 155 °C, puis refroidis rapidement.
Les aliments ainsi traités ne contiennent aucun germe et peuvent être conservés 8 à 12 semaines à température ambiante dans un emballage fermé.
La pasteurisation, la pasteurisation haute et le procédé UHT affectent la teneur en vitamines dans des proportions variables. Les vitamines A et D sont assez bien préservées, les vitamines du groupe B un peu moins, la vitamine C est la plus sensible à la chaleur.

Les conserves

Nicolas Appert, un cuisinier-confiseur français, est l'inventeur de la conserve alimentaire. On lui rend parfois hommage en parlant d'appertisation et non plus de conserves.
Par définition, les conserves sont des aliments périssables dont la conservation est assurée par la combinaison de deux techniques : le conditionnement dans un récipient étanche et le traitement par la chaleur pour détruire les enzymes, les micro-organismes et leurs toxines.
La température de chauffage doit être au moins supérieure ou égale à 100 °C. Côté conditionnement, les conserves industrielles sont faites dans des boîtes

en fer-blanc constituées d'une feuille d'acier doux, recouverte sur ses deux faces d'une très fine couche d'étain.

Un vernis peut également recouvrir l'ensemble quand les aliments en contact avec l'étain sont susceptibles de le corroder.

Le principal avantage des conserves est, comme leur nom l'indique, la conservation des aliments pendant une longue durée. Même lorsque l'on dépasse d'un an la DLUO (date limite d'utilisation optimale), on ne risque absolument rien puisque les aliments sont à l'abri dans leur conditionnement étanche. Toutefois, une fois ouverte, la conserve doit se consommer dans les 24 à 48 heures et doit être conservée au réfrigérateur, de préférence dans un autre récipient.

Le principal inconvénient des conserves est le chauffage, qui détruit une partie des vitamines thermosensibles, c'est-à-dire sensibles à la chaleur, comme la vitamine C et la vitamine B1. La perte est de 50 % en moyenne pour la vitamine C et de 25 à 45 % pour la B1. Toutefois, des cuissons prolongées à la maison peuvent aussi engendrer de telles pertes vitaminiques.

Pertes en vitamine C des légumes en conserve

LÉGUMES	PERTES EN VITAMINE C
Tomates	26 %
Haricots verts	45 %
Petits pois	50 à 70 %
Carottes	70 %
Épinards	70 %

Quand vous achetez des aliments en conserve, veillez à ce qu'ils ne nagent pas dans une eau sucrée ou salée… En effet, tout le bénéfice de la consommation de fruits et de légumes peut être sévèrement entaché par la présence de sel ou de sucre ! Les conserves sont donc à limiter pour cette raison.

Quelques idées de recettes supplémentaires

Salade fenouil et endives

Pour 4 personnes

Préparation : 15 min
Cuisson : sans

- 1 beau fenouil
- 2 endives
- 1 à 2 jeunes carottes
- 1 c. à s. de câpres
- 1 c. à c. de vinaigre de cidre
- 2 c. à s. d'huile d'olive
- 2 c. à s. d'huile de colza
- Poivre noir du moulin

Laver les légumes, éplucher les carottes. Couper le fenouil en 2 puis en très fines lanières. Couper les carottes en très fines rondelles et les endives en rondelles.
Mélanger tous les légumes dans un saladier.
Pour la sauce : hacher finement la moitié des câpres, y ajouter le reste des câpres entières, le vinaigre, une pincée de poivre et les 4 c. à s. d'huile.
Verser la sauce sur les légumes, mélanger, servir.
En plus d'être croquante, cette salade est une recette minceur par excellence, peu calorique et riche en fibres. Notez que le fenouil est un légume intéressant en raison de sa teneur élevée en carotène, vitamine C, fibres, minéraux et acides gras polyinsaturés.

Recette issue du livre *La Diététique anti-ostéoporose*, de Florence Piquet. Thierry Souccar Éditions, 2007.

Tarte aux légumes

Pour 6 personnes

Préparation : 30 min
Cuisson : 30 à 40 min

- 250 g de farine
- 100 mL d'huile de colza
- 100 mL d'eau chaude
- Une pincée de sel
- 800 g de ratatouille
- 3 œufs aux oméga-3
- 150 mL de lait de soja nature
- Sel gris, poivre noir du moulin
- 12 olives noires

Recette issue du livre *La Diététique anti-ostéoporose*, de Florence Piquet. Thierry Souccar Éditions, 2007.

Mettre la farine dans un saladier, creuser un puits, y mettre l'huile et l'eau et mélanger avec une cuillère en bois.

Quand la pâte ne colle plus, la travailler à la main. Laisser reposer 1/2 h minimum (1 h est l'idéal).

Étaler la pâte, foncer un moule à tarte et répartir la ratatouille égouttée dessus.

Dans un saladier, battre les œufs en omelette, ajouter le lait de soja, fouetter le tout, saler, poivrer et verser sur la ratatouille.

Parsemer les 12 olives par-dessus.

Mettre à four chaud (th. 7-8) pendant 30 à 40 min.

Servir avec une salade.

Gaspacho express

Pour 4 personnes

Préparation : 20 min
Cuisson : 5 min

- 700 g de tomates bien mûres
- 200 g de concombre
- 1 poivron vert
- 2 gousses d'ail
- 1 échalote
- 10 feuilles de basilic frais
- 10 feuilles de menthe fraîche
- 4 c. à s. d'huile d'olive
- ½ c. à c. sel gris
- Poivre noir du moulin

Peler les tomates (au besoin, les ébouillanter quelques secondes) et les épépiner.
Couper le concombre et le poivron en dés.
Mixer tous les ingrédients ensemble (sauf le sel, le poivre et quelques feuilles de basilic et de menthe réservées pour la décoration).
Rectifier l'assaisonnement avec le sel et le poivre.
Servir frais (réfrigérer 1 ou 2 h avant de servir si possible).

Variantes :
• Il est possible d'ajouter du jus de citron au gaspacho.
• Le gaspacho peut être aussi servi avec des croûtons dorés à la poêle dans de l'huile d'olive avec 1 à 2 gousses d'ail haché et quelques feuilles de basilic frais ciselées.

Crumble de tomates

Pour 4 personnes

Préparation : 10 min
Cuisson : 20 min

- 1 kg de tomates
- 2 c. à s. de basilic frais ciselé
- 1 c. à s. de thym
- 2 gousses d'ail
- 80 g de farine
- 2 c. à s. d'huile d'olive
- 2 c. à s. d'huile de colza
- Sel gris (2 pincées)
- Poivre noir du moulin

Peler les tomates et retirer les graines. Couper la chair en petits dés et la placer dans un saladier.
Ajouter le basilic, le thym et l'ail pilé. Saler, poivrer. Verser dans un moule à manqué.
Préparer la pâte en mélangeant la farine et l'huile.
Sabler avec les doigts, saler, poivrer.
Répartir la pâte sur les tomates.
Enfourner à four chaud (th. 6-7) pendant 20 min.
Servir aussitôt.

Recette issue du livre *La Diététique anti-ostéoporose*, de Florence Piquet. Thierry Souccar Éditions, 2007.

Salade de champignons à l'huile

Pour 4 personnes

Préparation : 10 min
Cuisson : 15 min

- 500 g de champignons frais
- 1 feuille de laurier
- 1 branche de romarin
- 3 à 4 c. à s. d'huile d'olive
- 3 à 4 c. à s. d'huile de colza
- 2 c. à s. de vinaigre de cidre
- 1 botte de persil
- 2 gousses d'ail
- Quelques olives noires
- 5 à 10 feuilles de basilic

Épousseter les champignons, couper et jeter la partie terreuse du pied, les laver très brièvement sans les faire tremper.

Déposer les champignons sans les couper dans un panier vapeur avec la feuille de laurier émiettée. Déposer la branche de romarin au milieu des champignons.

Laisser cuire 15 à 20 min jusqu'à ce que les champignons soient devenus tendres (attention, la cuisson est deux fois plus rapide s'ils sont petits).

Placer les champignons dans un saladier et ajouter l'huile d'olive, l'huile de colza, le vinaigre, les feuilles de persil finement ciselées, les gousses d'ail épluchées et fendues en deux.

Bien mélanger les champignons sans les abîmer et ranger le saladier dans le bac à légumes du réfrigérateur. Laissez reposer au moins 12 h.

Le lendemain, au moment de servir, mélanger à nouveau et ajouter du vinaigre si nécessaire.

Décorer avec les olives et quelques feuilles de basilic ciselées.

Endives braisées aux champignons et châtaignes

Pour 4 personnes

Préparation : 20 min
Cuisson : 30 min

- 6 à 8 endives selon leur taille
- 250 g de champignons
- 2 c. à s. d'huile d'olive
- 2 gousses d'ail émincé
- Quelques brins de persil ciselé
- 200 g de châtaignes au naturel
- 4 c. à s. de crème soja cuisine

Enlever les feuilles abîmées des endives et couper le pied. Les couper en quatre dans la longueur. Les cuire à la vapeur pendant 15 min environ.

Nettoyer les champignons, les couper en lamelles. Les mettre dans une poêle à petit feu afin qu'ils rendent leur eau.
Au bout de 5 min, ajouter l'huile d'olive, l'ail et le persil.
Bien mélanger, prolonger la cuisson quelques minutes puis ajouter les endives par-dessus.
Saler et poivrer légèrement.
Baisser le feu.
Couper les châtaignes en morceaux.
Servir les endives bien chaudes, accompagnées généreusement de champignons à l'ail, d'une cuillérée de crème soja cuisine et parsemées d'éclats de châtaignes.

Recette issue du livre *Les Recettes du régime IG*, de Amandine Geers, Olivier Degorce, Angélique Houlbert. Thierry Souccar Éditions, 2014.

Tortilla de patate douce

Pour 4 personnes

Préparation : 15 min
Cuisson : 20 min

- 8 gros œufs bio ou issus de poules élevées en plein air
- 1 ou 2 oignons rouges
- 4 à 5 champignons moyens
- 8 brins d'aneth
- 500 g de patates douces coupées en petits morceaux
- 1 courgette émincée
- 1 poivron rouge ou vert émincé
- Herbes de Provence
- Huile d'olive, sel et poivre

Peler et couper les patates douces en cubes. Les faire cuire dans de l'eau bouillante jusqu'à pouvoir y enfoncer un couteau.

Peler et couper les oignons en tranches fines. Émincer les champignons, la courgette et le poivron.

Casser les œufs dans un saladier, saler, poivrer et les battre avec une fourchette.

Dans une grande poêle, faire revenir à feu moyen dans 2 ou 3 cuillères à soupe d'huile d'olive les tranches d'oignons, les champignons, la courgette, les poivrons et laisser cuire 7 à 10 min.

Verser par-dessus ce mélange les cubes de patates douces puis les œufs battus et saupoudrer de la moitié des brins d'aneth. Baisser à feu doux, couvrir et laisser cuire jusqu'à ce que les bords de la tortilla soient détachés et la surface prise.

Saupoudrer à nouveau des brins d'aneth, poivrer et servir la tortilla chaude, tiède ou froide, accompagnée d'une salade.

Tajine de patates douces et poulet

Pour 4 personnes

Préparation : 15 min
Cuisson : 1 h 45

- 500 g de patates douces
- 500 g de courgettes
- 50 g de raisins secs
- 3 oignons
- 2 c. à s. d'huile d'olive
- 4 hauts de cuisse de poulet
- Sel
- Cannelle, coriandre en poudre, mélange pour couscous (ras-el-hanout)

Éplucher les patates douces et laver les courgettes. Les couper grossièrement en gros cubes. Émincer les oignons.

Faire gonfler les raisins secs avec de l'eau et de la cannelle dans une casserole sur feu vif.

Dans une poêle, faire revenir les cuisses de poulet débarrassées de leur peau.

Faire chauffer l'huile dans une cocotte. Ajouter les oignons épluchés et émincés et les faire fondre à feu doux. Ajouter les légumes, les raisins, les oignons. Assaisonner avec les épices (1/2 c. à c. de cannelle, 1/2 c. à c. de coriandre, 1/2 c. à c. d'épices pour couscous par exemple).
Préchauffer le four à 150°C.

Disposer la préparation avec les cuisses de poulet dans un plat à tajine ou dans un plat en terre cuite et laisser cuire au minimum 1 h 30.

Escalopes de dinde au gingembre

Pour 4 personnes

Préparation : 10 min
Cuisson : 15 min

- 4 escalopes de dinde
- ½ ananas frais
- 1 gros oignon
- 2 c. à s. de gingembre en poudre
- 2 c. à s. de curcuma
- 25 cL de lait de coco
- Huile de coco ou d'olive
- Sel et poivre

Découper les escalopes de dinde en morceaux.

Couper l'ananas en morceaux.

Peler et émincer l'oignon.

Faire chauffer l'huile dans une sauteuse, y ajouter la dinde. Saupoudrer de curcuma. Remuer sans cesse jusqu'à ce que la viande ait pris une belle couleur jaune-doré.

Ajouter alors le gingembre en poudre, les oignons et le lait de coco. Saler et poivrer. Laisser mijoter doucement à couvert pendant 10 min environ en remuant de temps à autre.

Ajouter les morceaux d'ananas. Laisser cuire encore 2 min.

Servir accompagné de riz basmati ou de patates douces et d'une salade.

Quelques idées de recettes supplémentaires

Lentilles au curry

Pour 4 personnes

Préparation : 20 min
Cuisson : 60 min

- 250 g de lentilles
- 2 oignons
- 1 poivron rouge
- 1 tomate
- 2 carottes
- 1 c. à s. de curry
- 2 c. à c. de cumin en grain
- 2 clous de girofle
- Sel gris
- Poivre noir du moulin
- 1 c. à s. d'huile d'olive

Peler et émincer les oignons.

Peler, laver les carottes et les couper en petits cubes.

Laver le poivron, ôtez les graines et le couper en petits morceaux.

Laver, peler et couper la tomate en morceaux.

Dans une casserole, faire dorer les oignons émincés dans l'huile. Ajouter le curry et faire sauter quelques minutes de plus.

Ajouter tous les légumes dans la casserole. Trier, laver les lentilles et les ajouter dans la casserole avec 2 fois 1/2 leur volume d'eau.

Ajouter le cumin, les clous de girofle, le sel et le poivre.

Porter à ébullition et laisser mijoter à couvert pendant 30 à 45 min.

Accompagné de riz, ce plat de lentilles forme une assiette complète.

Recette issue du livre *La Diététique anti-ostéoporose*, de Florence Piquet. Thierry Souccar Éditions, 2007.

Salade d'agrumes

Pour 4 personnes

Préparation : 30 min
Cuisson : sans

- 1 pamplemousse rose
- 1 pamplemousse jaune
- 1 orange
- 1 poire passe-crassane
- 1 kiwi
- 2 c. à s. de sucre roux
- 1 c. à c. de vanille en poudre
- Quelques feuilles de menthe fraîche

Couper en 2 les pamplemousses.
Avec une petite cuillère, prélever la chair entre chaque peau, et retirer les peaux restantes.
Réserver les demi-quartiers roses et jaunes.
Peler à vif l'orange et prélever chaque quartier (sans la peau). Les couper en 2.
Éplucher et couper le kiwi et la poire en morceaux.
Mélanger le tout avec le sucre et la vanille.
Répartir ce mélange dans les 4 demi-pamplemousses.
Décorer avec des feuilles de menthe.
Servir frais.

Quelques idées de recettes supplémentaires

Salade de fruits d'été

Pour 4 personnes

Préparation : 20 min
Cuisson : sans

- 2 petits melons
- 1 pêche blanche
- 1 pêche jaune
- 12 cerises
- 2 abricots
- 1 c. à s. rase de sucre roux (20 g)
- Quelques feuilles de menthe fraîche

Couper les melons en 2. Retirer les pépins et enlever la pulpe en formant des petites boules avec une cuillère parisienne.

Éplucher les pêches et laver les autres fruits.

Dénoyauter et émincer tous les fruits.

Ajouter les boules de melon et le sucre si besoin.

Mélanger et répartir dans les demi-melons.

Décorer avec des feuilles de menthe.

Servir frais.

Variante : cette recette est possible en version melon et fruits rouges (fraises, framboises, groseilles, myrtilles). Ajoutez alors les jus d'une orange et d'un citron et 2 c. à s. de sucre.

Recette issue du livre *La Diététique anti-ostéoporose*, de Florence Piquet. Thierry Souccar Éditions, 2007.

Annexe

Index et charge glycémiques (IG et CG) de quelques aliments courants

ALIMENTS	IG	Quantité (en g)	Glucides (en g)	CG
FRUITS				
Avocat	0	120	9,6	0
Citron	0	100	1,7	0
Abricot	34	50	5,6	1,9
Poire	38	250	30	11,4
Pomme	38	220	30,4	11,6
Clémentine	40	100 (2 fruits)	10	4
Fraises	40	120	9,2	3,7
Orange	42	250	31,2	13,1
Pêche	42	180	16,2	6,8
Banane (pas trop mûre)	52	125	28,5	14,8
Kiwi	53	100 (2 fruits)	12,5	6,6
Raisin	53	250	43	22,8
Cerises	63	130 (20 cerises)	15,8	10
Melon	65	290 (1/2 fruit)	23,8	15,5
LÉGUMES				
Aubergine	0	150	13	0
Brocoli	0	200	14,4	0
Chou-fleur	0	115	4,7	0
Concombre	0	50	1,9	0
Courgette	0	100	4	0
Épinards cuits	0	200	7,6	0
Laitue	0	70	2,1	0
Oignon	0	150	15,1	0
Radis	0	100	1,7	0
Tomate crue	0	125	5,7	0
Carotte crue	16	100	6,6	1,1
Patate douce cuite	46	175	35,9	16,5
Navet bouilli	52	200	10,2	5,3
Panais	52	100	12,1	6,3
Betterave cuite	64	50	3,5	2,2

Index et charge glycémiques (IG et CG) de quelques aliments courants

ALIMENTS	IG	Quantité (en g)	Glucides (en g)	CG
LÉGUMINEUSES				
Haricots verts	0	150	5,8	0
Lentilles vertes cuites	30	150	23,3	7
Pois chiches cuits	33	100	17,2	5,7
Petits pois congelés cuits	41	150	14,7	6
CÉRÉALES				
Biscuit Petit Beurre	51	9	6,2	3,2
Fusilli cuits	54	100	29	15,7
Riz blanc basmati cuit	58	100	29	16,8
Flocons d'avoine	59	30	18,2	10,7
Pain complet au levain	60	70 (2 tranches)	35	21
Semoule cuite	65	100	35,7	23
Baguette courante	75	65 (1/4 de baguette)	37,7	28,3
Biscottes	75	10 (1 biscotte)	7,3	5,5
Corn flakes	82	30	25	20,5
VIANDES, POISSONS, ŒUFS				
Steak haché 15% MG	0	120	0	0
Cuisse de poulet avec la peau rôtie	0	175	0	0
Jambon supérieur	0	45 (1 tranche)	0,2	0
Cabillaud	0	200	0	0
Sardines à l'huile	0	90 (1 petite boîte)	0	0
Saumon d'élevage	0	200	0	0
Œuf entier	0	60 (1 œuf)	0,6	0
PRODUITS LAITIERS ET DÉRIVÉS DU SOJA				
Camembert	0	30	0	0
Emmental	0	30	0	0
Yaourt nature	20	125	6,8	1,4
Petit suisse nature	20	60	2	0,4
Yaourt soja nature	20	100	2	0,4
Yaourt aux fruits	25	125	20,5	5,1
OLÉAGINEUX				
Amandes	0	12	2,3	0
Noix de Grenoble	0	15	2,1	0
Noix de cajou	22	15	4,5	1
Cacahuètes	23	15	3,2	0,7

Pour plus d'aliments, lire le *Guide des index glycémiques*, Thierry Souccar Éditions, 2011.

Les aliments riches en oméga-3

Aliment (en g pour 100 g)	Teneur en acide alpha-linolénique	Teneur en EPA	Teneur en DHA	Rapport oméga-6/oméga-3
Hareng	0,07	1,5	2,6	0,07
Maquereau	0,2	1,6	3,1	0,1
Sardine fraîche	0,2	1,1	2,6	0,1
Thon blanc frais	0,2	0,3	1,0	0,2
Thon blanc conserve	0,05	0,5	1,7	0,13
Truite fumée	0,2	0,7	1,6	0,32
Huître	0,1	0,3	0,2	0,17
Huile de foie de morue	0,7	9,0	9,5	0,34
Jambon aux oméga-3	oméga-3 totaux : 0,33			3,6
Œuf aux oméga-3	oméga-3 totaux : 0,66			2,57
Huile de colza	9,3	0	0	2,19
Huile de lin	53,3	0	0	0,24
Margarine St Hubert aux oméga-3	oméga-3 totaux : 2,9			4,14
Épinards crus	0,14	0	0	0,14
Pourpier	0,4	0	0	0,22
Noix de Grenoble	7,4	0	0	4,8
Graines de lin	18,1	0	0	0,24

Indice PRAL de quelques aliments courants

Aliments	PRAL
Curcuma poudre	- 46,7
Clou de girofle	- 31,6
Poivre noir	- 25,4
Cannelle en poudre	- 19,3
Laurier feuille	- 17,2
Thym frais	- 15,6
Persil frais	- 11,1
Cresson cru	- 10,7
Pourpier cru	- 10,7
Epinard cuit	- 10,3
Menthe verte fraîche	- 10,0
Avocat	- 8,2
Roquette	- 7,9
Mâche	- 7,5
Banane	- 6,9
Pomme de terre bouillie avec peau	- 6,6
Raisin rouge	- 6,1
Kiwi	- 5,6
Panais	- 5,7
Carotte crue	- 5,7
Tomate rouge crue	- 5,3
Melon	- 5,1
Artichaut cru	- 5,0
Ciboulette	- 4,8
Échalote crue	- 4,6
Choux de Bruxelles	- 4,3
Courgette cuite	- 4,3
Abricot	- 4,3
Brocoli	- 3,6
Champignon	- 3,6
Endive	- 3,5
Chou cuit	- 3,3
Artichaut cuit	- 3,2
Navet	- 3,2
Salade frisée	- 3,1
Pêche	- 3,1
Mandarine	- 3,1
Orange	- 3,0
Haricot vert	- 2,8
Chou cru	- 2,8
Ail cru	- 2,6
Fraise	- 2,5
Vinaigre de cidre	- 2,4
Concombre cru	- 2,4
Citron	- 2,3
Asperge fraîche	- 2,2

Aliments	PRAL
Poire	- 2,1
Aubergine	- 2,0
Oignon cru	- 2,0
Pastèque	- 2,0
Pomme avec peau	- 1,9
Poireaux cuits	- 1,6
Café	- 1,0
Eau Perrier	- 0,2
Eau du robinet	- 0,1
Bière ordinaire*	0,0
Yaourt nature	0,2
Cola	0,3
Petits pois conserve	0,7
Petits pois congelés	1,4
Riz blanc cuit	1,6
Lentilles cuites	2,1
Pois chiches	2,6
Amande	3,1
Chausson aux pommes	3,1
Spaghetti	3,5
Pain au chocolat	3,6
Biscuit petit beurre	3,7
Baguette	4,2
Semoule de blé dur	5,9
Pain au levain	6,0
Pain aux céréales	6,8
Œuf au plat	7,9
Noix du Brésil	8,1
Crevette	10,1
Madeleine	10,7
Maquereau	10,8
Saumon (élevage)	11,1
Bœuf haché à point	11,3
Colin	11,4
Jambon	12,2
Camembert	13,0
Avoine	13,3
Truite	13,5
Poulet rôti avec peau	14,6
Moule cuite	15,2
Sardines à l'huile conserve	15,9
Escalope de veau	18,7
Emmental	21,3

Pour plus d'aliments, lire le *Guide de l'équilibre acide-base*, Thierry Souccar Éditions, 2012.

Bibliographie

Documentation générale

- Brack M.
La Révolution des antioxydants : ralentir le vieillissement et prévenir les maladies.
Albin Michel, 2006.

- Braverman E. *Un cerveau à 100 %.*
Thierry Souccar Éditions, 2007.

- Cocaul A. *Le Régime mastication.*
Thierry Souccar Éditions, 2009.

- Geers A, Degorce O, Houlbert A.
Les Recettes du régime IG.
Thierry Souccar Éditions, 2014.

- Houlbert A, Nérin E.
Le Nouveau Régime IG. Thierry Souccar Éditions, 2011.

- Karleskind B. *Guide pratique des compléments alimentaires.*
Thierry Souccar Éditions, 2014.

- LaNutrition.fr.
Le Bon choix au supermarché.
Thierry Souccar Éditions, 2013.

- LaNutrition.fr.
Guide des index glycémiques.
Thierry Souccar Éditions, 2011.

- Narbonne J.-F. *Sang pour sang toxique.*
Thierry Souccar Éditions, 2010.

- Piquet F. *La diététique anti-ostéoporose*
Thierry Souccar Éditions, 2007.

- Ross J. *Libérez-vous des fringales.*
Thierry Souccar Éditions, 2011.

- Sincholle D, Bonne C.
Guide des compléments antioxydants.
Thierry Souccar Éditions, 2014.

- Souccar T.
Lait, mensonge et propagande.
Thierry Souccar Éditions, 2008.

- Souccar T.
Le Mythe de l'ostéoporose.
Thierry Souccar Éditions, 2013.

- Venesson J. *Gluten, comment le blé moderne nous intoxique.*
Thierry Souccar Éditions, 2013.

- Wansink B.
Conditionnés pour trop manger.
Thierry Souccar Éditions, 2009.

- Documentations internes de la CPAM de la Sarthe

- www.mangerbouger.fr

- www.lanutrition.fr

Articles

Première partie

Règle n°5 : Choisir des aliments antioxydants

- Baranski M, Srednicka-Tober D, Volakakis N et al. Higher antioxidant and lower cadmium concentrations and lower incidence of pesticide residues in organically grown crops: a systematic literature review and meta-analyses. *British Journal of Nutrition*, 2014 Sep 14;112(5):794-811.

Règle n°9 : Réduire le sodium et privilégier le potassium

- He FJ, Pombo-Rodrigues S, MacGregor GA. Salt reduction in England from 2003 to 2011: its relationship to blood pressure, stroke and ischaemic heart disease mortality. *BMJ Open* 2014;4:4 e004549.

Deuxième partie

Les recommandations MFM : boissons

- Walker RW, Dumke KA, Goran MI. Fructose content in popular beverages made with and without high-fructose corn syrup. *Nutrition* 2014;30(7-8):928-935.
- Suglia SF, Solnick S, Hemenway D. Soft drinks consumption is associated with behavior problems in 5-year-olds. *J Pediatr*. 2013 Aug 19 Nov;163(5):1323-8.

Les recommandations MFM : féculents

- Miller HE. Antioxidant content of whole grain breakfast cereals, fruits and vegetables. *J Am Coll Nutr* 2000;19(3):312S-319S.
- Meresse B, Ripoche J, Heyman M, Cerf-Bensussan N. Celiac disease: from oral tolerance to intestinal inflammation, autoimmunity and lymphomagenesis. *Mucosal Immunol*. 2009 Jan;2(1):8-23.
- Jensen-Jarolim E. Hot spices influence permeability of human intestinal epithelial monolayers. *J Nutr* 1998;128:577-81.
- Hudson EA. Characterization of potentially chemopreventive phenols in extracts of brown rice that inhibit the growth of human breast and colon cancer cells. *J Nutr Biochem*. 2002 Mar;13(3):175-187.

Les recommandations MFM : noix et graines oléagineuses

- Hu FB, Stampfer MJ. Nut consumption and risk of coronary heart disease: a review of epidemiologic evidence. *Curr Atheroscler Rep* 1999 November;1(3):204-9.
- Lovejoy JC. The impact of nuts on diabetes and diabetes risk. *Curr Diab Rep* 2005 October;5(5):379-84.
- Jenab M, Ferrari P et al. Association of nut and seed intake with colorectal cancer risk in the European Prospective Investigation into Cancer and Nutrition. *Cancer Epidemiol Biomarkers Prev* 2004 October;13(10):1595-603.
- Jenkins DJ, Kendall CW, McKeown-Eyssen G et al. Effect of a low-glycemic index or a high-cereal fiber diet on type 2 diabetes: a randomized trial. *JAMA* 2008;300(23):2742-2753.
- Sabaté J, Oda K, Ros E. Nut consumption and blood lipid levels: a pooled analysis of 25 intervention trials. *Arch Intern Med* 2010;170(9):821-827.
- Bao Y, Han J, Hu FB, Giovannucci EL, Stampfer MJ, Willett WC, Fuchs CS. Association of nut consumption with total and cause-specific mortality. *N Engl*

J Med. 2013 Nov 21;369(21):2001-11

• Tan SY, Mattes RD. Appetitive, dietary and health effects of almonds consumed with meals or as snacks: a randomized, controlled trial. *Eur J Clin Nutr* 2013 Nov;67(11):1205-14.

• Jenkins DJ, Kendall CW et al. Dose response of almonds on coronary heart disease risk factors: blood lipids, oxidized low-density lipoproteins, lipoprotein(a), homocysteine, and pulmonary nitric oxide: a randomized, controlled, crossover trial. *Circulation* 2002;106:1327-1332.

• Jambazian PR, Haddad E, et al. Almonds in the diet simultaneously improve plasma alpha-tocopherol concentrations and reduce plasma lipids. *J Am Diet Assoc.* 2005;105:449-454.

• Choudhury K, Clark J, Griffiths HR. An almond-enriched diet increases plasma-tocopherol and improves vascular function but does not affect oxidative stress markers or lipid levels. *Free Radic Res.* 2014 May;48(5):599-606.

• Li N. Almond consumption reduces oxidative DNA damage and lipid peroxidation in male smokers. *J Nutr.* 2007 Dec;137(12):2717-22.

Les recommandations MFM : matières grasses ajoutées

• Stender S, Astrup A, Dyerberg J. A trans european union difference in the decline in trans fatty acids in popular foods: a market basket investigation. *BMJ Open* 2012 sep 17;2(5).

• Brouwer IA, Wanders AJ, Katan MB. Trans fatty acids and cardiovascular health: research completed? *European Journal of Clinical Nutrition* 2013; 67:541-547.

• Hayes KC, Pronczuk A. Replacing trans fat: the argument for palm oil with a cautionary note on interesterification. *Journal of the American College of Nutrition* 2010; 29(3): 253-284.

• Romero A, Cuesta C, Sanchez-Muniz FJ. Cyclic FA monomers in high-oleic acid sunflower oil and extra virgin olive oil used in repeated frying of fresh potatoes. *Journal of the American Oil Chemists'Society* 2003;80(5):437-442.

Les recommandations MFM : œufs

• Sauveur B. *Reproduction des volailles et production d'œufs*. INRA éditions, Paris, 1988.

Les recommandations MFM : poissons

• Blanchet C, Lucas M, Dewailly E. *Analyses des acides gras oméga-3 et des contaminants environnementaux dans les salmonidés*. Institut national de santé publique du Québec (Sainte-Foy), 1er février 2005.

Les recommandations MFM : viandes

• Norat T et al. Meat, fish, and colorectal cancer risk: the European prospective investigation into cancer and nutrition. *J Natl Cancer Inst.* 2005 Jun 15;97(12):906-16.

Les recommandations MFM : charcuteries

• Gonzalez CA et al. Meat intake and risk of stomach and esophageal adenocarcinoma within the European prospective investigation into cancer and nutrition (EPIC). *J Natl Cancer Inst.* 2006 Mar 1;98(5):345-54.

• Norat T et al. Meat, fish, and colorectal cancer risk: the European prospective investigation into cancer and nutrition. *J Natl Cancer Inst.* 2005 Jun 15;97(12):906-16.

WARD MH ET AL. Workgroup report: Drinking-water nitrate and health – recent findings and research needs. *Environ Health Perspect.* 2005;113(11):1607-1614.

● CHUNG MJ, LEE SH, SUNG NJ. Inhibitory effect of whole strawberries, garlic juice or kale juice on endogenous formation of N-nitrosodimethylamine in humans. *Cancer Lett* 2002 Aug 8;182(1): 1-10.

● GIBSON S, ASHWELL M. The association between red and processed meat consumption and iron intakes and status among British adults. *Public Health Nutr.* 2003;6(4):341-350.

● SCHULZE MB, MANSON JE, WILLET WC, HU FB. Processed meat intake and incidence of Type 2 diabetes in younger and middle-aged women. *Diabetologia.* 2003;46(11):1465-1473.

Quatrième partie

Le petit déjeuner sain et complet

● REBELLO CJ, CHU YF, JOHNSON WD, MARTIN CK, HAN H, BORDENAVE N, SHI Y, O'SHEA M, GREENWAY FL. The role of meal viscosity and oat -glucan characteristics in human appetite control: a randomized crossover trial. *Nutr J.* 2014 May 28;13:49.

Le déjeuner équilibré

● MAIMARAN M, FISHBACH A. If it's useful and you know it, do you eat? Preschoolers Refrain from Instrumental Food. *Journal of Consumer Research*, October 2014.

● WANSINK B, LOVE K. Slim by design: Menu strategies for promoting high-margin, healthy foods. *International Journal of Hospitality Management*, 2014;42: 137-143.

La meilleure façon de manger

Au quotidien

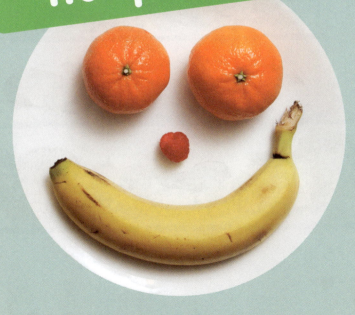

La pyramide MFM

Chaque jour

- Aromates et épices
- Chocolat à 85 % de cacao (20 g)
- Compléments alimentaires : compléments multivitamines et minéraux + vitamine D3 d'octobre à mars

- Sel : 5 g / jour maximum
- Sucre : 25 g maximum pour une femme, 40 g maximum pour un homme

Occasionnellement

🍽 **0 à 3 portions** par semaine de charcuterie
+ très occasionnellement pain blanc, corn flakes, riz blanc, pomme de terre, confiseries, gâteaux industriels, viennoiseries, sodas

Chaque semaine

🍽 **0 à 4 portions** de viandes et volailles

🍽 **0 à 5 œufs** pondus par des poules élevées en plein air ou labellisés bio « Bleu-Blanc-Cœur »

🍽 **0 à 3 portions** (2 à 3 pour les omnivores) de poisson, fruits de mer avec une préférence pour le poisson gras

Chaque jour

🍽 **0 à 1, voire 2 portions maximum** de laitages :
yaourts, fromages, lait. Celles et ceux qui aiment les laitages peuvent en consommer surtout sous la forme de fromages et yaourts, les autres ne doivent pas en faire une obligation

🍽 **2 à 4 portions** d'huiles de colza et d'olive, margarine de colza, un peu de beurre
+ **1 à 2 portions** de noix et graines oléagineuses

🍽 **0 à 6 portions** (selon l'activité physique) de céréales à IG bas (pâtes, riz et pain complets ou semi-complets, biscuits secs)
+ **0 à 3 portions** de tubercules (sauf pomme de terre)

🍽 **4 à 7 portions** de légumes + **0 à 2 portions** (3 à 6 pour les végétariens) de légumineuses + **3 à 4 portions** de fruits frais et secs, qui devraient fournir la plus grande part des calories quotidiennes

🍷 **1,5 à 2 L d'eau** réparties par exemple par 50 à 75 cL d'eau plate, 50 à 75 cL d'eau gazeuse alcalinisante et 2 à 5 tasses de thé ou de tisane, en option : **0 à 3 verres** de vin rouge pour les hommes, **0 à 2** pour les femmes

La meilleure façon de manger

les dix règles

1. Limiter les aliments transformés
2. Consommer plus de la moitié de sa nourriture sous forme de légumes et de légumineuses
3. Choisir des aliments à densité calorique faible
4. Choisir des aliments à densité nutritionnelle élevée
5. Choisir des aliments antioxydants
6. Choisir des aliments à index glycémique bas
7. Équilibrer ses graisses alimentaires
8. Veiller à l'équilibre acide base
9. Réduire le sodium et privilégier le potassium
10. Manger hypotoxique

En pratique, je fais quoi ?

1. Je change ma manière de faire mes courses

- J'évite autant que possible les supermarchés
- Je fréquente les marchés de producteurs
- Je privilégie les légumes et les fruits bio et de saison

2. Je fais les bons choix alimentaires

- Je limite le pain blanc et les produits à base de pomme de terre et de céréales raffinées
- Je mets la pédale douce sur les produits laitiers
- Je fais le plein de fruits et de légumes colorés

3. Je m'organise

- Je planifie mes repas sur 3-4 jours
- Je fais des listes de course
- Si je vais au supermarché, je mange avant

4. Je change ma façon de cuisiner

- J'utilise en priorité des produits frais et bruts
- J'ai toujours de l'huile de colza, d'olive et de coco à disposition
- Je privilégie les cuissons douces (vapeur, étouffée…)

J'évite...	Je remplace par...		
• Pommes de terre (bouillies, au four, frites, chips, en purée...) • Légumes issus de l'agriculture conventionnelle (utilisant engrais et produits phytosanitaires en excès)	• Asperge • Aubergine • Avocat • Betterave • Brocoli • Choux et légumes crucifères • Carotte • Concombre • Courgette • Cresson	• Épinards • Mâche • Pissenlit • Poireau  • Poivron • Potiron • Pourpier • Salades • Tomates en saison...	• Fèves • Haricots • Lentilles • Petits pois • Pois chiches • Soja et dérivés • Légumineuses germées • Lupins • Champignons • Patate douce
• Fruits au sirop • Compotes sucrées 	• Abricot • Agrumes • Airelle • Ananas • Banane • Cassis • Cerise • Figue • Fraise	• Framboise • Goyave • Grenade • Groseille • Kaki • Kiwi • Mangue • Melon • Mûre	• Myrtille • Pamplemousse • Pastèque • Papaye • Pêche jaune • Poire • Prune • Pruneau • Raisin
• Corn flakes • Céréales de blé ou de riz soufflé • Céréales enrichies en fer	• All Bran • Flocons d'avoine et de sarrasin • Muesli • Semoule de blé ou de riz		
• Pain blanc • Pain de mie farine blanche • Biscottes et cracottes à IG élevé • Viennoiseries • Muffins • Bagels • Pâtes à la farine blanche très cuites	• Pain complet ou semi-complet aux céréales et au levain • Pain intégral • Pain noir • Pain au seigle complet • Pain « essénien » au blé germé • Pâtes semi-complètes, aux algues, au quinoa, cuites *al dente*	 	

J'évite...	Je remplace par...	
• Galettes de riz soufflé • Riz cuisson rapide • Riz gluant	• Riz complet ou semi-complet • Riz sauvage • Riz basmati	• Kamut • Boulgour • Quinoa • Amarante
• Excès de beurre • Crème fraîche • Huile de tournesol, maïs, pépins de raisin	• Huile de colza • Huile d'olive	• Huile de coco
• Oléagineux grillés et salés	• Amandes • Cacahuètes • Graines de lin et de sésame • Noisettes • Noix	• Noix du Brésil, de macadamia, de pécan, de cajou • Olives vertes ou noires • Tapenade
• Lait de vache • Yaourts industriels • Fromages industriels • Fromages à indice PRAL élevé (parmesan, emmental...)	• Lait de soja • Yaourts biologiques ou fermiers de chèvre et brebis • Fromages fermiers de chèvre et brebis	• Bleu et roquefort • Camembert • Saint-nectaire • Mozzarella • Cantal • Munster
• Anguille • Bonite • Brochet • Congre • Daurade • Empereur • Espadon • Flétan • Lotte • Loup de l'Atlantique • Marlin • Raie • Sabre • Sébaste • Thon blanc et rouge • Requin • Poissons marinés dans du sel	• Éperlan • Hareng • Maquereau • Morue noire • Mulet • Pilchard • Sardine • Saumon • Truite grise	• Truite saumonée et arc-en-ciel • Crevette • Huître • Moule bleue
• Pigeon • Viandes très cuites • Jus de viande • Grillades au barbecue • Peau des volailles • Œufs de poules nourries au maïs	• Canard • Dinde • Gibier • Pintade • Poulet	• Lapin • Confit d'oie ou de canard • Œufs de poules élevées en plein air et nourries aux graines de lin

J'évite...   ## Je remplace par...

- Cervelle
- Jambon et autres aliments fumés
- Lard
- Rillettes
- Rognons

- Jambon et autres charcuteries industrielles contenant des nitrites
- Pâté de porc
- Saucisse
- Saucisson

- Andouille
- Andouillette
- Foie gras
- Mousse et pâté de foie (sans nitrites)

- Barres chocolatées
- Chocolat au lait
- Crèmes glacées
- Confitures industrielles
- Sucreries

- Confitures riches en sucre
- Aliments sucrés au glucose, au fructose et au sirop de glucose-fructose

- Chocolat noir
- Confitures allégées en sucres
- Miel
- Sorbet peu sucré (fait maison)

- Sel de table
- Poivre en excès
- Harissa
- Chili
- Moutarde
- Curry

- Sel riche en potassium
- Ail
- Oignon
- Échalote
- Persil
- Coriandre

- Marjolaine
- Sauge
- Thym
- Basilic
- Estragon
- Ciboulette
- Gingembre

- Curcuma
- Safran
- Cannelle
- Romarin
- Menthe
- Serpolet

- Eaux du robinet traitées à l'aluminium
- Eaux de régions polluées par des excès d'engrais
- Eaux de forages dans les régions agricoles

- Eau du robinet filtrée
- Eaux minérales : Arvie, Vichy St-Yorre, Spa, Vittel, Vichy Célestins, Badoit verte ou rouge, Vernière, Evian, Thonon, Valvert, Volvic, Courmayer, Hépar, Contrex, Rozana, Quézac, Salvetat

---

- Sodas sucrés et édulcorés
- Sirops
- Excès de café

- Soupes maison
- Thés haut de gamme
- Tisanes

- Alcools forts

- Vin rouge

- Compléments alimentaires et cocktail avec fer, cuivre, manganèse, fluor...

- Formes naturelles sans fer, cuivre, manganèse, fluor : 0,5 à 1 fois les apports conseillés dans ce livre

3 jours pour adopter la Meilleure Façon de Manger

> Comment construire des menus sur une journée en consommant principalement des fruits et légumes et en respectant les 10 règles de la MFM ?

Petit déjeuner

Un déjeuner plus copieux mais beaucoup plus riche en vitamines et minéraux ; la densité nutritionnelle est améliorée. Surtout l'index glycémique a diminué, ce qui devrait éviter la fringale de 11 h.

Avant
- Café / thé
- Corn flakes sucrés au lait

Après
- Café / thé
- ½ pomelo
- Muesli maison et lait de soja
- 3 figues sèches

Collation du matin

Pensez à consommer des fruits. Frais ou secs, ils sont faciles à manger sur le pouce.

Avant
- Café
- Croissant

Après
- Thé / tisane / café décaféiné
- Une pomme ou une poignée de fruits secs et oléagineux (abricots, figues, amandes).

Déjeuner (au restaurant)

Plus de végétaux donc plus de volume dans l'estomac. La densité calorique est abaissée, l'équilibre acide-base est respecté. La charge glycémique revient à un niveau raisonnable.

Avant

- Bavette à l'échalote
- Frites
- Pain blanc
- Crème caramel
- Café sucré

Après

- Salade de roquette aux pignons (huile et vinaigre à part)
- Poisson ou viande, haricots verts et carottes Vichy, pas de pain
- Salade de fraises au vin rouge (peu sucrée)
- Café sans sucre

Les bons réflexes au restaurant

- Demander de l'huile d'olive et du vinaigre pour assaisonner vos salades vous-même
- Préférer le poisson à la viande (c'est une bonne occasion de manger du poisson ou des crustacés)
- Pour les viandes et poissons en sauce, demander la sauce à part de façon à pouvoir la doser vous-même
- Ne mangez pas le pain blanc
- Choisir systématiquement les garnitures de légumes plutôt que les frites, pomme de terre, riz ou pâtes
- Choisir le dessert le plus riche en fruits
- Ne pas sucrer le café ou le thé

Collation éventuelle

Des fibres, de bons acides gras, des minéraux... quelques calories de plus sur la journée mais des calories pleines.

Avant	Après
• Un café • Une barre chocolatée	• Un thé ou une tisane • Un fruit ou quelques fruits secs et oléagineux (raisins, noix, noisettes) • Si besoin, un carré de chocolat

Dîner

Profitez d'une entrée pour manger des crudités. Les légumes font leur apparition dans le plat principal ce qui devrait être fait systématiquement. Terminez le repas aussi souvent que possible par un fruit. Les desserts lactés sucrés, glace ou pâtisseries doivent rester occasionnels.

Avant	Après
• Tagliatelles à la carbonara • Glace	• Salade de tomates • Lasagnes aux légumes (aubergines, courgettes) • Compote de pêche ou 2-3 abricots

Comment composer votre repas de midi

> Pensez à bien manger à midi et toujours davantage que le soir.

1 Faites la part belle aux légumes et considérez la viande, le poisson et les œufs comme des accompagnements. Pour manger plus de légumes, pensez aux crudités en entrées.

2 Adaptez la quantité de pain, pâtes, riz… et de légumineuses (lentilles, pois chiches, haricots…) à votre activité physique. Si vous êtes sédentaire, vous pouvez tout à fait vous en passer !

3 Terminez exceptionnellement par du fromage ou un laitage et systématiquement par un fruit entier, une compote, un sorbet ou un dessert riche en fruits.

Avec la MFM, composez le repas de midi qui vous ressemble !

Que vous soyez végétarien, adepte du régime paléo ou amateur de cuisine méditerranéenne, les recommandations de la MFM vous permettront de dire adieu aux coups de barre et de garder la ligne et la santé... longtemps !

Menu MFM végétarien
- Salade mâche-betterave
- Tomate farcie courgette-boulgour avec lentilles au curry et brocoli
- Salade pomme-poire

Menu MFM paléo
- Salade avocat-pamplemousse
- Patate douce et champignons avec poulet
- Salade ananas-framboises

Menu MFM méditerranéen
- Concombre au yaourt
- Ratatouille accompagnée d'un maquereau
- Une part de melon de saison

La journée de Marie

> Marie, 37 ans, 1 800 kcal / j

Petit déjeuner
- Café / thé
- ½ pamplemousse ou une pomme
- 1 œuf à la coque avec une tranche de pain de seigle au levain (35 g)

Collation du matin
- Thé / tisane / café décaféiné
- 1 poignée d'amandes et noix

Déjeuner
- 100 g de crudités (avec oignon et vinaigrette olive-colza = 1 c. à s. d'huile)
- Escalope de dinde, tomates provençales (85 g) et une petite timbale de riz basmati (100 g), 2 c. à c. d'huile d'olive
- Poire au chocolat
- Pain de seigle au levain (35 g)
- Eau, un peu de vin

Collation éventuelle
- 1 fruit
- 1 poignée de fruits secs et oléagineux (noix, noisettes, raisins)
- Thé/tisane

Dîner
- 120 g.de salade d'endives/noix/pommes à l'huile de colza (1 c. à s.)
- 1 assiette (250 mL) de soupe de légumes non mixée (chou, carottes, navet, céleri, persil), 1 c. à c. d'huile d'olive (facultatif : sardines à l'huile d'olive)
- 1 yaourt nature avec des éclats d'abricots secs ou des raisins secs
- Pain de seigle au levain (35 g)
- Eau, un peu de vin
- Un multivitamines

BILAN DE LA JOURNÉE — REPÈRES MFM

Bilan		Repères MFM
Légumes > 5 portions	....................>	4 à 7 / jour
Fruits > 4 portions	....................>	3 à 4 / jour
Aliments céréaliers à IG bas > 4 portions	....................>	0 à 6 / jour
Graisses ajoutées et oléagineux > 4 portions	....................>	3 à 6 / jour
Laitages > 1 portion	....................>	0 à 2 / jour
Viande > 1 portion	....................>	0 à 4 / semaine
Poisson (facultatif) > 1 portion	....................>	0 à 3 / semaine
Chocolat > 1 portion	....................>	1 / jour
Eau, café, thé, tisane > 1,5 L	....................>	1,5 à 2 L / jour
Vin > 2 verres	....................>	0 à 2 / jour
Aromates et épices > oui		
Un multi (sans fer, cuivre, manganèse, fluor) > oui		

La journée de Marc

> Marc, 52 ans, 2 600 kcal / j

Petit déjeuner
- Café / thé
- 1 pot individuel de fromage blanc avec des graines de lin et des amandes
- 1 banane
- 1 tranche de pain multicéréales au levain avec 1 noisette de margarine de colza et 1 c. à c. de miel

Collation du matin
- Thé / tisane / café décaféiné
- Éventuellement : 1 fruit ou 1 poignée de fruits secs (amandes, abricots, figue).

Déjeuner
- 1 assiette de caviar d'aubergines (ail, 1 c. à c. d'huile d'olive)
- 1 darne de saumon avec julienne de légumes (1 c. à c. d'huile d'olive)
- ¼ d'ananas ou ¼ de melon en tranches
- 2 tranches de pain multicéréales au levain
- Eau, un peu de vin

Collation éventuelle
- 1 fruit
- 1 poignée de fruits secs et oléagineux (noix, noisettes, raisins)
- 1 chocolat chaud au lait de soja (ou thé/tisane)

Dîner
- 175 g de salade des deux-mers (tomate, concombre, poivron, olive, œufs durs, saumon-frais, ail, oignon, basilic, vinaigrette olive-colza 1 c. à s.)
- 200 g de lentilles aux carottes et aux herbes (2 c. à c. d'huile d'olive)
- 1 ramequin de compote de fruits non sucrée
- 1 tranche de pain multicéréales au levain
- Eau, un peu de vin
- Un multivitamines

BILAN DE LA JOURNÉE — REPÈRES MFM

	Bilan	Repères MFM
Légumes	7 portions	4 à 7 / jour
Fruits	4 portions	3 à 4 / jour
Aliments céréaliers à IG bas	4 portions	0 à 6 / jour
Graisses ajoutées et oléagineux	4 portions	3 à 6 / jour
Laitages	1 portion	0 à 2 / jour
Poisson (facultatif)	1 ½ portion	0 à 3 / semaine
Œuf	1	0 à 5 / semaine
Eau, café, thé, tisane	2 L	1,5 à 2 L / jour
Vin	3 verres	0 à 3 / jour
Aromates et épices	oui	
Un multi (sans fer, cuivre, manganèse, fluor)	oui	

www.lanutrition.fr

1ᵉʳ site d'information sur la nutrition

- Toute l'actualité nutrition et santé
- Des enquêtes et des dossiers exclusifs
- Les apports nutritionnels de centaines d'aliments
- Des interviews de chercheurs et d'experts

www.thierrysouccar.com

DES SOLUTIONS CONCRÈTES POUR MIEUX VIVRE

Sur le site Internet des **Éditions Thierry Souccar**, retrouvez tous nos livres, nos auteurs, leurs blogs et aussi :

- Des articles et vidéos pour se soigner naturellement
- Des conseils pour mieux manger
- Des avis d'experts pour améliorer vos performances sportives
- Des pistes pour retrouver équilibre émotionnel et bien-être

Sur notre boutique en ligne :
tous nos livres imprimés et numériques